小浜正子・
落合恵美子
OCHIAI　KOHAMA
Emiko　Masako
──編

東アジアは
「儒教社会」か？
アジア家族の変容

序　章　小浜　正子

I wonder how later generations practiced my teachings?

東アジアの家族主義を歴史化する

1 東アジアの「家族主義」と「儒教社会」

　中国の台頭がめざましい21世紀の世界において、東アジアは中国との関係で再定義されつつある。西洋近代的価値の普遍性に公然と異を唱えるようになった中国は、（ひと昔前の文化大革命のころとは打って変わって）その文化の柱として儒教的伝統を掲げるようにもなった[1]。そこでは「儒教」が中国文明を代表するアイコンとなっている。そしてまた、儒教資本主義、儒教主義的福祉国家などといったカテゴリー化は、儒教文化の伝統を持つ東アジアの諸地域は、現代になっても共通する性質をもつという認識を表しているといえる。それはごく大雑把に言えば、西欧流の個人主義に対して家族主義的な伝統を持つ地域というほどの合意を持っているようだ。

　現代世界の経済分野における東アジアのプレゼンスは、もはやいうまでもない。GDP第 2 位（2021年、以下同じ）の中国、第 3 位の日本をはじめとして、第10位の韓国、22位の台湾も、その面積の小ささにもかかわらず、安定した存在感を示しており、この地域の生産力の高さは、前述の「儒教資本主義」の議論を巻き起こすことにもなった。

　一方で、東アジアは世界で最も少子化の進んだ地域としても知られている。日本だけでなく、韓国・台湾などは、合計特殊出生率（TRF）が1.5を割り込む超少子化となって久しく、それが回復する兆しもないし、一人っ子政策を終了した中国でも出生は増えず、高齢化社会の問題が表れている。近年では東南アジアながら儒教文化圏に属するベトナムも、TFRが 2 を割り込んだという。こうした東アジアの少子化には、人口転換が欧米より短い期間で進んだ「圧縮された近代」を経験したこの地域は、同時に家族主義的な社会規範が影響力を持っているので、異性愛家族を形成して子孫を残さなくてはならないという規範を人々が忌避するという「家族からの逃走」が起こっており、そのために出生率

---

(1)　顕著な例として、世界各国で中国政府が後援して中国語および中国文化を教える機関が「孔子学院」と名付けられている。

が上がらないのだ、という説明もなされている［張 2013］。

　こうした状況からは、21世紀の東アジア社会について理解するためには、その大きな特徴と考えられている「家族主義」の形成に強く影響した「儒教社会」について検討する必要があることがわかる。

　そもそも儒教社会とは、どのような社会を言うのだろうか。儒学の考え方はどのように、またどの程度、中国をはじめとする東アジア社会を規定しているのか、いないのか。

　本書は、中国・日本・朝鮮／韓国・台湾・ベトナム・琉球などの「儒教社会」の実態と変化の諸相を近世から現代までについて探った。これらを通して、「儒教」といわれるものが、歴史的に、また現代において、アジアの家族やジェンダー秩序にどのような特徴を与えてきたのかを考える。さらにそれぞれの社会の性格とその変化の諸相を比較することで「複数の儒教化」ないし「多様な儒教社会」とも表現しうる、儒教ないし儒教社会の多様性について考察したい。その際、思想と現実の乖離と相互浸透、および儒教的世界観において周縁化されやすい女性と庶民層にとりわけ目を向け、儒教とジェンダー、儒教と階層の関係の解明に努力したい。同時にこれら東アジアの各社会を比較するだけでなく、どのように相互に影響しているのかにも注意して、歴史的に何度か再構築／脱構築してきた東アジアの「多様な儒教社会」の様相を立体的にとらえてゆきたい。

　儒教は家族主義的なものであるとしばしば言われ、家族は東アジアの社会それぞれにおいて文化的な核とされてきた。とはいえ、儒教の特徴とされる家族主義・祖先崇拝の重視・父系血統主義などの、尊卑のヒエラルキーを伴った人間関係のネットワークによる社会秩序形成は、儒教だけの専売特許でもない。そして「儒教社会」の中でも家族のあり方は多様であり、家族主義といわれるものの内容もそれぞれである。

　以下、本書の東アジアの「儒教社会」を考える視覚について、あらかじめいくらか論じておこう。

2 「儒教」と「儒教社会」

　そもそも「儒教」とは何か。これは専門家にとってもなかなかに難しい問い
であるらしい。儒教は、神道や仏教・道教などと違って、宗教ではない、とい
うのが儒教研究者の多数派の見解だという。儒教思想の専門家の小島毅は、儒
教はまず何よりも「教」として理解されるべきだとする［小島 2017］。
　では、儒教の「教」とは、どのようなものなのか。
　周知のように儒教のもととなった儒家思想は、紀元前 5 世紀の孔子の教えに
始まる。戦国時代には諸子百家の一つであった儒家の思想は、 1 世紀に後漢の
朝廷で儒教として形成されて国教化したとされ、やがて中国王朝の正統思想と
されていった。しかしながら宮廷儀礼や統治者の心得などの範囲を超えて、儒
教が広く社会的な影響力を持つようになったのは、ずっと後の時代である。中
国では宋代以降、科挙に及第することが社会的上昇のルートとなったが、そこ
で問われる儒学の教養を持つことが統治者としての徳を備えていることの証と
された。科挙はほとんどの男性に広く開かれており、試験科目である儒教の古
典－経書を学ぶことが広まる中で、社会に儒教的規範が浸透していった。さら
に中国のみならず、現在われわれが東アジアと呼ぶ漢字文化圏の社会に儒教は
浸透してゆき、それぞれの支配者は儒教の教えを社会に広めて社会秩序の根幹
としようとした。
　東アジア各国の正統思想となった「儒教」とは、日本で一般に朱子学と呼ば
れる、北宋の周敦頤から程顥・程頤兄弟を経て南宋の朱熹によって完成したと
言われる刷新された儒学の新たな学問体系である。儒教はこの時期、大きく再
構築されたのである（朱子学以外に、新儒教、宋明理学、程朱学、道学などとも呼
ばれ、本書では論者によって表現が異なることがある）。とはいえ、東アジア各地
の社会で人々が儒教と捉えていたものが、正確に孔子あるいは朱熹の教えであ
ったかと問えば、（本書の佐々木論文も述べるように）必ずしもそうとはいえない。
そもそも古代以来の儒教の古典－経書の内容と、朱熹その人の思想と、のちの
人々が朱子学と考えていた内容とは、一致している部分もあるが、そうでない

部分もある。さらにそうした儒教の教え（思想ないし規範）と、「儒教社会」と言われた各社会の実態とは、多くの場合に乖離が見られた。「儒教社会」の実態は、地域だけでなく時代や階層によっても異なっていたであろうから、「儒教社会」は、（他の教えと同様に）多様なバリエーションをもっていたであろう。

　本書第1章の小島論文「家にかかわる儒教の教義について」は、そうした儒教と家族を論じようとする本書の最初に議論を整理すべく、儒教とは何か、儒教の教義上、つまり経書は家族内部での「礼」をどのように論じているかを、「男女有別」「愛敬事親」「三年之喪」「敬祀祖宗」「同姓不婚＝夫婦別姓」について示し、本書の導きの糸とする。

　ここでは、特にジェンダー構造に関心を持つ立場から、「儒教思想」とされたものが基本的に父系的で家父長制的で、（特に士大夫（知識人）層の）男性のみを主体としていることを指摘しておきたい。小島論文が明らかにするように、儒教（朱子学）で重要とされる「三年之喪」は、孔子の「幼児は生まれて三年間は父母の懐に抱かれる」から親の恩愛に応えるものという言に基づくが、孟子の時代には奇妙な風習と考えられていた。それが孟子の言によって、父への息子の服喪は最も丁重な「斬衰三年」が人情に基づく普遍の鉄則となり、近世には庶人にいたるまで親には三年の喪に服すべきとされるようになったのである。とはいえ、あらゆる身分の男女が親の恩愛を受けて成長しても、それを斬衰三年で表すのは男性のみであり、女性は夫に対しては斬衰三年で服喪しても、父母に対してはそれより軽い服喪しかできない（逆に男性の妻への服喪は親に対するものよりも軽い）［滋賀 1967: 23-27］。このように男性への教えがすべての人に対するもののように語られるのは、儒教というものが（わざわざ言うまでもない前提として）基本的に男性のみを主体とした教えであることによるものであろう。とはいえ、社会は多様な人々によって構成されているので、それぞれの地域では、こうした儒教の教えの実装化の際に、当該社会の状況と折り合った形で、あるいは為政者の意図するような形で、例えば女性の実の親への服喪の方法について、それぞれに工夫を重ねることになっただろう。

　本書は、そうした多様な「儒教」や「儒教社会」のあり方の中で、「正しい儒教」とは何かを問うことは敢えてせず、それぞれの社会における「儒教」（と考

えられていたもの）のあり方をリトマス試験紙として、そうした「儒教」を「儒教」たらしめる社会構造を比較史的に浮かび上がらせ、同時に、さまざまな「儒教社会」の多様性をも理解せんとする。

　そして、歴史的に多様なそれぞれの「儒教社会」がどのような特質を持ち、どのように何度かの再構築／脱構築を経てきたかを解明することで、現在の東アジア社会への理解を深めようとしている。とりわけ、儒教とは性別と世代によって人の社会的な在り方を規定する教えなのだから、わたしたちの生きる社会の家族とジェンダー秩序のあり方は、前近代以来のそれぞれの地域の独自の「儒教社会」（家族主義的な社会）とその後の再／脱構築の経路に少なからず規定されているはずだ。歴史的視野をもった批判的な「儒教社会」の研究が現在必要だと考える所以である。

3　東アジアの「近世」と儒教

　一般に、近代社会と対照的に用いられる「伝統社会」という語が指すものは、歴史的には「近世」と呼ばれる近代に直接に先立つ時期のことである。

　そして、「儒教文化圏」と一般に考えられている東アジア各地の社会（中国、日本、朝鮮、台湾、琉球、それにベトナム）が「儒教化」した——すなわち王朝の儀礼にとどまらず、人々の生活に儒教的規範（と考えられるもの）が浸透したのは、けっして古代の早い時期からではなく、近世（本書では、おおむね16〜18世紀を指す）(2)とりわけその後期のことであった。こうした東アジアの「近世」については、近年、活発な議論がなされており、その特徴の一つとして儒教の浸透も挙げられている。ここでは東アジア近世論の代表的な論者である岸本美緒の議論［岸本 2021］を紹介しながら、東アジアが「儒教化」した「近世」という時代について概観しておこう。

　近年、東アジア（および東南アジア）史において、おおむね15-16世紀を始期とし、18-19世紀を終末とする300年余りの時期が一つのまとまりとしてとらえられるようになっている。それは、交易の急激な活発化と社会の流動化で始まり、

ヨーロッパのアジアへの本格的進出によって幕を閉じるひとつのサイクルを、この地域が共有しているという認識による。すなわち、16世紀前後の変動期に台頭した諸勢力によって各地で作り上げられた支配体制が、今日につながる国家の地理的・民族的枠組みを作り出し、その中で、現在、各地域の「伝統」ととらえられている生活様式や社会編成が形成された、そのような時期である。この時期は、さらに①明初に形成された朝貢秩序が解体し始める時期（1570年代まで）、②新興軍事勢力が成長し、朝貢秩序に挑戦する時期（1570年代〜1630年代）、③中国で明清交替が起こり、それまでの各地の流動的な社会状況が終息してゆく時期（1630年代〜1680年代）、④各地でそれぞれの特徴を持った伝統社会が形成されてくる時期（1680年代〜1800年）に区分することが可能で、東アジア（および東南アジア）は、こうした膨張と収縮のサイクルよりなる歴史的なリズムをおおむね共有していた［岸本 2021］。

　岸本は、このような東アジアの「近世」は、家族制度が儒教化によって特色づけられる時期でもある、とする。すなわち、16世紀のこの地域を揺るがせた経済活動の活発化、社会の流動化は、これらの諸地域の為政者や知識人に、旧来の秩序の崩壊という危機感をもたらしたのであり、それぞれの地域で真剣に新たな「秩序」形成の模索が行われた。その後各地で流動的な状況が終息して、それぞれの地域の社会の多様なレベルにおける「秩序化」の動きは、相互に絡み合いつつ、それぞれの地域特有の社会のあり方を定着させてゆく。こうして形成された各地の「伝統社会」は、それぞれに儒教化された家族制度を持つものであった。岸本は、族譜の普及が象徴する父系的な「家」の継続性の観念は、

---

(2)　「近世」とはどのように定義され、いつのことを言うのかについては、さまざまな議論がある。中国史では、唐宋変革を経た宋代以降を近世とする宮崎市定いらいの有力な見解があり［宮崎 1977-78 = 2015など］、それは宋学の展開とも関連する。また、モンゴル帝国時期からを近世とする見解もあり、そこでも朱子学の上層社会への普及がひとつの論点となっている［櫻井筆編 2021など］。さらに明初の海禁と東アジア各地のそれへの対応を重視した海域史の視点からの見解［檀上 2020, リード2020など］や、次注の小農社会論／近世化論の社会経済史の新しい発展段階論からの議論もある（また、桃木［2020］の第3章「時間の認識と時代区分」も参照のこと）。本書では、東アジア共通の歴史的なリズムを重視する立場から、おおむね16〜18世紀を念頭に置いてこの語を使用するが、宋以後の中国をも近世とする場合がある。

この時期に形成された東アジア「伝統社会」に共通する最も重要な要素かもしれない、という［岸本 2021: 65, 75］。[(3)]

　本書で見るように「儒教」が各地の庶民層にも普及したのはおおむね近世後期であり、琉球に至っては近代以降である。「伝統社会」とは、近代以前の長い期間の社会のあり方ではなく、多くの場合、近代直前の近世後期の状態にすぎない。

　とはいえ、東アジアの「伝統社会」における家族のあり方は地域によってかなり異なったものでもあった。一般的に儒教的な家族は男性の家長の権限の強い家父長制家族[(4)]といわれるが、詳しく見ると多様な類型がある。比較の際には次のような点が議論となるだろう。

　まず、親族観念は父系なのか、または母系、あるいは双系か（「父系」「母系」などの用語については終章参照）。また家族形態は、核家族ではない「大家族」であったとして、それは各世代に夫婦は一組のみの直系家族なのか、あるいは兄弟が妻子とともに一つの家族内にいることのある合同家族か。

　婚姻のあり方は、一夫一婦制か、一夫多妻（同格の妻が複数存在）か、あるいは一夫一妻多妾制（嫡妻は一人で、側妻または妾が複数）か。財産相続は、娘と息子に差をつけない男女均分相続、息子たちが平等に相続する男子均分相続、あるいは跡取りのみが相続する嫡長子単独相続などのうちのどの類型が基本となっているのか。関連して、妻の子と妾の子との間に差別はあるのか。

　また、息子のない場合等に養子をとるにはどのような規則があるのか。例えば同じ父系血統の者でなくてはならないのか（すなわち異姓養子は可能か）、また娘の夫を婿養子として継承人にすることは可能か。

---

(3)　宮嶋博史はさらに、東アジアの「近世」ではなく、むしろ「儒教的近代」と捉えるべきであるとする。［宮嶋 2010］

(4)　「家父長制」の語には、（1）男性の年長者が支配権を持つ家族形態を示す用法（patriarchalism）と、（2）権力の所在が男性にあることを示すジェンダー研究における用法（patriarchy）がある。戦後日本の社会科学では「家（イエ）」を分析する際などに（1）の用法でこの語を使ってきたが、1970年代以降にジェンダー研究が盛んになって、時として混乱が見られるようになった。本書では、主として家族形態を示すものとして家父長制の語を使用するので、（1）の系列に属する。とはいえそこでは男性が権力を握っているので（2）の意味でも家父長制である。

表序-1 「東アジアにおける儒学関連事項対照表——19世紀前半——」(抜粋)

	中国	朝鮮	日本	琉球	ベトナム
姓　　名	漢族・満族	漢族風	和風	漢族風・琉球風	漢族風
支配層の祖先祭祀	儒教式	儒教式	仏式	固有信仰	固有信仰(儒式を加味)
葬儀の様式	儒教式・仏式	儒教式	仏式	固有信仰	固有信仰(儒式・仏式を加味)
官吏の親への服喪期間	3年	3年	忌50日、服13ヶ月		3年
家系の観念	父系	父系	概ね父系	父系	双系から父系へ徐々に移行
族譜・家譜の作製	有	有	有(系図)	有	有
同姓同本婚	否定	否定	肯定		否定
財産の相続	男子均分	男長子優待均分	単独(分家も可能)		男女均分から男子均分へ移行
異姓養子を嗣子にすること	否定	否定	肯定		肯定
宗族共有地	有	有	無	無	有
村落共有地	無	有	有	有	有
郷　　約	有	有	無(但し、村掟等あり)	無	有

[渡辺浩 1997: 142-145から抜粋して作成]なお、もとの表は「越南」「中国」「朝鮮」「日本」「琉球」の順だが、本書の叙述との関係で順序を入れかえ、「越南」は「ベトナム」とした。

　さらに、夫と離別または死別した女性の再婚は忌避されるのか。言い換えれば、女性の貞節はどれだけ厳しく要求される規範なのか。

　そもそも「家」ないし「家族」とはどのようなものと考えられているのか。

　そして、以上の様な点にかかわる家族観念が各地域にあるとして、そうした規範ないし理念型は、どの程度厳しくそれぞれの社会で守られていたのか、あるいは柔軟な対応がなされていたのか。

　表序-1は、渡辺浩氏が以前に作成された東アジア各地の儒教関連事項の対照表の家族に関わる部分である。「儒教社会」の多様性を議論する出発点として有

用なものと考え、ここに掲げる。元の表の項目はさらに多くて、統治システム
としての理念を示す項目など、儒教の多様な側面が読み取れるのだが、ここで
は省略した。[5]

　以上を踏まえて、以下で近世各地の家族制度を儒教規範（と考えられているも
の）を念頭に比較しつつ、本書の関連各章の概要を述べる。各地の家族の変化
を各章で検討したのちに、終章では更新された東アジア各地の儒教比較表を示
すことになるだろう。

4　東アジア各地の近世家族

　中国の漢族社会の家族は、漢語文献に記される最初から父から姓を受け継ぐ
父系制であった。どの父系親族集団に属すかを示すものが姓であり、これが人
のアイデンティティの中核であって基本的に生涯変更されることはない[6]。父
系の血統を同じくする同姓の人々は、同じ「気」を共有すると観念されており、
これは代々父から子へと伝えられてゆくものであり、「家」の本質は、そうした
「気」を同じくする人々の血統を伝えるものである［滋賀 1967］。

　唐宋変革[7]の後、中国の近世社会は基本的に身分制のない競争的・流動的な

---

(5)　省略した項目は、以下の通り：国号、統治者の公式称号、統治者の対外称号、統治者の通
　　称、統治者の祭天儀礼、統治者の祖先祭祀、元号、暦、首都の構造、宮廷の構造、宮廷儀礼、
　　宮廷音楽、中央官制、封建・郡県、『実録』の作成（その通称、用語）、官庁公式文書の用語、
　　一般に使用された文字、主な刑法、清への朝貢、清以外への「朝貢」、他からの「朝貢」、主な
　　身分制度、科挙、孔子廟、国学、郷学、民間儒学教育機関、儒学の担い手、学派争い、男子
　　髪型、対キリスト教政策。

(6)　とはいえ、漢代には母系の血縁の者を同族とみなすような考え方もあったが、時期を下るにし
　　たがってだんだんと父系制の観念が強くなってゆく。唐代までは、「子は母を以て尊し」とする母
　　親の地位が子の地位にするというような状況も存在したし、婚礼は妻の実家で行われるなど、母
　　系の影響力はいまだ小さくなかった［下倉 2018, 2022］。

(7)　帝政時代の中国は、唐代以前と宋代以後で大きな社会構造の変化があり、それを唐宋変革と
　　呼ぶ。唐代までの社会は、士と庶の身分の違いがあって門閥貴族が権力を握っていたのに対
　　し、宋代以降の中国社会は、皇帝の君主独裁の下で科挙官僚が政治に当たるようになり、庶民
　　が活躍して商品経済が発達した。

社会となった。そうした中国における「儒教社会」とは、儒教的な儀礼や徳目を実践していることが社会的なステイタスの象徴すなわち文化資本となる社会であった。そうした中で、実践される儒教的な儀礼や徳目の内容は、社会的な必要に応じて大幅に変化していった。そのメカニズムは本書の佐々木論文(第2章)「儒教の「普及」と近世中国社会——家族倫理と家礼の変容」に詳しい。

　近世中国の漢族社会では、生母の地位(妻か妾か)によって息子の地位を区別しないことが原則で、男子均分相続が行われた。婚姻制度は一夫一妻多妾制であり、子は生母が誰であるかにかかわらず、父の妻を礼制上の母とすることになっていた(なお、中国や朝鮮の妾は身分の低い家族員であり、家の外の情人である日本の妾とは異なる)。家族形態は合同家族で、妻子を持つ兄弟が同居する大家族が理想と考えられていた。とはいえ、実際には核家族が多かったが財産相続は男子均分相続であり、どの息子も(生母が誰であるかを問わず)父の財産に対して同じ相続権を持つとされる。こうした家族形態は、朱熹の『家礼』(『朱子家礼』)に説かれる嫡長子相続による宗法制とは異なっているが、漢族社会では広く規範的なものとなっていた。明清時代、父系を通じて共通の祖先に連なる(と観念される)人々がさかんに宗族と呼ばれる集団に結集するようになる。本書の官論文(第8章)はそれを儒家的宗族原理によるものとし、中国においてどのようなものと考えられていたかを詳細に述べている。宗族は、現在の日本の学界では基本的に身分制のない流動的な社会における自発的な相互扶助組織と考えられているが[8]、このような父系血縁の強調には時代的な特徴があり、それは(思想というより)社会の側での要求に応えるものであったろう、と佐々木愛は述べる[佐々木 2018, 2022]。

　また、「同姓不婚」の規範は広く浸透していたが、実際には地方によっては同姓間の婚姻が許容されているところもあった[五味 2022]。男児がいない場合は、「気」を同じくする同姓の男子を養子として祭祀をつなぐべきだとされて異姓養子は正統でないとされていた。こうした家族の在り方は儒教(朱子学)的なも

---

(8)　宗族については井上[2000]井上・遠藤編[2005]など参照。また文化人類学による研究ではフリードマン[1987, 1991]などがある。

のと一般には考えられているが、男子均分相続の習慣は、朱熹が復活させるべきと唱え『朱子家礼』で述べた嫡長子相続による宗法とは異なったものだった［佐々木 2022］。

　また、明清中国では、女性のセクシュアリティの厳しい管理が規範となり、結婚している女性の婚外交渉はもちろん、未婚女性や寡婦が性関係を持つことも批判された。逆に、永く貞節を保持した寡婦は「節婦」として表彰する制度も定着し、地方志にはこうした節婦の名が大量に記されるようになる。「男女有別」は、性別役割を示すだけでなく男女の生活空間を分ける女性隔離の規範ともなり、女性の活動場所は基本的に家庭内に制限された［五味 2018、岸本 2018、マン 2015］。

　「辺境」の漢人社会である台湾では、儒教規範では忌避される異姓養子＝螟蛉子が名士の家族にも頻繁に見受けられることを官論文（第 8 章）「東アジアの養子縁組文書の比較――儒教的宗族原理の矛盾」は発見した。異姓養子は、地域や階層によっては大陸でも見られ、漢族社会の儒教規範の「緩さ」の一つと言えるかもしれない。

　中国社会においては、儒教規範は規範として存在しても、どの程度守られるかは非常に多様である。貞節は女性の最大の規範だが、下層ではむしろ正式な婚姻の出来ない男たちが妻を共有するような「一妻多夫」的な状況も見られ、上層の男性が妻や多くの妾を持つ「一夫多妻」的な状況と対比させてソマーは論じている［Sommer 2015］。多くの人口を抱え、地域・階層による多様性も大きな中国社会では、規範は規範として確立しても、それをすべての人が実践することは不可能である。競争的・流動的で格差が大きな明清の中国では、規範を実践することが社会的な地位や文化資本を示すこととなり、佐々木論文（第 3 章）が述べるように、ジェンダー規範をはじめとする儒教的規範はどんどん厳格化して、実践することの希少性を高めていった。中国社会では、こうした規範に対するある種の緩さというか、重層的な対応ぶりが特徴であった。そうした中で、地域によっては上層でも女系家族がみられる［マン 近刊］といった「逸脱」もあった。中国には漢族以外にも多様な民族が居住しており、そうした民族の習慣との相互影響も無視できない。

朝鮮においては、高麗時代（918～1392）までは、親族観念は双系的で、男帰女家婚（結婚後、男性が女性の実家に（一定期間）住む婚姻形態）が行われており、相続も男女均分相続であった。こうした比較的女性の地位の高い家族構造は、朝鮮時代（1392-1910）半ば以降、社会が「儒教化」「朱子学化」する中で、大きく変化したとされている［ドイヒラー 1992＝2022］。朝鮮時代の初期、儒学者たちは新儒教（朱子学）のイデオロギーを普及させようとして『朱子家礼』とそれに則った『経国大典』を広めようとした。嫡長子を祭祀継承者とする父系の祖先崇拝を説くこの内容は、すぐには受け入れられなかったが、朝鮮時代を通じてだんだんとこうした規範は普及した。複数の妻の間に厳格な序列のなかった婚姻のあり方は、妻と妾を厳しく区別し、妻の生んだ最年長の男子である嫡長子を祭祀の継承者として重んじるものとなり、また妾所生の庶子は科挙の受験資格がないなどの差別をうけるようになった。娘は財産相続から排除されてゆき、息子たちの間でも嫡長子への相続分が増加する。家族形態は嫡長子が継承する直系家族が規範となり、両班層は、『朱子家礼』で提唱された嫡長子が4代前までの先祖を祀る、宗法に則るとされる祭祀を営むようになった。異姓養子も認められず、宗家に男子がないときは、同族の相当する世代の男子を養子として祭祀を継承させるものとされた。

　同姓同本の男女の婚姻は禁忌とされ、近年まで法で禁止されるに至った。こうした中国より徹底して儒教化（朱子学化）した社会が実現した背景には、17世紀までの開発によって土地が不足して人口圧力が強くなり支配層の中での選別が厳しくなった社会で、エリート集団たる両班層を縮小化する方向での儒教イデオロギーを使った社会の再編成がなされたからである、とドイヒラー論文（第3章）「朝鮮の親族制度に対する儒教の影響――マルティナ・ドイヒラーによる再考察」は、論じている。しかしながら、こうした尊卑のヒエラルヒーが貫かれた祠堂リネージだけでなく、よりゆるやかな共通の始祖からでた水平的な紐帯による父系親族集団である門中も近世後期の朝鮮社会で発達した。両者が相補的に機能して朝鮮の儒教化が進展した、とドイヒラーは述べる[9]。

（9）　なお、朝鮮時代の社会において儒教の果たした役割については李泰鎮［2000］も参照。

日本は、古代には双系制社会で妻問い婚が行われていたが、律令制を中国から導入する中で父系による官位の継承が行われるようになり、徐々に父系の要素が強くなった。日本における家父長家族がいつ成立したかについては議論があるが、鎌倉時代頃から父系の財産・官職の継承が優勢になり、室町・戦国期を経て、嫁入り婚による夫方居住が一般化した[10]。江戸時代初期には、いまだ家族は形成・消滅が相次いで継続的なものではなかったが、17世紀に新田開発が一段落した頃に、各地で小農家族による小経営が普及し、年貢の村請の基礎となる小農経営を安定化させようという支配層からの要請もあって継続的なイエの運営への志向も見えるようになっていった。[平井 2003＝2022等]

　日本のイエは、近世になって成立した独自の家父長制家族と言えようが、家産・家名・家業をもつ経営体であり、（父系血統をつなぐことが重要である中国の家jiaなどとは異なって）経営の存続が最重要とされる。武家のイエでは長子相続が基本であったが、階層や地域によって相続慣行は多様で、長子相続を原則とする場合も、息子がいなければ婿養子を取ることはごく一般的であり、経営継続のために血縁関係のない養子も行われた。血統観念は双系的であり、父系が優先する双系制社会といわれることが多いが、必ずしも血統による出自にこだわらない点から無系社会とする論者もある[官 2005]。直系家族の形態をとって経営を存続させることが優先された。とはいえ、森本論文（第10章）に見られるように、ひとつの家の中に複数の檀家寺が存在する半檀家という現象が、近世中期まで少なくない地域で見られるなど、その系譜意識や帰属感には多様なものがあった。一夫一妻が基本であり、大名の様な特別な階層以外では、家族の一員としての妾は基本的に存在しない。離婚・再婚は（男女ともに）頻繁に行われ、女性の貞節規範も強いものではなかったし、「男女有別」によって空間的に男女を分ける女性隔離の規範は浸透しなかった。一般的に儒教的な徳目であるとされる忠・孝のイデオロギーは強いが、それらとセットになっているはずのいま一つの徳目の節（貞節）についてはそれほどではない。朱子学が官学として学ばれて、忠が孝より優位に置かれるなどの変容を遂げつつ徳川幕府の統治に

（10）　関連する文献は多いが、とりあえず久留島等編［2015］参照。

役立てられた。牧田論文（第4章）「近世日本の刑法と武士道儒教――忠孝を中心に」は、幕府が忠を孝より重視した内容を具体的に検討して、儒教が武士道の代弁者として解釈され、それが武家の間の法という形で実装された状況から儒教の日本近世における変容的受容の一側面を明らかにし、これを「武士道儒教」という言葉で表現している。また、吉田論文（第5章）「儒教思想の日本的変容と職分観念――性別役割に注目して」は、江戸時代の身分制の中でそれぞれの家の職業が「家業」という社会的な役割と認識されるようになり、家業に励むことが推奨されるようになったこと、しかし女性はその属する家の家業ではなく、「女の職分」という性別役割を担うべきものとされていったこと、を明らかにする。夫婦は礼によって隔てられるべしという経書の説く「夫婦有別」の女性隔離が浸透せず「夫婦相和シ」と変容した日本では［渡辺 2010］、「男は外、女は内」の経書の言葉は、男女隔離の規範というよりは性別役割の規範として広まったと考えられる［小浜ら編 2018: 11-12］。親族観念・家族観念・ジェンダー規範が中国とは異なる近世日本では、「儒教的なもの」は大きく変容しつつ社会的な教化に小さくない役割を果たしていった。こうした性別役割規範の浸透は、近代になって「男は仕事、女は家庭」の近代家族イデオロギーが西欧からもたらされた際の受容の下地となったと思われる。

　琉球は、近世において、よく知られているように、明・清の中国王朝と薩摩という性質の異なる二つの支配秩序下に自らの国際的位置を維持していた［渡辺 2012］。この尚氏の琉球王国にも近世には明および日本から儒教的なものが入って、特に久米村の士族は、代々華語通訳などとともに儒学に精通していた。士族は戸籍・履歴書である家譜を編纂して王府の承認を受けて家統のよすがとしたが、その際に王府から下賜された中国風の一字姓は恣意的に選んだものであって父系血統を示すものではないし、長男継承が困難な時は、家統の維持を優先して女系親族等による父系血縁にとらわれない継承も頻繁であった。武井論文（第6章）「姓の継承・創設――近世琉球の士の制度と、近代沖縄のシジタダシ」が明らかにしたこのような琉球の士のあり方は、中国的／儒教的な父系血縁制度と日本的な家制度を巧みに整合させた、独自のものであった。

　ベトナム（北部）は、秦漢以来千年にわたって中華帝国の支配下にあり、10

世紀に自立した。儒教は古代から導入され、自立政権の下では科挙も実施されて知識人層に浸透していた。桃木論文（第7章）「「儒教」の重層、「近世」の重層──近世北部ベトナムにおける親族集団と村落社会」で扱う近世ベトナムでは、強固な村落共同体結合が発達するが、それは開発の限界と農地不足が起こる中で形成された小農村落だった。ベトナム社会は従来、非父系的・双系的な家族システムの特徴を持っていたが、近世後期（18世紀）にゾンホと呼ばれる、祠堂・族譜・族産をもつ（しばしば中国の宗族との異同が議論される）父系親族集団や、家父長制的な社会が形成されていった。とはいえそこでも、女性も含めた均分相続原理が残存し女性の土地所有も珍しくないし、祖先祭祀は重視されたが、全ての族員男女が祀られるなど『朱子家礼』には従わない多様で重層的な「儒教化」の形態が見られた。こうして「長い18世紀」から植民地となった近代の時期にかけて段階的に形成されたものが、それ自体重層性をもつ「伝統」として定着した、と桃木は論じる。

　以上のような東アジア各地の「儒教社会」では、必ずしも儒教の経書が述べるような強い父系意識やジェンダー規範が浸透しているわけではない。また、比較的父系意識が浸透したといえる近世の中国と朝鮮を比べても、父の気を享けた息子はすべて同等とされる中国と、生母の地位（妻か妾か）による嫡庶の別を厳しく分ける朝鮮とでは、大きな違いがあり、家族形態も合同家族と直系家族と異なっている。他の地域では、父系の単系親族意識が貫徹しているとは言えない現象が散見されるが、にもかかわらず近世東アジアの各地で、儒教は（とりわけ支配層に）積極的に受容され、その地に合わせた再構築を遂げつつそれぞれの統治に活用されていった。

　「儒教」は、東アジア社会に長期間にわたって大きな影響をもたらした教えであるが、その影響のあり方は大きく異なっていた。こうした違いをもたらしたものは、それぞれのもとからの系譜意識・家族形態の特徴とともに、東アジア共通のリズムの中にありつつも異なっていた各地の近世の社会的政治的経済的状況であった。こうして東アジアの各地で、それぞれに独自の儒教的性格をもつ「伝統社会」が形成された時には、近代は目前に迫っていたのである。

　多様な近世東アジアの状況を見ると、宗教イデオロギーと国家・社会の相互

規定関係以外に、本質主義的に支配と画一化のベクトルばかりが論じられがちな儒教そのものに、重層化・多様化を可能にするベクトルはなかったのかという脱構築的な問いも立てられるかもしれない。これらを考察するには、大文明の中心が統一性・画一性の反面で必然的にもつ重層性・多様性が「儒教」においてはどう発現したか、周辺諸国が中国に向き合い中国文明をローカライズする際に必ず作り出す「中国的諸要素のパッチワーク」が儒教の変容過程でどう形成されたかなどを、儒教と仏教・道教の関係性、アジア他地域での「イスラーム化」との比較なども視野に入れながら、具体的なジェンダー秩序の様相などを通して検討してゆく必要があろう。

5　東アジアの近現代
——植民地的近代における「ナショナルな伝統」としての儒教?

　以上のようにしてそれぞれに特徴のある「儒教化された」近世社会、すなわち「伝統社会」を形成した東アジア各地は、19世紀後半、西洋諸国と邂逅し、それぞれに欧米近代的な価値観を受け入れながらも、近代国家の形成に関しては多様な状況のもとに置かれた。後発の帝国主義国となった日本、不平等条約体制のもとに置かれた中国、植民地となった朝鮮・台湾・ベトナム、国内植民地となった琉球と、支配のあり方は多様で、そうした権力による家族の再編や掌握の仕方もそれぞれに異なっており、植民地的近代における「儒教」の位置づけは、地域によってさまざまであった。

　明治維新によって近代国家の建設を開始した日本は、西洋の思想制度を取り入れるとともに儒教的な要素も活用してきた。明治民法で法制化された「家制度」は、地域や階層によって多様であった家族のあり方の中から、武家の家族をモデルとする画一的な制度下にすべての家族を置くものであった。長男による家督相続を基本とする直系家族のあり方は、戸主の権限が強く、それまでの多くの地域や階層の慣行より家父長制を強化するものであったといえようが、単純に儒教的なものとは言えないことはこれまでの議論から明らかであろう。一

見儒教的な「教育勅語」も、「父母ニ孝ニ兄弟ニ友ニ夫婦相和シ朋友相信シ」の文言は、「父子の親、君臣の義、夫婦の別、長幼の序、朋友の信」のオーソドックスな五倫とはかなり異なっている。また、女性のあるべき姿とされた良妻賢母は、伝統的な儒教教義の中にはないもので、当初はモダンなイメージでとらえられ、国家の臣民である男性を家で支えることを期待されていた［小山 1991＝2022］。こうした良妻賢母像は、中国・朝鮮・台湾など東アジア各地で模倣され、賢妻良母、賢母良妻などのバリエーションが現われた［陳 2006］。やがて登場した良妻賢母のネガがモダンガールであり、「伝統的」な女性規範から逸脱した女性像が、東アジアを含む世界各地で人々の耳目を引いた［伊藤等編 2010］。

　以上の様な比較的知られた現象に加えて、本書森本論文（第9章）「日本の民俗慣行と儒教——支配・村・家の変化」は、地域の年齢階梯による組織を検討している。一見すると儒教規範である「長幼の序」に基づくと捉えられそうな組織は、じつは支配体制の強化や浸透が村の基本単位となる家を変化させているものと見られる。近世中期までの半檀家が、近世後期には一家一寺に収斂していくのと併せて、こうした組織化は、必ずしも儒教化とは捉えられず、村への共同関係の収斂が家の凝集性に結果したものだ、と森本はいう。日本を儒教社会とみるには、無理のある事例は多い。

　また、琉球は「琉球処分」によって沖縄県となったが、元来は双系だった農村社会にも、長男単独相続を規定する明治民法が適用され、また士族層の特権だった系図の記録・位牌の所持が解禁されて、男系化・父系化するようになった。庶民層の人々が士族の祖先祭祀・親族制度の慣習を模倣して父系出自の門中を形成する門中化[11]が首里から周辺地域、さらには沖縄本島北部や離島に広まっていった。本土以上に男系にこだわる沖縄の「伝統社会」は、じつは明治以降に形成されたのである。

　近代の中国では、伝統の重みに対する反発は大きかった。中国女性の徳目を体現するものとされた纏足は、（中国女性の）後進性の表れであるとして、清末

---

(11)　沖縄の門中について詳しくは、北原・安和［2001］や比嘉［1983］（特に「1「門中」研究をめぐる諸問題」）を参照されたい。

から批判の対象となり、纏足解放運動が展開された。儒教的なものが最初に厳しい批判の対象となったのは、中華民国初年の五四新文化運動であろう。そこでは、儒教的な伝統との徹底的な訣別が主張された。呉虞は著名な「家族制度は専制主義の根拠である」（『青年雑誌』2-6、1917）で儒家の宗法主義を厳しく批判し、魯迅は儒家的な蒙昧からの覚醒を説いた。中国国民党および中国共産党の革命運動の中では、儒教的なものは封建主義として批判打倒の対象となった。蔣介石の提唱した新文化運動の中で儒教的な徳目が称揚されることなどはあったが、総じて「儒教」は20世紀の中国では悪しき封建主義の代表として批判の対象となった。その世紀後半のピークは文化大革命であり、孔子像などがたたき壊された。

　日本の植民地となった朝鮮では、旧日本民法にならって民事令（1912）が定められたが、親族・相続などは両班層の習慣によるものだったので、家父長権の弱かった地域・階層にとっては家父長権の強化となり、それまで享受してきた権利を失った女性も多かった。その後の改定の中で戸主権はより強化され、姓不変の原則と異姓養子の禁の慣習を変える日本式の婿養子制が導入される。さらに第二次大戦期には「創氏改名」が行われて、それまでの一家三姓から日本風に家族が同じ氏を名乗るようになった。独立後の韓国は、こうした植民地下の状況から、「民族の伝統」に復したが、それは男系の直系家族を念頭に置いた戸籍の下で同姓同本婚を禁止するといったものであり、植民地化とそこからの独立を経て、家父長制が強化され、儒教的な伝統が再建されたと言える［李1992］。

　鄭論文（第10章）「朝鮮大家族論を再考する――朝鮮時代における戸の構成と家長権を通じた考察」では、植民地時期の朝鮮で、近世朝鮮の家族は大家族であったという言説が起こったことの意味を問う。「大家族」の意味するものはじつは曖昧なのだが、儒教的な理念の下での父系の家族が祖先祭祀によって永続性を確認するものとされて、朝鮮の「伝統」の核心となったのである。そうした認識は、日本の植民地支配を正当化するための意図と関連した、朝鮮社会を進化論的に未開な状態に配置した知識体系に基づくもので、独立以後も家父長的家族を設定するために活用されてきた。鄭論文は朝鮮時代における家戸の実

態を明らかにして、そうした認識を脱構築しようとする。

　20世紀前半にやはり日本の植民地となった台湾では、「光復（日本からの独立）」後、国民党による統治が行われて、大陸の共産党政権との緊張関係の下での戒厳令下の暮らしが続いた。（大陸では使われなくなった）中華民国民法は、一方で近代的個人を主体としながらも、儒教的な色彩を残してもいた［陳 2010; 林 2010］。こうした状況は1980年代に戒厳令が解除され、民主化が進展する中で変化し、フェミニズムが制度化され、近年は同性婚法制化が実現するなど、LGBTの権利保障も進んでいる［福永 2017］。中国との対立の中で、民主化を促進することによって国際的な地位を高めようとしている台湾は、独自に儒教文化を脱構築するかもしれない。

　以上のように、近代的統治機構を形成する際には、上からの統制が強められて国内社会の画一化が進み家父長制が強化されることがしばしば起こる。そうしたことは儒教文化圏のみに見られるわけではないが(12)、儒教文化圏においては「ナショナルな伝統」として儒教が再発見され利用されている場合も少なくない。これもひとつの「伝統の創造」の例であろうが、家父長制を強化して上からの統率力を強めようとする際に、それぞれの地域の多様な「儒教社会の伝統」は、利用できる資源となり、そのようにしてさらに儒教が脱／再構築されるのである。

6　現代東アジアの家族の変容

　現在の東アジアの家族も変化し続けている。以下、本書に収めた論文から、現在の「儒教社会」をめぐる論点を確認する。

　王論文（第13章）「墓のない故郷へ──現代中国における「家」の機能」は、冒頭に近年の墓地を壊して農地にする平墳運動をめぐる事件を取り上げ、現代中

---

(12)　例えば東南アジアで唯一独立を維持したタイは、従来は双系的な社会であったが、近代的国家建設の過程でラーマ6世（位1910〜1925）が名前の後ろに父系的な家名をつけることを推進し、家父長的な家族の形成を促進した。［チャルーンクン 2004 = 2022；飯島・小泉 2020］

国における祖先祭祀の空間の弱体化・崩壊や変質を論じる。中国における祖先祭祀の場所には、祠堂・墳墓・家の中の「寝」があった。しかし革命運動の中で祠堂は破壊され、家の中の先祖を祀っていた「寝」には毛沢東など政治指導者の肖像が飾られるようになって、最後に残った墳墓が壊されることへの反発が事件の背景にあるという。「家」は先祖とのつながりではなく、国家と緊密に結ばれたものに変化しており、そうした中で「孝順国家（国家に孝行する）」が唱えられている現在、近い将来の中国で新たな倫理に支えられた儒教国家が誕生するかもしれない、と王はいう。中国において儒教的なものが積極的に評価されるようになったのは、近年の経済発展の中で国力に自信をつけてからである[13]。冒頭で述べた中国の伝統文化を国外で広める中国政府肝いりの教育機関が孔子学院と名付けられていることは、それを象徴するものであろう。

　韓国では、1980年代以降、民主化が進展し、フェミニズムの運動も活発に展開されるようになって、家父長的な民法が改正され、2005年に同姓同本婚が可能になり、2008年には戸主制が廃止されて個人ごとの登録簿に変わった。文論文（第12章）「娘たちの反乱──現代韓国社会における女性と宗中財産」は、それでも社会の男尊女卑の慣習が簡単には変化しない状況での女性たちの闘いを取り上げたものである。（ここでいう宗中は、ドイヒラー論文・鄭論文の門中とほぼ同じものだが）伝統的に父系親族集団の中で男性のみにしか認められていなかった権利を獲得するための、女性たちの粘り強い運動が続けられている。

　いっぽうで加藤論文（第11章）「娘たちがつくった祠堂──現代ベトナム村落における儒教と逸脱」は、17世紀以来の儒教的儀礼を民間に普及させようとする運動の結果、（男系）直系の男性子孫による祭祀が基本とされるようになったベトナムで、それが叶わない人々を丁寧に祀る現代ベトナムの実践を論じる。兄弟のいない娘（の息子）が両親の祭祀を行うことは頻繁に見られ、それは制度や規範となってはいないが可能な選択肢として社会的に容認されている。そ

---

(13)　李亜姣［2022］は、高度経済成長期の中国において、父系中心の家族倫理が新たな形で土地制度改革において明文化・制度化されており、それが資本の原始的蓄積過程の継続を可能にしていると、現代中国の経済成長をジェンダー視点で分析している。上からの儒教的な倫理の制度化と中国の経済発展の関係について、さらなる議論が待たれる。

こでは直系男子による祭祀という確立された規範と、親子関係から始まる双方の親族との道徳・情緒などによるキンドレット的な関係が相補的に機能している。これを儒教からの逸脱とみるかどうかは、議論の余地があるところだろう。

　こうして見ると、現在、東アジア各地域では、儒教の脱／再構築がさまざまなベクトルを持ちながら進展しているといえそうだ。本書で見てゆくように、儒教の脱／再構築は、歴史上、それぞれの社会でくり返され、「伝統」を上書きしてきた。我々は、既成概念に捉われずに具体的な歴史的経緯を見定め、「伝統」はようやく近世後期に形成されてきたことをふまえて現在の儒教の脱構築に参画してゆかなければならない。その際、他の文明圏での「伝統社会」の脱／再構築の動きをも参照しつつ［粟屋・井上編 2018、長沢監 2019-2021］、対応してゆくことも重要だろう。

参 照 文 献

粟屋利江・井上貴子編［2018］『インドジェンダー研究ハンドブック』東京外国語大学出版会。

飯島明子・小泉順子［2020］『タイ史　世界歴史体系』山川出版社。

井上徹［2000］『中国の宗族と国家の礼制──宗法主義の視点からの分析』研文出版。

井上徹・遠藤隆俊編［2005］『宋-明宗族の研究』汲古書院。

李泰鎮（六反田豊訳）［2000］『朝鮮王朝社会と儒教』法政大学出版会。

李効再（梁澄子訳）［1997］「韓国の家父長制と女性」林玲子・柳田節子監修『アジア女性史──比較史の試み』明石書店、342-355頁。

伊藤るり・坂元ひろ子・タニ＝バーロウ編［2010］『モダンガールと植民地的近代──東アジアにおける帝国・資本・ジェンダー』岩波書店。

官文娜［2005］『日中親族構造の比較研究』思文閣出版。

岸本美緒［2018］「身分感覚とジェンダー」小浜正子・下倉渉・佐々木愛・高嶋航・江上幸子編『中国ジェンダー史研究入門』京都大学学術出版会、205-218頁。

岸本美緒［2021］『明末清初中国と東アジア近世』岩波書店。特にその第1章「東アジア・東南アジア伝統社会の形成」（初出は『岩波講座　世界歴史　第13巻』「総説」1998年）。

北原淳・安和守茂［2001］『沖縄の家・門中・村落』第一書房。

久留島典子・長野ひろ子・長志珠絵編［2015］『歴史を読み替える──ジェンダーから見た日本史』大月書店。

小島毅［2017］『儒教の歴史　宗教の世界史5』山川出版社。

小浜正子編［2015］『ジェンダーの中国史』（アジア遊学191）勉誠出版。

小浜正子・秋山洋子編［2016］『現代中国のジェンダー・ポリティクス——格差・性売買・「慰安婦」』勉誠出版。

小浜正子・板橋暁子編［2022］『東アジアの家族とセクシュアリティ——規範と逸脱』京都大学学術出版会。

小浜正子・下倉渉・佐々木愛・高嶋航・江上幸子編［2018］『中国ジェンダー史研究入門』京都大学学術出版会。

五味知子［2018］「婚姻と「貞節」の構造と変容」小浜正子・下倉渉・佐々木愛・高嶋航・江上幸子編『中国ジェンダー史研究入門』京都大学学術出版会、193-203頁。

小山静子［2022］『良妻賢母という規範』勁草書房、新装改訂版（初版は1991年）。

櫻井智美・飯山知保・森田憲司・渡辺健哉編［2021］『元朝の歴史——モンゴル帝国期の東ユーラシア』（アジア遊学256）勉誠出版。

佐々木愛［2018］「伝統家族イデオロギーと朱子学」小浜正子・下倉渉・佐々木愛・高嶋航・江上幸子編『中国ジェンダー史研究入門』京都大学学術出版会、175-191頁。

佐々木愛［2022］「中国父系制の思想史と宋代朱子学の位置——中国ジェンダー史素描のために」『岩波講座世界歴史7　東アジアの展開8〜14世紀』岩波書店、255-274頁。

滋賀秀三［1967］『中国家族法の原理』創文社。

下倉渉［2018］「父系化する社会」小浜正子・下倉渉・佐々木愛・高嶋航・江上幸子編『中国ジェンダー史研究入門』京都大学学術出版会、67-87頁。

下倉渉［2022］「交杯する夫婦——婚礼から見た中国ジェンダー史の一コマ」、『岩波講座世界歴史6　中華世界の再編とユーラシア東部4〜8世紀』岩波書店、293-311頁。

壇上寛［2020］『陸海の交錯——明朝の興亡』岩波新書・シリーズ中国の歴史4。

チャルーンクン, タナイ［2022］「「家名（ナームサクン）」の起源と君主としてのラーマ六世の役割」森本一彦・平井晶子・落合恵美子編『リーディングス　アジアの家族と親密圏　第一巻　家族イデオロギー』有斐閣（初出は1998年）、359-392頁（初出は2004年）。

張慶〓［2013］「個人主義なき個人化——「圧縮された近代」と東アジアの曖昧な家族危機」落合恵美子編『親密圏と公共圏の再編成——アジア近代からの問い』京都大学学術出版会、39-65頁。

陳昭如（林香奈訳）［2010］「「不幸」の権利——台湾女性の相続をめぐるジレンマ」野村鮎子・成田静香編『台湾女性研究の挑戦』人文書院、13-32頁。

陳姃湲［2006］『東アジアの良妻賢母論——創られた伝統』勁草書房。

ドイヒラー, マルチナ［2022］小特集「朝鮮社会の儒教化をめぐって——マルチナ・ドイヒラー氏の著作 The Confucian Transformation of Korea: A Study of Society and Ideology より」『比較家族史研究』第36号：1-54頁。

長沢栄治監修［2019-2021］『イスラーム・ジェンダー・スタディーズ』（全4巻）明石書店（各巻のタイトルは、『1　結婚と離婚』『2　越境する社会運動』『3　教育とエンパワーメント』『4フィールド経験からの語り』）。

比嘉政夫［1983］『沖縄の門中と村落祭祀』三一書房。

平井晶子［2022］「近世東北農村における「家」の確立——歴史人口学的分析」森本一彦・平井晶子・落合恵美子編『リーディングス　アジアの家族と親密圏　第一巻　家族イデオロギー』有斐閣、313-327頁（初出は2003年）。

福永玄弥［2017］「「LGBTフレンドリーな台湾」の誕生」瀬地山角編『ジェンダーとセクシュアリティで見る東アジア』勁草書房、187-225頁。

フリードマン, モーリス（田村克己・佐川昌久訳）［1987］『中国の宗族と社会』弘文堂。

フリードマン, モーリス（末成道男・西澤治彦・小熊誠訳）［1991］『東南中国の宗族組織』弘文堂。

林香奈［2010］「〈解題〉脱性別化した法は性差別に対抗しうるか——娘の相続にひそむジェンダー不平等への問いかけ」野村鮎子・成田静香編『台湾女性研究の挑戦』人文書院、33-46頁。

マン, スーザン（小浜正子・L. グローブ監訳、秋山洋子・板橋暁子・大橋史恵訳）［2015］『性からよむ中国史——男女隔離・纏足・同性愛』平凡社。

マン, スーザン（五味知子ほか訳）［近刊］『張家の才女たち』東方書店。

三成美保・姫岡とし子・小浜正子編［2014］『歴史を読み替える——ジェンダーから見た世界史』大月書店。

宮嶋博史［2010］「儒教的近代としての東アジア「近世」」和田春樹他編『岩波講座東アジア近現代通史1　東アジア世界の近代　19世紀』岩波書店、54〜78頁。

宮崎市定［2015］『中国史（上・下）』岩波文庫（初版は岩波全書、1977-78年）。

桃木至朗［2022］『市民のための歴史学——テーマ・考え方・歴史像』大阪大学出版会。

吉田ゆり子［2016］『近世の家と女性』山川出版社。

李亜姣［2022］『現代中国の高度成長とジェンダー——農嫁女問題の分析を中心に』東方書店。

リード, アンソニー（太田淳・長田紀之監訳）［2021］『世界史のなかの東南アジア（上）（下）——歴史を変える交差路』名古屋大学出版会。

渡辺浩［1997］『東アジアの王権と思想』東京大学出版会。

渡辺浩［2000］「「夫婦別有」と「夫婦相和シ」」『中国——社会と文化』15、208-239頁。

渡辺美季［2012］『近世琉球と中日関係』吉川弘文館。

Sommer, M［2015］*Polyandry and wife-selling in Qing dynasty China: survival strategies and judicial interventions*, Universiry of California Press.

＊　　　＊　　　＊

　本論集は、比較家族史学会2021年春季大会における「東アジアはどこまで「儒教社会」か？——チャイナパワーとアジア家族」シンポジウムを基に編まれたものである。比較家族史学会は当初、2020年春季大会でこのテーマを議論する予定であったが、コロナ禍による一年の延期を経て2021年にオンラインで開催された。また、2021〜2024年度科研費基盤研究（B）課題番号21H03731「東アジア各国の「姓・生・性」の変容の比較史的研究——「東アジアの奇跡」の裏側で」（研究代表者・日本大学文理学部・小浜正子）の研究成果の一部でもある。

多様な儒教化

東アジアの近世

第 1 章　小島 毅[1]

家にかかわる儒教の教義について

家廟祭礼之圖（中川忠英編『清俗紀聞』巻之12.13，博文館，
明治27年10月　国立国会図書館デジタルコレクション）

1 儒教とは何か

　序章に述べたように、本書の狙いは、いわゆる「儒教社会」という概念を捉え直そうというものである。そのためにはまず、そもそも儒教とは何かを問わねばならないが、儒教をどう定義するかは大変難しい。「儒教」なる語で表象される概念内容が研究者によって異なるためである。それは「儒教」と呼ばれる思想体系のうち、どういう面を重視するかが反映されるからでもある。

　筆者（小島）が今から20年前（ちょうど世紀の替わり目）に、さる事典に用いた記述は以下のとおりである。

　　　孔子に始まる教説の体系。人間社会の歴史を、かつてはすぐれた人物（聖人・先王）による統治が行われていたと捉え、ふたたび理想的な黄金時代を実現させることを目標とする［村田・小島 2001: 283］。

　これは筆者が儒教の持つ政治性に重点を置いているためである。従来は、倫理性に基礎を置いた定義[2]や宗教性に着目した定義[3]がなされてきた。儒教は現代の学術分野名称分類では一つに絞りきれない多面性を具えている[4]。裏側から言い直せば、現在のわたしたちには儒教を部分的にしか説明できていないこと、「群盲象を撫でる」のたとえに似ているさまを示している。

　そもそも儒教という語は、道教・仏教と並び称すこと、これら三つの「教」

（1）　本稿はJSPS科研費基盤研究（S）18H05218による研究成果の一部である。
（1）　本稿はJSPS科研費基盤研究（S）18H05218による研究成果の一部である。
（2）　たとえば、楠山春樹による、「儒教はひと口にいって「修己治人（しゅうこちじん）」（己（おのれ）を修めて人を治める、という意味の朱子のことば）の学である」［楠山 1994］。
（3）　加地伸行による、「死と深く結びついた宗教」であって祖先から子孫へと連続する生命の連続性を「孝」という概念で語ったものだとする見解が代表的である［加地 2015］。
（4）　溝口雄三はこれをアスペクトと呼んだ。溝口によるアスペクトの数は時には10、時にはそれより多かったり少なかったりした（［溝口 1990］『思想』792号）。『思想』の同号には渡辺浩が作成した「東アジアにおける儒学関連事項対照表──19世紀前半」も掲載されている。この表はのちに［渡辺 1997］に収録されており、儒教のさまざまな面について各国を比較する際に便利である。本書序章にその一部を収録している。

を区別する際に「儒」字を冠して呼ぶ必要から用いられるようになった。「教」という概念は、私たちが英語のreligionの訳語として用いている「宗教」と同義ではない。その検討はまた別の議論を要するのでここでは行わないが、中国に誕生したこの「教」という概念が儒教を語るにあたっては最適のものである［小島 2017: 3-7］。

　儒教の類義語として儒家・儒学がある。これらの用語上の区別についても研究者ごとに異なるが、かつての原義に近い説明をするならば、「儒家」とはいわゆる諸子百家の一つとして道家や法家と並び立つ思想流派を意味し、「儒学」とは儒家・儒教の教説についての学術やそれを学ぶ教育施設を意味する。筆者の用法としては、儒家の思想に法家や陰陽家の理論が入り込んで複雑化した教説体系を儒教と呼んでいる。儒家は紀元前5世紀に孔子によって創唱されたが、儒教は紀元1世紀に後漢の朝廷において形成された[5]。

　儒教を内容面から称すると、為政者の人徳が人々を感化することで秩序を保とうとする面からは「徳教」となり、倫理規範にもとづく諸規則に従う人々の行為によって秩序が保たれる面からは「礼教」となる。どちらも班固の『漢書』に用例があり、後漢初期には確立していた考え方である[6]。前者を強調すれば徳治、後者を強調すれば礼治となる。俗に孔子・孟子を徳治主義、荀子を礼治主義と分類するのがこれである。ただし、孟子も礼を人間本性の一つとみなしているし荀子も君主の徳を重視しているので、この区別はあくまで相対的なものにすぎない[7]。

　儒教はこれを奉じる者たちの自意識としては、特定の文化集団（現在なら「民

---

(5)　この問題はいわゆる「儒教国教化」をめぐる論争と緊密な関係にある。筆者の見解は渡邉義浩の所説に近い。［渡邉 2009］などを参照。

(6)　『漢書』の「元帝紀」に宣帝の訓告として「奈何純住徳教、用周政乎（徳教に頼り周の時代の政治を行うだけではいけない）」、「刑法志」に「礼教不立、刑法不明、民多貧窮（礼教が立たず、刑法が明らかでないと、民に困窮する者が多くなる）」とある。

(7)　また、私見では孔子を孟子につながる徳治主義者とみなすのは誤りである。これは孟子を孔子の正統な後継者とする宋代以降の歴史認識にすぎず、古くはむしろ荀子を上位に置く評価がなされていた。『論語』の為政篇に見える孔子の有名な発言（史実かどうかは定かでないが）、「道之以徳、斉之以礼（民を導くには徳、秩序あらしめるには礼を用いる）」が両者の併用を象徴していよう。

族」などと呼ばれるもの）に固有のものとは考えられていなかった。他の生物と区別される意味でのヒトである以上、誰もが持つ生得の気質（現在なら「人間性」などと呼ばれるもの）にかなう普遍的な教説だと信じられていた。換言すれば相対性・多様性を認めないということであり、彼らの目から見て、儒教を奉じない人々はヒトでありながら人間ではなく、動物（儒教用語で「禽獣」）に近い生きものだった。それが「夷狄」である。夷狄の反対概念が中華で、したがって中華とは儒教にもとづく秩序が（たとえ実情としてではなく単に理念としてであれ）存在する空間を意味する。つまり、中華は世界に多数ある横並びに対等な集団の一つなのではなく、唯一無二の文明の担い手たる集団であり、中華圏外の人々（「夷狄」）も本来は中華の価値基準に従うべきだとされた。中華か夷狄かを判断する基準が「礼」である。

　たとえば、陳寿『三国志』の東夷伝にある倭人についての記述（いわゆる「魏志倭人伝」）には、「集会では父子・男女の区別なく混じってすわる」とか「身分が上の人に会うと手を叩いて敬意を示す」とかの記述がある[8]。これらは中国の人（魏からの使節団）の目から見て珍しい習俗を書き留めたものであるが、それらが中華の礼とは異なることへの蔑視を伴っていた。

　後漢にいたって儒教の礼の根幹とされたのが「三綱」で、君臣・父子・夫婦の関係性である[9]。このうち君臣関係（その系として身分的上下関係）は家族の外に広がる公的な社会に属し、儒教が理想とする政治秩序にとって重大な意義を持つ。上の「魏志倭人伝」の記述は、身分が上の人に会った場合、中華の礼では「跪拝（ひざまずいて頭をさげる作法）」を行うことになっているのに倭人はただ拍手をするだけだという点から、その夷狄ぶりを表しているのである[10]。

　父子（その系として親族集団内部での関係性）と夫婦（その系として男女関係一般）は、家族内部の私的な場が舞台となる。だがこうした私的な場にも「礼」

（8）　原文「其会同坐起、父子男女無別。（…）見大人所敬、但搏手、以当跪拝」。

（9）　班固『白虎通』の「三綱六紀」に「三綱者何謂也。謂君臣、父子、夫婦也」とある。

（10）　時代は異なるが、18世紀末に英国使節のマカートニー（Macartney）が清の乾隆帝に西洋諸国での作法で謁見しようとしたこと、それに対して清側が三跪九叩頭の礼を要求したことを想起させる。なお、倭国からの卑弥呼の使者は洛陽の魏の宮廷では跪拝礼を行ったであろう。

の原理は浸透しており、家のなかだからといってくつろいで和気藹々と過ごせるわけではない。むしろ、こうした家のなかでの秩序が国の秩序の基礎になるというのが、孔子・孟子以来の考え方だった[11]。

　本章では以下、本書全体の趣旨にもとづき、家族内部での「礼」がどのようであったか、五つの具体的問題を取り上げて紹介する[12]。仮にすべて漢字四字で、男女有別、愛敬事親、三年之喪、敬祀祖宗、同姓不婚、と名付けておく。誤解のないようにあらかじめ断っておくが、以下の論述は儒教の教義上はどうであったかという次元のものであり、史実として昔はそのように実践されていたと私がみなすものではない。また、特に男女の非対称性の点で21世紀の日本社会の規範と相容れない考え方が多く含まれるが、それらは儒教でそう説かれてきた所説の紹介にすぎず、私の見解ではない。

2　男女有別

　「父子に親あり、君臣に義あり、夫婦に別あり、長幼に序あり、朋友に信あり」。

　『孟子』滕文公上章句の一節で、この五つの人間関係をまとめて五倫と称する[13]。上述した三綱になると君臣が父子の前に置かれて順序が変わっているが、これは漢代になって国家的秩序を重視するようになったことを意味すると解される［小島 2017: 77]。

---

(11)　例をあげれば枚挙にいとまがないが、著名な文言を三つだけ原文で掲げる。「有子曰、其為人也孝弟、而好犯上者、鮮矣」(『論語』学而篇)、「孟子曰、人有恒言、皆曰天下国家。天下之本在国、国之本在家、家之本在身」(『孟子』離婁上章句、『孟子』では篇を章句と称する)、「家斉而後国治、国治而後天下平」(『礼記』大学篇)。

(12)　儒教における家族に関する教説を整理した研究としては、古いものだが[諸橋 1940]が今でも有益である。

(13)　原文「父子有親、君臣有義、夫婦有別、長幼有序、朋友有信」。ただし、これを五倫と呼ぶことは、管見の範囲では宋代以降に一般化する。前掲の『白虎通』の篇名は「三綱六紀」、六紀とは諸父・兄弟・族人・諸舅・師長・朋友のことで、このうち四つが家族内の関係である。

『論語』陽貨篇に見える孔子の発言、「ただ女子と小人とを養いがたしとなす」は、現在でも広く知られている。この文のあと、すなわち章の後半は「これを近づくれば則ち不孫、これを遠ざくれば則ち怨む」である。ここの「孫」は「遜」の意味で解釈するのが古来の定説である[14]。

　3世紀に著された三国魏の何晏『論語集解』は、その後『論語』についての権威ある注解として読み継がれた。10世紀末、北宋の邢昺らによってこれにもとづく疏（注釈書のこと。書名としては『論語正義』ないしは『論語注疏』と呼ばれる）が作られ、十三経注疏に収められた。何晏はこの章に何も注を付していない。おそらく文自体が自明で解釈を要しないと判断されたのであろう。疏では「ここで「女子」と言っているのは、一般的なところをあげたまでである。もともとの性質が賢明である女性、たとえば周の文王の母親のような人たちが論じられているわけではない」と述べる[15]。女性がみな「養いがたし」だとは限らない、孔子も当然そう考えて発言していたのだと、良妻賢母として伝承されている文王の母（通称は太任）を持ち出して言い訳がましく述べている。孔子が編集したとされる『詩経』大雅の「大明」と呼ばれる詩に、彼女は登場する（そこでは太任と表記）[16]。

　太任は殷の摯任氏の出身で、周の古公亶父の末子季歴に嫁いだ。姑の太姜によく仕え、妊娠すると邪悪なものを見ず、淫逸な曲を聞かず、傲慢な語を言わなかった。そのため後世、胎教の祖とされる。こうして生まれたのが昌で、祖父の亶父から将来の周国を担うべき人材と見込まれて可愛がられた。それを見た季歴の兄二人は昌が周の当主を嗣ぐことができるようにと南方に出奔し、後継者の座を季歴に譲った。太任は夫に内助の功を尽くし、周は殷の王から西方諸侯の長（西伯）に指名されるに至る。こうしてその子の昌（文王）、孫の発（武王）によって樹立される周王朝の礎を築くのに貢献した。姑としては昌の妻の太姒をよく指導した。『列女伝』は「周室三母」として太姜・太任・太姒を並べ

（14）　原文「唯女子与小人為難養也、近之則不孫、遠之則怨」。

（15）　原文「此言女子、挙其大率耳。若其稟性賢明、若文母之類、則非所論也」。

（16）　原文「摯仲氏任、自彼殷商。来嫁于周、曰嬪于京。乃及王季、維德之行。大任有身、生此文王」。

第Ⅰ部
多様な儒教化──東アジアの近世

讃えている。

　文王の子の周公旦が整備したとされる周の礼制では、王室から士身分の者に
至るまで、家における外事と内事の区別を厳格に定めた。前者は男性が担当し、
後者は女性の任務である。『周礼』では天官に九嬪・世婦・女御などの女官を配
置した。九嬪は王の側室たちであり、世婦は春官の記載によれば王后の礼事を
担当し内事を外官に達する役割を務めた。女御は分担して後宮の諸事を統括し
た。漢代には経学上、彼女らはすべて王の側室とされ、后一人のほか三夫人・
九嬪・二十七世婦・八十一女御という、３の倍数を用いた定員があったと説か
れる（『後漢書』皇后紀上）[17]。

　王の宮廷における内外の区別は、一般の士の家でも適用された。『礼記』から
三つほど例をあげれば、「外の話は家の敷居を入らず、内の話は家の敷居を出な
い」（曲礼篇）[18]、「昔の男（の子）には、家の外には教師がおり、家の中にはやさ
しい母親がいた」（曾子問篇）[19]、「夫婦関係をきちんとし、屋敷をかまえ、内と
外とを区別する。男子は外におり、女子は中にいて、部屋は奥まり宦官が守る。
男は内に入らず、女は外に出ない」（内則篇）[20]。一家の主人の妻（「主婦」と呼ば
れる）が家の中をきちんと治めることを「内教」と称したりもした[21]。さきほど
の太任は内教を完璧に成した女性として『詩経』や『列女伝』で讃えられたわ
けである。

---

(17)　原文「夏殷以上、后妃之制、其文略矣。周礼王者立后、三夫人、九嬪、二十七世婦、八
　　　十一女御、以備内職焉」。
(18)　原文「外言不入於梱、内言不出於梱」。なお、この条はその前に「男女不雑坐、不同椸枷、
　　　不同巾櫛、不親授。嫂叔不通問、諸母不漱裳」とある。家族のなかでも男女が一緒にすわった
　　　り道具を共用したり直接手渡ししたりすることを禁止し、その区別を厳重にしている。このうち「嫂
　　　叔不通問」をもとに「嫂（あによめ）」の問題を扱ったのが、筆者が2021年6月のシンポジウムで
　　　報告した元来の内容だった。そちらの内容は別途論文としてすでに発表している［小島 2022］。
(19)　原文「古者男子外有傅、内有慈母」。
(20)　原文「謹夫婦、為宮室、辨外内。男子居外、女子居内、深宮固門、閽寺守之。男不入、
　　　女不出」。
(21)　『三国志』呉書の「呉主権歩夫人伝」に呉の皇帝孫権が皇后となった彼の妻が死んだ際に「内
　　　教脩斉、礼儀不愆（内教がよくできており、作法がまちがっていない）」と褒めた弔辞を載せる。な
　　　お、「内教」には「国内の教化」や「（儒教・道教に対する）仏教」を意味する用例も多い。

3 愛敬事親

　三綱の一つである父子関係に移ろう。『孟子』の五倫では「父子之親」とされていたが、これと四端[22]を結合して漢代に定式化された五常（仁義礼智信）の対応では父子関係は「仁」で表現される[23]。そして、この関係を子の側からの片務的な表現でいえば「孝」となる。子が親に孝養を尽くすことも儒教の重要な教義である。これには具体的な振る舞い方が定められていて、そのとおりに実践すれば孝子として評価される。

　孝については『孝経』と名付けられた特別な書物がある。孔子が曾子に語った内容を記述した体裁をとるが、現在の文献学上は史実とはみなされていない。その成書時期について定説はいまだにないけれども、形式・内容が『礼記』の諸篇と類似しているので、それらと同様に儒家が他の諸家と論争していた頃に書かれたと想像される。漢代になると孝という徳目が特別に重視されるようになり、そのなかで『孝経』はこれ単独で経典として扱われるに至った[24]。

　『孝経』が孝養について説く心がけは愛と敬である。孔子は天子・諸侯・卿大夫・士・庶人という五つの身分に分けて孝の基本を述べているが、そのはじめの天子について「親を愛すれば人を憎悪しようとしなくなり、親を敬すれば人を侮慢しようとしなくなる。愛敬によって親につかえることで、徳教が人々に加わり、世界を正せる」と言い、士について「父につかえることによって母につかえるのは愛が同じだからだし、父につかえることによって君主につかえるのは敬が同じだからだ」とする[25]。

　『論語』為政篇には孝についての問答が6章ある。『論語』全体で「孝」字が

---

(22)　「惻隠之心、仁之端也。羞悪之心、義之端也。辞譲之心、礼之端也。是非之心、智之端也。人之有是四端也、猶其有四体也」（公孫丑上章句）。

(23)　たとえば後漢の王充『論衡』の問孔篇に「五常之道、仁、義、禮、智、信也」とある。

(24)　漢代の皇帝の諡は孝文・孝景・孝武など必ず「孝」字を冠している。例外は高皇帝（いわゆる高祖）と光武皇帝。二人は創業者と中興者なためかと想像される。ただし通常は「孝」字を略して文帝・景帝・武帝などと称す。また、『漢書』芸文志では六経（易・書・詩・礼・楽・春秋）のあとに『論語』と並んで『孝経』が記載されている。

登場するのは計14章なので、ここにかなり集中している。しかも6章いずれも誰かの質問に答えるもので、そのうち四つは連続しており「（某人）問孝、子曰」の形式で揃っている。孔子の答えは順に以下のとおり。

　　　生前は礼によってつかえ、亡くなったら礼によって葬い、礼によって祭る。
　　　父母は子の病気を心配するものだ（から自分の健康に留意せよ）。（この章の解釈には有力な異説があり、そちらでは「父母の健康に気を使うべきだ」とする。）
　　　今は養うことだけで孝と言っている（が、それでは不十分だ）。犬や馬でも養ってやっている。敬意がなければそれと区別がつかない。
　　　笑顔が大事だ。指示にしたがって働いたり、食事の世話をしたりすることをもって孝というわけではない。[26]

　『論語』における孔子は徳目概念に一般的定義を下すことはまずない。この場合のように具体的な心がけや態度によって形に示す、それによって相手にわかるようにする内容の回答を行う。ここでも孝そのものに正面から答えていないが、これらの積み重ねを孝の実践とする見解なのだ。
　『礼記』内則篇は家庭内での具体的な所作を列記する内容だが、そこに「子が父母につかえるには」と始まる一連の記述がある。鶏が鳴き始めたら盥・櫛ほかの道具を揃えてその身支度を手伝う。息子が父を、息子の妻は義母（姑）を担当する。食事に際しても給仕の世話をする。父母（妻の立場からは舅姑）がなにごとかを指示したらすぐに「唯（はい）」と答え、彼らの前では常に敬意を保ち、あくびやくしゃみをせず、唾を吐いたり洟を垂らしたりしない。寒くても重ね着せず、痒くても掻かない。一方、父母が唾・洟を出したら見ないふり

---

(25)　原文「愛親者、不敢悪於人、敬親者、不敢慢於人。愛敬尽於事親、而徳教加於百姓、刑
　　　於四海。蓋天子之孝也。（…）資於事父以事母、而愛同。資於事父以事君、而敬同。（…）蓋
　　　士之孝也」。
(26)　原文「孟懿子問孝。子曰、無違。樊遅御、子告之曰、孟孫問孝於我、我対曰無違。樊遅
　　　曰、何謂也。子曰、生事之以礼、死葬之以礼、祭之以礼」、「孟武伯問孝。子曰、父母唯其
　　　疾之憂」、「子游問孝。子曰、今之孝者、是謂能養。至於犬馬、皆能有養。不敬、何以別乎」、
　　　「子夏問孝。子曰、色難。有事弟子服其労、有酒食先生饌、曾是以為孝乎」。

をする。彼らの指示に逆らったり怠けたりしない。父母がまちがいを犯したら、にこにこと優しく諫め、聞き入れられなくても敬意を失わず、機嫌がよさそうな折にまた諫める。それで父母が怒り、気分を害して鞭で打って血が流れるに及んでも恨みに思わず敬意を尽くす、云々[27]。これら細々とした作法の集合が親に対する孝養なのである。

4　三年之喪

　儒教では親族への服喪を等差的に規定する。それらは喪に服する期間に身につける衣装の形態によって5通りに分けられる。男性の場合、おおよそ下記のようになる。（経書解釈や時代によって若干の異動がある。）

斬衰（ざんさい）　三年：父、長子

斉衰（しさい）　三年：父没後の母、継母

　　　　杖期（一年）：妻、父在世中の母、離別された母

　　　　不杖期（一年）：祖父母・伯叔父母・兄弟・子・おい・未婚おば・未婚姉妹など

　　　　三月：曾祖父母

大功　九月：男性いとこ・未婚女性いとこ・既婚おば・既婚姉妹など

小功　五月：伯叔祖父母・またいとこ　など

緦麻（しま）　三月：高祖父母・父のまたいとこの子（＝高祖父の玄孫）・曾孫・

----

(27)　原文「子事父母、雞初鳴、咸盥漱、櫛縰笄総、拂髦冠緌纓、端韠紳、搢笏。左右佩用。左佩紛帨、刀、礪、小觽、金燧。右佩玦、捍、管、遰、大觽、木燧。偪屨著綦。婦事舅姑、如事父母。雞初鳴、咸盥漱、櫛縰、笄総、衣紳。左佩紛帨、刀、礪、小觽、金燧。右佩箴、管、線、纊。施縏袠、大觽、木燧、衿纓、綦屨。以適父母舅姑之所、及所、下気怡声、問衣燠寒、疾痛苛癢、而敬抑搔之。出入、則或先或後、而敬扶持之。進盥、少者奉盤、長者奉水、請沃盥、盥卒授巾。問所欲而敬進之、柔色以温之、饘酏、酒醴、芼羹、菽麥、蕡稻、黍梁、秫唯所欲。棗栗飴蜜、以甘之、菫荁枌榆、免槁薧、滫以滑之、脂膏以膏之、父母舅姑必嘗之而後退云々（後略）」。

玄孫など

　斬衰とは縁を縫わずにばっさり断裁しただけの麻布で作った服、斉衰は縁を縫い付けた麻布で作った服。斬衰のほうが悲しみの度合いが大きく、最も粗末な喪服しか身につける気になれない状態を示す。服だけでなく、帯などの装身具についても両者には等差がある。同じ斉衰のなかでも故人との関係性によって服喪期間が異なり、期間には三年・一年・三ヶ月の等差がある。また一年（期）の喪は、悲しみのあまり杖がないと歩けない場合（杖期）と杖に頼らなくてもよい場合（不杖期）に分かれる。斉衰三月の場合、喪服の程度としては下位の大功・小功よりも服喪期間が短くなるわけだが、成人男子が曽祖父母に服喪する場合は稀だから問題は生じない。大功は斉衰よりも細い繊維の麻布で織られ、小功および緦麻はさらに細い繊維の麻布で織られている。装身具もこの順に平時に用いるものに近づいていく。

　要するに、最も重大な服喪を示す用語が斬衰であり、以下順次平時に近い服装となり、期間も短くなるわけだ。そしてこの斬衰の期間が三年と定められていることが、儒教の喪礼規定において中心的な位置を占めていた。

　「三年之喪」という語は『論語』や『孟子』・『春秋左氏伝』などに見える。

　『論語』陽貨篇では、弟子の宰我（宰予）が「三年の喪は、期（一年間）でも充分ではないでしょうか」と孔子に尋ねている。君子が三年も服喪していては礼楽が廃れてしまうというのだ。これに対して孔子は、「お前は一年経てば平時と同じ衣食をしても平気なのか」と問い返す。宰我が「平気です」と答えると、孔子は「お前が平気ならそうすればよかろう」と突き放した言い方をする。この章の後段は宰我が退出したあと、残った他の弟子たちに向けた孔子の発言である。「あいつは不仁なやつだ。幼児は生まれて三年間は父母の懐に抱かれる。三年の喪は天下の通例だ。あいつには親の恩愛が三年より短かったのだろうか」。「仁ならず（不仁）」という最も手厳しい批評が宰我に与えられている[28]。

　『論語』は、文献学的なその真偽はさておき、孔子の発言を聞いた弟子たちが書き留めた記録を集めた体裁をとっている。ただし記録者の名は記さない。したがってこの時その場に居合わせた記録者が誰なのかは不明だし、後日宰我当

人の耳に入ったかどうかもわからない。兄弟弟子への孔子の嫌悪感に満ちた批評を書き留め、かつそれを『論語』が収録していることには宰我への悪意が感じられる。宰我は他の箇所では昼寝を咎められるなど、素行の悪い弟子という役回りである[29]。師が力説していた三年喪を正面切って批判したという話柄は、彼が孔子の教説から逸脱した人物であることを示している。つまり、孔子門下において三年喪は疑念をいだくことが許されぬ鉄則なのであった。

ところが『孟子』における記述は、三年喪が孟子の時代には奇妙な風習とみなされていたことを窺わせる。すなわち滕文公上章句において、文公が父親（定公）の死に際し、孟子に言われた三年喪を実施しようとすると、滕の家臣たちが口を揃えて反対しているのだ。「そのような風習は昔から聞いたことがない」と。話の結末は、孟子に鼓舞された文公がこれを強行したところ、これを見た者たちがおおいに感動したということになっている。『孟子』の編纂もまた孟子の言行録を記した体裁をとっており、孟子が孔子の正統な後継者であることを主張する内容である。この章でも孟子は孔子やその弟子曾子（『史記』孟子荀卿列伝によれば孟子は曾子の系譜に属する）のことばと称するものを引照している。ただし、孔子・曾子が三年喪を説いたとは直接的には言っていない[30]。

ここで注目すべきは、孟子が三年之喪を「天子から庶人までに及び、三代に共通だった」と説明したことである。礼制は身分秩序を表現するものであるため、身分ごとに数や質で等差をつけることが多い。しかし、孟子はここで父の死についての三年喪があらゆる身分で同じだとしている。また、礼が朝代により異なるとされる場合も多く、後述の同姓不婚は周になってはじめて定まった

---

(28) 原文「宰我問、三年之喪、期已久矣。君子三年不為礼、礼必壊。三年不為楽、楽必崩。旧穀既没、新穀既升、鑽燧改火、期可已矣。子曰、食夫稲、衣夫錦、於女安乎。曰、安。女安則為之。夫君子之居喪、食旨不甘、聞楽不楽、居処不安、故不為也。今女安、則為之。宰我出。子曰、予之不仁也。子生三年、然後免於父母之懐。夫三年之喪、天下之通喪也。予也、有三年之愛於其父母乎」。

(29) 公冶長篇に「宰予昼寝。子曰、朽木不可雕也、糞土之牆不可杇也、於予与何誅」とある。

(30) 文章全体は長文なので原文を省略するが、孟子が引く孔子の発言は「君薨、聴於冢宰。歠粥、面深墨。即位而哭、百官有司、莫敢不哀、先之也」、曾子の発言は「生事之以礼、死葬之以礼、祭之以礼、可謂孝矣」（注26前掲の『論語』為政篇の孔子の発言と同じ）である。孟子はこれらをふまえた自説を然友という人物を介して滕文公に伝えている。

決まりだとされていた。『孟子』滕文公上章句でこのあと解説されている農地への税制も三代で異なっている。ところが、孟子は三年喪については夏・殷・周で変化がないとする。この記述はさきほどの『論語』における幼児期の親から受けた愛育への報恩という内容とあいまって、三年喪を人情にもとづく不変の鉄則とする根拠になった。

『春秋左氏伝』の用例は、その昭公十五年に叔向という賢人の発言として見える[31]。周の景王が弔問に来た晋の使節に祭器のことを尋ねた一件について、事実として景王には「一年間に三年之喪（となる事態）が二回生じた」と語っている。後世の注釈者たちはここで叔向が言っているのは何のことなのか、また同じ年にそうした事態が生じた際にはどうするのが正しい措置なのかを議論することになるのだが、本文それ自体としては三年之喪に服する慣行があったことを示す証拠になっている。『孟子』万章上章句には舜が堯にこの期間服喪したとする記述があり[32]、臣下の君主に対する喪も三年間とされた。

父親への斬衰三年は儒教において変更不能な規定となった。後世の官僚たちは父が死ぬと丁憂と称してこの期間は職務を離れ、故郷で謹慎して服喪を実践することとなる。時には権力者が都を離れるのを嫌って早期の復帰を図り、形式上は皇帝が「奪情」といって当人の親への感情に反する行為を無理強いしているということにして、三年喪をしない場合があった。しかしこれは儒教教義を盾とする政敵たちにとっては恰好の攻撃材料であり、たとえば明の張居正について政争になったりした。

ただし三年喪といっても、満三年を意味するわけではない。『儀礼』や先述の『論語』『孟子』などにおける原意がどうであったかはさておき、学者たちの間

---

(31) 原文「王一歳而有三年之喪二焉。於是乎以喪賓宴、又求彝器、楽憂甚矣、且非礼也。彝器之来、嘉功之由、非由喪也。三年之喪、雖貴遂服、礼也」。

(32) 原文「舜既為天子矣、又帥天下諸侯以為堯三年喪、是二天子矣（堯が崩じたときに舜がもう天子であり、そうして天下の諸侯を率いて堯に対する三年の喪に服したとするならば、天子が二人いることになってしまうだろう）」。ここの文脈は、咸丘蒙という人物が、堯は舜に生前譲位したという伝承を語ったのに対して、孟子がそのような事実はないと反論する証拠として言われている。つまり、もし舜がすでに王位にあったのならば、もう王ではない堯に対して三年の喪に服するはずがないという論理である。

で満三年説を唱える者はおらず、足かけ三年の意味で解釈された。その根拠は、『儀礼』士虞礼の「記」の部分に、死後一年で小祥、さらに一年（満二年）で大祥を行い、そして「中月而禫」とあり、この禫を終えると喪が明けるとしているからである。ただしその「中月」という二字が何を意味するのかをめぐって二つの経説が対立した。

　一つは「中」を「間」と解釈し、大祥の二ヶ月後に禫を行うのだとする説で、鄭玄がこの立場である。他方、「中月」は「月中」と同じであり、大祥を行ったのと同じ月のうちに禫も行うのだとする説で、王粛がこの立場だった。つまり、前者であれば服喪期間は足かけ二十七ヶ月となり、後者であれば足かけ二十五ヶ月となる。些細なことのようだが、官僚たちが実際にどちらの期間服喪すべきかが左右されるため、清代にいたるまで真剣に議論が闘わされた。『朱子家礼』は二十七ヶ月説を採る。

5　敬祀祖宗

　肉親が死んで喪礼が一通り終了すると、以後は祭礼の対象として一族によって祀られる。祖先祭祀も儒教の礼を構成する重要な要素である。

　死者は三ヶ月で墓に土葬される。身分ある者はひつぎを二重にし、内側を棺、外側を槨という。仏教の影響によって火葬（荼毘）が広がると、儒学者たちは孝に反するとして非難した。燃やすのは遺体を損壊する行為とみなしたからである。

　遺体への腐食防止措置はとられない。遺体そのものを化学物質を混ぜた溶液に浸して生前同様に保存する慣行は儒教には無い。墓で定期的に祭祀を行うという規定も元来の経書には無い。墓は重要ではあるが祭場ではなく、祖先への祭祀はすべて宗廟で行うはずだった。ところが唐の頃から二十四節気のひとつ清明に墓参するのが慣行となったため、『朱子家礼』では「三月上旬に日を撰んで」と（清明節としてではないという建前で）墓祭を規定している。

　總麻に服す者は埋葬とともに喪が明ける。以後は（墓に埋めた遺体ではなく）

家に置かれた位牌が拝礼の対象となり、五ヶ月（小功）、九ヶ月（大功）、満一年すなわち斉衰の期の者たちが順次喪服を脱いでいく。足かけ三年（二十五ヶ月か二十七ヶ月）で死者の息子たちも服喪を終える。こうして死者は祖霊のひとりとなる。

　そして霊魂を歴代祖先同様に祀る儀式を行う。祭祀者からの世代数が順次繰り上がり、経の規定によれば従前は最も前の世代にいた先祖がこの作業によって祭り上げとなる。祖先祭祀を行うこの施設が宗廟である。

　宗廟は祖先一代ごとに夫婦を合わせ祀るかたちで個別の区画を持ち、全体で一つの複合施設をなしている。各区画には、位牌を置く廟と呼ばれる建物とその祖先の衣冠を納めるための寝の二つが置かれる。これは生者の家が表の室と奥の寝とからなるのと同じ形態である。このようにして、もはや姿かたちを持たない「魂」としての祖先を、あたかも生きているかのように奉じるのが死者に対する孝なのである。なお儒教では元来偶像を作るという考えはなかったので、霊魂が留まるのは木製の位牌（木主・神主などと呼ぶ）であり、そこに当該祖先の呼称を記す。

　しかし後世、特に宋代以降は史料上も明確に、宗廟は設置されなかった。仏教が盛行していたこともあり、家の内部に遺影を掲げて拝礼する形態が広まっていたらしい。『朱子家礼』が「祠堂」という名称の建造物を家のなかの「正寝の東」に設けることを規定したのは、経書がいう宗廟に代わる施設での妥協だった。祠堂には四龕すなわち四区画があり、それぞれに一代ごとの先祖を祀る。つまり全体で一つの建物であり、これが本来の宗廟との大きな違いである。そもそも皇帝でさえ後漢のときから宗廟ではなく、王朝の開祖たる祖先のための「太廟」に以後の歴代皇帝を合わせて祀る形式をとっていた。そのため史料では太廟という語を経学（儒教経典の解釈学）上の宗廟の意味で使っている。『朱子家礼』の祠堂は現状に適応するように整えた祖先祭祀施設だった。

　『朱子家礼』が四龕を設けたのは、先祖四代を祀るためである。四代前とは高祖父母であり、つまり喪礼において服喪する最も遠い世代である。死者から見れば玄孫となる。現実には生まれた時点で高祖父母はすでに歿しており、その死に際会して服喪するということは無い。にもかかわらず喪服の規定があるの

は、先祖として祭祀する対象に含まれるからである（と経学的には説明できる）。ただし先祖四代を祀る資格が誰にでもあるのかというのは、経学的には問題があった。

『礼記』王制篇にこうある。原文を掲げる。

　　　天子七廟、三昭三穆、与太祖之廟而七。諸侯五廟、二昭二穆、与太祖之廟而五。
　　大夫三廟、一昭一穆、与太祖之廟而三。士一廟。庶人祭於寝。

　また祭法篇にも王が七廟、諸侯は五廟、大夫は三廟、適士は二廟、官師は一廟、庶士・庶人は無廟と、ほぼ同じ規定がある。経学者たちは士についての両者の相違を擦り合わせる説明を行っているが、いずれにせよ大夫以下の身分では先祖四代を祀ることは禁止されていると解釈できる。『朱子語類』巻九〇「礼七」では、弟子からこの点をついた質問を受けた朱熹が「廟ではなく簡素な施設であれば僭越ではない」と答えている[33]。『朱子家礼』が祠堂を設定したのはこの回答と適合している。

　高祖父が共通する子孫たちの集団を「継高祖小宗」と呼ぶ。小宗とは特定人物の子孫集団であり、継高祖小宗の他に継曾祖小宗・継祖小宗・継禰小宗がある。それぞれ曽祖父・祖父・父が共通する子孫という意味である。『朱子家礼』が祠堂を設定しているのはこの継高祖小宗を一族の範囲とみなしているからである。なお、前掲『朱子語類』巻九〇の問答で、弟子は現状では士・庶人が先祖三代を祀っていると述べており、経学的には継曾祖小宗にあたる。『朱子家礼』が四龕を設ける祠堂を設定しているのは、現状を追認したわけではなく、継高祖小宗を一族の範囲にしたいという彼の願望（ないしは経学との妥協）を示唆している。

　一方、遠く遡った始祖（賜姓されたり、封爵を受けたり、移住をしてきたりした

_____

（33）　原文「問、天子七廟、諸侯五廟、大夫三廟、士二廟、官師一廟。若只是一廟、只祭得父
　　　母、更不及祖矣、無乃不尽人情。曰、位卑則流沢浅、其理自然如此。又蔚曰、今雖士庶人
　　　家亦祭三代、如此却是違礼。曰、雖祭三代、却無廟、亦不可謂之僭。古之所謂廟者、其体
　　　面甚大、皆是門堂寝室、勝如所居之宮、非如今人但以室為之」

人物)を頂点に、その子孫全体からなる集団を「大宗」と呼ぶ。継高祖小宗よりも世代が離れる場合、すなわち主祭者にとって五代以上前の先祖を対象とする場合に生じる集団である。『礼記』大伝篇には次のようにある。

　　百世にわたって遷らない宗があり、五世で遷る宗がある。百世にわたって遷らないのは別子の宗である。別子を生んだ者を宗とする場合が百世にわたって遷らないものである。高祖を継承する者を宗とする場合は、五世で遷るものである[34]。

　前者が大宗、後者が小宗である。「別子」とは鄭玄の注によれば公子のこと、諸侯の嫡子以外の、君主にはならなかった者たちである。彼らはその子孫たちにとっての太祖となり、それぞれに大宗を形成する。そして、世代を経るにつれてそのなかにさまざまな小宗が形成されていく。ただし、それらの小宗は四代経つと統括する高祖が次の世代にとっては五代前になってしまうために自動的に解散していく。大宗は時間の経過とともに規模が大きくなっていくが、小宗は固定的ではなく流動して存在する。

　大宗は直近数世代よりも前に太祖として不遷の先祖を擁する集団のことだから、先掲の王制篇などの規定により大夫以上の身分の者にのみ該当する制度である。ところが後世はこの規定に反して、一般士人にも実質的な大宗集団が存在した。程頤はこうした現実を踏まえて一般士人に大宗を認めようとしていたが、『朱子家礼』は継高祖小宗の祭祀だけを規定している。ただ実際には大宗的な集団を設ける風潮はやまず、明の丘濬『家礼儀節』では始祖祭祀を取り込んで大宗を認めている。経学上の大宗が近世社会に実際に形成されたいわゆる宗族組織にほかならない。

（34）　原文「有百世不遷之宗、有五世則遷之宗。百世不遷者、別子之後也。宗其継別子者、百世不遷者也。宗其継高祖者、五世則遷者也」。この次の章が大宗・小宗を規定する章で、「有小宗而無大宗者。有大宗而無小宗者。有無宗亦莫之宗者、公子是也。公子有宗道。公子之公、為其士大夫之庶者、宗其士大夫之適者、公子之宗道也」とある。

6 同姓不婚＝夫婦別姓

　宗族は男系血族組織である。そして婚姻は同族間ではなされない。したがって某人（性別不問）にとって、母方の血縁者は同族ではない。儒教教義上は同族というにとどまらず、同姓の者すべてが婚姻対象から外される。

　『礼記』の曲礼篇には「妻を娶るには同姓から娶らない（取妻不取同姓）」という端的な禁止命令が記されている。懇切なことに、坊記篇には孔子の発言としてこの文を載せた後、「妾を買う際に姓がわからなかったら占って決める」とある[35]。『白虎通』の五行篇によれば、異姓と結婚するのは五行の異なるものの組み合わせが物を生ずるやり方を模倣している[36]。

　この禁止命令を侵犯する場合、当事者もそれを自覚しているので真相を隠蔽しようとする。『春秋』の哀公十二年に「孟子卒」と、昭公（先々代の魯公）の正妻が死んだことを記録している。『春秋公羊伝』・『春秋穀梁伝』・『春秋左氏伝』は揃って昭公が同姓の呉国から娶ったので、そのことを直書するのを憚り、彼女の姓（魯も呉も姫姓）を書かずに「孟子」と記したと解説する[37]。『春秋』では女性を「伯姫」・「孟姜」などと「（姉妹順）＋（姓）」で記すのが通例であり、昭公夫人の場合は「孟姫」とすべきところである。だが、それはあからさまに魯国で同姓間の婚姻が行われたことを史書に記録することになるので、直書を避けたというのだ。『論語』の述而篇には陳国の大臣が孔子に「昭公は礼を知っていたか」と尋ね、孔子が「知っていた」と答えたのを、あとでその大臣がこの婚姻の例をあげて孔子を批判する話柄を記している[38]。なお、姓はのちに氏と同一視され、女性を記録する際には単に「某氏」（陳氏・劉氏など）と記す

---

(35)　原文「子云、取妻不取同姓、以厚別也。故買妾不知其姓、則卜之」。

(36)　原文「不娶同姓何法。法五行異類、乃相生也」。『白虎通』は姓名篇に「同姓不得相娶、皆為重人倫也」、嫁娶篇に「不娶同姓者、重人倫、防淫泆、恥与禽獣同也」と、同姓不婚を人として当然の生き方として論じている。

(37)　原文は「孟子卒。孟子者何。昭公之夫人也。其称孟子何。諱娶同姓、蓋呉女也」（『春秋公羊伝』）、「孟子卒。孟子者何也。昭公夫人也。其不言夫人何也。諱取同姓也」（『春秋穀梁伝』）、「昭夫人孟子卒。昭公娶于呉、故不書姓。死不赴、故不稱夫人」（『春秋左氏伝』）。

のが規範となる。前漢の呂后の呂、唐の則天武后の武も氏（かつての姓）であり、これを明記することで夫と同姓ではないことを明かし立てしていた。

　このように結婚後も女性は姓を変えずに呼ばれる。したがって論理的に当然「夫婦別姓」となる。現代社会においては（西洋風に）夫の姓を自分の姓の前につけて、たとえば夫が陳姓で本人が劉姓の場合に「陳劉某」と名乗る事例もまま見られるが、基本的に女性の姓は父方のものを一生使い続ける。つまり、儒教における夫婦別姓とは、（現在とかくそう主張されているように）婚姻が家同士のものでなく独立した人格どうしの契約であることを象徴するのではなく、むしろ逆に女性が生涯にわたって婚姻先の家とは異なる一族すなわち父方の血族の一員にすぎないことを示す烙印だったのである。

　以上、男女有別、愛敬事親、三年之喪、敬祀祖宗、同姓不婚の五つの観点から、家にかかわる儒教教義を紹介した。この他にも兄弟における嫡庶の問題や異姓養子の禁止など、近世東アジア社会を理解するうえでなお論ずべき点は多いが、とりあえず、家族規範について以上の五点を理解しておくことが、「儒教社会」の内実を再考する上での基礎知識となろう。

参考文献

加地伸行［2015］『儒教とは何か　増補版』中公新書。
楠山春樹［1994］「儒教」『日本大百科全書』小学館。
小島毅［2017］『儒教の歴史』山川出版社。
小島毅［2022］「儒教経学における「嫂」」『文化交流研究』35号。
溝口雄三［1990］「中国儒教の10のアスペクト」『思想』792号、特集「儒教とアジア社会」。
村田雄二郎・小島毅［2001］「儒教」溝口雄三・丸山松幸・池田知久編『中国思想文化事典』東京大学出版会。

（38）　原文「陳司敗問、昭公知礼。孔子曰、知礼。孔子退、揖巫馬期而進之曰、吾聞君子不党，君子亦党乎。君取於呉為同姓、謂之呉孟子。君而知礼、孰不知礼。巫馬期以告。子曰、丘也幸。苟有過、人必知之」。文面上は孔子がそのことに気づかなかったのを反省した口調になっているが、朱熹『論語集注』は「孔子は昭公の非礼行為を知っていたが、自国の君主のことなのであえて隠して言わなかった」とする。それだけ同姓不婚の禁忌が強く意識されていたことを示していよう。

諸橋轍次［1940］『支那の家族制』大修館書店（のち諸橋轍次著作集　第4巻に収録）。

渡辺浩［1997］『東アジアの王権と思想』東京大学出版会。

渡邉義浩［2009］『後漢における「儒教国家」の成立』汲古書院。

第 **2** 章　佐々木 愛

儒教の「普及」と近世中国社会

家族倫理と家礼の変容

1926年頃に撮影された中国四川の旌表門。多くは雲南の花崗石を用い
相当の費用を費やしていたとされる（撮影者不詳, public domain）

本章で筆者に与えられた役割とは、第1章で儒教的な家族規範について論じられた後をうけ、中国において、儒教の家族倫理や、喪礼・祭礼（祖先祭祀）など家族単位で行われる儀礼が、その普及に伴ってどのように変容したのかについて述べることである。本書第1部で検討される近世——中国では概ね明清時代に相当する——において、儒教を普及させるために中華王朝がとった手段とは、結論先取的にいえば、主として官僚登用試験である科挙と徳行優れた者の表彰制度である旌表との二つであった。本章では、なぜ科挙と旌表という方法になったのか（あるいはならざるを得なかったのか）、そしてその結果として、儒教の家族倫理や儀礼の理解やその実践にどのような影響を及ぼしたのか、について考えていくこととしたい。

1　中国における儒教の「普及」の特徴とその困難さについて

　前近代において、特段に普及していない観念やそれにもとづく行為を、人々の間で広く一般的に共有させていこうとすることは、近代のような学校制度やマスメディアの発達がない以上、なかなかに困難であろうことは容易に想像できよう。そのような中、伝統宗教は教団組織をもち、聖職者である布教専従者を養成・配置し、修行や布教に活用するための聖なる空間を設けて、布教を行っていった。

　しかし、儒教には教団組織はなく、布教専従者も布教のための拠点もない［池田 1998］。つまり儒教の場合、未信徒に対して積極的能動的な働きかけを組織的に行う形になっていないのである。

　中国の儒教で「布教のための拠点」「布教専従者」として強いて近いものを探すとするなら、学校と教官、そして孔子廟であろうか。みやこに太学をおき、博士を置くことは漢代に始まるが、宋代に至ってみやこの太学（国子監、国子学）のみならず地方に府学、州学、県学と全国的に学校設置がすすめられ、博士などの教官がおかれ、経書が講じられる体制が整えられた［梅村 2008］。しかし学校は一般庶民の教化の場ではなく、官僚たりうる人材の養成の場であり、

学生となった時点で士人すなわち知識人階層とみなされ徭役免除の対象となった。特に明清時代においては学校の学生であることが科挙受験の必須資格であったため、入校のための試験は童試とよばれて科挙の一階梯となる一方、教育機関としての役割はほとんど失っていた［宮崎 1963］。また、学校には孔子廟が併設され釈奠（孔子の祭り）が陰暦 2 月と 8 月に行われたが、釈奠は「中祀」という位置づけの祭祀で、皇帝が親祭するのでなければ皇帝派遣の官僚によって代祭され、国初の制度では丞相、翰林学士、国子監祭酒が中心となり、地方では知州、知県などのその地方の長官が祭りを担った。官僚らが集うオフィシャルな場である以上、民衆が近づくようなことはない。

　では、儒教では民衆教化にあたる役割を果たすことが期待されていたのは誰だったのだろうか。それは所謂士大夫——読書人・知識人である。経書の一つ『大学』は、学問とは何かが論じられた書であり、学問の構造が三綱領「明明徳・新民・止至善」とその階梯としての八条目「格物・致知・誠意・正心・修身・斉家・治国・平天下」と表現されるが、ここで民衆の教化には極めて重要な役割を与えられている。三綱領の「新民」は朱子学では民衆を道徳的に革新させることと解されているし、また八条目では、格物・致知から始まる個人の修養を、家庭をおさめととのえ、国を治め、天下を平らかにするという方向へ発展させるものとされている。『大学』は朱熹が全経書の中からまず学ぶべき書と位置づけた書であり、上述したような学問の構図は読書人にとっては当然の常識であった。

　ただし、この八条目をみると、斉家（家庭をととのえる）の次が治国と一気に対象が拡大しており、家から国までの間に郷里社会という段階がない[1]。つまり親に孝行し、子弟を教育するなどして家庭をととのえたあとは、官僚となって国を治めることに尽力するべしと読める。宋代には志ある地方官が当地の民衆を善導すべく「諭俗文」を布告する例がしばしばみられたが［小林 1988, 2009］、これは治国にあたる官僚としての行為といえよう。もちろん知識人から庶民へ

---

[1]　清水盛光は中国の郷村を自治的な共同体と考えた論者であるが、しかし儒教を中心とする中国の古文献には郷党道徳が著しく軽視されていると論じる［清水 1951］。

の講学活動という例が全くないわけではなく、王陽明門下の王艮（心斎）は泰州の塩丁の子であり、心斎門下からは薪売り、瓦づくり職人、農夫といった全然たる庶民出身の学者が輩出した［島田 1949］。しかしこれは泰州学派であればこその特筆すべき事象だったとみるべきだろう。儒教は民衆に普及させるための組織的かつ個人的取り組みを行いあるいは促すための仕組みを欠いていた。

　一方、下からの、すなわち一般庶民が儒教を学びたい、儒教の教えに沿って生きていきたいと思う契機になる仕組みが儒教の教義にあるだろうか。庶民にとっては残念なことに、儒教には救済という仕組みがない。儒教では病気がなおるわけでも、この世でユートピアが到来することもない。科挙合格というような学問に関わることですら、孔子や朱熹は祈願の対象にならなかった。孔子や朱熹は学祖であり尊敬の対象であったが、超越的な力をもつ神ではなかった。科挙合格をめざす受験生が祈願したのは、道教信仰と結びついた北斗七星第一星であるところの魁星（文昌帝君）だったのである（図2-1）。また儒教では現世の人生がいかに苦しくとも、来世での希望を持たせてはくれない。死後は子孫によって祖先祭祀されることが必須であるということは、死後も現世での家族関係は変更できないという仕組みなのである。この世で夫婦であればあの世でも夫婦（父母）として、子孫から定期的に扶養（＝祭祀）をうけなければならず、「来

図2-1　魁星（文昌帝君）　南京中国科挙博物館（江南貢院）にて筆者撮影

世では金持ちの家に生まれて美女を娶る／玉の輿にのる」などという夢を見ることはできない。ただし、「親に孝」を子どもに教え込むことができれば、特に老後は子どもによる扶養が期待できるから、この点は現実的合理的なメリットである。誰も行ったことのないあの世での幸福が語られるよりも、現世での親孝行を語る教えのほうが現実的合理的ともいえよう。しかし儒教の「親に孝」といった通俗道徳は仏教や道教側も受容し発信したから[酒井忠夫 1960]、儒教でなくともそのメリットは享受できた。また教団宗教たる他宗教であれば、入信して信徒団体に属することによって、全く新しい人間関係が獲得でき、信徒間の相互扶助による現状の打開も期待できるが[山田 1991]、教団のない儒教の場合はそういったことは期待できない（始祖の祭祀によって父系親族を広く結集させる宗族結合は似たような機能を果たし得るが、これが儒教礼制といえるかについては 2 節 2 で後述する）。すなわち全くの庶民にとって儒教は仏教や道教と比べればメリットが薄弱といえよう。

　次に、もし中国で儒教を普及させようとした場合の中国社会側の問題について考えてみよう。儒教はもちろん中国発祥の教えで文化と教養の源泉である。しかし、中国発祥であるが故に、他の東アジア諸地域と異なり、「外来の先進文明への憧れ」や「中国文明を受容することによる自身ないし自らの家族の卓越化」という力が働きにくい。もちろん中国は広いので、中国でも辺境の場合は他国に近い状況が生じる可能性はある。たとえば海南島出身の朱子学者・丘濬である。丘濬は儒教の生活実践という点においては巨大な仕事をした人であった。儒教の生活実践のマニュアルとなるのは『朱子家礼』（冠婚葬祭四礼のマニュアル）であるが、丘濬は『朱子家礼』を実践しやすいように増補改訂した『家礼儀節』を撰し、これは後世これが朱熹のオリジナルテキストと誤解される程普及した[佐々木 2009]。その著述意図について、丘濬は『家礼儀節』の序に次のように記す。

　　わたしは辺境に生まれ、年少のときから礼学に志をもっていた。天下で文献があるところではこの礼（『朱子家礼』）は必ずやよく家家で行われ人はこれを習っているのだろうと思っていた。ところが故郷を出、みやこの朝廷で仕えるように

なった後で、世の中この礼を行っているのはまれだということをはじめて知ったのである。なぜこの礼が実践されていないのかと聞いてみると、みな礼文の奥が深く、行うのが簡単でないからと答えた。

　ここには海南島という辺境に生まれ育っていたからこその中華文明──礼への憧れがみられる。『朱子家礼』普及の功績者が辺境出身の儒者であったことは、東アジア諸国との比較という見地からも記憶しておいて良い事柄と思われる（ただし丘濬自身が年少の海南島時代に『朱子家礼』を実践していたかどうかは未詳であるが）。もし中国本土であれ辺境であれ丘濬のような礼の実践に意欲をもつ個人が出現し『朱子家礼』を実践したとして、その実践は次世代に継承していきやすいか、そして知識人の行う礼の実践は地域社会に広がりやすいか、考えてみよう。

　中国は身分制を欠いた能力主義的で競争的な社会であり、家には代代継承される家業のようなものはなかった。家の個々の成員は能力に応じ、より多くの金銭が得られる職業についていくことが求められた。もちろん儒教的な教養を身につけ科挙に合格し官僚になることが最上であり、父祖が士人であれば当然その地位を継承することが期待される。しかしごく富裕な家でなければ、合格する見込みも無いのにいたずらに勉学を続けるよりは就業することが求められ［何 1993］、身分制を欠いた社会であるために、兄弟であっても官僚、商人、地主（農民）と生業が異なるのが通常であり、かつ財産の継承は男子均分が固く守られた［滋賀 1967］。たとえ宰相の家でも四代経てば子孫のなかには乞食もいるという俗諺は、中国社会の流動性の高さを示すものである。中国の家はこのような社会に対応するものであり、「家風」は比較的受け継いでいきにくい型の社会であるとみなせよう。

　次に、知識人の行う儀礼実践は地域社会に広がっていきやすいか考えてみよう。中国は、身分制がなく、身分団体が基本的に存在しない社会である。また中国の村落も共同性団体性が希薄であり、時に強い団体性がみられることがあっても、それは集団となることが必要であれば結合し、その必要がなければ結合しないという伸縮自在を基本的性格とすることによるものであって、中国の

村落一般を共同体だとみなすことはできない［足立 1998; 岸本 2006］。つまり中国では、身分団体や地域共同体を核として、儒教儀礼が実施されそれらが共有されるといったことが期待できない。またそもそも儒教では郷党道徳が希薄であったことは先述したとおりである。

　このように中国の家や社会が共同団体を基本的な性格としていないために儒教の普及が難しいのであれば、国家が強制的に社会に共同体を作らせ、そして儒教の教えを普及させるという方法もありうる。そのような形で教化を行おうとしたのが明初期の里甲制における里老人・木鐸老人の制度であった。里甲制とは地域的に隣接する土地所有者110戸ごとに一里を編成させるという人為的な郷村編成に基づいて納税・徭役を管理させる支配機構である。里甲には紛争の調停・教化を主担当する里老人一名、および木鐸老人一名がおかれた［松本 1977; 酒井忠夫 1960］。里老人は里長・甲首とともに里内の軽微な案件についての裁判を担当し、里内の教化にあたるものとされた。また木鐸老人は「里内の老年者、身体に障がいがあって生計を立てられない者、目が見えない者を選び、幼児をつれさせ、木鐸を持たせてその里を巡らせ、大声で人々に聞かせ、善をなし罪を犯してはならないことを知らせる」と定められ、木鐸老人が触れ回る文言は「孝順父母、尊敬長上、和睦郷里、教訓子孫、各安生理、毋作非為」。この所謂「六諭」は木鐸老人の規定ではじめて登場したものであった。また郷村の民の教化のために五十家ごとに一所社学を設ける制度もつくられた。

　とはいえ、このような国家の強い主導による教化策は、実際のところは名目的なものに止まったか、あるいは実施されたとしてもごく短期間でしかなかったと考えられる［松本 1977; 間野 1979］。民衆の教化を直接国家がはたらきかけた六諭とは、里甲制という国家主導で村落の共同体化が強力に行われたという特異な時期の発案であった。里甲制崩壊後、六諭は郷村統治に志をもつ一部の官僚が実施する郷約において利用され［酒井忠夫 1960］[2]、また清朝時代には順治、康熙「聖諭十六条」、雍正「聖諭広訓」と六諭の活用による民衆教化がは

---

　(2)　なお、井上［1986a, b］は、明代中期に至って八条目中の家と国のあいだに郷里社会が想定されるようになったと論じる。

からられたが［角田 1984］、しかし里甲制体制崩壊後の明代中葉以降の中国は専制体制のために社会末端までの把握ができずルーズな支配にとどまり、梁啓超が「野蛮の自由」と評したように信教も集会も移動も自由という状況であった［足立 1998］。共同体を基本としない中国社会では、たとえ一片の触書を発したとて、大海に石一つを投げこんだような程の影響力しかもたなかったと考えられる。

　このような流動的で能力主義的、かつ共同体に基づかない中国社会において、儒教普及のために国家が取りえた方法としては、自主的に高次元で儒教を受容した者が社会的に高く評価され、かつ金銭的にも報償される「利」を設定し、個々人にその「利」の享受をめざさせるという形にいきつくことになった。具体的には科挙と旌表という二方法である。帝政時代の中国においては官僚になることが唯一かつ究極的な栄達の道であり、官僚登用試験である科挙の試験課題のうち特に重視された問題は、「四書題」「五経題」で、儒教経典の知識と理解度および作文力を問うものであった。儒教経典の知識とそれにもとづく教養や行動様式が上層階層の証であるならば、たとえ科挙登第までは望めないに

図2-2　旌表牌坊。浙江省金華市蘭渓県にて筆者撮影

　第 I 部
　　　　多様な儒教化──東アジアの近世

せよ、可能な限りそれらを身につけて階層上昇を図ろうとする人々の群れを生むことになる。その一方、旌表とは親孝行な子(孝子)・夫に貞節を尽くした妻(節婦)など、徳行優れた者を表彰する仕組みである。唐以降明代までは徭役の優免特権と旌表牌坊(図2-2)の建設や匾額の賜与、清代では牌坊の建造資金30両の賜与などが行われた[小竹 1952; 酒井恵子 2006, 2009]。傑出した優秀者を表彰することによって全体を牽引させようという手法は、現代に至っても労働模範の表彰のような形で継続していることを考えれば、共同体に立脚していない中国社会では結局最も効果的な方法だということなのであろう。以下、節をあらためて、科挙や旌表という手段がとられたことが、儒教の家族倫理や家単位の儀礼——喪礼や祭礼(祖先祭祀)法の理解や実践に与えた影響を考えてみることにしたい。

2 科挙と儀礼

1……科挙の試験問題と儀礼

科挙受験生が受験勉強にいそしむことが、儒教儀礼の実践につながるかどうか考えてみよう。科挙の試験問題のうち、直接礼が試験問題となりうる科目は「五経題」であるが、「五経題」は五経のうち一経だけを選択して回答すればよく、さらに礼は『周礼』『儀礼』『礼記』の三礼のうち『礼記』だけが出題対象となっていた。もちろん、解答にあたっては、選択した経書だけでなく、広く他の経書についても通じておく必要はある。しかし一経だけを選択するという科挙制度が明代の経学の衰微の原因とする指摘は清朝時代の一般的な認識であったから[鶴成 2001]、やはり必須の受験科目か否かということが受験生に与える影響は大きかったことであろう。さらにいえば、五経のうち、実際に『礼記』はほとんど選ばれなかった。最も選択されたのが『詩経』で概ね30～37%、ついで『易』が明末中期以降人気を高め、『詩経』に匹敵あるいは凌駕する数の受験生を集めるようになった一方、受験生から回避されたのが『春秋』と『礼

記』で、とくに『礼記』は5％から10％と、五経のなかで最も選択されなかった [Elman 2000; 鶴成 2000; 呉 2020]。その理由として、経書本文の分量の多さによる負担感や、読書だけでは理解できない礼学特有の学習の難しさから回避された [鶴成 2001] という。さらに、科挙受験時にたとえ『礼記』を選択したとしても、経書の句のごく一部を切り取って出題しその意味を問うという科挙の出題方式自体が、必ずしも受験生自身の日常的な礼の実践を促すような出題形式ともいえまい。

　さらに三礼のうち『礼記』が課されたということは、必ずしも実践的な礼の知識が求められていたわけではないということでもある。そもそも朱熹は『儀礼』を経、『礼記』をその伝（解説）と位置づけていたのであり、そして具体的な諸儀礼の実践方法の総体（マニュアル）が示されているのは三礼のうち『儀礼』であった。そしてまた、たとえ『儀礼』を十分に学んだとしても、それが現実の儀礼実践に直接結びつくわけではない。千数百年以上前の儀礼をそのままに実践できない所もあるのが当然である。しかし、礼は規定通り実施することにこそ意義があるという基本的な性格をもつから、たとえ現実として礼の意義として最重要な儀礼は実践していなかったとしても、儀礼全体のうちごく一部でも規定通り実践していれば「礼どおり実践している」という言い方がされることになり、結果として規定とは異なる内容の礼が行われるということが大いにありうるということになる。では、実際どのような儀礼が行われ、それは本来の経の趣旨とどのように異なっていたのだろうか。

2……… 現実に行われた「儒教的な儀礼」と朱子学との相違

　明清期の特に南方で広くみられた宗族（父系出自集団）では、族譜を編纂して族人メンバーを確定し、族人のあいだの世代や年齢の上下関係を明らかにするとともに、「〇〇氏祠堂」「〇〇氏宗祠」といった名の祖先祭祀施設を設けて始祖（始遷祖）に始まる代代の父系祖先の位牌を並べ、折々に祖先祭祀を行うことによって、その子孫であるところの一族を広く集結するということが行われた。祖先祭祀は儒教儀礼のなかでも中心的な意義をもつものであったし、また

第 I 部
多様な儒教化──東アジアの近世

宗族は「宗法」に基づく集団としばしば自認した［多賀 1960］。宗法は経書に記載のある語であり『朱子家礼』の根幹原理でもあった。となれば、宗族は儒教にもとづく集団であったと考えてもおかしくない外形をもっていたし、また宗法を父系親族の結合のための原理と捉える理解は通説となっている［井上 2000］。

　ただし実際に宗族が行っていた儀礼の内容に一歩踏み込んでみると、それは宗法の本来規定とは明らかに異なる内容が広がっている。宗族で祖先祭祀を主祭するのは一族のなかで世代や年齢が上の者で、時には社会的地位が上の者があたることもある。しかし経書や『朱子家礼』の親族原理「宗法」では、嫡長子直系の宗子とされる。つまり一族の尊長らをさしおいて嫡長子直系の卑幼が祖先祭祀を主祭することもあるという規定である。

　この違いは、単に一族のリーダーには誰があたるべきかふさわしいかという問題ではなく、家族の構造としての決定的な違いを意味している。宗法とは第一義的には「支子不祭（次三男や庶子など嫡長子以外の子には祭祀権がない）」（『礼記』大伝）を根幹とし、嫡長子直系の祭祀権の継承をいう法で、嫡長子と次三男以下の礼的位置が峻別される直系家族構造（stem family）に対応する祭祀権継承法なのである。そもそも儒教礼制とは儒教における理想の時代——周王朝——に定められ行われていた制度というのが建前であり、宗法が世爵世録の封建制をとっていた周王朝時代に適合するものであることは当然のことであった。戦国時代において広がる能力主義・競争主義の台頭により、封建・宗法の嫡長子主義は崩れ、家産は男子均分とする合同家族（joint family）が登場し、以来、中国帝政時代全期にわたり嫡長子優位を支える社会的現実は喪失した。にもかかわらず、宋代の道学者らや朱熹が宗法復活を述べ、そして『朱子家礼』の根幹原理として宗法が採用されたのは、宗法が経書の理念として守るべきだと認識されたからに他ならない。「経」と「権」という考え方がある。経は守るべき理念、権は時宜に応じた柔軟な対応をさす。もちろん『朱子家礼』が編纂されたのは、時代の変化に応じ実践しやすい儀礼を策定するためであったが、朱熹にとって宗法は「経」であった。またそもそもこの『家礼』は、朱熹が自身で実践するためにつくったものであり、そして朱熹自身、三男として出生したが兄二人は夭折していて朱熹が父を継ぐ唯一の祭祀権者であり、かつ新安に暮ら

す本貫の一族とは遠く福建に暮らし［束 2001；三浦 2010］、祖先祭祀によって親族を結合するような状況になかったから、朱熹自身は宗法の嫡長子主義でも特に困らなかったのである。ただし朱熹自身、宗法が現実に通行している家族観念と全く異なるため、宗法が一般的にひろく実践されることについては悲観的であったし、明初期に『朱子家礼』の普及に功あった丘濬『家礼儀節』においては宗法の嫡長子主義やその継承規定は、遠い未来の努力目標として棚上げされたのであった［佐々木 2009］。すなわち、近世宗族が宗法に則っていると述べたとしても、それは自らの一族の結集を儒教の術語によって潤色したにすぎない。明清期の近世宗族が始祖を祭り一族を広く集結させることができていたのは、「祖先に対して子孫は同等」であるからであって、宗法のように嫡長子系統の本家に対してその他支族が礼的に従属すべきものとされていたためではなかった。朱熹は宗法──嫡長子主義──によって親族結合を目指すようなことを述べたことはなかったのである。

　では『朱子家礼』の規定でどれほどの族人を結集できるのだろうか。近世宗族では先述したとおり、おおむね始遷祖（一族ではじめてこの地に移住してきた人）を中心に、父系一族の先祖を多数祭り、始祖を自らの父系の祖先と認識している一族を広く結合する。ところが『朱子家礼』ではこの点が非常に不明確な状態になっている。『朱子家礼』には冬至の初祖祭祀、立春の先祖祭祀の規定もあり、また大宗（始祖たる別子から嫡長子直系の系譜を代々無限にうけつぎ、始祖を祭り族人を統括する）の存在もいちおうは想定されている。朱熹は、かつて程頤説を踏襲して冬至の始祖祭祀・立春の先祖祭祀を認めていたこともあった。しかし後には始祖や高祖以上先の祖先を祭祀するのは天子にのみ認められる祭祀であり、士庶にとっては僭越で祭るべきでないと考えるに至り、朱熹は士庶の始祖祭祀に繰り返し反対した。そもそも『朱子家礼』は未定稿のまま紛失し、朱熹没後に発見されたという経緯がある書であり、『朱子家礼』の規定は朱熹の最終的な見解ではなかった。そして『家礼儀節』など後世出版された様々な『朱子家礼』の改編版では、初祖先祖祭祀の項に朱熹がその祭祀に反対していたことが記される注が付せられている。また、『朱子家礼』どおりにたとえ初祖先祖を祭ったとしても、それは位牌を用いず、蒲薦を敷物のうえに載せて神位と

して用いる定めであり、位牌や時には彫像で祭る近世宗族の始祖祭祀とは明らかに異なっていた。さらに「初祖（厥初生民の祖）」も始遷祖と朱熹は考えていたわけではなく、初祖を伏羲とする発言すらある。つまり『朱子家礼』において明確に祭祀が可能である祖先は、高祖父母、曾祖父母、祖父母、父母の四世代の祖先に限られる。

　ところが実際のところ、『朱子家礼』の規定では高祖父母を共通の祖先とする一族を集結させるのも困難な仕組みになっている。そもそも高祖父母を共通の祖先とする子孫たちが結集するためには、その子孫たちにとってすべての祖先が祭られていることが最も望ましい。ところが朱熹はそのように族人全員の位牌を一箇所において祭ることに反対し、祖先はそれぞれの嫡長子直系の子孫によって祭ることを求めた。そのため、もし、自らの曽祖父、祖父、父がすべて次三男以下であったばあい、自身ないし兄が管理する祠堂で父を祭るほか、それぞれ嫡長系親族がそれぞれ主祭する祖父母の祭り、曾祖父母の祭り、高祖父母の祭り、とそれぞれ別個に行われる総計四回の祭祀に参加してはじめて四代の祭祀による親族結合が達成されるのである。要するに煩わしいことこの上なく、これを可能にするためには、最低限小宗ごとの祭祀を別日に設定し、かつ他の小宗の祭祀への参加を強く促すなどの文言やそのための規定が必要であろう。しかし、『朱子家礼』にはこういった文言や規定を欠いており、また『朱子語類』にも、親族結合はどのようにして可能かということについて論じた跡は全くみられない。すなわち、朱熹が念頭にあった祖先祭祀単位は、兄弟とその妻子という一小宗内の範囲に止まり、それ以上ではなかったとみなくてはならない。

　以上のように、明清期の近世宗族と『朱子家礼』とでは、親族構造も祭祀対象も祭祀単位も全く異なっていた。『朱子家礼』の様々なバージョンのテキストが明清期にかけて普及したのは事実であるが、しかし現実の宗族にみられる祭祀組織は『朱子家礼』からは著しくかけ離れたものであった。そもそも儒教の普及の結果として宗族で祖先祭祀が行われたとするなら、儒教の故郷山東などの華北地域で宗族結合があまりみられないことの説明がつかない。M. フリードマンは、中国福建・広東・台湾などで宗族結合が広く見られる理由をフロンテ

ィアであったことに求めているが［フリードマン 1987, 1991］、このような現実の必要性を文飾するための手段が「宗法」や『朱子家礼』などであったと考えるべきであろう。

　このような宗法の内容変更は、経義が現実にあわせて変更された事例であるが、いっぽう、近世宗族においては経書の意図が本来の意図を超えて強化された側面もある。たとえば滋賀［1967］では主に1940年代の中国農村調査に基づきながら、むすめは生家において祖先を祭祀する権利はなく、またむすめが亡くなったばあい生家の祖墳に葬られることはなく、また生家の祠堂で位牌祭祀されることはないと指摘した上で、女性は生家においては社会的地位を有さず、「祖先を祭り、子孫によって祭られる」という関係に入ることはない、結婚して夫族のなかにはじめて社会的地位を得るという理解が示されている。また、筆者が訪問した福建省のある大宗族の古老も、未婚のむすめが亡くなった場合は、一族が共同で使っている山のなかにある穴に遺体を投げ入れるだけで、墓を作らないと語った［佐々木編 2022b］。著しい父系の強調とむすめの地位の低下がここにはみられる。

　ところが、別稿でも記したとおり［佐々木 2020, 2022a］、経書や朱熹の所言にはこのような言説はみられない。『礼記』内則には未婚のむすめが祖先祭祀に参加すると書かれており、祖先祭祀にむすめを参加させることは家庭教育として称揚される行為であった。また程頤の母は自身の実父母を祭り、病で自身が祭れないときには、息子（程頤）に代理祭祀を依頼している。朱熹は父系祭祀を正統と考えていたことから、程頤の母の行為には批判的であるが、後継ぎがないなど事情が有る場合の母方祭祀や妻方祭祀を認めていた。また朱熹は「祭祀されない死者」を想定していない。『朱子家礼』では夭折の男女についても位牌を作り祠堂で祔祭されるという規定が設けられている。また、程頤も朱熹も未婚のむすめの墓をつくり墓誌銘も書いており、むすめについて墓をつくってはならないなどと言ったことはない［佐々木 2015a, b］。明清期の儀礼におけるむすめの抑圧的地位は、経書記述や朱熹の発言をはるかに超えて起こったことであった。

3 旌表

中国歴代王朝において徳行ある者を個別に表彰するということは秦漢以来行われてきたが、唐代に至って制度として明文化され、当人の居住地で表彰し、同一戸籍の者の徭役は免除されると定められ、これが歴代王朝で踏襲されていくこととなった。本節では旌表された孝子（孝行むすこ）、累世同居、そして節婦（貞節な妻）について、経書の記載や朱熹の所言と比較してみよう。

1⸺孝行

以下にあげたのは明の洪武期に申請された旌表案件をめぐって行われた皇帝と礼部の議である。ここには儒教道徳の普及のために旌表という方法を使う場合に起こる事態をよく伝えている。

　　洪武二十七年、青州府日照県（山東省）の民・江伯児は母が病んだため、自身の脇肉を割いて食べさせたが病は癒えず、とうとう泰山の祠に祈祷して、母の病が癒えたならわが子を殺して神に捧げる、と誓った。そして母の病が癒えたので、ついにその三歳の子を殺して神を祭り、関係官僚はこのことを上奏した。皇帝は怒って言った。父子とは天倫の至って重い関係であり、礼では、父は長子が亡くなったときには三年喪に服すと定めている。今、民草は無知で、自分の子を傷つけ殺しており、倫理を絶滅している。すみやかに逮捕して処分をおこない、風俗教化を傷つけないようにするべきだ。そして最終的に江伯児を逮捕し、杖一百として、海南島送りとした。そして礼部に命じて、孝行として旌表する事例について議論決定させ、天下に通知した。礼部の議論は以下のとおり。
　　人の子として親につかえるのは、平常であれば尊敬の心をつくし、扶養するときであれば楽しませ、病気になれば良い医者にみせ、良い薬を飲ませ、天に神に回復を祈るのであれば、それでこれ以上なく懇切なのであり、此は人の子が当然とするところである。氷の上に伏せ（て、氷を溶かして継母のために鯉をとろう

とし）たり、割股（して自らの肉を父母に食べさせて病を治そうと）したりするのは、古には聞いたこともなかったことで、後世になって始まったことであるのに、まま行われているし、肝を切って父母に食べさせるとなれば、その残害は非常に甚だしい。父母にただ一人しか子どもがいないばあいなど、肝を切りももの肉を切ってあるいは命を落とし、氷の上に伏せてあるいは凍死するに至ってしまえば、父母を扶養する者はなくなり、祖先の祭りはこれで永絶するということになってしまい、逆にこれは大いなる不孝者ということになる。その原因とは、皆愚昧の徒で、できる限り普通ではありえないことをして、世の中を驚かせさわがせて、それで旌表されて徭役を免除されることを乞い願い求めているのである。割股が次々と行われるので、肝を切るようになり、肝を切ることが引き続くので、子が殺されるようになったのだ。人としての道をはずれ、生命を傷つけること、これより甚だしいことはない。これからは人の子として、父母が病気になり医者ではなおらず、その苦しみを訴えるところもなく、やむを得ず割股や臥氷を行ったというばあいは、そのようにしてもよいが、しかし旌表の対象にはしない。この議に従うとの詔があった[3]。

　冒頭で記されているのは、母の病の平癒祈願が叶ったため我が子を殺して神に捧げ、これをもって旌表が申請されたという事例である。我々の目からみれば異常というほかなく、また本件は太祖朱元璋の怒りを買い、結局子殺しとして処罰がされたとみえるが、しかし我々が着目したいのは、旌表は結局このような異常な行為に帰結するということである。通常の親孝行――親に敬をもって仕え、扶養し、楽しませ、病になれば医者にみせ投薬すること――で孝行としては十分であるが、しかしこれではよくある平凡な話であって、そのなかから卓越して表彰されるためには、特異な行為が求められるようにならざるを得なかったのである。
　すなわち、旌表は、当人の日常の人柄や行為はどうあれ、何かインパクトの

(3)　『太祖高皇帝実録』巻二三四、洪武二七年九月八日。なお本稿では字数の関係から史料原文の提示は行えなかった。ご海容を乞う。

　第Ⅰ部
　　　　多様な儒教化――東アジアの近世

強い特異な孝行を瞬間的に行うことができれば、科挙応試のような長年の勉強や高い能力など不要のままに、徭役免除特権と郷里での表彰、史冊への記載といった士人同様の扱いを得ることができるという科挙と比較すれば現実味のある社会的上昇の手段となった。しかし科挙同様、多くの者が旌表での社会的上昇を目指すとなれば、多数の者の間での競争となり、競争を勝ち抜くためによりインパクトのある方法がとられる。そもそも史料上割股が明確にあらわれるのは唐代になってからであるが［松野 2017］、唐代とはまさに旌表が制度化された時代であったことは示唆的である。唐の『本草拾遺』には父母の病の特効薬とされていることが記される［桑原 1968］。つまり旌表が制度化したのと同時代にこのような言説が作られたのであった。そして旌表をめざす人々にとって割股が比較的当たり前の行為になってしまえば、割肺へ、さらには殺人祭鬼へと孝行行為がインフレを起こしているというのが、礼部の認識であった。なお礼部の議に登場する「伏氷」とは孝子説話集『二十四孝』に掲載されている話の一つで、継母の好む鯉をとるために厳寒のなか凍結している池に伏せたところ、氷が溶けて鯉が躍り出てきたという話である。『二十四孝』はいずれも特異な行動が選び抜かれている書であるが、これも旌表による上昇を目指す者にとっての参考書とされたことが考えられる。

　このように、ある種異様な孝行行為が旌表制度に伴う競争のなかで生まれたということからも推察されるように、そもそもこういった身体を傷つけたり生命を奪ったりすることによって成り立つ孝というのは経書にはない話である。「身体髪膚これを父母に受く、あえて毀傷せざるは孝のはじめなり」（『孝経』）の語でよく知られるように、儒教は本来父母から得た体を傷つけないことこそが孝であるとしていた。親孝行である曾子は、母との間に同気一体が成立しており、母が自分の肘をつかんだら離れたところにいる曾子の肘が痛んだという逸話も語られ（『論衡』感虚篇）、そして曾子自身が重病にかかったさいには、親からもらった自らの体を傷つけていないことを門人たちに示した（『論語』泰伯）のだった。つまり経書の義に立つかぎり、割股は批判されてしかるべき行為であったはずである。割股批判者として最も著名なのは韓愈であるが、韓愈の文集は後年朱子学徒の間で特に好まれ読まれていた書である。そして朱熹自身も割股

について弟子から問われ「割股はそもそも間違っている。もし誠心から割股して人に知られることを求めないというならまだ孝に近いが、今は誉れを得ようとして割股をする者がいるのだ」(『朱子語類』巻17)と割股を批判し、かつそれが誉れ——おそらくは旌表が念頭にある——のために行われていると述べる。⁽⁴⁾

割股者を旌表することはたびたび禁じられたが、しかし現実に割股した者がでれば、その心根は評価すべきだという方向に議論は往往にして流れ、結局のところ割股は旌表され続けることになった。割股とは表彰制度を活用して儒教理念の普及を図ったことによって、本来儒教がめざしていた孝のかたちとは逆転させられてしまった例といえよう。

2……累世同居

累世同居——つまり何代にもわたって財産分割を行わず同居同財を保った家は義門と呼ばれ、歴代王朝はこれを旌表した。清代の累世同居家族は同居世代数としては6世から12世にも至り、年数としては70年から105年に及ぶ[清水1942]。これほどに世数を重ね、著しく遠縁の親族とも家族として同居同財の関係を築くということになれば、家族成員各人の傑出した人徳と忍耐がもちろん必要であろう。ただし大家族の共同生活を維持するというのは、兄弟の平等を基本とする合同家族構造に相応しい家族倫理である。経書で理想とする親族構造は先述したとおり宗法の嫡長子優位の直系家族構造であり、経書にも特に累世同居を勧める言はない。そして朱熹も以下のように累世同居で大家族が多く集うこと自体にさしたる意義をみとめていなかった[佐々木2000]。

> 朱熹「古は宗法には南宮と北宮とがあった。つまり財は分けないとしても、竈は
> 別にすべきだ。……」
> 質問者「陸子静(陸九淵、号象山)の家は百人以上の者が食事をしていますが」。

(4) 従来、割股の風習の広がりは朱子学の影響といわれることが多かったが、松野敏之[2017]は朱熹や朱熹以降の道学者には割股に警戒感を抱き、批判したり教えとしなかった者も多いことを指摘する。

朱熹「最近彼の手紙を読んだが、すでに自身は別に家を建てていた。つまりおおくの者は落ち着くところがないのだ。……陸子静もはじめは家法を理解しており、整っていた。諸父は一処で食事をし、諸母は一処で食事をし、諸子は一処でし、諸婦は一処でし、諸孫は一処でし、孫婦は一処でし、卑幼は一処でするのだ」

質問者「父と子は食事を別にすべきなのですか？」

朱熹「そのようにすべきだ。父母の食事が終わるのを待つべきで、そののち退出して食事をするのがよい。」（『朱子語類』巻90）

　この対話が踏まえている経文は『儀礼』喪服伝「東宮があり、西宮があり、南宮があり、北宮があり、居は異にするが、財産は共有にし、あまりがあれば宗にもどし、足らなければ宗からとる」に基づく。この経文は、見方をかえれば一族での財産の共有と相互扶助を謡っていると解釈することもできるが、しかし朱熹は上述のとおり「居を別にする」「食事を別にする」という点を強調している。滋賀［1967］では、竈は同居同財の象徴であり、炊事と食事をともにすることこそが家族生活の核心をなしていたとされるが、朱熹はその観念を共有していなかった。朱熹が理想としていたのは一族内の尊卑長幼の秩序の確立であって、一族の合同、結合ではなかったのである。

3……守節

　「ひとたび結婚すれば、生涯その関係を改めることはしない。そのため夫が死んでも別の者に嫁ぐことはしない」（『礼記』郊特牲）。「忠臣は二君に事えることはしない、貞女は夫をとりかえない」（『史記』田単列伝）。このように夫死後の不再嫁は経書・史書に記された理念である。ただし、その一方「夫死亡時に妻が若く幼児がいて、身寄りがなければ子連れで再婚する」（『儀礼』喪服子夏伝）との規定もあり、このような事情がある場合は再婚することこそが正しい行為で、礼の名において再婚することができるというのが経書の趣旨であったと理解できる。この点をふまえれば、程頤が再嫁を批判した著名な発言「餓死事極

小、失節事極大」は経書の意からも外れた極論であるといえる。そもそも唐宋時期当時は夫死後の再嫁は社会階層の上下を問わず広く行われていたのであり、また程頤自身も自らの父がめいを再婚させたことを義行として伝記に記していたことから考えると、程頤が一概に再嫁を否定していたとも考えにくい。にもかかわらず、程頤の発言が行われたのは、第一に経済的事情による再婚を、経書に記載される「礼」や「理」として認めることができるかという議論での発言であったということ、第二に程頤のおい（兄・程顥のむすこ）が死去し、残されたその妻をおいの親友が娶ったことを程頤が非常に不快に思っていたことが相俟って偶発的に強い表現がとられたと考えられる。朱熹は程頤の発言を支持したとされるが、それは高位高官（のむすめ）に対して守節を勧める際に引用しただけであり、夫の死によって困窮する者を含む女性一般に対し守節を求めたわけではなかった。そして、この件は彼らの思想的な営為にとって特に重要な論題であったわけではなく、別段多くの議論を行っているわけでもなかった［佐々木 2000］。

　夫死後の守節が俄に焦点になるのは元代になってからで、それは旌表との関係だったといわれている。［酒井恵 2006］によれば、元代では科挙があまり行われなかったため、科挙以外の特権手段が求められるようになったこと、孝子での表彰は生命の危険が伴うような特異な行為が求められる一方、節婦は夫死後寡婦を養うだけの経済力があれば可能であるために、特権獲得が容易で利用しやすかったからだとする。

　たしかに孝子と比べれば守節は「容易」とはいえ、国家によって表彰対象となるには、やはり特に卓越していることが求められたことは留意しておくべきであろう。明代においては、30歳以前に寡婦となり50歳以後も再嫁しなかった場合という寡婦年数条件がつけられた。また、夫への殉死や、強姦されるのを拒んで自殺した場合も旌表対象と定められていた。そもそも経書には殉死を礼としたり称揚したりするような記述はなく、これらは経書の意からはずれた規定である。そして貞という徳目のための自殺は、孝のために自身の身体を毀傷させる割股割肝と比べると、特異性という意味ではさらに上回るともいえよう。さらに明代中期以降、まだ夫となっていない婚約段階の男性に対して節を守り

婚約者の家に嫁入したり、殉死したりする者の話が特に喧伝されるようになった［湯浅 1981］。これらも経書にはない話であり当時の知識人の間からはこれらは礼ではないという批判が噴出した。というのも、経書では夫婦の道は婚礼六礼を順に行うことによって固められるものであり、まだ六礼を備えておらず、まだ夫になったとみなすことができない死者を夫として嫁入して貞節を尽くしたり、ひいては殉死したりすることはおよそ経書の義から外れていると考えられたためであった［湯浅 1981］。知識人の間でこのような批判が行われるということは、こういった特異な貞節は儒教の担い手である士大夫層が牽引して生じた現象ではなかったということを示すものである。そしてさきにみた孝子旌表が、割股、割肺、そして殺子と特異性を争う形で強化され、王朝側もそれを禁じながらも抑えきれなかったという経緯があることを考えあわせると、貞節の場合も旌表との関係で特異性を競うかたちとなり、夫から婚約者へ、寡婦生活から殉死へと強化された側面があろうことが推察される。明代中期以降とは、中国も大交易時代に突入して社会的な流動性がより著しくなった時期であり、社会的上昇を求める圧力はより増していたことであろう。

　清代の旌表で注目されるのは、旌表される者を量的に拡大させ普及させることと、少数の者によって行われる特異な行為を表彰するという両方向のベクトルが同時に追求されていくようになったことである。量的拡大は、寡婦年数の制限の緩和によって行われた。雍正元年（1723）に守節十年以上で死去した寡婦の旌表が規定され、同治10年（1871）には守節六年以上で死去の寡婦の旌表が規定されるなど、段階的に寡婦年数の制限規定が緩められ、清朝時代に旌表対象者・旌表者は爆発的に拡大した。その一方、婚約者への守節・殉死や夫死後再婚を迫られ自害した者などの旌表も制度化された。つまり経書にはない、夫への殉死という行為も割股と同様に禁止された時期もありこそすれ、結局復活していった。そして寡婦生活を全うしたというごく一般的な旌表の場合は地方志の列女伝への立伝に止まる反面、経書からも逸脱した特異な行為による貞節で旌表された者については牌坊建設費用を授与するなど、表彰のあり方も差別化された。量的拡大と特異性の維持という両方向性がとられたことで、夫死後の再嫁を不可とする道徳は著しい普及をみたものと考えられる。

4 競争社会の中での「儒教の普及」

　以上、本章では、教団宗教でなかった儒教が共同体を基礎としない中国社会で「普及」するためには、現実的な利益報酬を伴う科挙と旌表という方法をとらざるを得ず、またその結果として、経書の規定や『朱子家礼』などからは乖離し、あるいは改変された儀礼や行為が礼の名のもとに行われていった様子をみた。近世中国における儒教的な慣習——宗族での祖先祭祀や、著しい貞節の強調など——は、儒教や朱子学の単純な普及の結果ではなかった。儒教が理想とする周王朝時代から2500年も経った近世段階においては、いかに経書記載の重要規定とはいってもそのまま実施することなど到底できない礼はあった。また中国は基本的に競争的・流動的な社会であり、競争をくぐり抜けて社会的上昇をめざすことが必要だという文脈のなかで人々の儒教儀礼や徳目の実践は行われることになった、そのような背景のなかで、経書本来の意図していた倫理性の表現や礼の儀節は必要に応じて大幅に変更され、礼意が無視されることもあれば過度に強調されることもあるといった状況を生んでいったのである。

参 考 文 献

足立啓二［1998］『専制国家史論』柏書房。

池田秀三［1998］『自然宗教の力——儒教を中心に』岩波書店。

井上徹［1986a］「黄佐『泰泉郷礼』の世界——郷約保甲制に関連して」『東洋学報』67（3・4）。

井上徹［1986b］「「郷約」の理念について——郷官・士人層と郷里社会」『名古屋大学東洋史研究報告』11。

井上徹［2000］『中国の宗族と国家の礼制——宗法主義の視点からの分析』研文出版。

梅村尚樹［2008］『宋代の学校——祭祀空間の変容と地域意識』山川出版社。

小竹文夫［1952］「中国の門閥旌表について」『史潮』45。

何炳棣（寺田隆信・千種真一訳）［1993］『科挙と近世中国社会——立身出世の階梯』平凡社（英文原著1964）。

桑原隲蔵［1968］「支那人間に於ける食人肉の風習」『桑原隲蔵全集』第2巻、岩波書店。

小島毅［1996］『中国近世における礼の言説』東京大学出版会。

小浜正子・下倉渉・佐々木愛・高嶋航・江上幸子編［2018］『中国ジェンダー史研究入門』京都大

学学術出版会。

小林義廣［1988］「宋代の「諭俗文」」宋代史研究会編『宋代の政治と社会』汲古書院。

小林義廣［2009］『宋代地方官の民衆善導論──『琴堂諭俗編』訳註』知泉書院。

岸本美緒［1999］『明清交替と江南社会──17世紀中国の秩序問題』東京大学出版会。

岸本美緒［2020］「中国中間団体論の系譜」『史学史管見──明清史論集4』研文出版（原載岸本美
　　緒邊『岩波講座 「帝国」日本の学知 第3巻 東洋学の磁場』岩波書店、2006年）。

酒井恵子［2006］「孝子から節婦へ──元代における旌表制度と節婦評価の転換」『東洋学報』87
　　（4）。

酒井恵子［2009］「近世中国における「操を守った」女性たち」『歴史の理論と教育』131号。

酒井忠夫［1960］『中国善書の研究』弘文堂。

佐々木愛［1998］「毛奇齢の『朱子家礼』批判──特に宗法を中心として」『上智史学』43号。

佐々木愛［2000］「程頤・朱熹の再嫁批判の言説をめぐって」『上智史学』45号。

佐々木愛［2003］「『朱子家礼』における家族親族の構造とその大きさについて」『社会システム論
　　集』8号。

佐々木愛［2009］「明代における朱子学的宗法復活の挫折──丘濬『家礼儀節』を中心に」『社会
　　文化論集』5号。

佐々木愛［2011］「羅虞臣の族譜編纂と裁判──明代中期広東省順徳県」『社会文化論集』7号。

佐々木愛［2015a］「墓からみた伝統中国の家族──宋代道学者の作った墓」『社会文化論集』11号。

佐々木愛［2015b］「むすめの墓・母の墓──墓からみた伝統中国の家族」小浜正子編『アジア遊
　　学191 ジェンダーの中国史』勉誠出版。

佐々木愛［2020］「「父子同氣」概念の成立時期について──「中國家族法の原理」再考」『東洋史
　　研究』79（1）。

佐々木愛［2021］「北宋呂氏家族墓園からみる家族秩序」伊東貴之編『東アジアの王権と秩序』汲
　　古書院。

佐々木愛［2022a］「中国父系制の思想史と宋代朱子学の位置──中国ジェンダー史素描のために」
　　『岩波講座 世界歴史07 東アジアの展開』岩波書店。

佐々木愛編［2022b］『記憶された人と歴史──中国福建・江西・浙江の古墓・史跡調査記』デザ
　　インエッグ社。

滋賀秀三［1967］『中国家族法の原理』創文社。

島田虔次［1949］『中國に於ける近代思惟の挫折』筑摩書房（平凡社・東洋文庫より2003年に再刊）。

清水盛光［1942］『支那家族の構造』岩波書店。

清水盛光［1951］『中国郷村社会論』岩波書店。

角田多加雄［1984］「「六諭衍義大意前史」──六諭衍義の成立とその日本伝来について」『慶応義
　　塾大学大学院社会学研究科紀要──社会学心理学教育学』24。

瀬川昌久［2004］『中国社会の人類学──親族・家族からの展望』世界思想社。

多賀秋五郎［1960］『宗譜の研究──資料篇』東洋文庫。

鶴成久章［2000］「明代科挙における専経について」『日本中国学会報』52。

鶴成久章［2001］「礼記を選んだ人達の事情──明代科挙と礼学」『福岡教育大学紀要』50号第1分

冊。

フリードマン, M.（田村克己・瀬川昌久訳）［1987］『中国の宗族と社会』弘文堂。

フリードマン, M.（末成道男・小熊誠・西沢治彦訳）［1991］『東南中国の宗族組織』弘文堂。

松野敏之［2017］「唐宋の士人と割股」『国士館大学漢学紀要』20号。

松本善海［1977］『中国村落制度の史的研究』岩波書店。

間野潜龍［1979］『明代文化史研究』同朋舍。

三浦国雄［2010］『朱子伝』平凡社。

溝口雄三［2004］『中国の衝撃』東京大学出版会。

宮崎市定［1963］『科挙』中央公論新社。

山田賢［1991］『移住民の秩序――清代四川地域社会史研究』名古屋大学出版会。

湯浅幸孫［1981（初出1967）］「シナに於ける貞節観念の変遷」『中国倫理思想の研究』同朋社。

和田清［1925］「明の太祖の教育勅語に就いて」池内宏編『東洋史論叢――白鳥博士還暦記念』岩
　　波書店。

呉恩栄［2020］『明代科挙士子備考研究』光明新聞出版社。

束景南［2001］『朱熹年譜長編』華東師範大學出版社。

Elman, Benjamin. A.［2000］*A Cultual History of Civil Examinations in Late Imperial China*. California:
　　University of Californita Press.

朝鮮の親族制度に対する儒教の影響

マルティナ・ドイヒラーによる再考察

日本植民地期の朝鮮で撮影されたチェサ（法要儀礼）
（1924年，村山智順撮影）

本章で考察するのは、けっして新しいテーマではないが、今なお歴史家も社会人類学者も共に、あまり目を向けていない問題である。それは、朝鮮半島の古来の双系制社会が父系制社会へと変化したプロセスだ。この変化は、高麗王朝（918〜1392）から朝鮮王朝（李朝、1392〜1910）への移行と共に始まった。一般に移行期のプロセスというのはきわめて複雑なものだが、研究テーマとして何よりも刺激的である。実際、このテーマであるからこそ、私は40年以上にわたり歴史文献を調べ、韓国でフィールドワークを続けてきた。私の知る限り、社会変容の実例としてこれほど包括的で注目せざるをえない例は、東アジアでもその他の地域でも、ほかに見当たらない。

1　高麗王朝の社会

　高麗王朝の社会、つまり儒教以前の社会についても、ここで若干の説明をしておくのがよいだろう。この地域の社会は、遅くとも5世紀には、階層的な地位を備えた集団に組織化されていた。それぞれの集団は、社会的資格、すなわち出生と出自により行政と社会に関与することができた。ある人の社会的地位の高さは、公的な位階を認められた出自集団に属していることで決まり、その位階しだいで政治にどの程度関われるかが決まった。つまり、ある人の社会的身分が、その人が政治のプロセスに関与できる可能性を規定していたのである。このように狭く定義された出自「イデオロギー」により、少数のエリートが権力の座に就き、そして重要なことに、高麗王朝の（そしてこの地域の歴史全体の）貴族支配の基盤が形成されたのである。

　高麗の貴族の出自集団は、父系、母系と、姻族を含んでいた。つまり、ひとりの人の親族は複数の血統が結びついた柔軟な集団で、出自は男系、女系双方でたどられた。言い換えれば、出自は単系ではなく、男系女系双方とつながる

　＊　本稿は、2021年6月19日〜20日に開催された、比較家族史学会2021年度春季大会シンポジウムでの報告草稿を翻訳したものである。なお、『比較家族史研究』第36号では、本稿に関連する小特集が掲載され、関連文献も含めより具体的に論じられている。併せて参照されたい。

出自規則により、ひとつの親族集団内にできるだけ多くの人間を維持できるようになっていたと言える。集団が大きくなればそれだけ、財産を蓄え、社会的地位と政治的影響力を得られる可能性も高まる。男性の社会的地位を認定する最低限の条件となる定式は、父、父方の祖父、父方の曾祖父、そして母方の祖父という４人の祖先（サジョ、四祖）をたどることであった。この定式は明らかに、高麗時代の出自の判断に直系という考え方が無縁であったことを示している。高麗の方式は唐の律令に由来するかもしれないが、母方の祖父を含めることは高麗の特徴である。

　高麗時代の親族集団は排他的ではなかった。同世代のすべての成員が、男性も女性も、同等の権利を享受し、義務を負っていた。兄弟姉妹の平等性は、官職の継承と財産の相続に重要な結果をもたらす。兄弟が平等な権利を持つということは、階位と官職の継承者がひとりの息子に限定されないということである。息子がいなければ、父系や非父系の甥、婿、養子、さらには父系や非父方の子孫へと継承者が拡張されていった。跡継ぎとしては息子が優先されたが、傍系の父系親族や、父系でない親族や、姻族も、跡継ぎ候補になった。このことは、継承が柔軟で非直系的だったことを示している。

　貴族の私有財産（土地や奴婢）の相続でも、慣習的な規則に従い、財産所有者（男性または女性）のすべての子を――息子も娘も――相続人とした。これが高麗時代のエリートの家族を形成していた。兄弟と姉妹は二重の意味で共同相続人となった。つまり、それぞれが世襲財産の分け前を平等に相続し、一定の条件下では互いの財産を相続することもありえた。このことが、兄弟姉妹が可能な限り同一世帯内に留まる動機となった。結果、姉－弟や兄－妹の絆がきわめて強いものとなったのである。世帯が大きくなればそれだけ、耕作できる土地も増え、富を蓄えることができる。人は土地より不足しがちであった。それゆえ、家族はできるだけ多くの成員を維持すべくあらゆる努力を払ったのである。

　高麗時代の親族が持つ特殊な凝集性は、近親婚の習慣にも表れていた。同族婚は王室において習慣的だっただけでなく、上流階級で広く行われていた。父方、母方のいとことの結婚はしばしば見られ、いつ頃までかははっきりしないが、高麗時代初期には異母兄弟姉妹の結婚さえ行われていた。けれども後には、

ほかのエリート家系出身の相手との族外婚が、社会的地位を強化し、高めるための重要な手段となっていく。11世紀初頭には、唐の律令に見られる儀礼的価値観と法的規範の影響を受けるようになった国家が、官僚エリートの婚姻相手の範囲を規制しはじめた。まず1058年に、父方の平行いとことの婚姻が禁止される。その後も一連の法令により、それまで許されていた父方の親族との結婚が禁じられていった。一方、母方のいとことの結婚は、高麗王朝が終わるまで基本的に制限されなかった。

　高麗の社会生活に見られたもうひとつの独特な側面として、結婚制度そのものがある。結婚式は新婦の家で行われ、式の後、新郎が新婦の家に居を定めるのがふつうであった。その後、子どもたちや、しばしば孫たちでさえ母親の家で生まれ、育った。妻の実家で暮らそうとする最大の動機は、高麗の女性が経済的に強い立場にあったことである。自分の財産を持つ女性が望ましい結婚相手になったというだけではない。女性は経済的に夫から独立していた。しかし、最初は妻の実家で暮らしていても、後に妻が夫の家に移り、そこで生涯を終えるということもなかったわけではない。

　高麗の結婚制度でもうひとつ興味深いのは、男性が複数の妻を持つことが珍しくなかったという事実である。男性は、最初は妻の実家で暮らしていても、成功を収めた後は自身の集団を形成することができた。妻は自分の財産を所有していたから、これは妻にとって不利なことではなかった。複婚が実際にそれなりの制度だったとしたら、それはどのように機能していたのだろうか。考えられるひとつの答えを、私は10世紀の日本で藤原兼家の妻のひとりが書いた『蜻蛉日記』の中に見出した。この貴重な文書は、「妻問婚」という解決策について詳細に記録している。夫は複数の妻の間を順に行ったり来たりするのだ。高麗側では文献があまりにも少なく、妻問婚がどの程度行われていたか分からないが、高麗における夫婦の結びつきはかなり緩やかだったと記録されている。妻は離婚を恐れなかった。自分の裁量で夫と離別することさえできた。妻と子供が実家に戻ることは常に歓迎されていたからである。

　ここまでの話をまとめると、高麗時代の親族制度の軸は、共通の祖先をもつ共系的出自集団（cognatic descent group）にあって、その出自は双系で、男性側

または女性側の系統をたどることができた。これらの集団は、一体となる共通の基盤は欠いていたが、祖先を共有するという意識により世代を通じて集団としてまとまっていた。ある男性が支配的な貴族階級の一員と認識されるためには、認められた出自集団の出自であることを証明する必要があった。

　これらの特徴から、高麗の社会が双系的／共系的な構造を持つ社会であったという事実がはっきりと立証できるものと私は考える。この社会と新儒教（Neo-Confucianism ＝宋明理学）との出会いにより始まった変化のメカニズムについては、この前提に立って考察しなければならない。新儒教こそが、朝鮮王朝時代の最初の200年間の社会に生じた父系への変化を導いたのである。

2　変化の舞台

　新儒教（宋明理学）の一派である程朱学（朱子学）は、道学とも呼ばれるが、この思想が、社会政治的に危機が訪れていた時代に持ち込まれたという事実は、当時の独特な社会環境を表している。高麗末期、都に拠点を置く貴族階級の立場を最初に脅かしたのは、一連の武人独裁者たちであった。後には、14世紀の最後の数十年間にも非エリートが貴族の立場を奪った。モンゴル（当時、高麗にも支配を広げていた元）を後ろ盾とする非エリート集団は、政治の中枢に侵入し始め、土地に基づく富を蓄え、精神的な支えとして仏教を採用した。要するに、古い支配階級のエリートと新興勢力との間の権力闘争がこの国を深刻な危機に陥れていたのである。ついに1392年、武官の李成桂（イ・ソンゲ、1335～1408）が新たに朝鮮王朝（李朝、1392～1910）を打ち立て、混乱に終止符を打った。

　元の時代、元の宮廷と高麗の宮廷は親密な関係にあった。高麗の高位の学者は王家の随員として北京に赴き、そこで科挙の試験を受けて数年のあいだ元の官僚として働き、その後母国に戻るということが行われていた。この当時、元の都で高麗の人々は中国の新儒教学者たちと積極的に交流し、道学が持つ教化の力に気づいたのである。彼らは母国の沈滞を見るにつけ、新たに身に付けた知識をもって母国の国家と社会を刷新しようと奮起したのであった。別の言い

第 3 章
朝鮮の親族制度に対する儒教の影響──マルティナ・ドイヒラーによる再考察　075

方をするなら、この新たな改宗者たちは儒教の学識を利用して非エリートたちの支配の失敗を終わらせ、旧エリートたちにかつての中央での支配権を取り戻させようとしたわけだ。儒教を身に付けた学者たちの集団は、李成桂に代表される武人たちと積極的に手を結び、新儒教的な根拠に基づく社会―宗教的復興のプロセスを先導する機会をつかんで、画期的な成果をもたらした。

朝鮮時代の精神的な枠組みを設計した者たちは、ある種の儒教を採用したわけだが、彼らにとってこの教えは、ふたつの思想潮流の混交であった。ひとつは「理想主義的―道徳的」なもの、もうひとつは「実用主義的―実践的」なものである。どちらも国家と社会の復興にとり同様に意味のあるものと考えられた。実用主義者たちは、自己修養よりも「国家の管理」を優先する立法者となった。彼らは主に中国の古典である『周礼』『礼記』などから着想と行動計画を得た。中国の古典（新儒教学者の注解による）に記された規則やモデルを強制的に実施すれば、高麗を崩壊させた社会政治的、経済的要因を排除し、理想的な儒教的社会を創出できると彼らは考えたのである。

では、朝鮮時代の初期の儒教学者たちが、儒教的改革を始めるために取るべきと考えた手段とは、どのようなものだったのであろうか。以下、高麗の出自集団の再編、祖先崇拝、相続習慣、女性の地位の変化についての考察を通じて、彼らの行動方針を具体的に見ていこう。

3　父系原理の移植

改革者たちが最初に取り組まなければならなかった最も困難な課題は、もともとの高麗の出自集団では区別されていなかった系譜を区別し、中国の古典や朱熹の『家礼』（『朱子家礼』）に示された明確な直系パラダイムに沿って出自を秩序づけることであった。中国の古典も『朱子家礼』も、いずれも強力な父系イデオロギーを広めるもので、そのイデオロギーの実践的な表れが、厳密に組織された単系出自集団であった。朱熹にとって、男系の親族構成と国家の安定とが相互依存関係にあることは明白であった。

理想的な父系の出自集団は、長男が率いる上位の系統と、弟たちが率いる様々な下位の系統とに分けられる。長男は直系の祭祀継承者として機能し、少なくとも父系を3世代遡る祖先を祀る儀式を実施する責任を負う。一方、弟たちは祭祀において下位の義務を負った。簡単に言うと、出自集団をまとめ、ある種の一体性をもたらしていたのは、祖先崇拝だったのである。祖先崇拝は、『朱子家礼』に概説される4つの家内儀式のひとつである。『朱子家礼』は儀礼の手引書で、朝鮮に祭儀の伝承と実施の規則をもたらしたのはこの書物であった。

　朝鮮時代の初期の立法者たちは、父系意識を植え付けるには祖先崇拝が効果的であることに気づいており、エリートの各家に、一般的な儀礼の場として先祖を祀る祠堂を作ることを求めた。しかし、この政策は広くは受け入れられなかった。改革計画のもともとの主要な標的であったエリート官僚が、簡単には協力しなかったからである。柔軟な出自ときょうだいの平等という考えに慣れ親しんだ彼らにとり、直系の概念は異質なものだったのだ。エリートの抵抗を法的な努力を通じて克服し、彼らの協力を得るまでには、まるまる1世紀を要した。

　一例を挙げると、最も争いの種となったのは、官位や財産の異なる兄弟間でどのように祭祀を実施する権利や義務を分配するかという問題だった。地位に対する意識の強い朝鮮社会で、これはとりわけ激しい議論を呼ぶ問題だったのである。兄弟の誰が祭祀継承者、すなわち祭祀の特権を有する主たる系統の家長となるにふさわしいかという問題は、反目を生む危険性に満ちていた。兄弟の中からその地位のひとりを選ぶ以上、必然的にその他の系の長の地位を下げることになるからである。直系原理に従い、息子のひとり、通常は長男が最終的に祭祀継承者と確定したときでさえ、その立場は競争的な兄弟に脅かされ続けた。弟の方が上位の官位に上ったらどうなるか。地位の低い長男よりも、その弟のほうが家系の代表者に適しているのではないか。しかも、直系の跡継ぎが死亡し、その後継者を選ばなければならなくなったときには必ず、直系原理は、世代をまたぐ問題にさらされた。この場合、儀礼手引書に定式化された長子相続の前に、きょうだい相続の伝統が立ちはだかったのである。

　直系の跡継ぎ決定には経済的な問題もからむ。法的に認められた父系出自集

団の跡継ぎは、経済的に特別な恩恵にあずかる。先祖を祀る祠堂が付属する主邸を受け継ぎ、奴婢と田畑を支配する。田畑は、祖先祭祀儀式の資金を用意するために取り置かれたものだ。これらの資産は個人財産にはならず将来世代に引き継がれるべきものだったが、それでもこのおかげで祭祀継承者は兄弟よりも経済的に有利であった。

　こうした厄介な問題の解決を図る取り組みは15世紀を通じて行われたが、最終的に解決されたのは、初の包括的な法典『経国大典』(1471/85) が、明確な規則を制定したときであった。儒教的な父系原理に定められているとおり、長男が望ましい跡継ぎとされた。『経国大典』は、きょうだいを平等に扱ったり、傍系に分岐したりする高麗的な継承の伝統から朝鮮社会を引き離し、継承問題に長子相続権を持ち込んだ画期的な法制度だったのである。しかし、法律が完全に受け入れられ、実施されるまでには長い時間が必要であった。16世紀に入ってからかなり後まで、跡継ぎは恣意的に選ばれていた。

4　父系原理に鑑みた相続の慣習

　高麗では息子と娘たちの間で財産を平等に相続する習慣があったが、父系の継承に鑑み、世襲の財産を分け合う集団を新たに定義し直す必要があった。初期の立法者たちは、跡継ぎが立ちうる社会─儀礼的地位を根拠に、跡継ぎの集団の範囲を狭めた上で、その集団内のメンバーに階層的序列をつけて差異化を図る制度を導入した。

　朝鮮時代の相続法は『経国大典』に定められていた。立法者たちは、直系相続を受け入れさせるためには、伝統と改革の妥協を図らざるをえないという事実に敏感に気づいていた。そこで彼らは伝統に従い、息子たちと娘たちとの平等な相続を確約した。しかし同時に、傍系の水平的相続を廃止して直系の原理をしっかりと根付かせたのである。祭祀継承者は、祭祀義務を果たすために、取り分が多くなった。ほかの子孫も、出自集団の正式なメンバーではなかったが、割合を減らした相続が与えられた。明らかに、立法者は父系の世襲財産──世

代から世代へと受け継がれるべき土地と奴婢——を出自集団の主軸にしようと考えていたのである。彼らはその後、跡継ぎの不在や強欲な投機により世襲財産が散逸することを防ぐ法や規制を追加していった。

5　変化の障害としての女性

　父系原理の迅速な定着に最大の障害となったのは、女性の役割であった。高麗のひとりの男性が持ち得た多くの妻たちを、どうすれば直系原理の中に組み込めたのであろう。詰まるところ、直系の跡継ぎの母親になれるのはひとりの妻だけである。そこで、1413年に公布された法律は、妻を正妻（嫡妻）と妾のふたつのカテゴリーに分け、夫には複数の妻をこれに従って分類するよう求めた。当然のことながら、この大胆な法律は法制度の中でもあまり支持を得なかった。この新法は、妻たちだけでなくその子どもたちにも影響したため、その後何十年にもわたり女性の関係者の間で論争と争議が続いた。そのため朝鮮時代の初期には「嫡妻」と「妾」がはっきりと分けられることは稀だった。しかし、国家が直系原理の強制を続けたため、正妻とされた妻の長男は、母親の同じきょうだいたちよりも明らかに高い立場に立った。また、このことは、ほかの妻とその子どもたちの社会的な立場の低下を意味した。後には、エリート出の女性は、もはや妾にはならないようになった。その結果、妾の息子（娘）たちは重要な場面で脇に追いやられるようになる。もはやエリートの父親の出自集団の完全なメンバーとは見なされず、祭祀での役割も与えられなかった。経済的にも冷遇され、異母きょうだいである正妻の子どもたちよりも受け取る遺産が少なくなった。そのうえ、科挙の受験も禁じられたため、社会的、政治的な立場を失った。

　1413年に「嫡妻」と「妾」の子孫の間に作られたこの法的な差異は、社会にはっきりとした溝を刻み、幻滅と疎外を生み出した。（嫡）妻の息子と妾の息子との間には数え切れないほどの衝突が生じ、それは朝鮮時代未明まで続いたのである。

言うまでもなく、1413年の法は女性の生活にとって現実的な意味を持っていた。（嫡）妻は家内の差配を担い、朝鮮時代初期にはある程度の祭祀の特権さえ担った。夫が妾を家に入れた場合、妻は、妾とその子どもたちに絶対的な服従を求めた。エリートの一家は大所帯で、さまざまな社会的背景を持つ者たちがひとつ屋根の下で一緒に暮らし、通常は多数の奴婢もいたが、これら家内の全員の平穏な日常を維持することも妻の役目であった。妻の死後は一定の喪の期間が設けられ、その地位の表れとして祀堂に位牌が置かれた。亡くなった妻は祖先のひとりに数えられたのである。妾にはそのような栄誉は与えられなかった。

　相続制度の再編はエリートの女性が伝統的に有していた経済的独立性に影響を及ぼし、女性は一般に夫の家族への依存度を強めた。このことは夫方居住方式への要請により後押しされる。これにより女性は生家から遠ざかり、兄弟たちとの絆を断たれた。夫が妻の財産に対して大きな法的権利を持ったため、結婚した女性はしだいに相続権さえ失っていった。女性が相続した財産は、最初は姻族に対して漠然と付加されているだけだったが、最終的には譲渡されえない夫婦の蓄えに組み込まれる重要な一部となっていった。要するに、女性の社会的な絆は、生家から婚姻先の家族へと移行していったわけである。

　このように直系制度と儒教的慣例が強調されていたにもかかわらず、朝鮮時代になっても婚礼は伝統的な特徴を保持していた。婚礼は新婦の実家で行われ、新郎の家では行われなかった。この形は、高麗の妻方居住の習慣の一面を保つものだったし、より重要な点として、父親の地位の高さにより裏付けられる新婦の社会的地位の高さを公に表明するものでもあった。新婦は、このようにして保証された出自を持つ限り、後に自分の子どもにエリートの地位を与えることができたのである。妻の父親、すなわち子どもたちの母方の祖父が「四祖」のひとりに数えられるのはこのためである。そのおかげで孫たちはエリートの仲間入りができたのだ。

　これはきわめて重要なポイントである。出自は父親経由で考えられる（すなわち父系で決定される）ようになったが、社会的地位は相変わらず双系で伝えられ、妻の側も夫の側と同等の社会的重みを持っていたわけである。言い換える

と、高麗の双系の伝統の一部は、社会的地位が世代から世代へと手渡され続けていくあり方の中で維持されていたということだ。それゆえにこそ、婚礼は新婦の家で行われたのである。

朝鮮時代になってもこの双系の伝統は維持された。儒教的な男系の命令に反して、社会的な正統性、つまり地位の確認は、以後も法的基準にではなく、社会的基準に由来するものであり続けた。系譜的価値と文化的価値のこのような並列は独特のもので、近年まで韓国の上流階級を特徴づけてきた。

6 朝鮮時代後期の展開——リネージの出現

朝鮮時代の後半、「儒教的変容」はどのように進んだのであろうか。この問題は主に、朝鮮の政治経済的状況の進展に関わってくる。16世紀前半頃から国の財政が徐々に悪化し、ついには官吏の俸給支払いがもはや保証されないまでに至った。こうなると、地方の土地財産の重要性が高まっていく。国の官僚は都を離れて地方へと移り、そこに新たな居留地を定めた。当時、土地は豊富にあり、国の力はまだ地方にはわずかにしか及んでいなかった。すなわち未開の土地の所有権を主張するには理想的な状況であった。とりわけ慶尚道と全羅道はそのような状況にあった。

16世紀を通じて新たに地方にやって来た人々がその土地に屋敷を建て、そこが多くのエリート出自集団にとり永続的な拠点となっていった。この動きは1592〜98年の壬辰戦争（豊臣秀吉による侵略）により一時的に中断したが、戦争の荒廃から回復した後は、再び新たな土地が開拓され、収穫量が増して人口が拡大していった。その結果、17世紀になると土地への圧力がピークに達しつつあり、土地を所有するエリートたちは集団組織と経済生産の新たな形を模索せざるをえなかった。

土地を所有するエリートは、ひとたび自分の屋敷を定めると、熱心な儒教信者となって日常生活の中に儒教的儀式慣行を取り入れ始める。1500年頃には父系的意識はまだ希薄だったが、1世紀後には儒教的な教育を受けた多くのエリー

トが自分たちの儀礼生活の中で『朱子家礼』の利用を主導し始めた。長男が儀礼において中心的な役割を果たすことを認めた彼らは、長男に祭祀継承者としての立場を強化する特別な手当を与えるようになった。注目すべき点は、最終的に父系リネージの創出に結実する広汎な儀礼改革の基盤を準備したのは、経済的要因だったということである。

　遺産を息子たちと娘たちで平等に分けるという伝統的なあり方は、朝鮮時代の最初の法典では認められていたが、しだいに土地が細分化されていき、生産性が損なわれるという重大な事態に立ち至った。この経済的な悪化ゆえに、強制力のある対抗策が必要とされたわけである。その最たるものが娘たちの遺産配分を削るということであった。娘を気遣う父親はしばしば、このような抜本的な施策を嘆きつつ、祭祀継承者たる長男に儀礼的、経済的優位性を与える『朱子家礼』の議論をもってこれを正当化したのである。こうして娘たちは相続人としての立場を失った。しかも、その頃になると大半の女性は結婚すると生家を出て夫の家族の一員となったから、兄弟や自分の父方の先祖との絆は断ち切られていたのである。このことも、娘を遺産の相続人から排除することを認める重要な論点となった。要するに、女性はしだいに相続権を奪われ、男性の相続人が祖先の富のすべてを受け取るようになっていったのであった。

　ここまでまとめてきた出来事は、100年以上の時をかけて生じたものである。変化は、財産を分け合う集団の範囲を縮小する方向に向かった。同様に、儀礼集団も小さくなった。先祖の財産はもはや個人に関わるものではなく、一体化された集団の譲渡されえない資産へと変質した。最も割を食ったのは女性である。現実には、祖先のためとして、姉妹が兄弟に遺産を奪われたことは明白なのである。

　そして1600年までには、儀礼の実践を通じて儒教的父系原理が根を下ろした。実際、祖先祭儀は伝統的な出自集団の構造を根本的に組み換えてしまったのだ。双系性は父系原理に置き換わり、女性は儀礼上も経済的にも集団から除外された。祭祀継承者としての長男の立場が強化され、ついには長子相続制が完全に実施された。これらは成熟した父系リネージの形成の前提条件となった。

　しかし、儒教的儀礼主義の名の下で本来の伝統に対して強要されたこうした

抜本的な変化に対して、抵抗はなかったのであろうか。古来の伝統はそれほど簡単に外来の価値体系の前に崩れ去ったのだろうか。とりわけ、朝鮮では中国の人々が『朱子家礼』によって行った以上に長子相続制度が出自集団に取り入れられたことを考えると、この疑問が頭をもたげてくる。

　実際、儒教的に作り替えられた儀礼の採用への対応として、長子相続により生じた争議や不満を和らげるべく、朝鮮独特の制度が作られた。この制度の出現があるからこそ、朝鮮社会が完全に儒教化したと言えるかどうかに疑問が投げかけられるのだ。

7　リネージと門中

　長男に弟たちにはない特権を与え、祠堂儀式を出自集団の中の主要儀礼へと高める長子相続制への移行は、伝統的なきょうだいの平等性を損なっただけでなく、一般に広く行われていた墓参の習慣とも衝突した。

　年４回の慣習的祭日に先祖の墓参りをするならわしは、高麗初期以降、朝鮮時代に入ってからもずっと行われていた。墓前での礼拝は、男性も女性も、また男系でない者をも含めた子孫たちも、順番に行った。墓所で高位の者たちの活動を支える特別な施設も造られた。位牌は置かれなかったが、これらの施設は威信を伴う存在で、これが広く支持されていたことで、儒教式に祖先を祀る祠堂と張り合うことになったのである。

　墓参とは対照的に、『朱子家礼』に基づく祖先祭祀は家の敷地内の祠堂（サダン）の前で行われた。そこには３～４代前まで遡る直系の先祖とその妻の位牌が安置されている。年４回の祭日には、男系の子孫が祠堂の前に集まり、祭祀継承者が祠堂内で行う儀礼に参列した。８親等までのこの父系親族の集まりを、私は「儀礼」リネージまたは「祠堂」リネージと呼んでいる。このリネージにおける祭祀継承者の義務は厳しいものであった。この男性は父系の先祖とその男系の子孫たちとを結ぶ重要な繋ぎ役の役目を負っていたから、儀礼的に純潔な生活を送らなければならない。その違いゆえに、ほかの親族よりも、象徴的

写真3-1　「先山(ソンサン)」。一山が一族の墓地になっていて、風水思想により景観が整えられている。墓碑は円墳の傍らに立てられて、故人の由緒が刻まれている。(1999年、慶尚南道晋州付近、撮影：渡邊欣雄)

にも現実的にも上位の特別な権力と権威を与えられたのである。祖先と近い場所で暮らしているこの者が、祠堂でも、祖先の墓地でも、中心的な司祭者となった。また、直系の祖先とその配偶者の命日にも儀式を執り行った。祭祀継承者はこれら多様な責務を果たすため、明示的に儀礼目的で取り分けられた土地からかなりの収入を得ていた。義務こそ重かったものの、祭祀継承者は特権的な生活を送り、出自集団からも、また共同体全体からも敬われる存在だったのである。

　伝統的な墓参の儀式から儒教的な祠堂儀式への移行はなかなか進まなかった。改革志向のエリートの指導者でさえ、変化を強要することにしばしば消極的であった。それでも、祠堂儀式が徐々に優先されるようになり、慣習的祭日（とくに旧正月と秋夕＝チュソク）には、祠堂儀式の後に、墓参が行われた。

　規範的な圧力により、最終的には墓参から祠堂儀式への変化が強要されたわ

　第Ⅰ部
多様な儒教化——東アジアの近世

けだが、祠堂における長子の独占的な役割は常に抵抗を引き起こした。一番の異論は、祭祀継承者の立場が弟や従兄弟たちよりも高くなり、彼らが受動的な傍観者の立場に格下げになった点にあった。このような立場の低下は、きょうだいの平等性という古来の感覚を傷つけただけでなく、経済的影響ももたらした。当時の相続文書を見ると、弟たちが土地と奴婢を祭祀継承者に奪われそうになっているのが分かる。この状況は怒りを呼び、その怒りが儒教式儀礼への無関心と消極的協力という形で表れてきた。つまり、儀礼の改革者たちは、親族の後ろ向きな気分を克服し、儒教的改革の試みが失敗に終わらないよう彼らの協力を勝ち取るための解決策を考えざるをえなくなったわけである。

　出自集団の中の儀式志向の指導者たちは、父系の男性成員全員が儀礼に関わるようにしなければ、自分たちの改革計画は救えないだろうということを認識するようなる。彼らは――これは私の推測だが――『朱子家礼』の曖昧な表現の中に、儀礼リネージよりも広く、ひとりの祖先につながるすべての父系の子孫を含む礼拝集団のモデルを見つけたものと思われる。こうして16世紀後半から新たな種類の父系の組織が出現してきた。門中（ムンジュン、語源不詳）と呼ばれるこの新たな集団は、祠堂に祀られた４世代の先祖よりもさらに遡る始祖となる祖先につながるすべての父系の親族を含む。当時の文書を見ると、門中は団体としての財産を持ち、ひとりの著名な祖先のための墓参を行う費用をまかなえる集団だったようだ。門中はまた、主家に経済的支援も与えていたものと思われる。たとえば、直系の子孫の屋敷に火事があり再建しなければならないというような場合である。要するに、門中は「契約」ベースで、ひとりの中心的な先祖につながる父系の子孫を同等に集めるものであった。

　では、門中と祠堂リネージとの関係はどうだったのだろうか。両者の意図は明らかに異なる。祠堂リネージが、儒教的な直系概念が命じる垂直的な親族関係を強調するのに対し、門中は、きょうだいの平等という本来の伝統を思い起こさせる親族の水平的側面を満足させるものであった。世襲の富に頼った祠堂リネージと異なり、門中は、特定の祖先の威光を利用することに関心のある参加者から集めた資金に頼った。18世紀までに、しばしばひとりの始祖を頂く多くの門中が豊富な資金を持つ団体に発展し、その結果、数百とは言わないまで

も数十家が参加し、それらの家が毎年、始祖の墓所で儀式をするようになったのである。実際、一部の門中は権力を有する組織となり、儀礼的活動のみならず、半司法的機能や経済的機能も負ったのであった。門中は世間に対してリネージを代表する存在となったため、「これこそが」リネージであると誤認されることもよくあったほどである。「祠堂リネージ」と門中は互いに強化し合う関係だったが、別々の存在でもあった。その両者が合わさって、朝鮮時代後期に現れてきた成熟したリネージシステムを形成したのである。

8　結論

　まとめると、朝鮮の儒教化は、朝鮮独特の社会－宗教工学的大事業であった。これにより朝鮮社会は、東アジアで最も儀式化された社会と評価されるようになったのである。しかし、その限界を見逃してはいけない。朝鮮社会は、長い双系の伝統の上に築かれた血統を基礎とする階層的社会であり続けたのである。このため、古代中国の儀礼と朱熹の規定に完全に従うことには、抵抗した。重要な儀礼、とくに祖先祭祀においては中国の規範様式に厳密に従ったが、エリートの地位の意識が、婚礼の場を新郎の家に移すことを妨げた。また、門中の出現が古来の意識の最も明白な主張であったことは間違いない。

　明確な長子相続制を伴う父系主義は、朝鮮の儒教化の目覚ましい成果だった。しかし、本来の双系性も社会の特徴としてずっと残った。実際、取り込まれた父系主義と本来の双系性との組み合わせが、朝鮮時代の社会を同時代の中国の明や清の社会と明確に区別する社会－宗教的特徴となったのである。

　本章の最初に私は、社会変容の実例としてこれほど包括的で注目せざるをえない例は、東アジアでもその他の地域でも、ほかに見当たらないと言った。この主張を具体的に裏付けるために、最後に簡単に、朝鮮の事例を中国の王朝の変遷におけるいくつかの特徴と比較してみようと思う。中国では西暦1000年頃の唐代から宋代への移行期に、古い唐の貴族政治が崩壊し、社会経済的発展に支えられた新たな社会的要素が出現してきた。これに対して、高麗から朝鮮時

代への移行は、人口構成や経済の面で大規模な変化を伴わず、社会－政治的断絶も生じなかった。それどころか、支配層のかなりの部分がそのまま継続されるという特徴が際立っていた。中国では、宋から元へ、元から明へという後の王朝移行期の統治の変化にも社会経済的発展が伴った（たとえば市場経済の重要性が増したことによる発展）。けれども朝鮮では、儒教的教育を受けた知識人層によって、社会的、経済的に発展が始まることはなかった。彼らが意図していたのは、朝鮮の社会－宗教的基盤を新たな儀礼に基づく計画で変革することだったのである。

　興味深いことに、16世紀には朝鮮でも明代の中国でも、地方を基盤とするエリートが出現した。しかしこの場合も、はっきりした違いがある。明代の中国では、地方のエリートは国家権力の行使への対応としてリネージ（宗族）を形成し始めたのであるが、朝鮮では、国家が全体として弱体化したがゆえにリネージが形成されていった。どちらの国でも、リネージはエリートの存続を図るために存在した。しかし、明や清では、リネージの中での個々の男性の地位を固めるのに役立ったのは経済的貢献だったため、『朱子家礼』の儀礼的規定は一般に尊重されなかった。一方朝鮮では、個々の男性をリネージの一員とするのは系譜上の立場であった。中国では長子相続制が試みられることはなかったが、朝鮮は長子相続制の採用に成功した。ただしそれは、朝鮮の人々が伝統に従い、祠堂リネージを、より包括的な門中で補ったからこその成功である。こうして、自分たちの社会に合わせて典礼を改定した中国の人々とは対照的に、朝鮮の人々は社会の構造的前提を朱熹の儀礼規定に合わせて変革しようとし、儒教式の儀礼を「正しく」実施することをもって、エリート文化の決定的な証明としたのであった。

　最後に、次の問いを投げかけて締めくくりとしたいと思う。現代の韓国で、父系リネージ制度に何が起きているのだろうか。近年、憲法裁判所の判断に基づいて、社会的、法的改革が活発に行われているが、興味深いことに、この活発さは朝鮮時代初期に儒教を奉じた立法者たちの改革精神を思い起こさせるものだ。ただし今日、その改革を鼓舞しているのは儒教ではなく、欧来的な法概念

である。とりわけ個人の権利、平等性、財産権といった欧米的原理が新たな法律に吹き込まれ、朝鮮時代のリネージの父系的特徴を徐々に消し去り、双系的要素を現代社会に再び導き入れている。この変化の恩恵を被っているのは女性である。リネージの集まりの中で完全な一員としての立場を回復し、祖先祭祀への参加資格を認められ、再び平等な相続権を得た。同様に、戸主制度が廃止され、姓と本貫を同じくするリネージ同士の婚姻を禁じる従来の規定も時代遅れと宣言された。これらは確かに、社会がやがて旧来の父系的特徴を失い、再びかつてのように、双系性やきょうだいの平等性など「古来の」社会規範——朝鮮時代初期の儒教的立法者たちが時代遅れの高麗的伝統の特徴としてあれほど懸命に根絶しようとした規範——を取り入れる方向に進んでいることの明白なしるしなのである。

参 照 文 献

本章に関わって、下記の文献を参照されたい。

Deuchler, Martina [1992] *The Confucian Transformation of Korea: A Study of Society and Ideology*. Cambridge, MA: Harvard-Yenching Institute Monograph Series, nr. 36.

Deuchler, Martina [2015] *Under the Ancestors' Eyes. Kinship, Status, and Locality in Premodern Korea*. Cambridge, MA: Harvard East Asian Monographs 378.

Mattielli, Sandra ed. [1977] *Virtues in Conflict: Tradition and The Korean Woman Today*. Seoul: The Royal Asiatic Society, Korea Branch.

第 **4** 章　牧田　勲

近世日本の刑法と武士道儒教

忠孝を中心に

近藤内膳家来太田大助の敵討(『捃拾帖』第一冊，
東京大学総合図書館蔵)

一般に江戸時代刑法の特徴の一つとして、「封建道徳の尊重」とか「儒教の多大な影響」が指摘される。むろん近世においては、法と（儒教）道徳とが一体化されていたのであるから、刑法以外の諸立法や司法、および行政の領域においても同じことが言えるわけである。しかし、とりわけ刑法においては五倫の道（「父子の親」「君臣の義」「夫婦の別」「長幼の序」「朋友の信」）に対する逸脱は、そのまま刑事罰の軽重に関わっており、同じ犯罪行為であっても主従・親子・夫婦・親族など、誰が誰に対して行ったかという加害者と被害者の関係性、身分関係に対応して刑罰の種類や量刑が異なっていた。その意味では、近世刑法は当時の社会の身分関係の重要度や道徳的価値の軽重を、体系的に、かつ典型的に反映した法であり、「法の下の不平等」を理想とした規範といえる。

　さて、日本の近世社会は、武士による武断的統治（番方優位）に始まり、間もなく文治政治（役方優位）に転換した。儒教は文治時代以降影響度はより強くなっていくものの、他方で近世初頭以来一貫して武士社会の慣習や道徳観に適合したものとして、あるいはそれを補強するかたちで受容され、解釈されていたといえる。その意味では、日本の儒教は（それが本来の儒教の姿であったかどうかは別として：本書序章、第1章、第2章参照）幕藩体制を支える思想的根幹であるとともに、「武士道」と常に寄り添ったものであった。

　本章は、幕藩体制の中核をなす幕府刑法を取り上げ、当時もっとも重視された徳目である忠と孝に焦点をあてて、刑法の中の忠孝についてその特徴を示してみたい。幕府は「忠孝」とひとまとめにして武士や庶民にその実現を求めることが多かったが、「忠ならんと欲すれば孝ならず、孝ならんと欲すれば忠ならず」（頼山陽『日本外史』が平重盛の言として叙述するもの）というように、両者が矛盾する場合も起こりうるのであり、忠と孝の両者について、幕府はそれらをどう法定していたのか、幕府の両者に対する姿勢を明らかにしてみたい。そのため、主従や親子に関わる刑法上の諸問題、とくに親子訴訟、逆罪（主殺と親殺）以下の刑罰、縁座、敵討などについてその制度的特質に論及する。

1 忠孝背反状況をめぐる言説

　まず、法制度に立ち入る前に、忠孝に対する見解として、忠孝が背反した場合の言説を概観しておきたい。

　一般に中国儒教では孝が重視されるのに対し、日本の儒教では忠が優位であると指摘されることが多いように思う。歴史学の泰斗である津田左右吉は、「儒教の道徳思想では親子がもとであり、君臣がそれに次ぐものになってゐるが、（中略）孝を百行のもととする儒教道徳に対して、日本では孝よりも忠が重いと説かれるやうにもなった」と指摘しており［津田 1938: 85］、新渡戸稲造も「多くの「重盛」が、義務と愛情の間で葛藤し、心を引き裂かれた。実際、シェイクスピアにも『旧約聖書』にも、日本人の親への尊敬の念を示す概念である「孝」に相当する適切な言葉はない。しかし、このような葛藤の場で、武士道は忠義を選ぶのに決してためらわなかった」と、孝よりも忠が優位したことを述べている［新渡戸 1899: 第 9 章］。

　近代の歴史学者や思想家のこのような見方に対し、では実際の近世の武士や儒者の考えはどうだったのであろうか。そこには大きく二つの立場があったようだ。

　一つは、武士として忠こそ絶対的に守るべき規範とする「忠絶対論」である。これは津田や新渡戸の見解を裏付けるものといえる。代表的なものとして、高田の馬場の敵討や忠臣蔵で有名な堀部安兵衛の書いた手紙があげられる。その中で彼は、「主の仰せにては親の首をも取り申す」と忠の絶対的規範たることを主張する［石井紫郎編 1975: 205］。また、他にも「主人に逆く罪科露顕し、不忠これある者に、己が忠義を失い荷担せしめることは、本朝の武士の賤むところなり。忠義清操の士、親子兄弟に離れ、忠心相立て候事、古今の善士勉るところに候」［石井紫郎編 1975: 59］と、不忠の者に荷担したりせず、肉親の情よりも忠を取るのが「善士」だと説いているものがいる［石井紫郎 1986: 203以下］。

　これに対し、今一つの立場は、忠の内容と孝の内容を比較し、父が大罪をおかしていたり、主君の命にかかわるような重大事には忠を選ぶべきであるが、忠

の中身がそれほどの大事でないときには孝を選ぶべしとする、いわば「忠孝衡量論」が存在する。佐野大介氏は、そうした例として浅見絅斎、林羅山、中井履軒などの言説を紹介しており、例えば中井履軒の場合には、①孝＝極大・忠＝極大、②孝＝極大・忠＝小、③孝＝極大・忠＝大と、忠孝背反状況を抽象化し、①は選択不能、②は親の命を優先、③孝を重んじるものは孝優先、忠を重んじるものは選択不能とする。そして選択不能の場合は、自らが死を選ぶのが最善手と説いている、とまとめている［佐野 2013: 222-223］。中井履軒の議論は、近世儒学者の中では、極力孝を重視した立場といってよいかもしれない。

　ただ、衡量論ではあっても、主君の危機に際してはやはり忠を意識せざるをえないと思われるのであり、忠の相対的優位性は免れないのではなかろうか。

2　忠孝の奨励

　近世の武士や儒者の忠孝論はさまざまであるが、では幕府法の中の忠孝はどのような形で存在していたのであろうか。一般的に言えば、幕府は武士や庶民にたいし忠孝を抽象的な徳目として大いに奨励し、時に褒賞なども与えたが、それに背反するものには厳しい刑罰を科していた。

　まず、大名に対しては、天和 3 年（1683）の「武家諸法度」において、「文武忠孝を励まし、礼儀を正すべき事」［石井良助編 1959a: 前集第1 66］と命じ、また一般武士に対しては、寛文 3 年（1662）の「諸士法度」において、「忠孝をはけまし、礼法をただし、常に文武武芸を心懸け、義理を専らに、風俗をみだるへからざる事」［石井良助 1959a: 前集第1 74］として、忠孝を礼儀や礼法とも結びつけながら、風俗の紊乱を防ぎ、武士の「文武武芸」の練達を求めている。天下泰平の時代となり、武士といえども文弱に流れたり、また「かぶき者」のように主君への忠誠よりも仲間内の掟により重きを置いて、既存の秩序からはみ出たり、上に反抗する無法者が続出していた時代である［北島 1977］。

　忠孝は、武士道とも結びついて、そうした武士たちに武勇のみならず文にも通じること、家中への義理を心掛け、礼法にかなった質実剛健にして秩序正し

い生き方を求めている。これらは官僚としての武士にふさわしい行動規範であろう。忠孝は、幕藩体制下の武士を秩序あるものにし、ひきしめる中心的な規律だったといえよう。

これに対し、庶民へは、街路に掲げられた有名な天和年間の「忠孝札」がある。そこでは、「忠孝をはげまし、夫婦兄弟諸親類にむつまじく、召仕の者に至る迄、憐愍を加うべし。もし不忠不孝の者あらば重罪たるべき事」と、主従・親子間の忠孝関係を中心としつつも、夫婦・兄弟・親類、さらには奉公人に至るまで、家族やその周辺の人々とも関係をむつまじく、憐みをかけるよう命じて、その関係を安定化させようとした。このような規範を正しく実行できない輩に対しては、とりわけ不忠・不孝の者に対しては、権力によって刑罰が科されるのであり、それも「重罪」とされたのであった［大竹 1977: 171-172］。この高札には刑種や量刑の具体的内容はあえて示されてはいないが、そのような規定の仕方自体が忠孝の違反者に対する暗黙の威嚇であり、その実質は、判例や刑法典に具体化されることになるわけである。

もっとも、刑法典でなくとも、実はいろいろな法の中に不忠や不孝にかかわる制裁規定が存在した。例えば、町触の中にも親の制詞も聞かず、町の年寄や五人組の異見にも従わない子に対して、その対処を示し、制裁を科そうとしたものがある。近世初期、明暦元年（1655）10月の「江戸町中定」の中にある一条文によると、そのような子は召し連れてきてまず籠舎（入牢）とし、その心根を改めない場合は親に久離（俗にいう勘当、久離は当時の法令用語）させ、追い払うべし（追放）と命じている。また、万一その子が父母に遺恨をもつ場合には、町の住人より彼を捕らえ来させ、死罪とするとも命じている［石井良助編 1959e: 御当家令條143］。

不忠不孝者は、それだけで極刑となったのであり、忠孝秩序が近世封建社会を統御する基軸的な規範とされたのである。

3 親子訴訟

　では、具体的に利害の対立が起こり、親子の間で紛争が生じたときにはどう解決処理されたのであろうか。これについては、幕府の態度は時代によって微妙に変化しており、また近世初頭の京都ではかなり異なる扱いが見られた［小早川 1988: 625-659］。

　まず近世初頭の幕府の姿勢がわかるものとして、寛永10年（1633）の「公事裁許定」がある。これは訴訟手続きに関わる法令であるが、それによると、親子間の公事（民事裁判）は、「親次第」とされており、ただその親に「非義」があるときは、「理非」を申し付けるとしている。つまり、親子訴訟は子の側が訴え出たとしても、親の意思次第で訴訟になったり、ならなかったりするのであるが、訴状が出されて親の不法が認められるときは必ず裁判をおこない、判決をだすというものである。この原則は、主人と下僕との対立においても全く同じである［石井良助編 1959e: 御当家令條250］。

　これに対して、近世のはじめ板倉周防守が京都所司代に任じられていた時の訴訟手続きに関する法令がある［石井良助編 1959f: 武家厳制録94］。その内容は、親子以外の場合を含めて以下のようなものとなっている。

　まず親子間で起こった訴訟（公事）に関しては、理非を弁ぜず、子の罪科とする。たとえ親の「不義」を訴え出たとしても、子として親に対し他人のように訴訟を起こすこと自体が「不孝之第一」である。他人さえ老いた者を敬うについては父母の如しというのであるから、親に対し訴訟を起こすなどということは「重々之科」であり、（そのような子は）殺害すべきである。ただし、殺害手続中に、親が慈悲の心をおこした場合には、子の命は「親之心」に任せ、子の行跡については一門の親類や隣家が折檻し、親子が睦んで「孝行之本意」を尊重するよう取り計らえとする。

　この条文に続いて、おじ（伯父・叔父）に対する訴訟についての規定があるが、これも親子の「法儀」と同様とし、甥という立場を心得るべきであるとする。ただし、親子とは対処を少し相違させるべきかもしれないとし、それにつ

いては裁判のその時に至って判断すべきとしている。ここでは親の場合とおじの場合の、明確な対処の違いは示されず、事件の具体的内容を踏まえて、実際の訴訟時の判断にゆだねられているのである。

　さらに兄弟間の訴訟については、弟が兄に対して訴訟をおこした場合は、なるべく「兄を敬」えとし（裁判不実施）、兄が弟に対し「非法之儀」を訴え出ている場合には、弟よりずいぶんの詫言をさせ、それで済まない場合は「公儀之取沙汰」にせよ（裁判実施）とする。なお、この条文末尾の「付」（つけたり）では、裁判と直接関係ない教諭が付記されており、継父や継母への孝行は、10歳前から養育してもらっているのであるから、真の父母より孝行すべきことを求めている。

　近世初頭の京都の訴訟手続においては、子が親を訴える親子訴訟は、法廷での裁判は認められなかったのであり、こうした訴えは理非を論ずることなく、その行為自体を刑事犯罪としたのである。このような行為は、孝に反する重大な違反であり、重罪（「重々之科」）なのであって、そのような不孝な行為に対しては死刑（「殺害」）を科すことを原則としたのである。京都にあって親を公式に訴えることは、それ自体が幕藩制秩序に対する重大な侵害であり、厳科に値する行為ととらえられていたのである。

　しかし、理非を論ぜず子の殺害を命ずる京都の場合はむしろ特殊といっていいかもしれない。幕府は親子訴訟が生じた場合は、基本訴状を受理せず、当事者間の内済（和解）で解決させるのが基本となっていったからである。そうした方向は、前記の明暦元年（1655）の「江戸町中定」にもみられるのであり、そこでは、京都とはまったく異なる対応がなされている。父子間の訴訟に関する条文をみると、「父子之出入」は、諸親類や町中が扱うことになっているが（つまりこうした人々の仲介で和解するということ）、その協力が得られず、訴状が提出されて、対決に及んだ場合は、取調べの上、親の側に「非分」があると認められる場合には、その内容次第で処置を申し付け、子の側に「非分」がある場合には、「父之所存」に任せ、その子を「不孝之科」をもって籠舎や久離とし、追放とするというものである。

　親子訴訟は、訴状が受理されず内済が原則であるが、例外的に訴状が受理さ

れた場合は、親に「非分」あるときは裁判が実施され、判決が申し渡される。子に「非分」がある場合はトラブルの内容については親の意思にまかせるとし、子に対しては刑事罰（籠舎・追放）が科され、久離の手続が取られたのである。

　不孝が刑事犯罪となるのは、京都も江戸も変わらない。京都では親子訴訟を起こすこと自体を刑事犯罪として、子は死刑となったわけであるが、幕府の基本方針は親子間の紛争はできる限り内済で処理させることとし、裁判となった場合には親子のどちらに「非義」が存在するかで処置が異なったのである。ただ子に「非義」がある場合でも、板倉氏の法令のように死刑となることはなく、籠舎・追放どまりであったし、親の「非義」が認められる場合は、奉行によって相応の判決が申し渡されたのである。この場合、子どもは構いなしとするか、子どもに刑事罰を科したとしても情状酌量されたはずである。

　その後近世中期、将軍吉宗によって、享保改革が行われる。本格的な刑法典である「公事方御定書」が編纂されるが、その編纂に至る前段階として、「享保度法律類寄」という法令集がまとめられている。その中に親や兄を相手取って論訴を企てた場合、証拠のない主張をした者は「流罪」とする旨の規定がある［石井良助編 1959c: 禁令考別巻 2 ］。

　こうした条文があるということは、親子訴訟を幕府の裁判所では取り上げないという建前があるにもかかわらず、しっかりとした証拠があり、町奉行所として捨ておけない内容のものについては無下に訴状不受理とはしなかったことを示している。江戸の親子訴訟に関する姿勢は、内済（和解）による解決を基本としながらも、実際には稀ではあるにしても親子訴訟もあり、審理の過程で親の「非分」を認定したものについては子どもの主張が通った場合もありえたのである。

　こうした幕府の実務上の取扱いについては、『徳川民事慣例集』に所載されている「親伯父等を相手取候出入之事」と「目上之ものを相手取候出入之事」（いずれも年月日を欠く）という二つの史料で明確となる（徳川民事慣例類集第5巻親族訴訟）。

　前者は、親や伯父・兄に対する紛争は、「出入致すまじき事」（訴訟禁止）であるが、よんどころない理由で民事紛争が生じたときには、なるべく「内済」

（和解）にするよう取り計らうべきであるとする。出入の内容によっては、親や伯父を相手取って訴えたからといって別段「御咎」も仰せつけがたく、なるべく内済にするように取計らうのが「御定法」であり、その心得をもって取計らうように（公裁尋問集小抄）、と述べている。

　後者は、主人・親、または親類などの内部の願いは、当人より目上の者を相手取る訴状は、すべて取り上げない「定例」であるが、捨ておきがたい訴状ならば、訴状は下げ遣わして、差紙（召喚状）をもって呼び出し、「吟味物」（刑事裁判）にせよ、というものである。

　幕府の親子裁判に関する原則や方針は、近世初期の板倉氏の法令では、孝による親の権威は、子の訴権を認めないばかりでなく、訴えた子に死刑を科すものだった。しかし、こうした厳刑方針は、一時期一地域のものであり、幕府の大きな方向性としては、①親子訴訟については、訴状不受理とし、当事者の和解による解決を原則とする、しかし、②子どもが訴状を提出したからといって、直ちに「御咎」を受けるわけではなく、その内容によっては取り上げることとし、刑事裁判として審理が進められる場合があったのである。これは、子の訴えた親の行為が犯罪に関わるような場合が主なものと理解されるが、結果的に子に有利な形で民事紛争の解決にもつながったはずである。

　このように、幕府は親に対する子の側からの訴えを取り上げないことを原則としつつも、内容次第では親の非理を認め、子の訴えの正当性を認めたといえる。これは親に対する子の絶対的服従道徳である孝も、親の非義が著しい場合には、司法手続的には、柔軟に修正せざるをえなかったことを意味するものだろう。

4　逆罪

　主人や親に対するもっとも重大な裏切りは殺害行為であり、主殺や親殺は、まとめて「逆罪」とされ、刑法上あらゆる犯罪の中で最高刑の対象であった。幕藩体制社会の根幹秩序である忠孝を否定する行為に対しては、極刑が科せられ

たのである。

『徳川成憲百箇条』は、今日偽書とされているものであるが［石井紫郎編1975: 解説］、江戸時代には家康の「御遺状」（おゆいじょう）として真正性が疑われず、大いに尊重され、写本も広がっていた。そこには、

> 「親師を殺し、主人を殺すは、「法外暴悪」により、また「法外の刑」に当て、勿論十類に至るまで没すべき事」

と記されている［石井良助編1959a: 禁令考前集第1所収］。親殺・主殺を途方もない「暴悪」とし、それゆえ、その行為は「法外の刑」（最高刑）を科されるのである。神君家康の遺訓ということになっており、近世の武士社会の規律観や常識をそのまま反映したものといってよい。

では、実際の刑法においては、逆罪はどう法定されていたのであろうか。

幕府刑法は、享保改革で制定された『公事方御定書』がその後の基本法典とされたが、それ以前には、体系的刑法典といえるものは存在せず、個別の単行法令や過去の判例、場合により慣習法的要素を法源としていた。『公事方御定書』は、条文の前に「従前々之例」（前々よりの例）などと付記されており、主に過去の判例を踏襲することを基本としたものであり、一部近年の単行法令を加えて集大成されたものであった［石井良助1952: 79-80］。同法令は、このように先例集的性格をもっているので、そこに反映された刑罰もおおむねそれ以前から存在する判例である。ここでは『公事方御定書』下巻とそれに先行して編纂された『享保度法律類寄』の逆罪、その他刑罰に関する内容を検討する［石井良助編1959c:『徳川禁令考』（別巻）所収］。

1……… 「享保度法律類寄」と不忠・不孝

まずはじめに『享保度法律類寄』の逆罪規定をみてみたい（表4-1参照）。『享保度法律類寄』では、冒頭に「逆罪」の項目が置かれており、その犯罪としての重大性がこうした位置に示されているものといってよいだろう。その内容は

表4-1　『享保度法律類寄』より

被害者	殺人・傷害致死・傷害・殺人未遂	自滅・牢死	打擲・手向	悪口	乱気にて殺	他
当主・古主	二日晒一日引廻鋸挽之上磔	致鹽詰置磔	獄門	流罪	死罪	手引者も同罪
当主・古主の兄弟姉妹	獄門		流罪			
実養祖父母	一日引廻、二日晒、磔	致鹽詰置磔	獄門		死罪	不孝の者流罪
兄弟伯叔舅姑夫	獄門　ただし密通で夫殺の妻は磔		流罪	百日手錠		
家業を伝重恩の師匠	獄門		死罪			
悪心を以実子養子殺	獄門					
病身の子、幼少弟妹甥姪						

以下のようになっている。

　　　「当主古主を殺害する者、縦怪我にて殺、又は手疵負せ候もの、致可殺巧、
　　不遂本意候共、此類一日引廻し、二日晒、鋸挽の上磔、自滅牢死は、致鹽
　　詰置磔、打擲手向は獄門、於致悪口は流罪、乱気にて殺候者死罪」

　被害者が今現在の主人でなく、かつての主人、古主であっても「主殺」の対
象となる。怪我を負わせたことで結果的に殺人となった者（傷害致死）、手疵を
負わせた者（傷害）、殺そうと巧（たくら）み、その本意を遂げられなかった者
（暴行もしくは殺人未遂）など、主人に対する場合は、殺人のみならず傷害致死
や傷害、未遂犯などに対しても一律に「一日引廻し、二日晒、鋸挽の上磔」と
いう最高刑が科されることになっている。
　ちなみに「一日引廻し」というのは、馬の背に乗せられ江戸市中の決まった
道筋を引廻されるものであり、「二日晒」は人通りの多い日本橋のたもとに二日

間さらし者にされるもの、「鋸挽」（のこぎりびき）は別名「穴晒」といわれるように掘られた穴に座らせられ、首から上を地上に出し、側に血を塗った鋸を立てかけておく一種の晒刑である。これらはいずれも主たる刑罰につく付加刑であり、最終的には礫で死刑となるわけである。

さらに加害者本人が処刑待ちの間に自殺や牢死した場合でも、塩詰めにされ、その死体が礫（はりつけ）にされる。また主人を「打擲」したり「手向」いしただけで獄門（いわゆる晒首）となり、悪口を言っただけで流罪（江戸では八丈島送り）である。現代であれば違法阻却されるような精神障碍者の主殺も死罪とされるなど、不忠に対する過酷な刑が列挙されている。

さらに犯罪の手引きをした者は、たとえ殺害をたくらむ主犯の心底を知らず協力したとしても同罪とされる。当主古主の兄弟姉妹を殺害した場合は獄門であり、打擲したものは流罪である。

親殺しの場合はどうか。該当条文には「実養祖父母」とあって紛らわしいが、これは実父母・養父母を被害者とする規定とみられる。主人の規定と似ているが、主人の場合にあった「鋸挽」の付加刑がない。また、主人に対する悪口を流罪とする表現がないが、「惣て不孝の者は流罪」の文言があるので、悪口もここに包括されるのだろう。

主殺と親殺を比べると、「鋸挽」の付加刑がある分だけ主殺しの刑の方がわずかに重くなっているといわねばならない（近世の刑罰は、石井良助［2013］、財団法人刑務協会編［1974］、佐久間長敬［1982］など参照）。

2……… 『公事方御定書』と不忠・不孝

では、『公事方御定書』の逆罪規定はどうなのか。該当するのは71条である。ここでは「享保度法律類寄」とは異なり、殺人・傷害致死・傷害・殺人未遂などは、個々に頭に「一打ち」されており、その刑罰内容もそれぞれに異なっている。該当犯罪に対する刑の内容はより精細になっているが、ただその多くに「従前々之例」（前々よりの例）とあるので、すでに判例法ではこれらの差は早くから明確になっていたのだと思われる。その意味では、先行した「享保度法律

類寄」の編集が杜撰だったのだろう。

　71条のうち逆罪に関わる内容は、表4-2にも示したが、まず主人に対する犯罪では、主殺が「二日晒、一日引廻、鋸挽之上磔」、「主人に為手負候もの（傷害罪）」が「晒之上磔」、「同切かゝり打かゝり候もの（暴行罪）」が「死罪」である。また、古主の殺害は、「晒之上磔」で、現主の傷害罪と同刑となっており、同傷害罪は「引廻之上磔」暴行罪は「死罪」である。殺人と傷害は、現主よりも若干軽くなっており、暴行罪は現主も古主も変わらない。これらはいずれも「従前々之例」である。主人に対する犯罪は、現主か古主かででも異なり、犯罪の軽重によって刑種も軽重がきめ細かく傾斜されているが、それでも結局はすべて死刑を免れないのであり、不忠に対する酷刑は際立っているといわねばならない。

　次に、主人の親類に対する犯罪では、殺人は「引廻之上獄門」、傷害は「引廻之上死罪」となっており、暴行については、かねてたくらんで実行した場合が「死罪」、計画なく当座の犯行だった場合が「遠島」もしくは情状を考慮して「重キ追放」となる。このうち傷害は「従前々之例」であるが、殺人と暴行はいずれも寛保元年（1741）の新法に由来するものである。ここでも、酷刑であることには変わりがないが、主人本人に対する刑罰よりは一段軽く、計画性のない暴行罪については、死刑が科せられず、情状が考慮されている。

　では親に対する犯罪はどういう規定になっていたのか。親殺が「引廻之上磔」、傷害が「磔」、暴行が「死罪」であり、前二者が「従前々之例」、暴行のみが「寛保元年極（きめ）」である。なお、親以外の目上の親族（舅・伯父・伯母・兄・姉）に対する殺人は、「引廻之上獄門」で、主人の親類を殺した場合と同刑である。同傷害は「死罪」となっているが、暴行に関しては規定がない。一般的な暴行罪が適用されたものであろう。

　不忠と不孝の犯罪を比較してみると、親殺は、主殺に比べて「二日晒」と「鋸挽」が科せられず、また親に対する傷害罪は、主人に対するそれと比べると「晒」が科せられない。また、主人の親類に対する刑罰と親以外の目上の親族への刑罰を比べると、殺人については両者とも「引廻之上獄門」で変わらないが、傷害罪では後者に「引廻」がなく、また後者にはそもそも暴行罪に関す

表4-2 『公事方御定書』下巻　71条（「棠蔭秘鑑」『徳川禁令考』別巻108・109頁）

被害者	殺人	傷害（為手負候者）	暴行（切りかかり打ち掛かり候者）
主人	二日晒一日引廻鋸挽之上磔	晒之上磔	死罪
古主	晒之上磔	引廻之上磔	死罪
主人之親類	引廻之上獄門	引廻之上死罪	死罪・遠島・重キ追放
親	引廻之上磔	磔（打擲いたし候者を含む）	死罪
舅伯父伯母兄姉	引廻之上獄門	死罪	
非分なき実子養子	親　遠島（短慮ニて與風殺）		
	親　死罪（利得を以殺）		
弟妹甥姪	右同断（上記と同じ）		
師匠	磔	死罪	
支配を請候名主	引廻之上獄門	死罪	
一般殺人	下手人		
地主（家守の犯罪）	引廻之上獄門	死罪	
元地主（家守の犯罪）	引廻之上死罪	遠島	

る規定がない。不忠と不孝に関する御定書の規定を見る限り、不孝よりは不忠の方が付加刑の部分でより罪が重くなっており、明らかに幕府刑法は孝よりも忠を優位としているといわねばならない。

71条には、目上の親族が目下の親族を殺した場合の規定もある。親の子殺しや弟妹甥姪殺人の場合である。いずれも寛保2年の「極」に由来するものであるが、子殺しの場合は親の情状がまず考慮され、「非分」のない実子や養子を殺した親は、「短慮」でふと殺してしまったような場合は、「遠島」になる。これに対し、親の「利得」で殺した、よりあくどい犯罪の場合にはさすがに親も「死罪」とされている。この原則は、弟妹甥姪の殺人でも全く同じである。

親殺の場合は、子どもの情状はいっさい酌量されず、行為と結果だけをもと

に死刑判決を下されたのであるが、親の場合は利欲のために子殺しをした場合のみ死罪となり、非分のない子を短慮で殺した時は重くて「遠島」、実際の判例では犯罪性向のある子を折檻して殺したような場合には無罪になっている例もある。忠孝倫理の下では、身分的上位者のなす犯罪は緩刑となり、下位者のなす犯罪は酷刑を免れないのが現実であった。

5 　縁座

　江戸時代には、犯罪は犯罪者個人の責任とされるだけでなく、その周辺の人間も連帯責任が負わせられた。犯罪者の住む家の家主や町の名主、五人組などに連帯責任を負わせるのが連座であり、犯罪者の家族へ負わせる連帯責任が縁座である。ここでは三浦周行の「縁坐法論」などに拠りながら、刑法の中の親子関係として、縁座の法をみてみたい［三浦1925: 1026以下；中田1938: 747以下；平松1960: 2010以下；鎌田1970: 61以下；石井良助編 1959g: 演習講座「縁座と連座」294-296など］。

　近世初期には、主殺・親殺の逆罪や磔、火罪、獄門になった者は、一族広範囲に処刑された。子どもも死罪となったが、15歳以下で悪事に加担していない子どもであっても縁座は免れず、15歳まで預置かれた後、遠島とされた。家督相続を予定しない養子、すでに他家へ養子にやった子についても縁座となり、遠島や追放とされた。火罪、磔、獄門、死罪になった者の妻や女子なども縁座の対象とされ、罪の内容しだいでは奴刑（吉原で遊女となる）とされた。

　もっとも、近世初期の『板倉氏新式目』では、「親の科子に懸け、子の科親に懸けざる作法なり」とされており、縁座は子にかけるものとするのが、京都の仕置であった。ただその理由は、悪党者の子は、必ず将来「害心」をおこし、親は諫める子にも悪事を申し含めるだろう。真面目な人物の子にも盗人はあるが、盗人の子に真面目なものはいないのであり、「世上邪成者多し、正路成者稀也」という、はなはだ偏見に満ちた理由によっていた［石井良助編 1959b: 禁令考前集第6 18］。

こうした旧来の縁座の制度に大改革を行ったのが将軍吉宗である。彼は享保6年（1721）の書付で縁座の範囲を縮小して、主殺、親殺、及びかくべつ重い科の者の子のみ縁座の対象とすることとし、範囲を限定したが、その後元文2年（1737）には主殺と親殺の子だけとさらに縁座の対象となる犯罪を絞り込み、この方針が『公事方御定書』上巻の四十「重科人之倅親類等御仕置之儀ニ付御書付」に反映された。

　同条の内容は、主殺・親殺の科人の子どもは、伺いの上（縁座に）申付ける。親類は構いなしであるが、その所に預け置き、本人の落着後（確定判決が出たのち）、犯罪の企みを知らなかったということがわかれば「差免」される。火罪や磔になった者の子どもは、構いなしとする。ただし、これは町人・百姓、そのほか「軽キもの共」の事である、というものである。

　改革によって縁座となる者は、主殺・親殺の逆罪者の子に限定されることになったのであるが、その恩恵を受けるのは庶民だけであり、武士には適用されなかったのである。縁座の場合、庶民よりも武士の方により広く、重く適用されたところに特徴がある。

　また、『有徳院御実記付録』に「重罪を犯す者は一族までも連座しけるが、此御時より刑科を省かせたまひ、親子の間といへども親の罪に子は坐し、子の罪に親は坐せざることになりし」とあるように［黒板編 1976: 15］、改革以後の縁座は、もっぱら親に対する子の連帯責任を問うものとなったのであり、それ以外の親族は、縁座の対象からは外されたのである。

　このように庶民の縁座は逆罪の場合に限られたわけだが、とはいえ忠孝に対する究極の違反だけは、子の縁座を残したのであり、「法外之刑」である逆罪の際の縁座は絶対不変の玉条として維持されたともいえるだろう。もっとも、こうした縁座の範囲の縮小自体は、享保改革の「仁政」の表現ともいえ、忠孝に対する仁の介入、仁による制約が働いた例といってよいと思われる。なお、鎌田浩は、これに加えて太宰春台『経済録』の縁座廃止・連座奨励論の影響があったことを指摘している［鎌田 1970: 63以下］。

　縁座となる子どもの年齢に制限はなく、従来通り15歳以下の場合は親類へ預け置かれ、その後執行されたのであるが、実はこれには合法的な逃げ道があっ

　第Ⅰ部
　　　多様な儒教化──東アジアの近世

た。それはその子を出家させることである。御定書下巻の九十七にその旨の規定があり、「従前々之例」とされている。その表題は「御仕置ニ成候もの倅親類江預ケ置候内出家願いたし候もの之事」というものであり、内容は以下のようになっている。

御仕置となった者の倅で、（縁座で）遠島・追放等に申付けられた者を、幼少ゆえ15歳まで親類へ預置いていた状態で、出家させたいと寺院より願出があった場合には、伺の上で出家に申付けること。ただし、出家となった上は、江戸を徘徊してはならず、住所を定め置き、他所へ出かける際は奉行所へ届け出ること、朱印地や由緒があり将軍に御目見するほどの寺院の住職にはなれない。もし住持をしないわけにいかないような理由があるか、公儀へまかり出なければならないことがあれば、奉行所へその際に伺い出るよう申しつける。

このように出家した場合の制限は多いのであるが、こうして縁座を回避する手段が存在し、裏技があったのである。手続上寺院から伺いを出すと出家が認められたのであり、事実上寺で軟禁に近い状態で過ごすことにはなるが、親の罪に座すことは回避でき、その後はひたすら仏道修行三昧の生活を送ることになったわけである。こうした処置は、厳刑主義の刑法の下での一種の法的均衡措置であり、仁慈思想にもとづく救済措置だったといっていいかもしれない。

武士の縁座については、寛保3年（1743）に町奉行より老中に出された書付があり、「御家人又は侍分の者」については、死罪者の子は遠島、遠島者の子は中追放、追放者の子は構いなしとし、縁座は追放者以下の子どもに関しては科せられないこととされている。以後この原則が維持されたのであり、武士においても庶民ほどではないにしろ縁座の範囲の縮小がなされたのである。その他、縁座の対象は、侍、徒以上で足軽などは対象外であったし、縁座は家督相続人のみに限られ、妻・女子や他家へ養子となったものなども縁座にはならなかった。このように近世初期に比すれば、中期以降武士についても著しい緩刑化傾向が見られたことは確かである。

ここで主従関係に関わるものとして、重職者の家来が犯罪を犯した時に、主人や上司の責任はどうなるのかといった問題も見ておくことにする。幕府の旗本御家人は、侍・徒（かち）、足軽中間の区別なく、家来が押込以上の罪に処

せられた場合には、主人は差控伺を出すことになっていたとされる［平松 1960: 1013］。差控伺は、現代の進退伺である。

　『御定書』下巻九には、とくに重職者の場合の処置が規定されており［石井良助編 1959c: 禁令考別巻61-62］、それによれば、幕府の老中・所司代・大坂城代・若年寄・御側衆・寺社奉行・大目付・町奉行・勘定奉行・目付・大坂城番・駿府城代・遠国奉行などについては、その家来・徒士・足軽・中間が「不届」を犯し、公儀仕置になった場合であっても、その主人は差控える必要はないとされている。もっとも法令としては見られないが、それでも侍以上の者が罰せられた時には、差控願を出すべきものとする実態はあったようである。

　ただ、侍以下軽キ者であっても、「徒党悪事」をして御仕置になった場合には、必ずその主人は差控伺を出さねばならなかった。差控伺を提出すると、直ちに謹慎し、上司よりの指揮を待つことになる。処分は、事情に応じて「差控」（自宅の門を閉じ蟄居）、「御役御免」（免官）、「御番遠慮」（出勤禁止）、「御目見遠慮」（儀式などの際の将軍への拝謁や出仕の禁止、その日以外は通常勤務）などの処置がなされた［平松 1960: 1021］。これは上司の監督責任の問題であり、監督不十分により懲戒処分に処されたものといえる。しかし、重職者についてはその職務の重要性から差控願を出すことを原則免除されていたのであり、例外的に提出せねばならない犯罪もごく限定されていたのである。

6　敵討

　中世以来敵討は、武士にとって「武勇の誉」であり、武士道の精華ともいえる行為であった。また、中世の自力救済の社会においては、犯罪被害者の子が加害者を自力で制裁することは、大いにありうることであった［平出1975; 石井良助 1959: 敵討ちのこと; 重松 2005; 石井良助編 1959g: 敵討・法律学演習講座など］。とはいえ実際の敵討ちはそう多くはなかったはずである。しかし、であるがゆえに曽我兄弟の仇討は大いに賞揚されたし、その結果として、武士のみならず庶民においても、曽我物と呼ばれる数多くの大衆芸能や文学を生み出したのであ

る。また、近世になってからではあるが、伊賀越えの仇討で助太刀した荒木又右エ門は世間にその武名を高め、士庶の間で評判を呼んだのだった。近世の武士道儒教においても、親の敵を討ち、その無念を子が晴らすことは、孝の実践として大いに称賛された行為だった。

　しかし、近世権力によって刑罰権が独占され、公刑主義が確立するとともに、こうした自力救済行為は、一定の制限をかけられることになり、実行には一定の手続きを要求されることになった。近世初期の幕府関係の法令中、敵討を条文化するものは「板倉氏新式目」であり、そこには次のような規定がある［石井良助編 1959b: 禁令考前集第6 18］。

　親の敵討について、道理にかなっている場合には、都鄙によらず先例に任せて討果してよい。しかし、神社仏閣内においては許されない。もし、自分の遺恨をもって親の敵と号しみだりに人を殺害するならば、辻斬強盗に準じてしきたりのとおり、同類とも死罪とする。

　敵討を行うことは先例に従って認めるが、単なる殺人行為を親の敵と称して罪を免れようとする者がいるため、こうした場合には死罪とすると規定されたのである。場所的な制約もあった。

　また、前記の偽書『徳川成憲百箇条』の中には、喧嘩口論の両成敗を命じた条文があるが、そこには殺害された者の子孫が敵討願を出すときには、それを簿に記し、その願いに任せること、ただし、「重敵」は停止せよとの文言がある［石井良助編 1959a: 禁令考前集第1 18］。これは当時の正しい手続を反映するものである。公刑主義を原則とする江戸幕府のもとにおいて敵討が正当な法的行為として認められるためには、まず主君に願い出、主君を通じて幕府に届出、三奉行の許可を得る。そののち、町奉行所の「敵討帳」「言上帳」に帳付（登録）してもらわねばならなかったのである。その後町奉行所より「仇討免状」が発給されるので、それを受領する必要があった。敵討をしようとする武士は、こういう手続きを踏まない限りは、正規の敵討とは認められず、その意味で近世の敵討は、国家刑罰権の被害者による代執行という性格を持っていたのである。さらに重ねての敵討（敵として討たれた親の子が、討った相手方を敵とすること）も禁じられていた。

元禄 4 年（1691）の判例によると、敵にばったり出会い両者が切り結んでいたところ、幕府役人が通りかかり、双方を分けて、支配方へ知らせたという事件があった。その後の取調で敵討であるとわかり、討ち手の側は返り討ちで手負いの状態であったが、双方「揚り座敷」（未決囚の入る牢）入りとなり、一か月ほど後に双方「江戸追放」処分が下された［石井良助編 1938: 405］。この事件の場合は、被害者の側が敵討願を出しておらず、免状のない私闘であったと判断されたと思われ、両成敗で両者制裁の対象となったものであろう。

　正規の免状が出たのちは、藩を辞し、討ち手となって仇敵探索の旅に出るのであるが、敵に遭遇する可能性は低く、返り討ちの可能性もあるので、敵討ちの困難さは言うまでもない。講談では、敵に遭遇した際の決まり文句として、「盲亀の浮木、優曇華の花、ここで会ったが百年目」ということになるのであるが、前者は百年に一度海面に浮く目の見えない亀がそこで浮木に出会い、そこに空いている穴に入ることだという。優曇華は三千年に一度咲く想像上の花である。いずれにしろ、可能性の限りなく低いことのたとえである。また、親族の援助があるにしても資金が続かなければ貧窮の身に甘んずることになり、尾羽打ち枯らす境遇は避けがたく、敵を討つ余裕はなくなり、帰参もかなわない。しかし、そうであればこそそのような艱難辛苦に耐え、本懐を遂げた場合にはその誉れが称えられるのである。

　こうした敵討願をだした討ち手に対する藩の姿勢がわかるものとして、出願者に藩役人が伝えた申渡書があるので、ここでそれを紹介したい。文政元年（1818）に小田原藩で足軽同士の殺人があり、加害者は捕縛されたものの、吟味のため入牢中逃亡してしまったというものである。そこで被害者の子である浅田兄弟が文政三年（1820）8 月、敵討願を差出したのであるが、敵討の際の一連の手続きがよくわかる史料として有名なものであり、太田南畝の「半日閑話」、松浦静山の『甲子夜話』や平出鏗次郎の『敵討』にも紹介されている［太田 2007; 松浦 1978; 平出 1975 など］。

　　井田茂左衛門組

　　　　　　　　　　　　　　　　　　浅田　門次郎

申渡心付金等右同断

○辰八月二十五日、於小田原御勘定所用人千賀八右衛門申渡、左之通、今
　般親之敵討相願候に付、昨夕於頭宅申聞候通、父之仇には倶に天を不戴
　之理にて、左も可有之儀と尤至極之心底、入御聴候処、奇特之御沙汰も
　有之、公儀御奉行所も、畢竟御旧家之御家来者、格別之儀と御沙汰も宜
　候に付、鉄蔵儀は養子之身分、門次郎儀は実子にて、右体之大望願出候
　心底奇特之儀に付、首尾能大望相達し候上は、弥其方共孝道も相立、其
　上格別之御沙汰にも可及候、万一未練之働於有之者、一己之恥辱のみに
　無之、御上之御名をも穢候事に付、随分勇気を励し、身分堅固に相慎い
　さきよく本望相達し、目出度帰参候様、此段申聞る。

　父の敵を討つことは「不倶戴天の理」であり、藩もその心底を奇特として聴
許し、「公儀御奉行所」よりも大名旧家の家来は「格別之儀」として許可がで
た。このような大望の願出は心底奇特のことであるから、首尾よく大望達した
上は兄弟の「孝道」も立ち、格別の御沙汰（褒賞や藩への帰参など）もあるだろ
う。万一「未練之働」がある場合には「一己之恥辱」にとどまらず、御上の名
をけがすことになるので、大いに勇気を励まして、身分堅固に慎み、すがすが
しく本望を達し目出度く帰参できるよう、と伝えられたのである。

　敵討が孝道の実践であることはいうまでもないが、それには実力＝武術の腕を
必要とする。返り討ちの可能性も大いにありうるのである。もし臆病風に吹か
れて「未練之働」があった場合には本人の「恥辱」であるばかりではなく、「御
上」の名をけがすことになるのである。江戸時代における敵討が、幕府刑罰権
の代執行である限り、実行者の未練がましい態度や不首尾は、藩さらには幕府
の沽券にかかわってくるといえる。つまり、その行為は忠にもつながっている
のであって、近世の武士道儒教においては、孝道は武士として恥ずかしくない
行動が求められるのであり、命がけの勇気を期待されたのだった。さらに、個
人の遺恨・復讐心・恥・外聞といったことを超えた、武士身分たることに伴う
義務の要素があり、領主法的圧力のもとに遂行されたというべきであろう［平
松 1988: 41-42］。

では、藩内で親が殺されたにも関わらず、敵討ちを実行しようとしない武士が いたときにはどうなるのか。富山藩にその例がある［谷田 1935: 29-30; 牧田 2000: 58］。

　同藩の重臣山田嘉膳が、藩士の島田勝摩に殺されるという事件が起こったが、 この時被害者の子鹿之助は、加害者への「復讐之申立」をしなかったという。 そのため藩は彼に「士道難相立段、未練之心底不埒至極」として、「山越」（追 放処分）にしたという。敵討は必ず実行しなければならないと実定法で強制さ れていたわけではない。しかし、武士たる者、親を殺されて敵討をしないのは、 「未練之心底」を見せる、武士の風上にもおけぬ臆病者であり、武士道にもとる ものとして、暗黙の掟によって社会的に指弾され、刑事制裁の対象となったの である。武士道儒教における孝の実践は、実定法を超える義務性を持っており、 敵討行為においてもっとも先鋭的に覚悟が問われる場面だったといえよう。

7　「武士道儒教」——「武士道の代弁者」として解釈された儒教

　近世の武士は、本来の武人たるよりも官僚としての性格が著しい。とはいえ、 彼らは中国の科挙によって選抜され、特権的教養人であった士大夫ではまった くなかった［渡辺 1997: 76以下］。日本の武家は、藩＝家に帰属し主君家とは世襲 的に主従関係を結んでおり、その忠は主君個人というよりも多分に藩＝家中で あって、多くの藩士は「御家の犬」として忠勤を励むことが求められた。「主君 押し込め」の慣行は、そういう武士がとるべき当然の行動であったといえよう ［笠谷 1988］。

　泰平の世にあって、武士本来の武人たる役割は徐々に希薄化した。むしろ役 人としての武士たる者の名誉や矜持、また農工商に優位する自己意識も強まり、 それらは彼らの儒教的教養と結びついて、武士たる者の存在意義や使命、主君 や藩との関係、死の覚悟、尚武の心、武士としての意地、恥、忍耐、礼儀、藩 内の人間関係などが、武士道として説かれたのである。その内容は、人によっ て様々であるが、武士社会の慣習に背理せず、武士の理想が儒学の言葉で表現

されていたといえる。その意味で近世儒教は、武士が解釈した儒教であって、武士道の代弁者の一面が顕著であったといえよう。こうした儒教は、まさしく「武士道儒教」と呼ぶべきものだろう。

しかし、社会全体の秩序を安定化するためには、個々人の内面の自覚や修養に任せただけでは、やはり逸脱者は免れない。実際近世前期には、かぶき者が続出した。そうした道徳律は、権力的強制によって実定法化されることで、逸脱者には制裁が科され、結果として多くの人々は取るべき態度を方向付けられた。その役割を持つのが刑法であり、武士道と結びついた儒教の教えは、その条文に具体化されていた。そして、時に実定法を超えてまで、強制されたのである。

さて、本章では、幕府刑法の中における主従や親子の位置づけをみてきた。親子訴訟、不忠・不孝者への刑罰、縁座、敵討という、ごく限られた領域の法ではあるが、それでも明らかな特徴がみられるように思う。

まず、忠孝道徳の近世刑法秩序の中における圧倒的重要性である。親を相手取る子の訴訟は原則禁止で、近世初期の京都ではそれ自体が厳罰の対象であった。主殺・親殺以下の不忠・不孝者へは酷刑が科され、中期以降範囲が縮小されたとはいえ、逆罪には子も縁座した（庶民の場合）。また、武士にあっては親が殺された場合、制定法上義務化されていないにもかかわらず、不倶戴天の敵にたいして卑怯未練な態度を取ることは許されず、敵討を敢行するのが武士として当然取るべき行動とされていた。

ただ、忠孝の量刑比較の上では、忠孝を抽象的に奨励した法とは異なって、刑法においては忠と孝では付加刑において明確な差がつけられていたのであり、明らかに幕府は孝よりも忠をいっそう重視していたといえる。

主人と奉公人（もしくは家来）、親と子との関係は、身分関係であるがゆえに、同じ犯罪であっても上には緩刑、下には厳刑というのが刑法の基本であったが、縁座のようにむしろ武士の方が庶民より広い範囲の犯罪に子が座している場合や、庶民に対しては敵討が期待されない、さらには武士のみに行われた切腹など、一種のノブレス・オブレージュ的な一面もあったといえよう。

こうした忠孝の強制、従者や子に対する厳刑主義は、必然的にその一方で

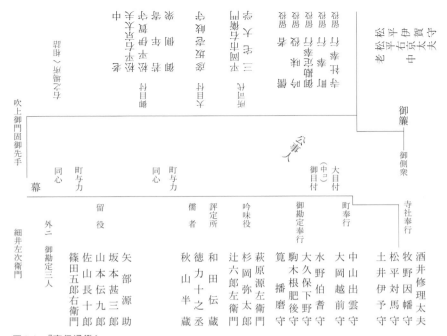

図4-1　『享保通鑑』

「仁」の立場からの緩和策を生じさせることになるのであり、それは立法において
も、法運用においても見ることができる。そのような立法の例が縁座の範囲の
縮小であり、縁座となるべき子にたいして出家を認める制度である。法運用の
面では、親子訴訟禁止といいながら、現実には親の不法が著しい事件に関して
は子の訴えを認めたり、あるいは判決の際に奉行の判断で情状を考慮する、さ
らには犯罪を「目こぼし」するなどということもあった。八百屋お七の事件で
町奉行が彼女に年齢を問うたとされる話や、大岡政談が人気を得たように、裁
判現場の知恵でこうした厳刑の緩和を求めようとする庶民の期待があったこと
を物語るものであろう。

　ただ、こうした司法の柔軟さを求める願望は存在したものの、裁判の過程で
は事実認定、訴訟当事者の事件に際しての行動や主張なども、儒教倫理に照ら
して評価されたのであり、その評価の結果が判決となるのであって、その判決

も、儒教の教えに背離するものであってはならなかった。儒教の影響は、立法のみならず、司法の場においても顕著であったといえる。

　そうした例として、評定所の裁判における「評定所儒者」の存在がある。『享保通鑑』に評定所の五手掛裁判の際の担当者の配置図が示されているが（図4-1参照）、そこには和田伝蔵以下3人の儒者が立ち会っている［辻達也校訂 1984: 90］。「評定所儒者」にはどういう者が任命されるのか、裁判中の自由な発言などが認められたのか、あるいは町奉行などに意見を求められたときのみ発言できたのか、あるいは裁判中の発言は許されず後に意見書などを提出するのか、そもそも臨席するだけなのか、彼らの権限は何もわかっていない。しかし、こういう司法の現場に儒者の立会を必要とすること自体、幕府裁判における「武士道儒教」的な価値評価が重要視されていたことを示すものだろう。

参 考 文 献

石井紫郎編［1975］『近世武家思想』（日本思想体系27）岩波書店。

石井紫郎［1986］『日本人の国家生活』東京大学出版会。

石井良助［1952］『刑罰の歴史』（法学理論篇）日本評論社。

石井良助［1959］石井良助「敵討のこと」『江戸の町奉行その他』（江戸時代漫筆）井上書房。

石井良助編［1959a］『徳川禁令考』前集第1、創文社。

石井良助編［1959b］『板倉氏新式目』『徳川禁令考』前集第6、18頁、創文社。

石井良助編［1959c］『徳川禁令考』別巻、創文社。

石井良助編［1959d］『御仕置裁許帳』『御仕置裁許帳・厳牆集・元禄御法式』（近世法制史料叢書1）復刊訂正、創文社。

石井良助編［1959e］『御当家令條・律令要略』（近世法制史料叢書2）復刊訂正、創文社。

石井良助編［1959f］「京都所司代板倉父子公事扱捉條々」『武家厳制録：庁政談』（近世法制史料叢書3）復刊訂正、創文社。

石井良助編［1959g］「公事方御定書」『新法律学演習講座日本法制史』青林書院。

石井良助［2013］『江戸の刑罰』吉川弘文館。

太田南畝［2007］「半日閑話」『日本随筆大成』第1期第8巻、吉川弘文館。

大竹秀男［1977］『家と女性の歴史』弘文堂。

笠谷和比古［1988］『主君「押込」の構造』平凡社。

鎌田浩［1970］『幕藩体制における武士家族法』成文堂。

北島正元［1977］「かぶき者──その行動と論理」『近世史の群像』吉川弘文館、110-164頁。

黒板勝美編［1976］『新訂増補国史大系徳川実記』第9編。

小早川欣吾［1988］『増補近世民事訴訟制度の研究』名著普及会。

財団法人刑務協会編［1974］『日本近世行刑史稿』上・下矯正協会。

相良亨［1968］『武士道』塙書房。

佐久間長敬［1982］「刑罪詳説」『江戸時代犯罪・刑罰事例集』柏書房。

佐野大介［2013］「本朝における親殺しの不孝の容認」『日本中国学会報』65。

重松一彦［2005］『大江戸暗黒街』第11章。

代田清嗣［2020］『徳川日本の刑法と秩序』名古屋大学出版会。

高柳真三［1988］『江戸時代の罪と刑罰抄説』有斐閣。

『徳川民事慣例集』第5巻「親族訴訟」。

谷田左一［1935］『敵討と切腹』秋文堂書店。

辻達也校訂［1984］『享保通鑑』近藤出版社。

津田左右吉［1938］『シナ思想と日本』青空文庫。

中田薫［1938］『法制史論集』（3巻）岩波書店。

新渡戸稲造［1899・1938］『武士道』岩波文庫。

尾藤正英［1975］『元禄時代』（日本の歴史19）小学館。

平出鏗次郎［1975］『敵討』歳月社。

平松義郎［1960］『近世刑事訴訟法の研究』創文社。

平松義郎［1988］『江戸時代の罪と罰』平凡社。

深谷克己［2012］『東アジア法文明圏の中の日本史』。

牧田勲［2000］「近世女性と敵討」宮良高弘・森謙二編『歴史と民族における結婚お家族』（江守五夫先生古希記念論文集）第一書房。

松浦静山［1978］『甲子夜話』（巻63）平凡社東洋文庫。

三浦周行［1925］「縁坐法論」『法制史の研究』岩波書店。

渡辺浩［1997］『東アジアの王権と思想』。

第 **5** 章　吉田 ゆり子

儒教思想の日本的受容と職分観念

性別役割に注目して

喜多川歌麿「針仕事」（3枚続, 東京国立博物館蔵）

1 福沢諭吉の「女大学」批判

　本章は、とかく儒教的倫理観とみなされてきた日本近世女性に対する社会通念が、朱子学に基づくものといえないばかりか、儒教が日本社会に適合的に解釈され、日本的な枠組みで捉え直されたことにより、広く社会に受けいれられる規範となったことを明らかにする。

　まず、1716（享保元）年に刊行され、その後近世社会に広く浸透したとされる「女大学」（『女大学宝箱』収録）に対する福沢諭吉の批判の声を聞いておきたい[1]。

　　　　婦人の道は柔和・忍辱・盲従に在り、夫夫たらざるも、妻妻たらざるを得ずとて、専ら其の一方の教えに力を籠めて、自ずから封建社会の秩序に適合せしめ、又、間接に其の秩序を幇助せしめたるが如き、一種特別なる時勢の中に居て立案執筆したる「女大学評論」

　このように、福沢は「女大学」を、女性だけに封建社会の秩序に適合させ、その秩序を幇助するような時代の産物であると指弾した。

　ここで福沢が批判した「女大学」は、今日でも男尊女卑、女性蔑視の思想を述べた教訓書とみなされ、近世の女性は虐げられた存在だったと評価される根拠とされる[2]。また、「女大学」にみられる男尊女卑・女性蔑視の観念は、儒教とくに朱子学の影響であると、東アジア共通の儒教的な価値観が存在すると認識されてきた。

---

(1)　「女大学評論」［石川 2006: 248］。1999（明治32）年4月1日〜7月23日の間に34回『時事新報』に連載された後、同年11月に単行本として刊行され、大正末までに50版を重ねたといわれる（前掲解題）。

(2)　「女大学」は、当時多くの売れ筋の教訓書を出していた貝原益軒の名を冠して『女大学宝箱』に収録して販売した大坂の書肆柏原清右衛門の商才を評価すべきとする指摘や、漢字仮名まじりの「女大学」が手習い手本として女性自身により使われ、欄外の女職人・商人の図により女性の社会性を養う教育が行われ、それ以前の情緒的な女性とは異なる、「家」の継続を前提とした時代の女性像であるという指摘がなされた［中野 1997; 横田 1995］など。

第 I 部
多様な儒教化── 東アジアの近世

しかし、そもそも福沢のいうように「夫夫たらざるも、妻妻たらざるを得ず」（夫は夫としての道をつとめなくとも、妻は妻の道をつとめなくてはならない）と、近世の儒学者は述べていなかった。たとえば『山鹿語類』では次のようにいわれる。

　　　夫に道あらずんば、婦人何を以て内を治むべけんや、夫は婦人の大づなたれば、夫夫たらざれば、婦以て婦たるべからず、夫婦其道を究理せざれば、内外ここに乱れて、家何を以てか調ふらんや(3)

　つまり、夫は婦人をいざなうものであるから、夫に道がなければ婦人も「内を治める」ことができない、夫婦ともにそれぞれの道をきわめなければ家は整わない、と述べており、必ずしも女性だけに教えを強いたわけではないことに留意する必要がある。

　そもそも、これまで漠然と儒教的な価値観が反映されているとされた女性に対する言説の、どこが儒教的で、中国の影響を受けているのか、あるいは日本化されているのか、十分に検討されているとはいえない。日本にとって外来思想である儒学は、日本社会に適合的に解釈し直して受容され、しかも朱子学が主流ではなかったと指摘されてきた［尾藤 1961; 渡辺 1985］。17世半ばからは、古代中国の儒教の古典を直接学ぶ古文辞学派が生まれ、その流れに位置づく荻生徂徠により、社会的分業体系の中で「役割」「職分」を果たすことにその個人の存在意義が見いだされたとする見方が尾藤正英氏により示され、職分論研究のもととなった(4)。

　前稿では、こうした研究を受け、日本社会の編成に適合させた職分論の枠組みの中で、女性がどのように位置付けられてゆくかを、中江藤樹『鑑草』、熊沢蕃山『女子訓』、山鹿素行『山鹿語類』、貝原益軒「教女子法」から検討し、次の4点を指摘した［吉田 2016］。すなわち、（1）女性がつとめるべき固有な「職」

---

(3)　『山鹿語類』巻十九・夫婦之別（『山鹿素行全集　思想編』岩波書店所収）。
(4)　［尾藤 2014］。その後の職分論としては、［佐久間 2007］、［平石 1991］、［高木 1990］など。

という観念は中江藤樹『鑑草』にはなく、熊沢蕃山からみられること。(2)いわゆる士農工商の「四民」の職分とは「家業」であり、それを担うのは「男性」であること。(3)男性は家の「外」で職分を担うのに対し、女性は「内」を治める存在とされ、士農工商を問わず、「内」で織り縫い衣服を調えることが職分とされたこと。(4)「家」は「夫婦一体」により継承されるもの、ということであった。

本章では、これら4点をふまえた上で、まず18世紀前期に板行され、その後女性向け手習い手本として普及した「女大学」(貝原益軒「教女子法」からみる)と、男女を問わず寺子屋の教科書として広く使われた『六諭衍義大意』に現れる社会編成の理解及び女性の位置づけを確認する。ついで、中江藤樹『翁問答』と、同時代に仏教の立場から民衆教化を試みた鈴木正三『四民日用』の言説を参照系として分析し、最後に日本社会に特徴的な「家業」の観念が形成される過程を考察する。

2 「女大学」の枠組み

「女大学」は、大坂の書肆柏原清右衛門が、貝原益軒『和俗童子訓』の中の「教女子法」を改編し、当時多くの売れ筋教訓書を出していた益軒の名を冠して、11の実用書(仁義礼智信・農作業一年の図・南都八景の図(奈良八景)・十二月色紙和歌・源氏物語絵抄同引歌・女大学・百人一首・中国二十四孝・世嗣草・小児養育草・小児急用薬)の一つとして『女大学宝箱』に所収し、1716(享保元)年に板行したものである。その後も「女大学」は、独立した単体の書物としても版を重ねて出版されることになった。

ここでは、「女大学」の基になった貝原益軒『和俗童子訓』所収「教女子法」を分析することで、その所説の骨子を確認しておきたい[5]。

『和俗童子訓』は、1710(宝永7)年付で序文を付し刊行された、子を育てる

---

(5) 『和俗童子訓』は、『養生訓・和俗童子訓』岩波書店、1961年による。

親たちに向けた実用書で、その中の最終巻の巻之五が「教女子法」（女子を教ゆる法）と題され、女子教育に特化した巻となっている。子育てをする父母に向けて、平易な文体で記された実用書で、ときに『詩経』・『孝経』・『論語』・『尚書』から引用することもあるが、ほとんど典拠を示さずにかみ砕いた文章で述べられている。「教女子法」には、四つの考え方が前提となっている。

  (1) 男は外、女は内をおさめるもの。[6]
  (2) 女は結婚して夫の家に入るもの。
  (3) 男女には「別」があるもの。
  (4) 女の7・8割は五つの病を生まれつき持つため、その点で女は男に
     及ばないもの。

そして、記述内容は、下記の13項目に整理される。

  1．女子は内に居て外に出ないものゆえ、親の教えだけで成長するもの。
  2．女子は他家に嫁にいき他人につかえるものゆえ、女徳（和・順）を
    身につけるべき。
  3．夫の家では、「婦人の職分」（後述）をつとめるべき。
  4．男は外をおさめ女は内をおさめるものゆえ、「婦人の職分」（後述）
    をつとめるべき。
  5．女に「四行」（婦徳・婦言・婦容・婦功）あり。「四行」は「女人の職
    分」（後述）であり、つとめなければならない。
  6．「家の事を記し、財をはかる」ために女子も読み書きそろばんが必要。
  7．婦人に三従の道（父・夫・子）あり。
  8．婦人に七去（あしき事七つ）あり。
  9．女人に外事はない。早く「女のわざ」「女功」（後述）を教えるべき

---

(6)　「男は外、女は内」の考え方は、『周易下経』中「家人」の「女正位乎内、男正位乎外」（女、位を内に正し、男、位を外に正す）（『易経』下巻、岩波書店、46頁）による。小浜正子氏のご教示による。

である。

10. 「男女の別（わかち）」を教え、内外の別、男女の分を正しくすべき。

11. 女子が嫁すときのために、父母が教えるべき13カ条あり。

12. 婦人は夫の家をもって、家とする。

13. 婦人の7、8割に備わっている五つの病を、みずからいましめて、あらため、除去すべき。この病は、「婦人の男子に及ばざる所」である。

　ここでは、3と4「婦人の職分」、5「女人の職分」、9「女功」に注目しておきたい。

　益軒は、3では「婦人の職分」を次のように述べている[7]。

　　女は人につかふるものなれば、父の家富貴なりとても、夫の家にゆきては、其おやの家にありし時より、身をひきくして（低）、舅姑にへりくだり、つつしみつかへて、朝夕のつとめおこたるべからず。舅姑のために衣をぬひ、食をととのへ、わが家にては夫につかへてたかぶらず。みづからきぬ（衣）をたたみ、席（むしろ）をははき、食をととのへ、うみ・つむぎ（紬）・ぬい物し、子をそだてて、けがれをあらひ、婢おほくとも、万の事にみづから辛労をこらへてつとむる。是婦人の職分なれば、わが位と身におうぜぬほど、引さがりつとむべし。

　すなわち、舅姑の衣類を縫い食を調えること、夫の衣類の片づけ、掃除、食事の用意、紡績・紡織・織物、子育て、洗濯、下女の仕事も率先しておこなうこと、であるとする。

　そして、4において、「いにしへ、天子より以下、男は外をおさめ、女は内をおさむ。王后以下、皆内政をつとめ行なひて、婦人の職分あり」[8]と、天子以下、すべての男性は外をおさめ、王后以下、すべての女性は、内をおさめてきた。内政で「婦人の職分」を勧めた、「男は外、女は内」とした。

（7）　前掲『養生訓・和俗童子訓』266-267頁。

（8）　前提『養生訓・和俗童子訓』267頁。

他方、5と9の「女人の職分」・「女のわざ」・「女功」・「婦功」とは、「女のつとむべきわざ」のことをいう。「ぬひ物をし、うみ、つむぎをし、衣服をととのへて、もはらつとむべきわざを事」とし、つまり縫い物、紡績、衣服ととのえることを第一とする。さらに、「たはぶれあそび、わらふ事をこのまず、食物飲物をいさぎよくして」舅夫客にすすめることも「婦功」「女功」であると述べている[9]。

　なお、女性は結婚して夫の家に入ることが前提とされているため、「女人の職分」「女功」は、婚姻後に「婦人の職分」「婦功」となるのである。

　それでは、社会全体の中で、女性の職分はどのように位置づけられて論じられているのか。1713（正徳3）年正月の後記をもつ『養生訓』において、益軒は、次のように述べている[10]。

　　　四民ともに我が家事をよくつとめおこたらず。士となれる人は、いとけなき時より書をよみ、手を習ひ、礼楽をまなび、弓を射、馬にのり、武芸をならひて身をうごかすべし。農工商は、各其家のことわざをおこたらずして、朝夕よくつとむべし。婦女はことに内に居て、気、鬱滞しやすく、病生じやすければ、わざをつとめて身を労動すべし、富貴の女も、おや・しうと・夫によくつかへてやしなひ、おり、ぬひ、うみつむぎ、食品をよく調るを以職分として、子をよくそだて、つねに安坐すべからず

　すなわち、士農工商の「四民」は、自分の「家事」「家のことわざ」すなわち家業をつとめることが養生のためには肝要と説く。それに対して、「婦女」は「内」に居るものであるので気が鬱滞するので、「婦人の職分」、すなわち織・縫・紡・績と食事の用意をつとめ労働することが肝要とする。職分に応じた「四民」からなる「外」の社会を構成するのは男性であり、女性は「内」で女性としての「職分」を果たすものと位置づけられた。ここに明確にみられるように、

（9）　前提『養生訓・和俗童子訓』268頁。
（10）　前掲『養生訓・和俗童子訓』35頁。

「家業」を職分として社会を構成する「四民」に対して、「婦女」は士農工商にかかわりなくひと括りされ、内に居るもの、夫の家にいるもの、そして、衣類をつくり、食品を調えることが、女性の「職分」であるとされたのである。

3　『六諭衍義大意』の枠組み

　次に、「女大学」とともに、寺子屋の教本として使用され、近世社会に影響を与えたとされる『六諭衍義大意』の思考の枠組みを確認しておきたい。周知のように、「六諭」とは、明の太祖朱元璋が民衆教化のために1397年に発布した『教民榜文』の内の第19条「聖諭六言」のことで、これがのちに「六諭」といわれた。この「聖諭六言」に、明末清初の頃、范鋐が解説をつけた『六諭衍義』が、1708年琉球の程順則により福州で板行され、日本にも伝わった。徳川吉宗は、荻生徂徠に命じて『六諭衍義』に訓点をほどこさせ、さらに室鳩巣が大意を日本語訳して、『六諭衍義大意』として1722（享保7）年に上梓された［中村 1972］。さらに吉宗は、大岡忠相に命じて江戸の重立った寺子屋師匠に配り普及に力を入れたが、広く読まれるようになるのは、林述斎の実家である岩村藩をはじめ、多くの藩で寺子屋の初等教育に使われることになった19世紀以降といわれている［山本 2002］。

　室鳩巣の序文によると、『六諭衍義大意』[11]は、「俚俗浅近の語を用いて、善をすすめ、悪をいましむる事」を企図して出版された『六諭衍義』を、日本向けに「其大略をとりて、和語をもて是をやはらげ」て、「漢土の文字をさへ見習は」ない「いやしき編戸の民」も常によめるように編纂したとある。統治対象である「民」教化のために編纂が企図されたことが謳われている。本文は、「六諭」、すなわち「孝順父母」・「尊敬長上」・「和睦郷里」・「教訓子孫」・「各安生理」・「毋作非為」の順に、六篇に分けて記されている点では、『六諭衍義』と同じである。ただ、『六諭衍義』では、それぞれの篇ごとに「律例」と古人の事蹟

（11）　『六諭衍義大意』（『日本思想大系　近世町人思想』岩波書店、1975年所収）を用いる。

を掲載しているが、「律例は我邦の法に異動ありて、用捨なくしては行ひがたく、其事蹟はいにしへの物語にして、さして緊要にもあらず」と、律例は日本ではそのまま当てはめられないこと、古い事蹟は緊要ではない、として省略した。

　次に、『六諭衍義大意』の記述を、家と個人、あるいは女性の位置づけに関し、『六諭衍義』との違いに留意しながら述べていく[12]。

1……… 「孝順父母(父母に孝順にす)」

　父母は、「我身が出来し本」であり、唯一無二の存在であるゆえ孝養すべきであるという。ただし、いくら孝行しても父母の「心を安んじる」ことができなければ、大いなる不孝である。父母の心を安んじるには、「何事も父母の教訓にたがわず、世法をおもんじ、よく身を守り、家をたもつ」ことが必要であるという。

　この篇で注目すべきは、『六諭衍義』[13]では、「大約、父母ニ孝順ナルニ両件ノ事有。一ニハ父母ノ身ヲ養ンコトヲ要シ、一ニハ父母ノ心ヲ安ンセンコトヲ要ス」と父母への孝順のためには、身体的な孝養と心の孝養の二つがあるとするのに対し、『六諭衍義大意』では「第一に意得(こころう)べき事は、いかほど父母の身を孝養すとも、其心を安ぜずしては、大なる不孝といふべし」と、父母の心を安んじることを第一とする点である。さらに、心の孝養についても、『六諭衍義』では、「父母ノ教訓ヲ聴テ好人ト做(ナリ)、好事ヲ行ンコトヲ要ス。理ニ越、法ヲ犯シ、禍ヲ惹キ、災を招くべからず。大ニシテハ則ち名ヲ揚ケ親ヲ顕ハシ、小ニシテハ則ち家ヲ安ンシ、業ヲ楽テ父母ノ心中纔ニ(ハシメテ)歓喜ヲ得ン」と、人は父母の教えにより良い人となり良い事を行うもので

---

(12)　許婷婷氏[2007]は、『六諭衍義大意』の各条目が『六諭衍義』と比較し、日本的な変容を受けているところを考察しているが、本稿ではそれをふまえて再考する。

(13)　『六諭衍義　全』享保6年11月、武江書林。出雲寺泉掾他5人による官板(早稲田大学図書館所蔵)、荻生徂徠による訓点が施されたもの。読み下しにあたっては、徂徠点により原表記どおりカタカナで記し、訓読みは徂徠に従い( )にカタカナで記した。また平仮名は筆者が補った。

あり、理を見出し法を犯すことを戒めている。そして、大には世間に名をあげて親を世に示すこと、小には家を安定させた状態で業を楽しむことにより、父母の「歓喜」を得ることができると述べた。ところが、『六諭衍義大意』は、この内「大」を落とし、「小」を「身を守り家をたもつべし」と言い換え、自身の身を慎んで「家」を維持することが親の「安堵」「よろこび」となると述べている。つまり、『六諭衍義大意』では、親の心を安んじるのに、その人個人が出世するのではなく、親から受け継いだ家を維持し次世代に繋いでいくことが重要とする点で、違いをみせている。

2⸺「尊敬長上（長上を尊敬す）」

世界は、ただ一つの「礼儀」により定まっているとする。その「礼儀」とは、「主従、上下の差別（区別）」をたて、年長の人と若い人の「次第」（順序）を、乱さないことであるといわれている。この篇で、両者の違いは大きくない。
次に、「和睦郷里」・「教訓子孫」・「各安生理」の各篇は、社会編成と女性に関わる内容であるため、『六諭衍義大意』の述べるところを、やや丁寧に述べておきたい。

3⸺「和睦郷里（郷里を和睦す）」

同じ郷村に居住する人は、先祖から常に行き交い馴染みのあるものゆえ、一家のように和睦すべきである。郷村が和睦するためには、まず一家自身が睦まじいことが求められる。一家が睦まじくするには、父母への孝行（「孝順父母」）、長上への尊敬（「尊敬長上」）はいうまでもなく、さらに「夫婦の道を重しとす」。ここで「夫婦の道」とは、「いにしえの法」に基づいた夫婦のあり方のことをいっており、「夫婦の和」(14)という意味ではない。郷村の人びとは、相互いに「夫婦の道」に「不義」がないか吟味し、「家」がおさまるようにすべきである。郷村の人のつきあいは「礼儀」をつくし「真実の志」で行い、不慮の事態に合力して助け合い、不行跡を戒め、救貧等の互助も郷村でおこなうべきとする。そ

れにより、「一郷」が「一家」のように和睦するという。

4……「教訓子孫（子孫を教訓す）」

「在家」（在郷の家）では、子孫が重要である。子孫よければ「家」も盛んとなり、悪ければ「家」も滅ぶゆえ、子孫をよく「教訓」（教育）すべきであるとする。

ここで「子孫」というのは、「家」を継ぐ男子のことを意味しており、次のように教育せよという。すなわち、幼少より父兄に仕え長上を敬い、言語に偽なく、動作は静かにすること。「事をつとむる」には怠らないよう、人には無礼のないようと戒めること。猥りに他行させず、飲食衣服は奢らず、無益の遊びに走らせず、常に学問をさせ、「聖賢の道」を学ばせること。このようにすれば、個人の「生質」にもよるが、少なくとも「身を守り、家をたもつこと」は可能となるとする。

続いて「さて女子は」と、女子の教育について述べる。

> 縫針の事を教るはいふに及ばず、ただ平生柔和を本として、何事も穏便に貞信なるやうにと教訓すべし、然らば成長の後、人の家の婦（よめ）となりても、舅姑につかへ、夫にしたがひ、下部の女までもなつけて、家内を和らげととのへ、ながく繁昌の福（さいはひ）ともなりぬべし

つまり女子は、衣服を整えることはもとより、「柔和」「貞信」であるように「教訓」（教育）すれば、夫の家は治まり長く栄えるとする。これは、前述した貝原益軒「教女子法」や「女大学」と同じく、女子は夫の家に入るもの、家を治めるもの、という前提のもとに論じられ、夫の家が治まり永続するための女

（14）　許婷婷氏は、「夫婦が安易に離婚しないこと」（45頁）、「徳川社会では、夫婦の「和」は家の繁栄の条件だとされているがゆえに、そういう夫婦の「和」を重んじる考えは徳川の教訓書には多くみられる」（46頁）と述べているが、「夫婦の和」ではなく夫と妻がそれぞれの役割を果たして（「夫婦の別」）、「夫婦一体」であることが求められていたことに留意すべきである［吉田 2016］。

子教育の必要性を述べている。

　なお、『六諭衍義』では、「在家」に限定せず、一般の「人家」を対象として子孫を教訓する理由を論じている。すなわち、「人家宗祀ヲ接続シ、家業ヲ保守シ、名ヲ揚ケ、親ヲ顕ハシ、前ヲ光（テ）ラシ、後ヲ光燿カスコトハ、全ク子孫ノ身上ニ靠在ス（ウチマカセオク）」と、家が代々続き、家の財産（家業）を保ち、名声をあげ、親の名を世間に顕し、脚光を浴びるか否かは、子孫にかかっているとする。このため、子孫の教育が重要であり、それは男子のみならず、女子も同様であるという。ただし、女子は「十歳ノ時ヨリ就（スナワチ）閨門ヲ出ルコトヲ得ず」と10歳から家にいることを前提とし、「針指（ハリシゴト）・紡織（ツムクチル）之法、裁剪（タチハサム）、衣服ノ道、飲食・酒漿ノ事ヲ以シ、一切言語・容貌倶ニ温恭・柔順ナランコトヲ要ス」と、織り縫い、衣服をつくり、食事を調え、言語・容貌も温恭・柔順であることを求めている。基本的枠組みは同じであるが、女子は10歳にして閨門の内に留まるべきとする点で、日本社会より厳しい空間的な隔離が企図されていることがうかがえる。

5……… 「各安生理（おのおの生理を安んず）」

　この項目は、社会の編成原理を職分から説明する注目すべき篇である。

　まず、すべての人は自分に当てられた「所作」があり、それはその人の一生定まったものであることからこれを「生理」というとある。すなわち、「天地の間に生るるほどの人、貴賤貧富を論ずることなく、人々我にあたりたる所作あり、是わが生涯につきて定りたる道理なる故に、生理と名づく、此生理に落ちつきて外をもとめざるを、各生理をやすんずるといふなり」とある。

　そして、「生理」を「人の品（しな）をわかち」て具体的に説明する。

　まず、「士たる者は、学文をし、武芸をたしなみ、義理を忘れず、公役をつとむ、是士の生理なり」と、「士」の「生理」は、学問をし武芸をたしなみ、義理を忘れず、「公役」をつとめること、公役とは主人への役、軍役とみられる。「農人」の「生理」は、耕作をつとめ、公やけの年貢を欠くことなく納めること、「職人」の「生理」は家芸に精通し、所伝の技術を失わないこと、「商人」

の「生理」は、売買を営み非分の理を求めないこと、とする。そして「この四つの民ともに、各志をたかぶらずして、我に当りたる職分をつとめば、をのづから我に当りたる衣食ありて、一生安穏にしてくらすべし」と、四民はいずれも自らに当てられた「職分」、すなわち「生理」をつとめれば、衣食を得ることができ一生安穏に暮らすことができる。逆に、定まった「産業（すぎはひ）」を無くすと、日傭で世渡りをせざるを得なくなると、「生理」をつとめることの重要さを述べる。

　他方、「又女人にも生理あり」と、四民に対比して「女人」の「生理」が論じられる。

　　　在家の婦女は、華麗をこのまず、遊戯を楽しまず、常に機おりもの縫わざを勤、
　　はやくおき、おそく寝て、辛苦をみづからすべし、是女の生理なり

　このように、華麗・遊戯を好まず、早朝から夜おそくまで辛苦をおこない、常に衣服を整える業をつとめることを女性の「生理」とするのである。

　そして、男女ともに、「ただ我に当りたる職分を勤、日に好事（よきこと）を行ふて、今よりゆくさきをとふべからず」と、自分に与えられた職分を勤め、悪事にはしらず良いことをおこなうなら、安穏な生活を営むことができると教化するのである。

　なお、『六諭衍義』では、「天地ノ間ノ人、士農工商・富貴貧賤ヲ論スルコト無ク、人人皆本等ノ事有（モチブンノワザ有）」と、士・農・工・商、富貴人・貧賤人それぞれの「生理」を論じた後、「上辺ニ説クハ都テ是男子漢（オノコゴ）ノ生理」と、これらはすべて「男子」について述べていると明言し、次に「婦人家ニ至リテモ生理有」として「婦人の生理」を論ずる。まず、現状の婦人の行為を、次のように批判する。

　　　今ノ婦人、大約ハ只喫を愛シ（クイモノズキ）、穿ヲ愛シ（キルモノズキ）、只金
　　珠首飾ヲ愛ス、貧賤ナル者ハ東遊西走（アチラコチラアソビアリキテ）、営生（ス
　　ギワイ）ヲ顧ず、富貴ナル者ハ飽媛・安逸ニシテ勤倹ヲ知ず、甚シテハ仏ニ媚ヒ、

僧ニ齋シ（トキシ）、庵ニ遊ヒ、寺ニ過リ（ヨギリ）、女箴を失了シ、風俗を壊了シ、非礼・非義ノ事ヲ做出スモ、往々ニこれ有ニ至ル

　すなわち婦人が女性の戒めを失い、風俗を乱し、非礼非義のことをすることがしばしばあると指摘する。そして、『礼記』と『詩経』を引いた上で、婦女のあるべき姿を具体的に論ずる。すなわち、「凡人家ノ婦女ニハ、すべからず他ニ徳性温良ニシテ、晩（オソ）ク睡リ早ク起キ、茶ヲ焼キ召しヲ煮ク、裁剪（タチモノ）、漿洗（ノリツケススギ）、井臼ノ勤労、紡織ノ苦攻ヲ教ンコトヲ要ス」と、温良な心持ちで、遅く寝て早く起き、食事の用意をし、衣服を調え、洗濯をし、水汲みや臼引き、紡織をすることを教えるべきとする。このように、『六諭衍義』においても、女性は家でこうした労働をおこなうことを、「婦人の生理」としていたことが確認できる。

6……… 「毋作非為（非為を作すことなかれ）」

　天下のあらゆることは、すべて是非のいずれかである。道理にしたがうのを是とし、道理に背くのを非とする。非をすることを、「非為」という。「非為」をしてはならないが、人には過ちがあるものであるから、自身の非をあらためれば「よき人」になるという。

　以上のように、『六諭衍義大意』は『六諭衍義』に準じながらも、日本社会に合わせて取捨選択の上、軽重をつけた形で簡潔に各項目についてまとめていることがわかる。日本社会に適合させた点、あるいは『六諭衍義大意』の特徴として注目されるのが、次の3点である。
　第一は、「六諭」の実践を求める価値感の違いである。『六諭衍義』では「個人」にあるが、『六諭衍義大意』では「家」にある点である。「孝順父母」において指摘したように、『六諭衍義』ではその子個人が出世することで親の名声をあげることが、親の心を安んじることになるとされていたが、『六諭衍義大意』では、自身が身を慎むことで、親から受け継いだ家を維持し、次世代に繋いで

いくことが、親の心を安んじることだとした。この点は、中国では家より個人の出世が重視され、名声を揚げた個人が家に寄与すると考えていたことを示しているといえよう。

第二は、「家」についた「生理」、すなわち「家業」という観念が『六諭衍義』にみられないことである。たとえば「子孫教訓」では、「家」の永続・繁栄のための子女教育を指摘し、「各安生理」は、「四民」に定まった「産業（すぎわい）」をつとめるべきことは述べるものの、「四民」の「産業」と「家」とを結びつけた職分＝「家業」という意識はみられない。前述したように、『六諭衍義』「教訓子孫」中の「家業ヲ保守シ」という時の「家業」という言葉も、本章でいう「家」についた生業という意味ではなく、「家の財産」と解釈されるものであった。

第三は、社会編成の上で、「人」として士農工商を構成するのは男性で、女性は家の内、閨門の内とする考え方は、共通していることである。とはいえ、『六諭衍義』で求められる女性の空間的な隔離は、実体的でより厳しいものであったことが判明する。

4　中江藤樹『翁問答』

次に、日本において「女大学」や『六諭衍義大意』の思想的枠組みが確立する過程を考えるために、17世紀前期の儒学者中江藤樹の著した『翁問答』を検討しておきたい。とくに中江藤樹は、朱子学の礼法に忠実になろうとすればするほど、日本には日本の方法があると理解するに至ったことで注目される[15]。

　　儒教の礼法をもて専真実の道なりと得心するあやまりなり（中略）儒書にのする所の礼義作法は時により所により人によりて、そのままおこなはれぬものにて候（中略）只今日本にて位なきものが取おこなふ事は成がたし（中略）大唐にて

(15)　「翁問答　下巻之末」『日本思想大系　中江藤樹』岩波書店、1974年、143-144頁。

取おこなふとても、すこしづゝ損益せずしてはおこなはれぬ道理なり

　このように、儒学書どおりに受けいれることを断念した藤樹の「日本化した思考」の内容と、その中で述べられる個人の「生理」と「家業」の関係、女性の位置付けに関する言説を検討していく。

　中江藤樹は、1608（慶長13）年に近江国高島郡小川村で生まれ、9歳で米子城主加藤家に仕える祖父吉長の養子となった。翌年、大洲に転封になった加藤家に従い、吉長は郡奉行を勤めた。吉長の死後、藤樹は1622（元和8）年15歳で家を相続し郡方役人を勤めたが、1624（寛永元）年17歳のとき京都の禅僧が大洲でおこなった『論語』の講義をきいて儒学を志し、独学で朱子学を学び始めた。1634年27歳で致仕を願い出たが許されず、脱藩して京都に潜伏後、近江国小川村に帰った。藤樹は、当時の武士生活に絶望し、理想社会を実現するために朱子学に傾倒し故郷に帰ったという。しかし、日本で四書どおりに礼を実現しようとすると現実に相応しないことに気付き、朱子学からはなれ独自の天帝思想に傾き、現実社会での「所作」（行動）の基準となる「道徳的本性」、すなわち「明徳」の修行をとなえるに至り、37歳からは陽明学に傾倒していった［尾藤 1961］。

　『翁問答』は、33歳の藤樹の思想の集大成である。『翁問答』の跋文に、門人中川謙叔が板行の経緯を記している。大洲藩を致仕して近江国高島郡小川村に帰った藤樹は、1641（寛永18）年、大洲藩の門人の求めに応じて『翁問答』上下二巻を著した。しかし、藤樹は改正する必要を感じていたため、門人に渡さなかった。ところが、1643年に京都の書肆の手に渡り板行されたことを知り、藤樹は版木を割ってそれ以上広まることを阻止した。その後、藤樹は1646（正保3）年下巻12篇を改訂、翌年さらに改訂を加えようとしたが、病のため果たせず、上巻も若干の改訂にとどまるまま、1648（慶安元）年に他界した。中川謙叔は、藤樹の志を考え『翁問答』を秘蔵していたが、1649（慶安2）年春についに漏れて板行されてしまった。しかし、板行本は底本として藤樹の草稿を使っていたため、誤字脱簡も多かった。そこで、中川謙叔はこれを考訂し、前後「改正の篇」を入れ、そのことを断って藤樹の志を著し、1650（慶安3）年、正式に板行

に至ったのである(16)。

　まず、『翁問答』上巻では、人にとってもっとも要となる徳として「孝」があり、「孝」とは親に仕えることではなく、「愛敬」により表にあらわすものだとし、「孝徳」を機軸として人間関係、社会編成の議論を展開している。

　人には尊卑の位として「五だん」あり、孝行にも五等の差別があるとする(17)。「五だん」とは、天子・諸侯・卿太夫・士・庶人で、日本では天子は「天下しろしめす御門」、諸侯は「国を治める大名」、卿太夫は御門・大名の下知をうけて政をおこなう者、士は卿太夫につきそって政の諸役をつとめる侍、庶人は農（ものづくり）・工（職人）・商（あき人）で、すべて至高の徳が「孝」であることは同一であっても、「分際相応」の道理には区別がある。すなわち、天子・諸侯・卿太夫は、統治者として「孝」を明らかにすることであるのに対し、士は君を愛敬し、「それぞれの職分をよくまもりつとめ」、長をうやまい、傍輩と親しみ、偽りなく、人間関係はやわらかに、ねんごろに言動もいやしくなく、義理にかない、礼法芸能もうとまず、軍陣にかけつけ武功をたて位をたもって祭祀をまもることが、「さぶらいの孝行」とする。これに対して、庶人（農工商）の孝行は、「いづれもその所作をよくつとめ、おこたらず」、財穀をたくわえ浪費せず、身持ち心建てを慎み、公儀をおそれ法度にそむかないこととする。すなわち、孝行とは「徳をあきらかにして、それぞれのすぎはひの所作を精に入てつとむる」ことであり、詰まるところ、その人のもつ「明徳」（心情の本性）を明らかにすることが孝行の本意であるとする。

　その上で藤樹は、士と農工商いずれも、それぞれの「職分」、「すぎわひ（産業）の所作」をつとめることが人として最も重要な孝徳であるとした。世間に生きるすべて人間は「五倫」（親子・君臣・夫婦・兄弟・朋友）という人と人との関係をもっているとし、それぞれの関係における「孝徳」を論じている(18)。

　第一の「親子」関係(19)では、広大無類な父母の恩徳にむくいることを第一と

（16）　「翁問答　改正編」『日本思想大系　中江藤樹』176-177頁。
（17）　本段落は「翁問答　上巻之末」『日本思想大系　中江藤樹』27-30頁による。
（18）　「五倫」の展開は、「翁問答　上巻之末」『日本思想大系　中江藤樹』31-32頁による。
（19）　親子関係は、「翁問答　上巻之末」『日本思想大系　中江藤樹』33-40頁による。

するという。そのために、「先わが身をおさめ、こころを正しくして好人となり、それぞれのすぎわひの所作をよくつとめ、財用を節す」と自身の修養の必要性をあげ、さらに「いゑをおこすも子孫なり、家をやぶるも子孫なり」と、「家」の永続を志向する姿勢が示されている。そのためには、こどもを幼少時から教育すべきとし、まず「道ををしへて本心の孝徳をあきらかにする」ことを根本とし、「すぎはいはそれぞれの器用にしたがひ、それぞれの運命をかんがへて、本分の生理、士農工商のうちを謀りさだむべし」と、「本分の生理」、「士農工商」に応じたすぎわい（産業・生業）を身につけさせる必要を述べている。

第二の君臣関係[20]においても、扶持を受けてはいないものの、庶人を臣下と位置づける根拠として、「そのくにに居て産業をつとめ生理をとぐるは主君の恩徳なるゆへ」と、庶人（農工商）も「すぎわい（産業）」をつとめ、「生理」をとげることが、主君への恩徳であると明示されている。

第三の夫婦関係[21]においては、「夫婦有別」が核となっている。

> 夫は陽徳にしたがひ外をおさめ、和義のとく（徳）をあきらかにしてつま（妻）をいざなひ、妻は陰徳にしたがひ内をおさめ、順正の徳をあきらかにしておつと（夫）にしたがひ、男女陰陽内外の差別かくのごとくただしければ、父子兄弟子孫臣妾みな相和睦して、和気合同する

夫は「陽徳」に従い「外をおさめ」、妻は「陰徳」にしたがい「内をおさめ」る。このように、「夫婦のみち、別を本とす」と、夫と妻の道は別であることが肝要という。陰陽・内外の差別をつけることで、周囲の人間関係が和合しておさまるとするのである。それでは、夫・妻それぞれどのようなつとめが必要としているか。夫は「愛欲のわたし（私）」におぼれず「義理のさいばん」をもって妻をいざなうこと。妻は、「夫を天とたのみ、夫の家をわが家となし、夫婦一体のことはり」を天則とし、「婦徳」をつとめること。「婦徳」とは、「貞烈の徳

---

(20)　君臣関係は、「翁問答　上巻之末」『日本思想大系　中江藤樹』40-43頁による。
(21)　夫婦関係は、「翁問答　上巻之末」『日本思想大系　中江藤樹』43-45頁による。

をまもり、女事をよくつとめ、さほうただしく、おつとの下知にしたがひ、家をととのへ、子孫をそだて、宗族を和睦し、家人におんをほどこす」ことが大概とする。この「婦徳」の中の「女事」とは、「教女子法」で「女功」・「婦功」とされた織り縫い紡ぎという衣類を調えることと考えられる。このように夫と妻とは、別のつとめを果たすことで、家をおさめ、周囲の人倫も和合するという考えであった。

　なお、藤樹は、「下巻之末」で仏道との違いを説明する中で、一夫多妻制に言及している。すなわち、「儒道の法」に依り、庶人は「妻（つま）一人の定」であるが、天子から士までは、「その位々分々相応によって、后・夫人・世婦・妻（さい）・妾の員数、自然の天則ありて、妻（つま）一人の定にあらず」と、多妻であることが天則とする。多妻の理由は、「根本、子孫相続の道なれば、婦人に子のなきものある故なり」と、子孫相続のためと明言した[22]。

　以上、『翁問答』は、人間として最も大切な徳目である「孝」を実現し、人倫が和合することを機軸に、人々の行動や規範が示される。しかし、社会は五等に差別された人々から成っており、それぞれの「所作」「すぎわひ」が天命本然の「生理」、つまり天から当てられた職分であり、それをつとめることが「孝」の本意とする点では、貝原益軒と社会編成のとらえ方は共通している。さらに、夫は妻をいざない妻は夫に仕えて夫婦一体であり、陽と陰、外と内という差別をもつ夫と妻には、「夫婦のみち、別を本とす」ることが第一とする藤樹の考え方は、貝原益軒や『六諭衍義大意』と同じ構図となる。

　ただここで注意したいのは、いまだ「家業」という観念が使われていないことである。『翁問答』では、士と庶人がそれぞれの「すぎわひ」「所作」をつとめ「生理をとぐ」ることと、子孫を教育し「家」を永続することの必要性が別々に論じられており、士と庶人の「すぎわひの所作」を「家業」として子孫に継承するというように、両者をむすびつけて論じていないことに注意しておきたい。

---

(22)　「翁問答　下巻之末」『日本思想大系　中江藤樹』132頁。

5　鈴木正三『四民日用』

　それでは、いつから儒学者の思考に「家業」という観念が明確に生まれてくるのであろうか。儒学者が、「生理」を「家」と結びつけて「家業」として理解するためには、何らかの飛躍が必要だったと考えるべきであろうか。こうした疑問を解くために、参照系として、中江藤樹とほぼ同時代に、仏道の立場から、平易な日本語で民衆にむけて著された鈴木正三の『四民日用』を検討したい。

　鈴木正三は、三河国加茂郡則定村の生まれで、徳川家に仕える鈴木家の長男であった。関ヶ原の戦い、大坂の陣の戦功により、200石を拝領する旗本となったが、1620（元和6）年42歳で出家し、77歳で1655（明暦元）年に亡くなった。中江藤樹とほぼ同時代に、武士の世界を経験した鈴木正三が、仏道から社会をどのようにみていたかを検討することで、儒学が日本に受容される背景を考える手がかりを得たい。なお、ここで用いる『四民日用』は、1649（慶安2）年、正三の存命中に江戸で開板されたもので、「武士日用」、「農人日用」、「職人日用」、「商人日用」からなっている。正三没後、1661（寛文元）年に刊行された『万民徳用』は、これに「三宝徳用」と「修行之念願」を加えたものとなっている[23]。正三は、まず1631（寛永8）年に「武士日用」を書き、続いて農人、職人、商人と書きすすめたといわれており、紙面も「武士日用」に全体の半分が割かれている。そもそも、「日用」とは、日常の所作・日常の生活のことを意味し[24]、士農工商がそれぞれ日常をどのように過ごすか、仏法の立場から諭したものである。

　まず武士に、仏道が必要な理由を諭す。人は「理を正し、義を行て、正直の道を用いる」ことが大切だという点では、仏法でも世法（世間一般に通用する法）も同じであるが、「正直」には「深浅」があるという。「世間の正直」（五倫の道を正しく、私の心がないこと）は浅い入り口にあるもので、深い「真の正直」は

（23）　愛知芸術文化センター愛知県図書館「貴重和本デジタルライブラリー」公開写真版使用。同サイト解題参照。
（24）　『仏教語大辞典』（小学館）、「日用」（にちゆう）の項。

仏法によりもたらされるとする。「一切有為の法は虚妄幻化の偽」（転変し無常な現象界は、虚妄・幻・偽りである）と悟り、「本来法身、天然自性のままに用る」（仏の教えが具わった本来の身、あるがままの本性に従う）ことが、真の正直であるという。正直の道を修行するためには、堅固な心をもって、我が身のことを思う気持を捨て、煩悩を除滅する。そうすれば、「自然に内外内成一片と成て、忽然として大夢さめて、仏法・世法に成就して、堅に三際を窮、横に十方に亘べし」（自ずから、内外の束縛から解放され、突然大夢からさめて、仏法も世法も成就し、時空を超えることができるだろう）という。

　これに対して農工商には、「仏果に至る」（修行により心の悟りの境地に至る）を目標とした日々の行いを説く。四民は「本覚真如の一仏」（すべてのものに具わる全宇宙の根本の真理を有する仏）が百億に分身して「世界を利益し給ふ」ものである。つまり、士農工商それぞれが、仏の分身として、「世界」に「利益」をもたらしている、すなわち「仏行」を行っているとする。

> 　鍛冶・番匠を始て、諸職人なくしては世界の用所調べからず、武士なくしては世治るべからず、農人なくして世界の食物有べからず、商人なくして世界の自由なるべからず、此外所有事業出来て世の為となる也（注：ルビは原点に依る）

　すなわち、鍛冶や大工をはじめ、職人は世の中が必要とする建物を調え、武士は世をおさめ、農は食物を育て、商人は流通させ、あらゆる仕事が世のためとなるという。また、「農人と生を受事は、天より授給へる世界養育の役人なり」と、農人は天が世の中の人々を養育する「役人」として使命を授けられたものであり、「身の為をおもはずして、正しく天道の奉公に農業をなし」と、「天道の奉公」と心得て、農業をすることを説くのである。これに対し、商人も、次のように述べる。

> 　私欲の念をすて、此売買の作業は、国中の自由を成しむべき役人に天道よりあたへ給ふ処也、と思ひ定て、此方は天道にまかせて、得利をおもふ念をやめ、正直の旨を守て商せん

つまり、天から授けられた売買の作業をおこなう「役人」と心得て、私欲を捨て、天道にまかせて正直に商売をすることが求められている。

　以上のように、鈴木正三は、すべての「事業」（仕事）は生まれながらに天から与えられたもので、それを授けられた人は自らを「役人」と弁えて、天道に奉公することで、仏果に至ることができる、つまり悟りの境地に達し成仏することができると説いた。

　なお、「職人日用」には、ただ一カ所「家業を営にひまなし」と、「家業」という表現がみられる。ただ、これは子孫に伝えてゆく「家」の生業という意味で使われているわけではない。『四民日用』で求められているのは、「家」の永続や繁栄ではなく、あくまで個人としての人間の成仏である。さらにいうと、天道に奉公する「役人」とは男性であり、女性には一言も言及されていないこともわかる。また、夫婦を核とする「家」という理解もみられない。

　このように、『四民日用』で正三は、仏教の立場から論じられたものではあるが、当時の現実を、分業による社会編成と身分による固定と把握し、社会と個人の関係を天から授かった士農工商という職分と意識させることで、個人の心の安定をはかっていることがわかる。こうした社会編成の基本的な考え方は、これまで述べてきたように、藤樹や益軒など儒学者も同じであった。しかし、正三が個人の心の救済を目的とした教化をおこなったのに対して、貝原益軒や室鳩巣のような儒学者は、現実の生活の安定をはかる教化をおこなった。その際、現実の社会の在り方をふまえ、士農工商を構成する単位を、夫婦を核とする「家」と理解したことで、儒学者が唱えた職分論は、人々に受けいれられやすいものとなっていったと考えられる。

6　「家業」という媒介項

　それではいつ、生まれながらに天から与えられた「所作」「生業（すぎわい）」が、「家」に結びつけられたのであろうか。

　儒学者の書物の中で、明確に「家業」を論じているのは、17世紀後期、1663

（寛文3）年に起筆し1665年に完成した『山鹿語類』である[25]。これは、山鹿素行の門人が、素行の講話を収録した編纂物であるが、素行の思想がよく表れているといわれる［尾藤 1971］。

　　　生生無息ノ人、或ハ耕シテ食ヲイトナミ、或ハタクミテ器物ヲ作リ、或ハ互ニ
　　　交易利潤セシメテ天下ノ用ヲタラシム、是農工商不得已シテ相起レリ

　すなわち人は、耕作して食を得、技術をこらして器物を造り、互いに交易して利潤を得るものであるから、それらを業とする農工商は必然的に生じたとする。これに対し、「士ノ職」は「人倫」をつとめ、「人倫」を乱す者を速に罰し、天下に正しく「天倫」が行われるようにすることであるとして、士農工商の職分を明確にした。その上で、たとえば町人には、「家業の事を知らしむべし」といい、「家業をつとめずして日傭を取るものを禁ず」と、家業をつとめない「日傭」を批判した[26]。

　このように、「家業」が明示的に論じられはじめた背景には、夫婦を核とした家族による経営、すなわち小経営の開花があった。村では、中世以来の土豪的な大経営から小経営の小農が自立し、耕地の開発が進むなかで、各地に小百姓が主体となる村社会が生まれていった。城や城下町建設や武士の城下町集住が進むなか、職人や商人が城下町に集められ、小経営の職人と商人が都市の居住者となった。一組の夫婦と子ども、祖父母からなる直系の小家族が、村や町の主体となり、小経営の生業を、国家が編成し、生業を職分とする身分として固定する近世社会が形成されていった。

　そして、17世紀後期に至ると、小経営の基盤は安定するとともに、自らの生

（25）　『山鹿語類』（京都大学附属図書館所蔵、京都大学貴重資料デジタルアーカイブレコード
　　　　IDRB00013027: https://rmda.kulib.kyoto-u.ac.jp/item/rb00013027）
（26）　すでに、前稿で指摘したように、貝原益軒の「教女子法」も『山鹿語類』巻第十六「父子道」と
　　　　第十九「夫婦之別」から受け継ぎ、とくに「教女子法」11番目の嫁に行く女性に向けての13条の
　　　　教訓は、ほぼ『山鹿語類』を踏襲しているように、その後、手習い手本で普及されることになる社
　　　　会的な規範の枠組みは、『山鹿語類』でほぼ形ができあがっていたといえる。

業と財産を次世代に譲り、「家」を継承させてゆこうとするサイクルに入った。こうした社会状況に呼応して、士農工商それぞれの職分を「家業」としてとらえる観念が明確となったと考えられる。そして、小経営体である「家」を安定させるためには、「夫婦一体」が必要不可欠であり、加えて外で「家業」を担う男性と、内で「家」をととのえる女性の役割分担が、「夫婦の別」として論じられるようになるのである。日本の場合、「家」を単位に生業により身分編成し、年貢と夫役を調達する基盤としたため、統治者にとっても「家」の永続は重要な課題であったことから、「夫婦一体」、「夫婦の別」は支配の基盤を安定させるためにも必要なイデオロギーとして、統治者や儒学者らによって喧伝されたのである。

　とはいえ、こうした社会編成の論理、イデオロギーが、社会の実際と相即的であったかは別次元の問題である。日本の場合、士（武士）の世界では、表と奥が概念だけでなく、空間的にも構造化され機能していたが、農工商では、それぞれの経営の事情にあわせて多様であったことについては、これまでも多くの実態が明らかにされている。たとえば、農（百姓）は社会秩序の乱れに対応し、女性戸主を生み出した［大口 1995］。商（町人）は、経営の才覚を重視するため、家業の担い手（＝入り婿）と家産の所有者（＝家付き娘）を分離した［吉田 2016］。今後も、こうした柔軟な社会の実態とイデオロギーとを総合し、福沢のように「門閥制度は親の仇」と、社会の固有の構造的特質を解明してゆく努力が求められよう。

参 照 文 献・史 料

石川松太郎編［2006］『女大学集』（ワイド版東洋文庫302）平凡社。

大口勇次郎［1995］『女性のいる近世』勁草書房。

佐久間正［2007］『徳川日本の思想形成と儒教』ぺりかん社。

許婷婷［2007］「徳川日本における『六諭』道徳言説の変容と展開——『六諭衍義』と『六諭衍義大意』の比較を中心に」『東京大学大学院教育学研究科紀要』47巻。

高木昭作［1990］『日本近世国家史の研究』岩波書店。

中野節子［1997］『考える女たち』大空社。

中村忠行［1972］「儒者の姿勢――『六諭衍義』をめぐる徂徠・鳩巣の対立」『天理大学学報（学術研究誌）』第78輯。

尾藤正英［1961］『日本封建思想史研究』青木書店。

尾藤正英［1971］「山鹿素行の思想的転回」上、『思想』560号。

尾藤正英［2014］『日本の国家主義』岩波書店。

平石直昭［1991］「近世日本の〈職業〉観」『現代日本社会』第4巻、東京大学出版会。

山本英二［2002］『慶安の御触書は出されたのか』（日本史リブレット）山川出版社。

横田冬彦［1995］「『女大学』再考」『ジェンダーの日本史』下、東京大学出版会。

吉田ゆり子［2016］『近世の家と女性』山川出版社。

渡辺浩［1985］『近世日本社会と朱子学』東京大学出版会。

『和俗童子訓』『養生訓・和俗童子訓』岩波書店、1961年所収。

『易経』下巻、岩波書店。

『六諭衍義大意』『日本思想大系　近世町人思想』岩波書店、1975年所収。

『六諭衍義　全』早稲田大学図書館所蔵、公開写真版。https://archive.wul.waseda.ac.jp/kosho/i17/i17_00100/

『日本思想大系　中江藤樹』岩波書店、1974年所収。

『四民日用』愛知芸術文化センター愛知県図書館「貴重和本デジタルライブラリー」公開写真版。https://websv.aichi-pref-library.jp/wahon/detail/11.html

『山鹿語類』巻十九・夫婦之別『山鹿素行全集　思想編』岩波書店。

『山鹿語類』京都大学附属図書館所蔵、公開写真版。https://dl.ndl.go.jp/info:ndljp/pid/991318

第 **6** 章　武井 基晃

姓の継承・創設

近世琉球の士の制度と、近代沖縄のシジタダシ (1)

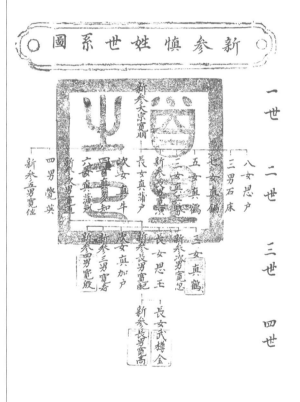

「新参慎姓家譜」（沖縄県立図書館蔵，
Licence: CC BY 4.0）

1 近世琉球の姓

1……… 同姓不婚・異姓不養はあったのか

　儒教社会・父系制とは何かを問い、何が儒教と考えられているのかから近世社会の性格を考えるに当たり、本章が分析するのは、琉球の士の姓と家譜制度である。近世の琉球王国では、士として王府に奉職する琉球人の一門は中国風の1字の「姓」を有し、士の男性はその姓を用いた中国風の3字の姓名「唐名」を持った。ただし中国の宗族とは異なり「同姓は必ずしも同宗、同祖を意味しない」など「姓氏の創設はかなり恣意的」だった［比嘉 1983: 92］。姓は王府から下賜されたもの、つまり「家譜編纂に伴って近世以降に人為的に付与された習俗」で「姓が共通の祖先を有する父系出自を示す表象であるという中国の社会的コンテクストから切り離された一つの文化要素として導入」［小熊 1999: 278-279］されたものだった。近世琉球では父系血縁をシステムとして導入しつつ王府の職の継承は士の家格に準じるなど「中国的な父系血縁制度と日本的な家制度という異なる原理をもった二つの制度をうまく整合させて、独特な琉球士族の門中が形成」［小熊 2009: 106］された。東アジアで比較すると琉球の家譜は「所有が士の身分と直結」「つねに王府の管理下にある公文書」の2点から「独特の存在」であった［渡辺 2008: 148］。こうした琉球の姓をめぐっては、儒教社会・中国の宗族との比較からその本質が論じられてきた。

　同じ姓の男女の結婚を禁じる同姓不婚の規制[2]が琉球にあったかについて、近世士族層にとっては「たてまえ（作為）」「なじまない借り物」「模倣」［比嘉 1983:

---

(1) 本章は比較家族史学会シンポジウム「東アジアはどこまで「儒教社会」か？──チャイナパワーとアジア家族」での報告「位牌継承を儒教から考える──沖縄の4つの禁忌を中心に」（2020年10月24日（土））および「琉球王府の家譜制度と儒教──新たな姓・家系の成立の仕組みを中心に」（2021年6月19日（土））をもとにした。

(2) 『中山世譜』（1701年・1725年に漢文で編まれた琉球王国の正史）には王妃の姓を尚から馬・毛に変え、さも「同姓不婚を実践しているかのように画策」した例もあった［田名 2002: 117］。

82-83, 89] に過ぎず「どの程度同姓不婚の観念が受容されていたのか、あるいは
なぜ同姓不婚が禁忌として沖縄社会に定着しなかったのか」「沖縄社会において
その原理が有効に機能し得たかどうか」[小熊 1999: 268-269] など疑問視されて
いる。それは結局、近世琉球において士の男性の姓・唐名が「日常生活でどれ
ほどの機能があったか」ということなのだが「もともと、恣意的に字を選び自
らの「姓」とすることを申請し、王府から賜る形で認定されたであろう「姓」
は、士族と平民という身分階層化された社会においてのみ意味があった」[比嘉
1983: 83]。家譜資料を確認した限りにおいて、士の女性は出自として父の一門
に属したが、名は琉球風の名のみで唐名は持たなかった。

　一方で、士の男性はみな唐名を有した。ならば、異なる姓の子女を子として
扱わない異姓不養の規制はあったのだろうか。中国の宗族の「同宗昭穆」に対
して「琉球士族の場合は、養子に関しては厳しい規則はなかった」。近世に「琉
球士族が固定化され（中略）同姓一門から養子を取るという中国宗族の規定が
盛り込まれ」てもなお「中国ほど厳しいわけではなく」、同門など近い親族[3]に
養子候補がいなければ「妻方や母方あるいは新参士族や無系の異姓から養子を
取ってもよい」とされ[小熊 2020: 249-253]、「異姓養子は姓を変更するという琉
球独特の運用をもつ制度」だった [小熊 2014: 256][4]。

2……家譜制度や儒教的教育からの視座

　近世琉球の士の家族制度において儒教的なものの影響はどれほど見られ、ど
のようなかたちで整備されたのか。本章では、そのことについて、家譜制度（士
の家族制度）の法整備や儒教的教育の浸透に目を向けながら、琉球の士の姓とそ

(3)　「近世琉球の士の社会では公式的親族が家譜に可視化される形で制度化され（中略）分析的
　　にいえば、〈父系出自〉と〈家〉が整合的に構造化され象徴資本＝文化的理念を構成し、士はそ
　　れを保持・投資」した。その一方で「親密な相互行為」は「実践的親族と呼ぶべき関係であり、制
　　度的な枠組みで捉えることはできない」。「実践レベルの歴史過程を理解するには、〈父系出自〉
　　でも〈家〉でもなく〈兄弟〉が鍵」となる[玉城 2020]。
(4)　一方で、士以外の男性の違法な士への養子入り（掠め入り）は取り締まりが厳格だった[豊見
　　山 2011; 渡辺 2008]。

の一門の継承、さらに新たな姓・一門の創設の仕組みを中心に、家譜資料から規定とその範疇内の融通について実例を挙げながら論じることを目指す。

　仮に、琉球王国の首里王府に代々仕えた譜代の士の家を、最初に仕官した男性以来その身分はある程度固定かつ保証され、代々長男が跡目を継承していき家統をなすと想定した場合、それとは異なる、しかし規定に則って家・家統が継承・創設されていく事例群が中心となる。それらは儒教的とされる、父系出自・血縁や長幼・世代の序列などの重視などから外れる事例であるが、それらがルールから逸脱したイレギュラーで存在し得ないものとはされずに、存在する余地を与えられルールを補うものとして認められていたことを示していきたい。

　以下、本章の構成は次の通りである。琉球の儒教において重要な久米村、家譜を管理した王府機関の設置（1698年系図座）と法律（1730年系図座規模帳、1732御褒美規模）の制定、儒教的思想を社会に浸透させた御教条（1732年）について概観（2節）したのち、系図座設置前の1600年代後半に首里・那覇から久米村へと士[5]が「入籍」（移籍）した実例（3節）、系図座規模帳の法整備後の1700年代後

---

(5)　琉球の士は住所・役割で首里士・那覇士・泊士・久米村士に分類された。士の大半を占めた首里士以外に那覇・泊・久米村の士がいた。その構造は首里とそれに準じる那覇・泊と、久米村の2分類である。前者は男性の名（名乗り）は一門（姓）ごとにその1文字目（名乗り頭字）が共通（e.g.王族は「朝」）で名乗り頭字によって同門がわかる。対して久米村士には世代ごとに同じ漢字（e.g.程姓＝7世は順、8世は搏、9世は容・文、10世は廷、11世は克）、共通の部首の漢字（e.g.蔡姓＝3世は王偏、4世は貝、5世は宀、6世は氵）など「輩行字」の風習があった。唐名（e.g.程順則）、家名＋官職（e.g.名護親方）、名乗り（e.g.名護寵文）が用いられ、しかも家名・官職は変わる（e.g.程順則は1728年まで古波蔵）ので史料ごとに個人の特定が必要となる。家名（現在の沖縄人の苗字の源流）は拝領地の地名なので領地が変われば家名も変わったし同じ一門でも拝領を受けた男性が複数いて系統が分かれれば複数の家名を有した。今日も門中の総称としては「程姓門中」のように不変だった唐名の姓が使用される。

	唐名	家名＋官職	童名
	名（名乗り）		
首里の洪姓＝我如古家	洪　秉義	我如古筑登之親雲上	小太郎金
	我如古　彌典		
新参の歌姓＝知念家	歌　啓業	知念筑登之親雲上	真蒲戸
	知念　繩高		

半以降で下級の首里士において弟や養子による継承が認められた実例（4節）、平民が特殊技能や献金によって抜擢され新たな士（新参士）として取り立てられた実例（5節）を提示する。これらを通して、近世琉球の首里王府の制度下における士の姓の継承と創設について検討し、さらに近代の琉球王国終焉後における継承に対する人々の判断基準の変化も合わせて論じる（6節）。

2　家譜の制度・法制と儒教教育の概要

1┈┈┈儒教と久米村

　久米村（唐栄とも称した。現・那覇市久米）は、那覇の港近くの村で、古くは明から渡来して琉球王府に仕え始めた人々（久米三十六姓と総称される）の居住区として成立した。当初は所謂外国人居住区だったが、渡来人たちは移住2世から琉球人との婚姻・養取を重ねて人材を補強した。そして代々にわたり明・清との外交・華語通訳・漢籍・儒学・文学・芸術などの専門家を輩出し続けることで王府を支えた。久米村の士たちは一門の枠を越えて優秀な子弟を養育し王府へと人材を提供し続けた。言わば村まるごとが通事（通訳・外交官）の養成機関だったのである。久米村士の男児は十代から若秀才・秀才の位階に就き俸禄を得ながら勉学に従事し、私費あるいは官生（国費留学生。琉球の王1代につき4人という狭き門）として大陸へと留学した。

　琉球における儒教や中国式の姓のうち近世以前から久米村にあったものは中国由来であった。一方、封建・身分・家譜制度の成立は日本・薩摩の影響下（1609年〜）にて実質化したこと、その後、久米村の中国化への志向が日本・薩摩の政治的意向によって強まった［糸数 1993: 201］ことなど考え合わせると、近世琉球の制度下における儒教的なものは、中国（明・清）経由か、日本（薩摩）

	諱（唐名のみ）	家名＋官職	童名	字	號
久米村の程姓＝名護家	程　順則	名護親方	思武太	寵文	念菴

経由かという問いが生じ、これまでも近世琉球における儒教化の家族制度への影響[6]や儒学の浸透[7]は論じられてきた。社会への儒学の浸透に影響した人物として摂政の向象賢（羽地王子（按司）朝秀。1617年生〜1676年没）、儒学者の程順則（名護親方寵文。1663年生〜1735年没）、為政者の蔡温（具志頭親方文若。1682年生〜1762年没。1728〜1752年は三司官[8]として国政を司る）などが知られている。そのうち程順則と蔡温は久米村出身の士だった。

久米村には1610年に孔子の絵像が持ち込まれ祭祀が始まり、1676年に金正春の建議で孔子廟が、少し遅れて1718年に程順則の建議で明倫堂が創設され廟学一致をなした（首里の文廟の創設は1837年）。そこでは久米村所属の士の一門同士で次世代の教育が行われ華語通訳（対明清）・儒学・漢籍・外交の専門家を代々輩出し続けた［武井 2018a, 2019］。久米村の子弟に対する漢籍・儒学の教育は、最初は明から儒者たちや日本から泊如竹が来たが、久米村内で久米村人同士の教育も進められ、文理に精通した講解師、句読に詳しい訓詁師が任命され教職に就いた［真境名 1993: 29-30］。

1700年代初頭、久米村士の家の葬祭礼が儒教か仏教かは、当時の琉球と久米村のあり方をめぐる宗教・思想上の問題となった。その顛末は『球陽』の1713年条・1726年条に記されている［崎濱編 1978］。従来は儒教式の葬礼だったが近世において琉球の国俗すなわち仏教に従うものとされた。それに対し、久米村内

---

(6)　家譜資料などからの婚姻、養子(他系養子・養取慣行)や同姓不婚等を論じた研究がある［小熊 1999, 2009, 2014, 2016, 2020; 菊山 1978, 1979; 崎原 2008; 田名 2002; 坪内 1992; 豊見山 2011; 萩尾 1993; 比嘉 1983; 山城 2010, 2018; 渡辺 2008］。

(7)　琉球への儒学の伝来には「日本の僧侶(京都五山系)や薩摩の儒者たちによって伝えられた経路と、冊封使やその従客、官生や勤学などの留学生による中国からの直接ルート」の二つがある［上里 2007: 11］。「和文文化に親しんでいた琉球王国が、漢文重視、儒学重視に至ったのはむしろ薩摩侵攻後」［中村 2020: 7］、「琉球に朱子学が入ってきたのは、薩摩侵入を契機としてであった。そして、それまで首里の学問とは別に存在してきた久米村の儒教も、それに共振して再活性化していった」［中村 2020: 4］、「近世初期の琉球儒学」は「薩摩伝来の日本儒学」であるのに対して「近世中期蔡温に代表される琉球儒学」＝「蔡温儒学」は「多くの中国の伝統的な学問に依拠するもので」、「真に儒教を政治支配のイデオロギーとして客体化」［糸数 1993: 201］等、論じられている。

(8)　琉球王国の国政・政務を実質的に取り仕切った3人体制の宰相。琉球士の最高位。

　第Ⅰ部
　多様な儒教化——東アジアの近世

の一派から儒教の礼にすべきとの申立てがあり1713年に儒家の葬礼が許可されたのだが、今度はそれに対して久米村の別の一派から反発が起きた。この「論争は、儒家の葬祭礼の復活を主張する原理主義者とそれは現状にそぐわないとする現実主義者の対立」[小熊 1999: 277]であり「儒教的信仰はすでにこの国で定着しており、ことさらに厳密な中国風に引き戻すことは混乱を招きかねないとの懸念から（中略）つきつめて考えると、両者の意見は根っこでは同じもの」[上江洲 1993: 93]であった。

　この対立は琉球王府の最高機関・評定所にまで持ち込まれ1719年に琉球の譜代の士として国俗（仏教）に従うべきとの判決が下った。その後1726年に儒学者で紫金大夫（久米村の最上位）の地位にあった鄭弘良（大嶺親方基橋）が儒教的葬礼の実施を王府に申請して許可を得て、鄭弘良夫妻は遺言通り儒教的葬礼がかない子孫もこれに従った[崎濱編 1978]。なお王府の服制は1725年に公布、1730年に改正を経て1737年に布達されたがそれには久米村出身の三司官・蔡温が深く関わった[高良 1982: 99-100]。

2⋯⋯⋯系図座設置（1698年）〜系図座規模帳制定（1730年）

　1609年の薩摩侵入以降の琉球では1650年頃に上士の一部が自発的に家譜（系図）編集を始め、1654年に百姓層の町方（首里・那覇）居住の禁止など近世の封建的な身分制が整えられていき、1671年以降から継続的に士に家譜の編集・提出が命じられた。

　そして1689年、家譜で士の成員を管理する行政機関・系図座が王府に設置された（琉球王国の修史事業も管轄）。家譜には琉球王国（第二尚氏王統）以来の辞令書などを証拠に系図座設置より前からの先祖の事績も記載された[9]。譜代は

---

(9)　「元祖を除く、それ以後の「――年間」とのみ記載される人物は、家譜組立の際に元祖と実在の人物との間を繋ぐ人物として設定された可能性が強い」と家譜組立時における先祖の代の辻褄合わせが検証されている[田名 1992: 119]。なお世代数の傾向は首里の譜代は少ない方で10世（士農分離の1600年代初頭から廃藩の1870年代）、多い方では14〜15世だが、久米村の士には1300年代後半から廃藩まで19世を数える例もある[渡口 1971: 461]。

1620〜40年代までの奉職が区切りとされ、系図を提出しそびれて士の身分を失った一門の追加認定（但し譜代ではなく新参として）は1712年頃まで認められた。また1727年に諸士系録（家譜）の一斉糾明が行われ平民・百姓に落とされた一門もあった。1729年には宮古・八重山の地方役人にも家譜が許された。

　そして1730年に系図に関わる法律である系図座規模帳、1732年に平民の勲功への新家譜の給賜を定めた御褒美規模が制定された。「系図座の規模帳成立が設置から四十年も過ぎて後のことであることは、逆に、この時期に王府枢要部署の規模帳整備が行われねばならなかった歴史事情を示していると考えられる。そのような歴史事情とは何か。一つは「人の管理」に関わり、もう一つは「土地の管理」に関わる」[渡名喜 1989: 17]。

　家譜(10)は2部作製され、1部は系図座で保管(11)、もう1部は首里王府の認証の印「首里之印」（図6-1）を押した上で、士の宗家に下賜された。その際1つずつ一字の「姓」（宮古・八重山の地方役人は二字姓(12)）も下賜され、姓と家統が創設さ

---

(10)　家譜は「縦二八・七センチ、横一九・五センチ内外の和綴本で、次々に仕次をなす関係で仮綴」「表装は、家譜所有者（家）の家格によって差があり、綸子や緞子、浮織等」「表紙には、中央のやや上に、「……番」、左肩に「――系図（又は家譜）」、その下に、家譜所有者を示す「――親雲上（又は親方、筑登之等）」との縦一二センチ、横二〜三センチ程の題簽が貼られている」[田名 1992: 105]。

(11)　残念ながら系図座保管分の家譜は第二次世界大戦の沖縄戦で焼失してしまった。現存すれば王族・士に限るが姻戚関係（配偶者の実家・娘の嫁ぎ先）、養子の行き来の記録までつなげることも可能な家族史・歴史人口学のデータベースがあったはずだった。戦災をまぬがれ現存する家譜はいずれも各宗家の所有分である。梁姓の国吉有慶の発言「廃藩置県以前は、琉球王朝の書庫のなかにちゃんとあったのです。それが廃藩置県の時に全部尚家にもってきました。尚家の書庫のなかに入っていました。私は昭和12〜13年頃に尚家の書庫に行きましてね。そうしたらちゃんと家譜が並んでいました」[東京大学教養学部国際関係論研究室編 1981: 85]。家譜など諸記録が今日残っているのは戦時中、人々が位牌と共に抱いて焼失をのがれたからである。「疎開先での生活の心配は勿論のことだが、老人の大切にする家重代の書き物を失いはしないかという責任感の方が、一層悩みのたねになっていた」[渡口 1970: あとがき]。戦後、那覇市などの行政が家譜の収集事業を行い、博物館での複製の閲覧や資料の活字化などで公開されている。門中の団体が家譜を整理した刊行物もある[武井 2016]。

(12)　八重山の例として有若・岳昌・嘉善・季順・錦芳・憲章・元長・公治・山陽・順天・上官・逍和・慎公・青栢・大史・忠温・忠順・長栄・長興・登梯・徳容・梅公・伯言・万孫・苻正・文桂・文林・麻枝・松茂・毛裔・毛孫・林松[比嘉 1983: 82; 武井 2020]などがある。

れた。家譜冒頭には一門[13]の宗家を中心に家系図が記され、一門の男性1人1人の名・生没年・履歴（叙位・任官）、その配偶者の名・生没年・実家、子女の名・生没年・婚姻相手などが記録[14]され、定期的（5年ごと）に系図座による認証を受けて加筆（仕次ぎ）が許された。

図6-1　首里王府の認証の印「首里之印」が押された家譜（『新参慎姓家譜』の世系図より沖縄県立図書館所蔵CC BY 4.0（https://creativecommons.org/licenses/by/4.0/deed.ja））

　家譜とは士の「身分証明書」かつ家の功績を明記する公的な「功績簿」［渡辺 2008：145］であり、言わば戸籍と履歴書の集成だった[15]。王府時代の人事法制では士は一門（門中）を単位に管理され、家譜（系図）は「門中籍」というべき近世琉球士の戸籍の原型とされ、首里を離れた成員も宗家に出生を届けて系図を繋げることで士の身分を更新した［奥野 1977：185-199］。こうした制度は「士としての特権ある身分、血統を証明す

---

(13)　近世の資料上「「一門」、「親類」、「與中」が公用語の基本」であり「「門中」の語は公用語としては終始登場しなかった」が、公用以外の文書には見られることから「「門中」なる称呼は、近世末に至って、通俗的通用語として普及した」［小川 1987：130-155］。

(14)　首里系の家譜の構成＝巻頭の「世系圖」、「家譜序」以下、個人の紀録——世代、名、家名と官職、童名、唐名、生年（明・清の年号）月日、父、母、室、子ども（生まれ順）。琉球の王代ごとに編年体（明・清の年号）で職位、昇進、知行（地頭職）、勲功、没年が記録。／久米村系の家譜の構成＝巻頭に「家譜序」、「世系總圖」の他に「歴代帝王紀年考」（明朝・清朝の皇帝と琉球の王の記録）、「元祖始遷備考」。以下、個人の紀録——世代、名（諱）、家名と官職、童名、號（字）、生年（明・清の年号）月日時、没年月日、享年、父、母、室、子ども（生まれた順）——。官爵（出世の記録）・勛庸（大陸など赴任地）・采地（知行の記録）・俸禄・寵榮（王族などからの下賜）・婚家（子女の姻戚の記録）、埋葬地が項目ごとに編年体（明・清の年号）。

(15)　家譜資料の履歴から同時代を生きた複数代の人生を並置することで、先代の昇進・役職の次代への影響、先代の引退・死去にともなう次代への継承・相続、個々人の人生や代々の履歴の傾向など琉球の士のライフコースが把握できる［武井 2013, 2018a, 2018b, 2019］。

るために、或はそれを保証するために、むしろ分家の側の必要から発生」した
［渡口 1971: 470］。

3 ⋯⋯⋯ 御教条（1732年）

　近世において琉球に広く儒教的な考えが広まった要因として、御教条の布達
とその利用が果たした役割は大きい。1732年、摂政の北谷王子と蔡温ら三司官
の連名で布達された御教条は、身分制の中で各身分（士農工商）の心がまえ7条、
家族に関すること13条、生活上・世の中の様々な事象13条の33条からなる［高
良 1982; 田里 2005］。それは、琉球の実情に合わせた四書五経に代わる道徳書で
あり［田里 同: 148］、行書・草書と候文を学ぶための便利なテキストでもあった
［高良 同: 10］。間切（現在の市町村の規模に当たる行政単位）の番所前で毎月1日
と15日の朝に異国方御条書とともに地方役人（地頭代をはじめ間切の上級役人だ
が士ではない）が朗読することが1735年の間切公事帳（間切番所の職務分掌規定）
で定められ、農民・民衆への説明も村（現在の字に当たる）の番所前でくり返さ
れた［沖縄市史編集事務局編 1987: 18, 109; 高良 同; 田里 同］。
　当時は沖縄固有の双系制の秩序が支配的な社会だったのだが、ここで強調さ
れた親孝行は王府が上から奨励した儒教的な観念に支えられた父系制秩序であ
り、士族の象徴の家譜も典型的な父系制の論理で、そこに記録を許されたのは
儒教的家族観・人間関係観に立つ王府の期待する家族像にほかならない［高良
1982: 47-48, 50, 65］。その意味で、御教条は封建的な身分制を前提とした時代に
布達された、強い政治的配慮をひめた政治的文書であり、王国の政治的統治主
体たる首里王府の立場がつらぬかれていたため、安易に道徳書、「国民読本」な
どと評価せずに、まぎれもない時代性すなわち近世の首里王府の政策・政治路
線を考える史料と位置づけるべきとされる［高良 1982: 114-115］。

3　首里士・那覇士から久米村士への入籍——1600年代の事例

1 ⋯⋯⋯ 久米村は儒教的か？

　大陸との関係から特に儒教的と考えられがちであるが、むしろ久米村士は首里士よりも柔軟な対応が見られ、たとえば長男継承の割合は首里より低く、17世紀において異姓養子の出現率は首里より高い［坪内 1992: 76］。1601年〜1800年の系譜の分析から、久米村に対しよく抱かれる「男系血統に固執する意識の民族的あるいは文化的な性格を否定」する見方も可能で、「元来、確固とした直系系譜意識とその実行を内在していたわけではなく、琉球での地位の確立につれて、直系男子による家督相続の傾向を強化していった」［坪内 同: 83］と論じられ、「首里を中心とする直系親への収斂を沖縄的なものとして把握する」［坪内 同: 84］という課題が提示される。

　その成立の経緯が渡来人の居住区だったため中国大陸系の血筋と思われがちな久米村だが、実際のところ存在が明らかな25姓[16]のうち、元祖が大陸から渡来したのは15姓（＝蔡、林、金、鄭、梁、紅、陳、阮、毛、鄭、蔡、王、阮、陳、楊）で、これらも早い段階から琉球人と婚姻や養取関係を結んだ。渡来人の元祖によって創設された一門を琉球人が継承したのである。このほか9姓（＝林、蔡、梁、周、曽、程、魏、林、李）は琉球人、1姓（＝孫）は京都から渡琉した家が久米村に入籍して創設された姓である［東恩納 1979; 富島 1982; 多和田 1986; 田名 1989; 那覇市歴史博物館 2008］。

　以下ではこのうち程・曽・魏姓における、首里・那覇の士あるいは士以外の家に生まれた男子が久米村へと入籍（今日的な言い方では移籍）し新たな姓が創設された経緯を論じる。時代的には、系図座設置より前の1600年代の中後期の事例、つまり近世琉球における法整備以前の事例だが、イメージされるところ

---

(16)　「久米三十六姓」との呼称も知られるが、36という数字は久米村の姓の数の歴史的な事実として実体をともなうものではない。

の儒教的でもない事例である。久米村は華語通訳（対明清）・儒学・漢籍・外交の専門家の輩出を期待されていたので能力を有した男子が抜擢された。それは養子とも新参士とも異なる、久米村そのものの補強のための新たな姓・家系の創設だった。

2 ······· 他姓の再興と母方の縁——那覇の虞姓→久米村の程姓

　1656年4月12日、同日に2人の男性が那覇士の虞姓（京阿波根實基の子孫。家譜によると虞姓は3世の代には久米村に居住）から正式に久米村に入籍し、程姓と曽姓となった［虞姓家譜、程姓家譜、曽姓家譜］。

　虞姓6世の泰祚（1634年生）は王命で久米村に入籍し、70年前に途絶えた程姓を継承して程泰祚となった。察度王（在位1350〜95年）に仕えた始祖・程復をはじめ「対支貿易等外交」において重要な役割を果たした「古来帰化の支那人」の功績ある家名が失われないよう王命で「沖縄人の俊才を選抜」し後継としたのである［真境名 1993: 14］。かつて久米村にいた姓の再興なのだが、このとき泰祚は程姓を6世として継承した。この世数は泰祚自身が実家の虞姓で6世に当たるのでそれを持ち込んだと考えられ、他姓を継いだが生まれた世数は維持された。

　この入籍は、泰祚本人の優秀さと、母方の久米村との縁で成立したと考えられる。泰祚の母・真牛金は久米村の鄭姓出身で、しかも王府任命の久米村の上級神女だった。また既出の儒学者・鄭弘良（大嶺親方）は泰祚の母方の従兄弟に当たり、のちに泰祚の長男・順則の師となった。琉球そして日本に「六諭衍義」をもたらした儒学者・程順則（名護親方）のルーツである。

3 ······· 姓の創設と女性血縁者による補強——那覇の虞姓→久米村の曽姓

　泰祚の入籍と同日、同じく虞姓から5世の志美（1606年生。程泰祚から見ると父の従兄弟）が、久米村の欠を補うため王命で久米村に入り曽姓を賜った（図6-2）。先の程姓とは違い再興ではなく新しい姓の創設なのだが、曽志美は曽姓1世と

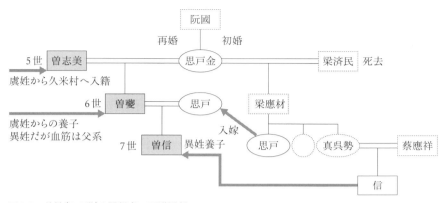

図6-2 曽姓（5-7世）と関係者の系譜関係

はならず、やはり当人の生まれの世数は維持され5世となった。そのため曽姓
家譜は5世から始まり、元祖は虞姓と明記されている。

　曽姓の創設後の人間関係に重要な役割を果たしたのが、志美の室・思戸金
（1607年生。久米村の阮姓1世阮国の娘）である。実は彼女は元々、久米村の梁済
民（1627年没）の未亡人で志美とは再婚だった。曽姓6世として志美の実家の虞
姓から養子・夔を迎えたが、その室・思戸は思戸金にとって元嫁ぎ先での孫娘
（息子の梁應材の長女）だった。つまり曽姓5世の室（阮姓出身）と6世の室（梁
姓出身）は、曽姓の系図上は姑と嫁だが、実の祖母と孫娘（長女）に当たる。

　さらに曽姓は7世も異姓養子・信（実父は久米村の蔡應祥、実母の真呉勢は梁
應材の三女）を迎えたが、彼も5世室・思戸金のひ孫（孫娘〈三女〉の息子）で、
6世室から見ると跡取り養子として甥（妹の息子）を招いたことになる。父系か
ら見ると異姓だが、母系の近い血縁者なのである。

　このように創設当初の曽姓は久米村出身の思戸金の元嫁ぎ先の孫娘やひ孫で
構成され、女性を介した実家・姻戚（久米村の阮・梁・蔡姓）との関係の強化に
支えられ、以降も何度か蔡姓・梁姓との婚姻をくり返した。

4 ⸺ 外祖父の跡を継ぎ、さらに抜擢 ── 無系→首里の應姓→久米村の魏姓

　士哲（1653年生）は、もともと士身分ではない無系の三男だった[17]のだが、母方の祖父・首里士の應姓3世（次男）の應瑞麟の養子となって跡を継ぎ、應姓4世の應士哲となった［應姓家譜、魏姓家譜］。士哲は1663年に留学の機会を得て華語を学んだ。

　1669年12月1日、士哲は華語の能力を買われて王命で久米村に入り魏姓を賜り、魏士哲（高嶺徳明）となった。無系から、首里士そして久米村士となったのである。彼は1689年に麻酔を用いた補唇手術を学んで帰国し、当時の王孫（のちの尚益王。在位1710〜12年）に施したことでも知られる。

　こうして創設された魏姓は3世瑞麟から始まり、世数は應姓のものを引き継いでいる。瑞麟から見ると、優秀な孫息子を跡継ぎにしたら、最晩年に自分ごと久米村に移籍することになったわけである。士哲は系図上、祖父の息子かつ母の弟として記録されたが、実の父をはじめ出生と顛末は家譜の履歴本文に隠さず明記されている。

　以上は、系図座の設置（1689年）より前の、入籍という姓の創設あるいは再興による久米村の強化の事例である。

4　法整備後の柔軟な対応
──1700年代〜1830年代の4代連続長兄以外の継承例

　続いて、系図座設置および系図座規模帳制定（1730年）を経た時期に、長男以外による士の家統の継承についてどれほど柔軟な対応が許されたのか、1700年代〜1800年代初頭の4代にわたって連続して長兄以外が宗家（本宗）を継承した首里士・洪姓の事例を提示する［洪姓家譜］（図6-3）。結論から述べると、弟や同門養子による継承はごく当たり前のこととして認められた。なおこの洪姓

──────────

（17）　士哲の生家はのちに、士哲の兄を元祖とする新参士姓になった。

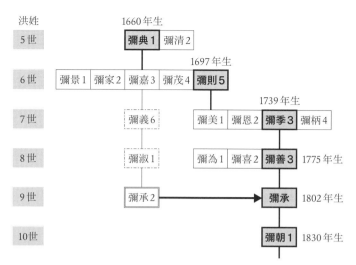

洪姓

| 5世 | | | **彌典1** | 彌清2 | | 1660年生 |

| 6世 | 彌景1 | 彌家2 | 彌嘉3 | 彌茂4 | **彌則5** | 1697年生 |

| 7世 | | | 彌義6 | | 彌美1 彌恩2 **彌季3** 彌柄4 | 1739年生 |

| 8世 | | | 彌淑1 | | 彌為1 彌喜2 **彌善3** | 1775年生 |

| 9世 | | | 彌承2 | → | **彌承** | 1802年生 |

| 10世 | | | | | **彌朝1** | 1830年生 |

図6-3　洪姓系図(5-10世)と同門養子

は代々下級吏員[18]を務めた家柄であり、決して特別扱いや忖度が発生したものではなく、あくまで規定の範疇での対応事例である。

　まず、系図座設置（1689年）後の事例である[19]。洪姓の6世彌則（1697年生。五男）は、長兄の彌景に跡継ぎがなかったため、訴え出て跡目を継承した。長兄彌景も早世したわけではなく73歳まで生きたのだが、弟それも末弟の五男が家

（18）　有給の下級吏員は勤功、無給の吏員見習は勤星という勤務実績の点数（星）を貯めたが、1日の勤務に与えられる星はせいぜい4〜8点、多くても15点で、役得が多い役所の吏員に就職するための目安6万点を貯めるには11年から41年は働かなくてはならなかった［渡辺 2008: 144-145］。

（19）　系図座設置から20年後の1709年に一門の会議を経て三男が地頭職を継いだ例（麻姓の儀間真房）は、当時「地頭職を引受けることが家統をつぐという意味になることをまだ理解していない。そのような社会観念がまだ出来ていなかった」。のちに「位牌はあとつぎが持つことに定っている。誰が後つぎであるかは家譜の出現によって家督（地頭職）の相続を許されたものということになってくる。そのことを予期していなかったように見える。系図座の仕事がはかどってその仕次が頻繁に迅速に行われる頃になると、地頭職をつぐことは家譜に記載されるので、自然に家の相続者と目されるようになる。（中略）家譜が出来てから二十年、やがて系図座のはたらきが敏活になってくるころであるから、その内地頭職と家督と位牌は一体のものであることが、王府の取扱いからはっきりしてくる」［渡口 1970: 14-15］。

を継いでおり、その様相はむしろ末子相続に見える。ほかの兄たちは、次兄と四兄は正式に分家（王府の許可を得て自身から始まる家譜を分立）した。三兄彌嘉は63歳で亡くなるまでの履歴が残っており、後に彼の曽孫が9世として洪姓の本宗を継ぐ同門養子となる。

　系図座規模帳制定（1730年）後、6世彌則には3人の息子がいたが、7世は彌李（1739年生。三男）が嫡子として継承した。この場合は、長兄彌美（3歳）、次兄彌恩（8か月）がともに早世したからであり、制度が想定した範疇の事例である。次の8世彌善（1775年生。三男）は、長兄彌為の子が早世し、次兄彌喜は出家したことから継承したようだが、家譜に事情の説明はない。しかし、その8世彌善も跡継ぎがいなかったので、同門から養子を取ることになった。その9世彌承（1802年生）は、6世の三男彌嘉の曽孫（彌嘉の六男の長男の次男）であり、1830年に王府に請願して嗣子と認められた。

　以上のような、長男による継承は代々かわなかったものの弟や同門の養子が継承した事例は、王府系図座がこの程度のことは問題とせずに、その時々の事情に応じて家統の維持を認めた実例である。

5　新参士への身上り——特殊技能と献金

1⋯⋯⋯特殊技能の功績

　近世琉球において家譜（系図）を持つことは士の権利であり、有する士身分の者は系持と呼ばれた。持たない者は無系と呼ばれたが、国（「国用」）のための功績によって新参の士として取り立てられることがあった。新参士は新たな姓を賜り、戸籍と履歴書の集成である家譜を所持し記録することを許された。さらに功績を重ねて、新参から譜代への昇格も可能だった。特殊な技能を琉球で実用化した功績の具体例をいくつか紹介しよう。

　新参關姓［新参關姓家譜。冨田 2010］の初代・嘉手納憑武（關忠勇。1642年生）は1665年に病で壺細工（陶工）を辞めた翌年に船の乗組員となり、四方目（国王

の茶糸端物類の購入役）・五主（福州での買付役）・荷付・宰領として唐物買付の責任者（才府・官舎）たちに雇用され、清および薩摩へ複数回渡航した。こうした船方出身者は渡航先で技術を身に付け琉球に持ち帰ったが、彼はその代表例とされる［冨田 2010: 282］。大陸（杭州）で白糸や縮緬の製法を、薩摩で紙漉法を学んで帰り、それを琉球に伝えた等の功績によって新参士となり、1699年に家譜を下賜された。さらに、この新参關姓の系図研究上の特異な点として、2世憑房には娘（4人）しかいなかったので、3世を飛ばして、外孫の憑榮（1723年生。2世の三女の子）が4世となったことが挙げられる。しかも2世は1719年に没したので、外孫が生まれ家統を継ぐまでの間どのような扱いになったのかは不詳である。系図座規模帳が1730年、御褒美規模が1732年の制定なので、法整備前の新参士および特異な継承の事例として課題としたい。

　新参慎姓［新参慎姓家譜。屋良 1943: 42］にとって、剥奪された士身分の復活は一族の念願だった。東恩納寛朋（慎秉儀。1673年生〜1734年没）は、生まれは譜代士の慎姓だったが、1727年の諸士系録（家譜）の一斉糾明が行われた時に母が傾城（遊女）とされ百姓身分に落とされた。寛朋の死後に子孫たちにより母は傾城ではないと訴えが出され、さらに寛朋が義父（薩摩人。母の再婚相手）から習得した毛筆製作を琉球で実用化した1696年当時の国用の功績もふまえ、1754年に新参慎姓を賜るに至った。これは「稀な事例」であり「かつての譜代士への単純な復帰ではなく、士身分の中では最下位の新参士を授与」［豊見山 2011: 174］された事例である。

　新参利姓［新参利姓家譜。山里 2017: 196］は、金城（のち屋嘉比）智安（利開基。1722年生）が薩摩から御守札の作法や神道の神楽の笛を習得して帰り、御守札の法を1740年の王世子（尚穆）の出痘に際して琉球の神社に伝え、1761年に「祈雨」の方法を指導し、また1763年の年始に御守札を尚穆王に献上したなどの国用への貢献から翌1764年に新参の地位を賜った。以来、新参利姓の一門男子は代々神社関係に奉職した。

　新参歌姓［新参歌姓家譜。沖縄県立芸術大学附属研究所編 2004; 新城編 2006］は、歌三線に秀でた無系の真蒲戸（1761年生）が、平民でありながら冊封使（1800年・1808年）の前で演奏を見事に勤めたなどの功績により1825年に新参の地位とな

ったことから始まる。真蒲戸は歌啓業（歌で業を啓く）という業績にちなんだ唐名を賜り、知念績高を名乗った。ただし、子孫が家業として音楽の仕事に就いたわけではなく、下級の士の職（北部の間切在番、門番）に従事した（なお知念績高の弟子2人の三線の流派である安富祖流・野村流は今日まで続いている）。

2……献金の功績と女元祖

「献金により士族にとりたてられた例」（買い士）^{コーイサムレー}は譜代吉姓、新参吉姓、恵姓、宇姓、袁姓、昴姓、朝姓、新参周姓が確認でき、このうち首里士に列せられた新参周姓は例外的で、ほかはすべて那覇士だった［安藤 2012: 90］。譜代吉姓、恵姓、宇姓、袁姓、昴姓は「王府の役職にも任官」したものの「久米・那覇の富裕層からのいわば集金係のような役割」だった［安藤 同: 92］。

国のための献金に対して、女性を元祖（1世）とした新たな姓の創設が認められたのが新参士の特徴である。できるだけ年長者を1世にしたほうが一族のより多くを士籍に入れられるからである［大城 1983: 4］。「本来家譜は男系中心であるにもかかわらず十八世紀末にはすでに元祖として女性を認めるまでになっている事は家譜制度や、ひいては王国体制の弱体化の一端」［大城: 同］、「王府の中に、家系の創設継承に関して男系原理が貫徹されていたとは言い難い側面」［萩尾 1993: 78］がうかがえ「家譜制度における男系的な理念を揺るがす」実例で「王府の中に厳格な男系理念が存在したかというと疑問も残る」［萩尾 同: 80］と論じられる。しかし一方で、元祖以外で女性が跡継ぎとなった事例はないため、「女性元祖以後の家系相続継承はあくまでも男系による継承であり、社会制度における相続継承がぐらついてきたことを示すものではない」［萩尾 同: 80］。以下、献金によって女性が新参士に取り立てられた実例を提示する。

宇姓［宇姓家譜］は、無系に生まれた娘・思嘉那（1708年生）が晩年の1782年に財政逼迫の王府への献金（銅銭16万貫文）によって、新参の地位を賜った。宇姓は女性を元祖とする古い例［大城 1983: 4; 萩尾 1993: 77］とされる。江戸への使者派遣の費用として1789年にさらなる献金（銅銭18万貫文）をして譜代に昇格した。その原資は夫の薩摩商人・中村宇兵衛が琉球を去る時に残した資金を運用

したもので、その夫の名にちなんで宇姓とされた。「大和系の血筋を引く者が多々ある」のも新参士の特徴である［大城 同］。

恵姓［恵姓家譜］の元祖・真鶴（1720年生）は、阮姓の娘として生まれたが、「側室の子どもであるため、父の家譜には入れなかった。その点では正妻と側室の子では厳然とした差別が存在した」［萩尾 1993: 79］。夫（34歳で死亡）は無系だった。凶作などによる財政逼迫の際、献金（銅銭17万貫文）によって1785年に新参の地位を賜り、1809年に江戸上りのためのさらなる献金（銭8万貫文）で譜代に昇格した。

新参吉姓［新参吉姓家譜］は、無系の女性・真伊奴（1758年生）を元祖とする。彼女と無系の夫（56歳で死去）の長男・睦實が冠船（中国皇帝からの使節）渡来による財政逼迫の時期の献金（16万貫文）で1835年6月に、同年11月に亡くなる老母の代まで遡って新参の地位を賜った。尚育王（在位1835〜47年）代、王府の財政逼迫のため献金（金銭の借上、自己負担による公共工事の遂行。相場は16万貫文）に対する新家譜の給賜が増えた［田名 1983］。その後、3世睦周の代のさらなる献金で琉球王国の最末期の1872年に譜代に昇格した。

新参家譜では冒頭の系図にも本文の履歴にも男子名には「新参二世睦實」のようにいちいち新参と記されるのだが、譜代への昇格以降の代からはそれが「譜代三世睦周」のように改められる。ただしそれは昇格した本人以下の直系の子孫に限られ、たとえば睦周の叔父（真伊奴の次男・睦住）の家系は3世以降も新参のままである。

6 シジタダシ（筋正し）── 近代以降における過去の系譜の修正

近代以降[20]から今日の沖縄において位牌継承上の禁忌（とされているもの）は4つある（表6-1）。これらは琉球王国時代以来の伝統と誤解されることがあるが、実際は琉球王国終焉後の近代以降に民間において流行[21]し、しかもかえって厳格化した禁忌である[22]。近代以降の禁忌は、ここまで論述してきた近世琉球の士の家譜制度とは似て非なるものとなっていった。もしも近世琉球においてこ

表6-1 「4つの禁忌」

禁忌	説明	≒儒教
嫡子押込 チャッチウシクミ	長兄が跡を継がなければならない	≒尊卑のヒエラルキー、長幼の序列、世代規定、昭穆
兄弟重牌 チョーデーカサバイ	兄の跡を弟が継いではいけない ＝次の世代が継がなければならない。 　　　　　　　　イチュクカサバイ 　　　　　　　＊従兄弟の継承も禁止	
他系混交 タチーマジクイ	他の血筋（母方含む）からの養子の禁＝養子は父方・男系の血筋から。異姓の婿養子も禁止	≒異姓不養
女元祖 イナガンス	女性（妻・娘・妹）は継承できず、継げるのは男性のみ	≒父系・男系血統主義

のように厳しい規定を遵守させたら士の家はすぐに断絶していただろう。そうならないよう系図座が弟の継承も他姓の養子や婿養子さえも認可[23]した。家の継承のための柔軟さの一端はここまで実例を挙げてきたとおりである。

　近代の厳格化の理由の1つは、士の家譜を管理し例外的対応も審査した系図座が琉球王国の終焉とともに機能しなくなったからである。法に則りつつ家筋を維持させてきた行政機関を失ってから、なおもその規定を原理的に遵守し血筋を

---

(20)　1879年の沖縄県置県後も土地・租税・地方制度それ以外について琉球王国時代の基本方針を改めない「旧慣温存政策」がとられた。かつて華族・士族であった者でも分家した者は平民とする1874年の太政官布告に対して1884年に沖縄から士族は旧慣により士族のまま、華族は士族に編入したいと願い出があり、内務省から沖縄県は特別な地方で民情も風俗も異なるから伺いの通り処理してよいとの指令が出た［奥山 2009: 1, 4］。なお明治期以降の戸籍は県内の大半で第二次世界大戦時に焼失したため「体系的把握が困難」［奥山 同: 1］と、系図座保管分の家譜の焼失と同様の状況である。

(21)　父系血統主義は琉球王府の士の制度で、士以外の百姓層は系図・位牌の所持が禁止されていた。しかし王府終焉後に首里近郊で父系出自の重視を正しい祖先祭祀とする傾向が表出した。さらに社会人類学・民俗学などの調査で沖縄本島北部や周辺離島において本来の双系から父系重視に変更された形跡が発見された。このように士（士族系門中）以外の層に門中の理念が伝わって模倣され門中（百姓系門中）が形成された近代以降のプロセスを「門中化」と称する。士族系門中が家譜など公文書に記載された記録をもとに祖先の祭祀・歴史顕彰を行うのに対し、百姓系門中は容易に（伝説を含む）琉球の王につながる祖先の祭祀・歴史顕彰を行う。戦後、士族系・百姓系ともに門中への帰属意識を高め自身の歴史の証拠を揃え書籍を刊行するなど第二の門中化とも称すべき活動が続いている［武井 2012］。

重視したら厳格化は必然であろう。一方で、王府への奉職という近世の封建的身分制の事情がなくなっても、男性が優先され女性の継承が阻害され続けた要因を近・現代の問題として考えなければならない。近代も民間でますます父系血縁の重視が求められたのは御教条による教育の賜物なのだろうか[24]。

　近代以降の流行りの禁忌に照らして、家譜に記載された系図座設置や系図座規模帳制定以前のさらに緩やかだった継承が、ルールから逸脱したものと子孫に見なされてしまうことがある。それを糾弾する側にとって、士の家譜への記載自体が王府の認証を経た結果であるという事実は意味をなさない。琉球士の子孫に当たり近世の家譜を有する今日の沖縄の門中は、近代以降の流行りに則って禁忌だと取り沙汰されうる継承を抱えることになる。その結果、数百年も遡る家系の修正、つまりシジタダシ（筋正し）が発生しうる。たとえば、他系（他姓）からの養子がいた場合、従来の元祖以来の系図を棄てて、その養子の実家の子孫が今日行っている祖先祭祀に加わろうとするのである。

---

(22)　佐喜眞興英は大正時代「ユタが正當なりとなす祖先系統」として「（イ）系統は男系による血族によつて相續」、「（ロ）養子は血内の養子であつても昭穆に於て合せねばならぬ」を挙げ「ユタは祖先の足らざるを子孫が正し補ひ、祖先を完全なるものになすことが出来ると説いた」と記した［佐喜眞 1925: 121-122］。さらに「自分の正統の先祖をあくまでも知らうとする馬こげた要求が絶えない間は此の整理事業が琉球人の信仰生活の大部を支配」しユタら民間宗教者による整理が「出鱈目」に基づくため「整理をして貰へば貰ふ程神元祖の問題が紛糾して来る」と批判した［佐喜眞 1982（1919初出）: 391］。

(23)　琉球王国時代の士において、嫡子が家を継げなかった場合の「次善の策として排行（弟が嗣ぐ）・猶子（甥が嗣ぐ）・過房（一門から立嗣）」が家譜に多く見られ、さらに「血縁よりも家の存続、すなわち家格の承継、家産の相続が大事で（略）過継（他系養取）は王府系図座でも認められていた」［平敷 1995: 250-254］。

(24)　祭祀財産を家督相続人の特権とする明治民法が1899年に沖縄で施行され、位牌の承継において男子優先・長男の特権という考えが強化された［山内 2007: 93］。戦後、日本では1948年の新民法で家督相続制度が廃止されたが、アメリカ占領下の沖縄では1957年まで現行法規（明治民法）の施行が持続された［山内 同: 87］。戦争で「成年男子を根こそぎにされた戦後状況は、女性の家父長的規範を一層内面化させる方向へ作用し」、「男子不在の中で家族を維持しなければならなかった女性にとっては、「男あっての家庭」という志向が戦前以上に強化された」［国仲 2004: 316］。「占領により日本本土の復興政策から遮断され、異なる歴史過程を辿ったことも「伝統的な」慣習からの脱却を遅らせた遠因」となり、疎外された戦後沖縄の人々は血縁共同体への帰属を求めた［国仲 同: 318］。

そこで、大正時代に血筋に従うシジタダシをした上で、これを拒絶して家筋に戻って今日に至る例について最後に論じたい。下級の首里士だった洪姓（4節にて6～9世の継承例を提示）では3世の時、1614年に幼い長男（閃空）が出家し、その姉の配偶者で駱姓の男性（1592年生。名は洪姓の名乗りに合わせて彌平）が「壻養子」として継承した旨が洪姓家譜に明記されている［洪姓家譜］。この継承（異姓不養・タチーマジクイの禁忌に相当）は琉球における近世初頭の出来事であり、のちに系図座の審査を経て家譜に記載されている以上、全く問題ない継承のはずだった。

　ところがこのことが、近代の判断基準で取り沙汰されることになった。洪姓では1度は血筋のシジタダシ、つまり洪姓の元祖・彌慶以来の系図を棄てて、養子の実家の駱姓の祖先祭祀への合流（血筋重視）を受け入れたものの、大正時代に再度考え直し、300年続いた彌慶以来の洪姓（家筋重視）に戻って、今日に至るのである。

　1958年に洪姓家譜を底本に本家の古文献と古老の談話を加味し洪姓門中で編まれた『洪姓門中記録』によると、1916年に国頭郡在住の洪姓門中成員が3回もハブに噛まれた「不慮の災難」に対して神人・易者の判断を仰いだところ「元祖事に不詳がある」とされ、「親戚集り協議の末、那覇在住の系圖代易者」にその調査を依頼した結果、「大正五年七月一八日」に「従来洪姓門中は、三世婿養子彌平の元祖駱氏の靈位、墓地を礼拝供養していたが、それは明らかな間違い」と指摘された。これを受けて洪姓では婿養子の実家ではなく、家祖である1世彌慶の祭祀を再開した。大正当時に流行しつつあった父系血縁重視のシジタダシとは異なる論理が同時代に存在したのである。

　第二次大戦の沖縄戦後、生き残った門中の成員たちが祖先祭祀を再開した頃、この『洪姓門中記録』が編まれたこともまた、当時において家筋重視の祭祀を継続する意図の表明を目指したものと考えられる。今日の祖先祭祀で洪姓門中の人々は元祖彌慶の墓所と位牌を直系の子孫である本家とともに管理し拝んでいる。

7　家譜研究の意義と可能性

　琉球王国時代の近世の士には中国の宗族にも日本の家にも似た制度が導入され、封建的な身分の固定が成立した。儒教的なものはどこまで士の家族制度をはじめ社会を規定していたのか、そもそも近世琉球は儒教社会なのか。また近世琉球は父系社会になったのか、双系的または母系的なつながりはどのような意味を持ったのか。本章では、士身分およびその成員（配偶者・子女を含む）のための戸籍的システムだった家譜制度を中心に、王府から士の一門に下賜された姓の継承・創設にかかる規定を論じた。

　1689年系図座の創設後、系図座規模帳（1730年）・御褒美規模（1732年）そして服制（1725年公布、1730年改正、1737年布達）が制定され、御教条が布達（1732年）された1730年代は、琉球における儒教思想の影響が政策的にも強まった時期である。蔡温は為政者として中心的に関わり、またそのころ儒学者の程順則は晩年を迎えた。為政者たちの政治的な意図と制度設計に儒教的な思想は確かに色濃く反映されていたが、一方で一度成立した士の家統を絶やさず維持させるために父系血縁にとらわれない継承を認める仕組みが整備されたし、新たな姓の創設もあった。理念に対する現実的な対応があったのである。本章で提示した実例から父系（男系）・母系（女系）について論点を整理しよう。

　まず父系（男系）について、姓の創設の顛末や出自は公文書である家譜にすべて記すべきとされ、家譜への記載こそが士の身分を担保した。大陸由来とされるゆえに儒教的と考えられがちな近世前期の久米村でも、異姓の男子による過去の姓の継承・復活（程姓）や新しい姓の創設（曽・魏姓）に際し生家の世数が持ち込まれ初代が一世とは限らない、本来の元祖として異姓の生家を明記する（程・曽・魏姓）などの実例がある。また国のための功績・献金に対して新たな姓と士身分が与えられ創設された一門は、そこから家譜制度に則って代を重ね、譜代への昇格の余地もあった（新参の姓）。以上のような入籍（移籍）や新参士の事例をはじめ、近世を通して実家・血縁者・姻戚との関係が家譜資料によってある程度追跡できる琉球は家族史の研究において可能性を有する。

次に、母系（女系）の縁について、女性を介した縁——母の実家（程姓）、妻の元嫁ぎ先とその孫娘の嫁ぎ先（曽姓）——による久米村内の関係強化という現実的な対応は、母方の実家を継ぐことで士の身分を得た事例（魏姓）と合わせて、近世初頭の琉球の姓・一門における儒教的な男系重視思想を考え直すための材料となろう。また、近世後期の財政逼迫に献金で貢献した女性が元祖として認められた例（宇・恵・新参吉姓）には遡って母を一世にすることで一門のより多くを士籍に入れるなどの実利的な意図があったが、そこには男系原理一辺倒とは言い切れない王府の家系理念がうかがえる。

　むしろ父系出自・血筋が強調されるようになった転換点は琉球王国の終焉後で、士族でも平民でも厳格化はこれ以降進んだ。このことを大正時代において血筋の優先か家筋の優先かが揺らぎ、家筋を選択（＝いわゆる「シジタダシ」への抵抗）して今日に至る門中の事例から論じた。今日も父系出自を中核とした祖先祭祀の実施が理想であるとする価値観は残り、それはきわめて儒教的なものに見える。しかしそこには生存者バイアス的な側面、つまり残り栄えた家族・家・一門から導き出された結果論が内包されている可能性には十分に注意すべきであろう。以上のようなことは東アジアの儒教・親族・身分制においてどう位置づけられるか、琉球の規範の根幹にある儒教的なものが本当に儒教的理念なのかあるいは日本の家的な理念なのか、様々な側面からの検証は引き続き課題としたい[25]。

---

(25)　女性神役の継承も沖縄の出自や家を民俗宗教のレベルと合わせて考える上で重要である。1881（明治14）年、沖縄本島中南部のある集落でノロ（＝近世までは琉球王府に任命された女性神役）を世襲するO家に対して、同じ村落の有力な家がノロの継承権を主張した際、県の裁定〔琉球政府編 1965: 424〕の結果、正徳年間（1711～15）から当時までノロを世襲し続けたO家側の権利が認められ、先代ノロの孫でO家当主の妹がノロを継いだ。これは祖母から孫娘への継承、つまりO家出身という同じ父系出自の女性による継承である。しかしそのノロを最後にO家生まれの娘による継承に代わってO家に婚入してきた嫁（O家男性の配偶者）による継承となった。このことでO家という家がより確実に近世以来のノロの地位を掌握するに至った。女性神役の継承については今日まで沖縄各地を対象に研究が蓄積されている。八重山諸島白保の女性神役の継承の過程は、草分けの家など特定の家に生まれた女子を候補者とした上で神籤により継承者が決定し、単に前任者と後継者の系譜関係に基づいているわけではなく出自による説明が困難である面も指摘されている［阿利 2013］。

さらに、子孫の門中（父系出自集団）はどこまでを祖先祭祀の対象としてきたかの問い直しも求められる。近世の士以来の今日の士族系門中にとって、祖先祭祀は家譜の元祖つまり琉球王国に奉職した初代を起点とするのだが、近代を経た今日の子孫の門中はその元祖のルーツ——他姓からの養子・入籍や女性の元祖——をどこまで意識しているのか、いないのか。家譜資料の分析など史料研究の成果をフィードバックした今日のフィールドワークも重ねなければならない。

参 考 文 献

安藤奈々［2012］「近世琉球の身分制と身分上昇——医者の事例を中心に」『学習院史学』50。
糸数兼治［1993］「近世の琉球と儒教思想」比嘉政夫編『環中国海の民俗と文化1　海洋文化論』凱風社。
上里賢一［2007］「琉球における儒学の受容」『東アジア漢字文化圏の中における琉球漢詩文の位置』科学研究費補助金成果報告書。
上江洲敏夫［1993］「久米村家礼と沖縄民俗」池宮正治・小渡清孝・田名真之編『久米村——歴史と人物』ひるぎ社。
大城康洋［1983］「解説」『那覇市史　家譜史料4　那覇・泊系　資料篇第1巻8』。
小川徹［1987］『近世沖縄の民俗史』弘文堂。
沖縄県立芸術大学附属研究所編［2004］「工芸関係諸記事」『鎌倉芳太郎資料集（ノート篇）第1巻　美術・工芸』沖縄県立芸術大学附属研究所。
沖縄市史編集事務局編［1987］『沖縄市史資料集1　間切公事帳の世界』沖縄市教育委員会。
奥野彦六郎［1977］『沖縄の人事法制史』至言社。
小熊誠［1999］「近世琉球の士族門中における姓の受容と同姓不婚」末成道男編『中原と周辺——人類学的フィールドワークからの視点』風響社。
小熊誠［2009］「門中と祖先祭祀」古家信平・小熊誠・萩原左人『日本の民俗12　南島の暮らし』吉川弘文館。
小熊誠［2014］「「間」の民俗——養子制度から沖縄の門中を再検討する」『歴史と民俗』30。
小熊誠［2016］「日本と中国の境界を越える門中」小熊誠編『〈境界〉を越える沖縄——人・文化・民俗』森話社。
小熊誠［2020］「士族門中」『沖縄県史　各論編9　民俗』沖縄県教育委員会。
奥山恭子［2009］「明治31年民法・戸籍法施行と沖縄の戸籍事情」『横浜国際社会科学研究』14（1・2）。
菊山正明［1978］「琉球の相続制研究と家譜」『文献史料による近世沖縄の社会・文化史的研究』琉球大学短期大学部特定研究紀要。

菊山正明［1979］「近世期沖縄における相続制についての一考察」『沖縄文化』51。

国仲銘子［2004］「沖縄の位牌継承と女性問題——父系血縁イデオロギーの歴史的形成過程を通して」『沖縄文化研究』30。

崎濱秀明編［1978］『続沖縄旧法制史料集成　第2巻　女官御双紙・服制』私家版。

崎原麗霞［2008］「程順則とその家譜記載著作にみる儒学思想——家譜資料を中心に」『沖縄文化』42-1。

佐喜眞興英［1925］『シマの話』（爐邊叢書）郷土研究社。

佐喜眞興英［1982（1919初出）］「琉球に於ける祖先崇拝」比嘉政夫・我部政男編『女人政治考・霊の島々　佐喜眞興英全集』新泉社。

新城俊昭編［2006］「知念績高」『琉球・沖縄歴史人物伝』沖縄時事出版。

高良倉吉［1982］『御教条の世界——古典で考える沖縄歴史』ひるぎ社。

武井基晃［2012］「系図をつなぐ——屋取集落の士族系門中による系図作成の実例」『沖縄文化研究』38。

武井基晃［2013］「系図と子孫——琉球王府士族の家譜の今日における意義」『日本民俗学』275。

武井基晃［2016］「歴史を越える門中——門中団体の事業と法人化」小熊誠編『〈境界〉を越える沖縄——人・文化・民族』森話社。

武井基晃［2018a］「琉球王府の外交官と異国船」『別冊環23　江戸－明治　連続する歴史』藤原書店。

武井基晃［2018b］「先祖の歴史に対する子孫の関心——家譜の読解と元祖の位牌の新設」『比較家族史研究』32。

武井基晃［2019］「久米村通事の人生と異国船」『チーシンブー』8。

武井基晃［2020］『林松姓系図家譜』科学研究費補助金成果。

田里修［2005］「蔡温とその時代」『沖縄県史　各論編　第4巻　近世』沖縄県教育委員会。

田名真之［1983］「新家譜」『沖縄大百科事典』沖縄タイムス。

田名真之［1989］「近世久米村の成立と展開」『新琉球史　近世編（上）』琉球新報社。

田名真之［1992］『沖縄近世史の諸相』ひるぎ社。

田名真之［2002］「琉球家譜の成立と門中」歴史学研究会編『系図が語る世界史』青木書店。

玉城毅［2020］「王府組織を生きた兄弟——『麻氏兄弟たち』にみる近世琉球の士の生活戦術」『沖縄民俗研究』36。

多和田真助［1986］『門中風土記』沖縄タイムス社。

坪内礼子［1992］「那覇久米村の近親と遠親」『日本の家族——「家」の連続と不連続』アカデミア出版会。

東京大学教養学部国際関係論研究室編［1981］『特定研究「文化摩擦」　在沖縄・中国系住民の生活意識——文化接触の視点から』（インタヴュー記録E-5）東京大学教養学部国際関係論研究室。

渡口真清［1970］『麻氏兄弟たち』私家版。

渡口真清［1971］「門中の成立」馬渕東一編『沖縄文化論叢3　民俗編Ⅱ』平凡社。

渡名喜明［1989］「解題」『沖縄県史料　前近代6　首里王府仕置2』。

富島壯英［1982］「久米三十六姓とは何か——久米村沿革史稿」『青い海』110号。

冨田千夏［2010］「琉球〜中国を移動する五主——琉球の環海性による事象の一例として」上里賢
　一・高良倉吉・平良妙子編『東アジアの文化と琉球・沖縄　琉球／沖縄・日本・中国・越南』
　彩流社。

豊見山和行［2011］「近世琉球の士と民（百姓）」大橋幸泰・深谷克己編『〈江戸〉の人と身分6　身
　分論をひろげる』吉川弘文館。

中村春作［2020］「近世琉球と儒教」『日本儒教学会報』4。

那覇市歴史博物館［2008］『氏集』（第五版増補改訂版。第一版は1976）。

萩尾俊章［1993］「那覇・泊士族家譜にみる家系の継承（I）——女性元祖と他系養子」『沖縄県立
　博物館紀要』19。

比嘉朝進［2011］『沖縄のサムレー（家譜に見る士族）増補再版』球陽出版。

比嘉政夫［1983］『沖縄の門中と村落祭祀』三一書房。

東恩納寛惇［1979（1937初出）］「三十六姓移民の渡来」『東恩納寛惇全集3』第一書房。

平敷令治［1995］「史料にみる位牌の承継」『沖縄の祖先祭祀』第一書房。

真境名安興［1993（1916初出）］「琉球の五偉人」『真境名安興全集　第四巻』琉球新報社。

山内琢［2007］『沖縄版　相続税の実際　改訂版』沖縄タイムス社。

山里純一［2017］『沖縄のまじない　暮らしの中の魔除け、呪文、呪符の民俗史』ボーダーインク。

山城彰子［2010］「家譜資料にみる近世琉球における士の離別——女性に焦点をあてて」『琉球ア
　ジア社会文化研究』13。

山城彰子［2018］「家譜資料にあらわれる家と女性——それぞれの婚姻・出産・離別」『比較家族
　史研究』32。

屋良朝陳編［1943］『譯註　琉球事始旧記　全』琉球王代文献頒布会。

渡辺美季［2008］「近世琉球の社会と身分——「家譜」という特権」加藤雄三・大西秀之・佐々木
　史郎編『東アジア内海世界の交流史　周縁地域における社会制度の形成』人文書院。

参 考 資 料

・「系図座規模帳（仮題）（雍正八年）」沖縄県立図書館史料編纂室編［1989］『沖縄県史料　前近
　代6　首里王府仕置2』所収。

・家譜：宇姓、應姓、魏姓、新参吉姓、虞姓、恵姓、阮姓、洪姓、蔡姓、新参歌姓、新参關姓、新
　参慎姓、曽姓、程姓、毛姓、新参利姓、梁姓。以上、那覇市立歴史博物館所蔵や直系の子孫の
　所有から複写。子孫による刊行物「家譜資料（1〜4）」那覇市企画部市史編纂室編［1976、1980、
　1982、1983］『那覇市史　資料篇　第1巻5〜8』所収も参照。

第 **7** 章　桃木至朗

「儒教」の重層、「近世」の重層

近世北部ベトナムにおける親族集団と村落社会

バッコック村(本文参照)に近い旧ゴイ村のディン(村の守護神を祀った神社)の祭礼。抗仏戦争中につくられ1995年に復活した「女官会」が中心になっている(2004年, 筆者撮影)

1　ベトナム史に関する前置き・予備知識

　この章では、筆者が加わったナムディン省での村落調査の経験やそこで収集された史料を紹介しながら、近世後期（18世紀から19世紀半ばまで）の北部ベトナムにおける村落社会と親族集団の特質や変遷について概観する。内容は基本的に、現代ベトナムの多数民族であるキン族が住む北部・北中部の平野の社会に関するもので、山岳地帯ではさまざまな少数民族がそれぞれの社会形態を有しており、また15世紀以降に征服・ベトナム化した中南部・南部も北部との違いは大きい。後者の社会においては北部のキン族社会より「東南アジア的」な特徴が残る一方で、近世以降の中国からの大規模な人の流入の影響も強い。

　北部ベトナムは秦漢帝国の侵攻以来1000年にわたる中華帝国の支配を受けたが、10世紀にようやく「唐の後継者を自称する藩鎮のひとつ」から出発して自立を遂げた。大越と称したこの国家は、中国に朝貢して冊封を受けつつ国内や周辺諸国に対しては皇帝を称する構造を発展させ、13〜15世紀以降にはそこに、歴代中国王朝の侵攻を撃退し、中華文明に属しつつ独自の国土・風俗・歴史を保ってきた中国（北国）と対等な南の帝国（南国）であるという正当性原理を与えた。なお、朝鮮でも見られるように、文明において中国との対等性を主張するには、「現実の中国に劣らぬ先進性を示す」方法以外に「現実の中国が失った古典文明を保存する」方法がある。本章が扱う家族の問題でも、後者の発想が働いていた可能性を考慮すべきであろう。

　以下、第Ⅱ部の加藤論文（第11章）と共通することがらを含め、いくつかの予備知識について解説する。前近代の史料は漢字と、日本で言う万葉仮名や国字に当たるチューノムで表記されているが、独立後のベトナムは漢字教育を廃止し、ラテン文字（クオックグー）のみを用いる。そこで本章でも現代の名辞はカタカナ書きし、必要な場合にクオックグーを併記する。

　まず東南アジアの家族・親族形態について押さえておきたい。ベトナムを含む東南アジア諸地域（植民地期以前は一般に小人口社会だった）は、中国南部、朝鮮半島、日本列島などにも元々存在した非父系的ないし双系的家族・親族形態が

　第Ⅰ部
　　　多様な儒教化──東アジアの近世

支配的で、（最初に注目したのは稲作社会の共通性に関する牧野巽の研究だろう［牧野 1985（初出1950）ほか]）、東南アジアにおけるその影響は経済面でのジェンダーギャップの小ささなど、現在も各方面に見られる。

　ただし近世～近代に各世界宗教の影響や近代家族モデルの導入にともなう父系化・家父長制化がおこっており、いちはやく開発が限界に達し農地不足を経験した黎朝以後のベトナムはその典型例と見なされる[(1)]。15世紀に編まれた『国朝刑律』がなお中国律にない女性の権利を認め、より原理主義的な19世紀阮朝の儒教化政策も一方的には進まない［Woodside 1971］のだが、それにしても文人官僚を主軸とする小中華型国家形成のもとで、小農村落の形成[(2)]と儒教化／朱子学化が徐々に進んではいる。この近世の変化については朝鮮半島との平行性も注目されており、趙［2020］など比較家族史研究も試みられている。なお1970～80年代に東南アジア地域研究が追求した、東アジアとも南アジアとも違う「東南アジア性」の主張は、世界の歴史学界でそれまで軽視されていた東南アジア史が市民権を獲得することに貢献したが、現在ではそれを世界史に位置づけ直すこと、それが抱いた単純すぎる他地域のイメージをアップデートすることなどが課題になっている（前近代東南アジア史とその研究史の概要は［リード 2021］［桃木 2001］などを参照）。

　予備知識の第二は、現代ベトナムの公定史観／伝統文化像である。家族史・女性史に関するそれは、エンゲルス『家族・私有財産・国家の起源』など古典的

---

(1)　ベトナム女性史研究については［片山 2018］などが紹介する通り、［Mai Thi Thu-Le Thi Nham Tuyet 1973］［Lê Thị Nhâm Tuyết 1975］や［Trần Quốc Vượng 1972］が知られ、最近では女性による寄進の数量を中心にした后神・后仏碑（注4）の研究など個別研究も進んでいる（［Trần Thị Thu Hương 2020］のほか *Tạp chí Hán Nôm*（漢喃雑誌）2022年2月号に特集あり）。英語圏では近世東南アジアのジェンダー史をリードするバーバラ・アンダヤの一連の著作［Andaya（ed.）2000ほか］や、［Bousquet and Taylor（direction）2005］のような論集、［Papin 2015］などの論文のほか［Nhung Tuyet, Tran 2018］などの単著も公刊されている。日本の学界では、英語論集［Kato（ed.）2016］も出した加藤敦典や、宮沢千尋（［宮沢 2000, 2016, 2017］［Miyazawa 2016］ほか）の研究がある。

(2)　近世前期までの北部ベトナムに「奴婢」などさまざまな隷属民階層が存在したが（そこにはこの章で紹介するベトナム式の姓名を持たない者も含まれたと思われる）、近世後期には日本農村の「名子・被官」や朝鮮の奴婢と同様、ほぼ消滅したものとされる。

マルクス主義理論からほとんど離れないが、実際はナショナリズムの影響が極めて強い。最近は西側の新しい方法も持ち込まれるが、グランドセオリーへの関心は消失した状況にある。現在も一般的な理解によれば、漢代に始まる中国の支配下で儒教(3)が導入されたにもかかわらず、ベトナムの伝統社会には母系・母権制の色彩が濃厚に残存したが、10世紀の独立後にようやく中国的な封建制度が発展するとともに、仏教に代わって封建道徳である儒教が浸透し、男尊女卑が強まった。ただし全体としての伝統宗教は「儒仏道の三教＋民間信仰」ととらえるのが一般的である。仏領下での「植民地半封建社会」を経て、革命・解放により男女平等が達成されたはずであり、そこでは母系制的伝統も発揮して女性が抗戦や国土建設に活躍するというストーリーがよく描かれるが、封建道徳の残滓がなくならない一方で、現代市場経済の問題点も出現している。後者の例として、学歴社会化と少子化の危機も認識されている。

　第三に学術体制の現況と筆者の立ち位置だが、ベトナムではドイモイ（刷新）政策のもとで1990年代以降に宗教・祖先祭祀などの活動が広く認められるのと並行して学術体制の開放化も進んだ。外国人でも長期留学やフィールドワークを含む調査研究が可能になる一方、特に近世後期以降に関して中央・地方の膨大な史料(4)の調査・収集や公刊・利用が可能になったため、文書館や村落で集めた史資料をもとに博士論文を書く大学院生が続出した。

---

(3)　ベトナム儒教に関するベトナム知識人の視角は［Trần Trọng Kim 1971］［Vũ Khiêu（chủ biên）1991］、研究史は［佐藤 2017: 序章］がわかりやすい。植民地期に起こった伝統と近代化をめぐる論争では、ベトナム「伝統社会」に存在したのが朱子学だけで陽明学の影響がなかった点、経世家や文章家、考証学者は出ても独自の理論を樹立する者は現れなかったことなどから（漢儒・宋儒・清儒などの区別は一応するが）、ベトナムの儒教は思想というよりもっぱら民衆教化と科挙受験の道具として導入されたものであると論じられた。ただ救国の英雄であるファン・ボイ・チャウ（潘佩珠）やホー・チ・ミンが儒者の家系に属したことから、社会主義体制下でも、ベトナムの儒教が「中国で封建道徳になる前の原始儒教の純粋さを保っていた」「民族化して愛国儒者を生み出した（明を撃退した黎利の軍師グエン・チャーイ［阮廌］が典型例）」「忠より孝・義などの観念が重んじられた」などの言説が生み出され続けた。なお「愛国儒者」が実際にホー・チ・ミンの政権に参加しその学術体制作りを担った結果、現代ベトナムの学術・政治・社会用語には、近世的なものがしばしば見られる。学士号保持者を「挙人」、博士号なら「進士」と呼ぶことがその一例である。

そこでは、家族・親族や祖先祭祀に関する人類学・社会学の調査が進展しただけでなく、歴史地域学を掲げる桜井由躬雄が1994年から実施した、北部・ナムディン省の旧バッコック村（百穀社）での地質・考古から現代社会・経済におよぶ総合調査が大きな影響を残した。筆者のような歴史学者も、この調査にほぼ10年にわたって参加したほか、そこから派生し嶋尾稔・八尾隆生らが代表となった村落史調査（一部は北部山地など紅河デルタ外にもおよぶ）にも参加して、近世以降の北部ベトナム村落史の概要と、文献調査だけでなくインタビューなどを含めた調査方法を学んだ。ただバッコック村調査は、リーダーの桜井氏が2012年に急逝し、現代の調査はその後も有志によって継続されたのに対し、歴史については数少ない調査メンバーがそれぞれ別の研究課題や所属大学等の仕事で手一杯になったため、せっかく集めた近隣村落を含む史料群が活用されずに今日に至っている[5]。

　筆者自身はこうした状況下で、中近世ベトナム史を、地域研究と広域史（グローバルヒストリーや海域アジア史、東・東南アジア地域世界史など）の方法を統合して理解する目標を掲げ、日本史・朝鮮史や琉球史との比較も重視してきた。10〜14世紀を対象とした主著［桃木 2011］においては、その時期の大越王権が、個人の役割が大きい双系制的状況下で夫妻・母子・父子などがそのときどきの共同統治体制を形成する状況から出発して、上皇制や父系族内婚などの人為的方法も利用しつつ「上からの父系化」を進め、中国的な父系王朝や父系親族集団を創出した過程を、日本や高麗とも比較しながらあとづけた。また農村社会について、14世紀の仏教寺院への寄進碑文を検討して、それが人口圧による土地保有の零細化と気候変動による農業危機（世界史でいう14世紀の危機）、村落中上層の地位向上（おそらく下層の奴婢層の地位上昇と並行）という危機と前進の

---

(4)　後述する家譜と簿冊のほか、郷約・俗例（ムラや族の掟）、裁判文書や売買文書、嘱書（財産分割文書）、神蹟（神々の由来書）、勅封（朝廷が村落祭祀や祖先祭祀を許可したお墨付き）や后仏碑・后神碑（死後に村落で祀られるべく仏寺や廟（dình, dền）などに財産を寄託した記録）を含む各種碑文、医薬や風水・占いの手引き、識字層が何でも書き写した雑記帳など。

(5)　歴史関係を中心とする調査の概要は［Momoki 2021］［桃木 2022］で紹介した。ナムディン省は紅河（ホン河）デルタの下流部にあり、旧百穀社は紅河に面した省都ナムディン市（ハノイから約80キロ）の10キロほど南西に位置する近郊農村である（地図参照）。

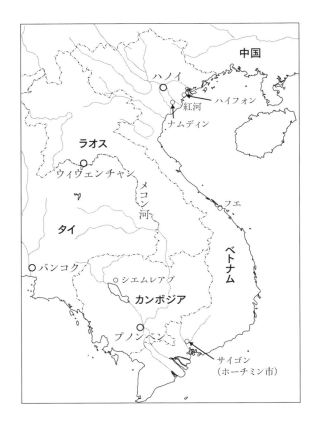

両側面を反映しており、近世ベトナム小農社会の入り口にあたる状況を示したものだと主張した。

この章は以上の前提を踏まえ、筆者が近世後期北部ベトナムの村落社会史・家族史研究に復帰・参入する試みの一部をなすものである[6]。読者がベトナムの村落や家族・親族を理解する助けになり、またこの魅力的な領域を研究しようとする学生・院生が出現することにつながれば幸いである。

2 近世[7]紅河デルタ農村と親族集団

ベトナム北部・中部の「伝統村落」は、漢字で「社xã」または「村thôn」[8]、ベトナム語の口語でラン（làng.万葉仮名タイプのチューノムで𢖖と表記）と呼ばれることが多い。それは村請制の主体で人間や土地に対する国家の直接支配を

---

(6)　本書の編者である小浜正子氏代表の科研費のほか、筆者は2021-23年度の科研費「ベトナム近世文書の東アジア文書世界における位置づけ」（代表：八尾隆生）にも分担者として参画している。その成果の一部は注5の各論文で発表済みである。

許さず、反植民地運動や抗米戦争、社会主義化（とくに農業集団化）の基盤となる強固な共同体的結合をもっていた。そうした点で、団体性の弱い南部ベトナム、中国、タイなどの村落とは対照的とされる。共同体結合は、公田ないし官田と呼ばれ村人に均等に分配される村落共有田（面積は「私田」より少ないのが普通だが）、タインホアンthành hoàng（城隍）と呼ばれる村の守護神を祀り集会所・村祭りの場とされたディンdình（亭）などの核をもち[9]、決定機関としての長老会議、明瞭な境界をもつ集村という集落形態、公田受給や村祭りの参加権などと結びついたきびしいメンバーシップ（内籍民と外籍民ないし寓居民の区別）といった可視的な特徴をもっていた。「郷約」と呼ばれる成文化した掟をもつ村落も多かった。

　こうした「伝統村落」について、仏領期の植民地学に始まりベトナム戦争後に至る、「ベトナム村落共同体論争」がベトナム内外で続けられてきた。それは主に社会学的な視点かマルクス主義の「アジア的共同体」論によっていたが、桜井由躬雄［1987ほか］による農学・生態学と歴史研究の結合で大きな転換がおこり、近世の社会経済変動や政治力学の中で歴史的に村落共同体が形成されるプロセスの解明が進んだ。

　1990年代以降には上記の通りフィールドワークが可能になったが、そこで進められた村落の構成単位の研究では、「ソムxóm」や「甲giáp」などの地縁ないし祭祀集団と並び、一見中国の宗族に似た父系親族集団ゾンホdòng họが、実は多くの場合に村落の構成単位となっていることが判明した。そのため家譜などゾンホ関連の史料にも、家族史そのものを超える注目が集まった（［八尾 2009］

----

(7)　［宮嶋 1994］を受けて［八尾 2009］［桃木 2011］［上田 2019］などが近世北部ベトナムにおける小農社書きの形成を論じたが、［歴史学研究会 2006］を皮切りに日本の歴史学界で展開された東アジア「近世化」論争では参照されていない。

(8)　「村」は社の下位区分である場合と、独立した村落を指す場合がある。18〜19世紀段階で紅河デルタ（面積13000㎢程度）を中心とする北部の平野部（総人口500〜700万）では、行政的に把握された社などの村落単位が1万程度あり、人口500人を超えると分割させるという規定がいちおう存在した。

(9)　村内の宗教的施設としては他に、デンđến（一般の神社ないし廟）、チュアchùa（仏寺）、さらに女神信仰（母道ないし聖母道）のフーphủ、孔子を祀った文址văn chỉなどがあった。また後述する有力な父系親族集団（ゾンホ）はニャートーnhà thờ（祠堂）をもつものが多い。

［上田 2019］や［嶋尾 2000］など村落とゾンホを結びつけた研究を見よ）。また近世後期における村落社会の儒教化(10)のチャンネルとして、科挙だけでなく、『朱子家礼』の流れをくむ各種の「家礼」文献［嶋尾 2010ほか］および『二十四孝』［佐藤 2017］などの文献の普及やそのローカライズに関する研究も始まっている。

　ゾンホと家族に関する民族学的／人類学的知見を簡単にまとめると、中国の宗族と同じく、先祖の神位（位牌）を祀る祠堂、族の歴史を書いた家譜ないし族譜、祖先祭祀（香火）などに用いる族産をもつという建前があるが、実態はきわめて多様である。香火財産と祖先祭祀の責任は通常長男（＝族長と呼ばれる）が継承するが、本人の他出など諸事情で代理を置くことも珍しくない。個人ないし夫妻単位で宗教施設に財産を寄託して祭祀を受ける習慣（注4も見よ）も一般的である。その他の一般財産は女子を含めた分割相続の対象とされる。ゾンホの規模は概ね小さく、一村落の内部にとどまるものが多いし(11)、分節化や分支同士の関係についても不明瞭な場合が多い。

　同姓でも同祖（同じゾンホ。後述する「中字」を共有することが多い）でなければ結婚可で、母方実家成員などとの近親婚も見られる。ただし女子はゾンホごとに区別される中字を持たないので、女性から見たらゾンホは違って見えるかもしれない。次に村外婚の有無は地域による。結婚後は夫方居住が原則だが入り婿も珍しくない。女性の再婚もよくある。子は父の姓を受け継ぐのが原則で

---

(10)　神社兼ムラの集会所でタインホアンを祀る祭礼を行うディンが、男性が支配する儒教的な場（郷飲酒礼などが実施される）になるのに対し、中世にジェンダー差があまり見られない仏寺が、近世には女性の集まる場所になったように見える。また中世に同じく盛んだった道教は、近世に「符水道」「母道（聖母道）」などの形で再編され、祖先祭祀にも仏教・道教の影響は残っている。なお近世後期から仏領期を経て革命までの村落にはタイドー（thầy đồ漢字教師）がおり、かなりの男子が初歩の漢字・儒学を習ったと思われる。また科挙に合格しなかった者や退職官吏などの知識人がムラ社会で営む仕事は儒（漢字・儒学）・理（地理＝風水）・医（伝統医薬）・数（星占い）と総称された。

(11)　移住先で成立したゾンホが移住元のゾンホと連絡を維持する例もある。しかし祭祀や家譜編纂などの活動において、他村落の集団との結びつきは稀だった。最近それが変化して、複数地域の同姓のゾンホが連絡会を作ったり共同で家譜を編纂する例が増えている。なお家譜のひな形や家礼の現代語訳も出版されており、超地方的な大きいゾンホでなくても、家譜をクオックグーで新たに編纂したり、そこに至る最初の段階として一族の系図を作り直す動きは、近年至る所で見られる。

（1939〜40）の祖先祭祀に備えて書かれたようだが、冒頭に「列先祖及伯叔兄弟姑姨姉妹諸忌日」を収めるとある。忌日リストに実際に各世代の全女性を並べてはいないが、主要な祖先への昭告文でも「敢昭告于高曾祖考高曾祖妣及伯叔兄弟姑姨姉妹位前」と述べる。男性成員とその妻、父方祖先だけを祭祀の対象とする通常の方式は、拒否されていると見てよいだろう。

　他方、その人物を祀る子孫がないので祟るおそれがある族の成員（未婚者や結婚したが子無しで死んだ者。男性をオンマインông mãnh、女性をバーコーbà cô と呼ぶ）を、祖先祭祀の際に併せて祀る習慣があり、家譜にもしばしばそうした人物の記載がある。また家譜では、各人の忌日、墓の位置（風水情報も）がきわめて重視されるほか祭文の文例も多く掲載されており、忌日儀礼の重要性がうかがわれる。

　直系祖以外（上のオンマイン、バーコーを含む）に対して、現在その人物の祭祀に責任を負う子孫の名前（外族のケースもある）を付記する例も見られる。たとえば百穀社の分村としておそらく18世紀に成立した小穀村の裴氏家譜（成泰辛卯年（1891）成立）は、多くの人物に「〇〇奉」「〇〇代奉」と奉祀責任者の姓名を付記する。またその家譜と同時に収集された複数の冊子の一つ（表題なし。維新7年（1913）編、保大17年（1942）抄写）は、裴氏の祭祀される故人ごとの祭祀用の田や池（大半は私田）の所在や寄託された銭額を列挙する。故人や祭祀担当者の占有地との関係はわからないが、1人だけで記される一例を除き夫妻など16組について記載し、うち7組が家譜上に同定できるという、きわめて興味深い資料である。

　世代表示に戻ると、始祖の後の数代が長子やその妻の諡だけで満足な情報を記さない「中空構造」が見られるほか、ゾンホの成員を始祖から何代目と数えるのでなく、祖先については自分を起点に代数を遡る方式も珍しくない。その場合、始祖が9代祖、その子が8代祖…と表記するか、もしくは始祖を高高高高高高祖、2代目を高高高高高祖…のように書く。近世儒教では、4代前＝高祖、3代前＝曾祖、2代前＝祖、1代前＝考の範囲の祭祀が通例だが、その際の各世代の呼び方を5代以上前に遡らせるのが後者の表示法である、いずれも家譜作成者より後の世代が世代表示を加筆／修正する書き込みをしたり、次回

の家譜編纂で代数を書き換えることが珍しくない。

末成［1995］はここから、ゾンホは中国式のリニージというより父方キンド
レッドであると考えた。また、末成［1995］は本人から遡る世代表示を古い特
徴で、時代が下ると始祖から下ってゆくオーソドックスな方式に転換すると見
なしたが、趙［2020］はそうとも言えないと論じている。ただし末成は、宋代
中国の本人中心型祭祀の例なども引いており、いちがいに本人中心型イコール
非中国的・東南アジア的としているわけではない。趙が研究した「段族譜」の
場合は、礼としては自分から遡って数えるべきだが、家譜編纂には始祖を第一
代として数えるほうが便利である、として両方の原則を共存させている。後述
する『杜家世譜』でも家譜Ａは代数の明示がないが、同Ｂは序文で通算11代と
書きそのあとに世代ごとの男性成員一覧を載せたうえで、始祖以下の個人情報
に移る。

3　旧百穀社と近隣村落に見るゾンホと村の歴史性

桜井［1987］によれば、15世紀に成立した初期明朝型の強大な行政権力は16世
紀に解体し、17〜18世紀の中興黎朝（黎鄭政権）期に中央・地方の有力者による
国家権力や公田を私物化する動きが強まった。ここでいう公田は、14世紀末〜
15世紀に強大化した王朝権力が一般化させた国有田で、地方官の管理下に村民
に分給された。18世紀の王朝権力はそこで、かれらによる中間搾取のチャンネ
ルとなっていた税役を村請けにすることで、有力者層（彊豪などとも呼ばれた）
が在地に根を張った中間権力として自己確立することを押さえようとした。

結果として公田の管理権（やがては所有権）を握った小農村落の共同体性が強
まる一方で、18世紀半ば以降の大戦乱の中で有力者の大規模土地所有と地域支
配は解体した。同時期に戦乱と開発の行き詰まりを背景として起こった多数の
村落の流散——現在ではもうひとつの背景として気候変動があげられるだろう
——が収まった後に、フランス人を含む近代の人々が見ることになる「伝統的
な」村落共同体群が姿を現した。桜井が土地所有と農業開発・人口に着目して

描いたこの図に、家族・親族はどう位置づけられるだろうか。

　たとえば旧百穀社では、嶋尾稔の調査［嶋尾2000ほか］によれば、下表のように12のゾンホが、14世紀末ないし15世紀に草分けとして定住したとされ、現在はそれと一部食い違う13のゾンホの存在が知られている。後述するように特に勢力が大きい裴氏・阮氏などでは、中字によるゾンホの区別が最初からあったかのように語られている。

伝承上の草分け12族	阮才、裴輝、裴文、裴允、武、阮廷、阮琅、阮如、阮文（2族）、陳、阮功
現存するゾンホ（1994年段階）	裴輝 Bùi Huy（3支）；武 Vũ（2支？）；阮才 Nguyễn Tài（3支）；阮琅 Nguyễn Lang（2支）；阮公 Nguyễn Công（2支＋特別支？）；裴文 Bùi Văn（3支。うち1支のみ現存）；裴允 Bùi Doãn（3支）；阮廷 Nguyễn Đình（3支？）；阮如 Nguyễn Như（6支。うち4支のみ現存）；阮文 Nguyễn Văn（5支）；陳 Trần（3支）；阮益 Nguyễn Ích（3支。うち1支のみ現存）；阮日 Nguyễn Việt（3支。うち1支のみ現存）

　これに対し、上述の小穀村裴氏の家譜を見ると、序文に4支あると述べ、後から個人名に「長支」「次支」などとペンで書き込みがあるが、本文は支を分けずに男子成員とその妻、姑（未婚などの一族女性か）を列挙した名簿に過ぎない。そこには男性成員各人の父の名、子の数と名前、編纂時のその人物の祭祀担当者などの情報も散見され、人名は諱または字で記される。忌日の情報は最初の数代のみである。末尾に付載された族産と儀礼の取り決めに見える人名（これは諱か）も中字はまちまちで、中字で区別される族は形成されていないように見える。総世代数不明ながら600人以上の名前を載せる大規模な家譜だが、字や諱のみ記載する者が多く、そこに同一の名前もまま見られるのに、世代が明記されないため、同一人かどうか確定できない者が多い。官爵も記録されておらず、次に述べる時蓮社の杜氏などのように地位の高い一族とも見えないので、ゾンホのまとまりもルースなままだったのだろうか。

　次に筆者が最近検討した［桃木2022］旧時蓮社・亭香村の杜氏についても紹介したい。旧旧時蓮社（時蓮村および亭香村に分かれ、19世紀後半以降は全体が月蓮社と改称、現在はダイタン社の一部をなす）は百穀社から5キロほど南に位置する。嶋尾稔・八尾隆生らによる調査記録[15]を見ると、旧時蓮社全体で32のゾン

ホがあるが現在は杜・阮・王が大姓で中でも杜氏が7割を占め、草分けとされる楊氏は現在は衰微している。旧亭香村(16)では杜氏と武氏が草分けで現在8つのゾンホ（杜、陳、黎、阮、4つの武氏）があるが、やはり杜氏が最大である。

その杜氏（4支に分かれたらしい）には筆者が仮に家譜A・家譜Bと名付けた二つの家譜があり（タイトルはどちらも『杜氏世譜』）(17)、それぞれ1600年前後から19世紀後半までの11代にわたる「長派」「次派」と「次支」の成員の人名と関連情報（11代目の子供の情報を含めれば12代まで）を列挙する。家譜Aのペンで書き込んだ頁数の3頁を見ると、（1）勇仁－（2）福順－（3）有儒－（4）有俊－（5）有信－（6）有儀－（7）有儯・有仍－（8）有仍の子で有儯を継いだ養子仲沼（有沼）－（9）有掌－（10）有年・有買－（11）（有買の子）有矼・有笙－（12）（有矼の子）有和・有治・有喜、（有笙の子）有虞・有泰・有水・有未、という系譜が載る（代数の数字を含め、カッコ内は筆者の補足）。

その後に載る各人の情報によれば、3代有儒（1650？～1727？）がおそらく朝廷に銭や穀物を納めて「英列将軍・都指揮使・邁忠伯」などの官爵を得て以来、この一族は官爵をもつ者が多く、4代有俊（1673？～1755）は「前詹事・特進・中憲大夫・右春坊右中尹・都指揮使・加贈武勲将軍・神武四衛軍務事・参督時中侯・蔭中階」、5代有信（1692？～1752？）は「前詹事・加弘信大夫・武勲将軍・神武兼四衛軍務事参督・亭寿侯」などの肩書きを得た。また有信の弟有任（1701？～72？）は清朝に派遣された使節（北使）に加わり、後に知府などを歴任した。タイソン戦争期の杜氏の動向は不明だが、阮朝期にも知府などを出している。百穀社の阮公（功）氏をはじめ、近隣村落の有力者との通婚関係もしば

（15）　2002年12月27日と2004年12月31日に科学研究費の調査で訪問してインタビュー・資料撮影を行った。筆者は別働隊に加わっていたため同地を訪れていないが、調査隊で共有した資料にもとづいて研究を再開した次第である。収集した文字史料の概要は［桃木 2022: 3-4］で紹介した。

（16）　後述する1805年地簿には名前が見えず時邁社の中に含まれているようだが、他の史料には時邁社ないし時邁社時邁村とは別の村落のように記したものもある［桃木 2022］。

（17）　家譜Bは嗣徳12年（1859）編纂とあり元になった資料の姿がわからないのに対し、家譜Aは編纂年代不明だが黎朝期（7代目まで）の部分には、碑文や勅封（王朝が官爵などを与えた際のお墨付き）、それに重要人物の神位や「行状」などをそのまま収録している。

しば記録している。

　この家譜Aで目を引く点がいくつかある。杜氏は有の字を世襲しているようだが、実は各人の伝（本文の肩書きと名前は「〇〇神位」とあり、位牌を写したように見える）によれば、たとえば３代有儒は「字有儒、諡福度」で諱は求であるらしく、４代有俊は「諱做、字有俊、諡福寿」とされる。

　杜氏が保存している、朝廷から発給された勅封（官爵の任命や神階の授与などを伝える巻物形式の文書）はさらに興味深い。有儒・有俊・有信・有任および有瑩の名を記した18世紀の勅封（有俊宛て勅封B・C、有儒の没後の加封のため有信・有任に宛てた勅封E、有瑩宛ての勅封F）が残っているのだが、家譜を信じれば勅封の宛先の「有〇」は諱ではない。また上記系譜で有儀と書かれていた６代目は本人の伝では「字仲儀」とされ、勅封A・Dは杜仲儀宛てである(18)。そして有瑩の子で前者の弟である有仍の養子になった人物は、家譜Aの３頁で有仍の子としては仲沼、自分の子である有掌の父としては有沼と書かれ、自身の伝では仲炤と呼ばれる。子の有掌、孫の買らは各自の伝では「掌」「買」などと中字抜きで呼ばれる。家譜Bでは、６代以降の人物を「伯〇」「仲〇」など族内の位置に由来する名で呼んだり、「文〇」という男性の一般的中字を用いて書くケースが多く「有〇」はごく少ない。つまり杜氏は19世紀に至るまで、ゾンホの目印として統一された中字を用いていない(19)。

　この家譜Aは、７代有儓（1746〜80）までの各人の伝において、長派の長男（３頁の系譜で列挙された人物）とその妻の情報だけを本伝として立て、次男以下の男子や女子とそれらの配偶者・子孫の情報を「附枝庶」、長男の妻の両親の情報を「附外祖」としてそれぞれ小字注のかたちで記載しているが、有仍の子で有儓の養子となった－有沼（仲沼）のところで長男系から離れ、10代の有年・有買以下は、ベトナムの家譜に普通に見られる同世代の男性（とその妻）を列挙する形式に従う。

---

(18)　もう1点の勅封Gは、仲儀の弟の杜仲侃宛てである。

(19)　前稿［Momoki 2021］［桃木 2022］でも触れたが、地簿のような官側の資料も含め、同一人物が同一資料内で別の名前（一方は諱、他方は字など）や別の中字（あるときは「仲〇」、あるときは「文〇」など）で呼ばれることがよくあり、資料上の人物の同定をしばしば困難にしている。

3頁の2代福順は「大・小宗を生み落とした」とされ、7代あたりまでの記載法は長男系（大宗）と次男以下（小宗）を区分し、前者中心に記録する発想を反映したものと見られる。なお、これも旧百穀社に近接する旧豪傑社（現在はダイタン社の西隣のリエンミン社の一部）の范氏の家譜である『范家譜』（嗣徳9年（1856）編）は、「大宗」（自己中心型記載法で「八代」から「一代」をへて「己」に至るリスト。父の代までは直系祖のみ）と「小宗」（「二代」から「一代」をへて「己」と同世代まで「仲」と「季」の2組の直系リストを掲載）および「叔伯無後」（継承者のない男女族員のリスト）と外祖の情報を載せる。なお時邁社杜氏の6代仲儀の妻は、豪傑社范氏の出身である。

　これらの家譜の例から見て、この地域には、周代に行われ宋代に復活が主張されたが明清で公式には認められなかった「大宗」「小宗」の区分の影響があったように思われる。杜氏の家譜B（「上集」で世代ごとの族員を列挙し、「下集」でその中の主要な人々と妻などの伝を立てる。男性族員の娘や外族の情報は家譜Aより少ない）でも、成員の伝の部分では同一世代を全員書いてから次の世代に進むのではなく、しばしばある人物の子・孫の伝の後に元の人物と同世代でより若い人物とその子孫の伝を順次書き並べるという方式に従っており、家譜Aの「附枝庶」に似た発想が見られる。

　話を旧百穀社に戻そう。中字で区別される小さな族の林立は、旧百穀社の二つの大姓である阮氏（阮功ないし阮公族など）［嶋尾2000］や裴氏（後の裴輝族・裴允族など）［八尾1998］の場合では、村落内および族内における長期の紛争を経た18世紀末以降のことと見られる。阮氏（後の阮功氏）では芳岩侯阮公朝（1647～1702）が宦官として出世し村の后神として祀られることを願ったが、反対に遭い社を割って「二村」を立てたという。阮公族家譜ではこの事件に言及せず、対抗していたらしい阮廷族の家譜の方に記録がある。また阮公朝は隣接する果霊社と小穀村でも后神として承認されたという（1697年の碑文）。

　次に公朝の長兄の長子の末子であった沛郡公Nguyen Cong Thieu（1697～1737）は百穀社の「本社官員斯文」から后賢として、果霊社上霊村から后神として承認され、1736～7年には小穀村と百穀社の「一村」でも后神とされた（母と杜姓の妻はそれぞれ村内の甲から「后仏」とされる。沛郡公の系統は1965年作成

の阮公族のクオックグー家譜（旧百穀社資料群 bc 059）では第 1 支・2 支とは別の「特別支」（便宜的に接続？）とされている。詳しい検討は別の機会に譲るが、この支は18〜19世紀に、杜氏を含む月（時）邁社・亭香村人との婚姻を頻繁におこなったことが記載されている。18世紀の百穀社阮氏は、なお大きなまとまりを保っていたように見える。

　一方、裴允族の家譜によれば、裴氏は百穀社で最初に出世したとされる黎朝の開国功臣裴於臺を第 3 代とする一族で、1553年と1645年の嘱書では長支（嫡流）の長男に一族の香火田・香火土宅（複数あり祠堂用の建物だけかどうか不明）と香火池、墓地・祖墓など祖先祭祀に関する財産をすべて継承させようとしているが、18世紀に入り裴光耀の長子裴世禄の代に叔父たちとの争いが起こり、7代裴允教の息子の一人が母方に移住したことから成立した陽来社の支派もこれに関与した。そこから18世紀末まで延々と土地争いの裁判が行われ、またタイソン朝に従うか黎朝を助けるかでも争いがあったらしい。

　最後に1799年になって、「道良公」の 6 代孫の 3 人（3支それぞれの代表。その後はこの集合が「裴輝氏」となったらしい）が連署して和解の確認書を作ったが、その時期には裴氏は裴輝、裴允、裴春など別の族に分かれたという意識が強まり、他の土地に移住する者も多かったとされる。そのうち裴輝氏は、1839年に族の祠堂を建てており（「裴族碑記」碑文にそのための土地 6 所の詳細を記す）、そのあたりで現在のゾンホの結集が確立したように見える。

4　婚姻・ジェンダーと土地所有

　近世ベトナム村落社会について家譜と並んで多くの個人情報を含むのは、村落ごとに作成された地簿（土地台帳）である。とりわけ阮朝の南北統一直後に作成された嘉隆 4 年（1805）のそれは、北部のほとんどのものが現存している。村内の土地は「所」と呼ばれる地片ごとに地目・面積・四至、それに田地では耕作者を記載する。公田は「本社で均分して耕作している」などと書くだけだが、私田では「本村の○○が分耕している（由本村○○分耕）」と個人名を挙げ

るが、それはその土地の所有者と見なせる[20]。他村人の占有地は公田なら「其在」、私田は「附耕」と表示される[21]。その後に作成された地簿はそのような詳細を記さず、固定額の納税のみが続けられたものと思われる。

　この1805年地簿を家譜やその他の資料と突き合わせると、いろいろな事柄が判明する。たとえば筆者が前稿［Momoki 2021］で検討した旧百穀社百穀村の地簿（分村である小穀村の地簿と合わせて百穀社地簿が作られている）を見ると、公私田総計522畝強のうち322畝強が私田だが、それは39人と2つの集団（儒学の会である斯文会の田と旧社長用の田）に分有されており、異なる中字のゾンホすべてを合わせると阮氏の25人が235畝5高あまり、裴氏の11人が68畝あまりを所有している（阮氏6名、裴氏2名、それに附耕田の馮氏を合わせて9名が女性）[22]。つまりこの2集団で大半の私田を所有していることがわかる。一方時邁社の1805年地簿によれば、公田がわずか19畝6高ほどであるのに対し私田が666畝弱ありそのうち500畝5高弱が本社人の所有にかかるが、それはわずか18人に分有されており、そのうち15人が杜氏で合計423畝2高あまりを所有している（うち94畝9高弱が杜氏の7人の女性の所有地）。このほか時邁社地簿によれば、118畝2高あまりの神祠仏寺田（上述の「后神」「后仏」などのために寄託された田を含むはず）、110畝6高あまりの土宅園池があり、その経済的意味は小さくなかったはずだが、

---

(20)　公田、私田、神祠仏寺田、土宅園池などの村内での所在（〇〇處という地名で表す）と面積その他の情報を記載する。田では夏田・秋田・夏秋二務田の作付け区分と肥沃度による1～3等の等級が記録され、また私田では「所」（地片）ごとに面積、四至、耕作者名などが記載される。公田が他村落によって占有・耕作されている場合を「其在」、私田の場合は「附耕」と称する。なお北部ベトナムでは地形を降雨・灌漑条件に合わせて古くから二つの稲作シーズンをもち、しばしばそれは同一村落内に併存した、夏田は冬春作（現代ベトナム語でルアチエム。通年低湿の土地で雨の少ない時期に栽培する）、秋田は雨季作（ルアムア。比較的高い土地で雨季の雨水を利用して栽培する）を指す。ただそれらは基本的には別の水田で行われるものだから「二期作」ではない。文字通りの二期作（二務田）は近世に一部で始まっているが、全面的普及は革命後のことである。

(21)　公田（官田）は村落共有田と見なされ、村落成員権をもつ農民間で定期的に分配されている。その農地全体に対する比率は地域ごとに著しく違うが、全体では私田よりはるかに少なくなっている［桜井 1987］。私田は、おそらくもとは収租権を貴族等に与えた土地を指したが［桃木 2011:1章］、18世紀には国家が課税する一般の私有地に転化している。面積単位は1畝≒3600㎡＝10高＝150尺＝1500寸という15進法を含む独特の体系による。

第Ⅰ部
多様な儒教化──東アジアの近世

それらを実際にだれが管理・耕作していたかは未解明である。

　かつての土地制度史研究はここから私田の所有規模と地主制のような分析だけに向かった。そこではたとえば、村ごとの土地所有状況の大きなばらつきの背景として、17世紀ごろに紅河デルタでの新規開発の余地は無くなっていたことを前提に、①公田の不正な典売（買戻し権付き売買）や私田化、②私田の商品化、③18世紀の流散（生産力が低く不安定な夏田、三等田に多い）とその後の他村人による土地占有などの原因が想定された［桜井 1987］。しかし、ゾンホやジェンダーを考えるとさらにわかることがある。

　たとえば、時邁社には155畝4高の附耕田がありそれは5村落の10人に所有されているが、そのうち最大の30畝9高を所有する同枝社の杜氏霪は、家譜には見えないが明らかに時邁社の杜氏の出身である。彼女と夫で同枝社の前儒生縣丞裴合（？）公の夫妻は、旧時邁社のゴン寺に残る1805年の「后神碑記」によれば時邁社の福神として祀ることが決定されている。時邁社の附耕田とは、彼女が同枝社裴氏に婚入する前に親から継承した土地と思われる。同じく上霊村の段伯儀（24畝2高）は、杜氏の次派6代温良の娘氏恵が嫁した段廷儀（家譜B）のことかと思われるので、氏恵に先立たれてその土地を継承した可能性がある。

　また、地簿の箇蒂社は、家譜の7代有仍（仲炤の養父）の妻武氏綿の出身村である「固本社」に当たる。有仍の姉妹かと思われる杜氏桃が固本社の武廷権に、杜氏嬪が固本社の武徳之（？）にそれぞれ嫁した記録もある（家譜B）。そうすると、箇蒂社の武有益（8畝）や武徳度（15畝）・武仲炳（15畝4高）の附耕田は、

---

(22)　百穀村には50畝を超える大規模所有者もいるが、公田面積が大きくこれが村民に均等配分されていたと考えると、全く水田をもたない小作・農業労働者層が多数存在したとは考えにくい。一方、小穀村はわずか16畝弱の私田を30人以上で分有するが、隣接する陽来社にもつ「其在」田を合わせると344畝4高あまりの公田があり、これも多くの村民（土宅園池の情報を見ると）が一定面積の耕作地を有したと見られる。これに対し公田が16畝2高あまりしかない楊来社は、441畝1高弱の私田のうち285畝4高強が他村人の附耕田で、残る156畝足らずの田を45人以上で分有するので、比較的貧しかったように見え、百穀村のような大規模所有者も記録されていない。ただし農業生産は水田だけで行われるのではない。百穀村の70畝2高弱、小穀村に27畝3高弱、陽来社に73畝あまりの「土宅園池」があるのだが基本的に非課税だったため地簿に所有者の記載がない。ここでの野菜・果物の生産や家畜・家禽の飼養、漁撈や水草の採取（多くが女性や子供の仕事ではなかったか）の、各世帯の経済に対する意味の研究が待たれる。

杜氏桃や杜氏嬪の息子が、母が出身村に有していた持参財を継承したものである可能性が出てくる。あるいは綿の父の「承政使武公真寿侯」（同）の男系子孫が、綿夫妻には実子がないためにその没後にやはり持参財を継承したという解釈も成り立つだろう。

　旧上霊村（果霊社）・箇蒂社（固本社）はいずれも百穀社・時邁社の近隣にあるが、段氏・武氏の家譜は収集されていない。それでも、時邁社の土地の大半を杜氏の成員男女でなければ婚出した娘とその子孫などが所有していた可能性は小さくない。そして前稿［Momoki 2021］［桃木 2022］でも触れたが、時邁社の地簿で46畝9高あまりを所有する最大の土地所有者である阮氏衛という女性は、同名の人物が百穀社地簿で3地片（6畝8高あまり）を所有しており、うち2地片（合計4畝3高あまり）は「時邁社の阮氏衛の附耕」と明記されているので、時邁社地簿の阮氏衛に間違いない。彼女は百穀社の有力者の娘で親の財産の一部を相続したのちに時邁社の有力者に嫁ぎ、夫の死後にその財産を相続したものであると見てほぼ間違いないだろう。その有力者の夫とは、時邁社の土地所有の状況から見て杜氏以外には考えにくい。つまり彼女のケースも、上述の百穀社の阮公（功）氏と時邁社・亭香村杜氏の婚姻の一例だった可能性が小さくない。

　このように、女性の土地所有と婚姻は他村落への所有権の移転をもたらす大きな要因と見られる。ただし、婚出女性が実家の祭祀に関わり家譜にも掲載される、そして婚入先の家譜では外祖の情報を記載するという状況は、婚出女性の財産が次の代になっても完全に実家と無縁のものにはならないことも意味するはずである。婚姻を結んだ複数の親族集団を全体として見れば、見かけほど大きく実際の土地権は移動していなかったとも考えられるだろう。

　なお近世北部ベトナムでは、1世帯の水田面積は1〜2畝程度が圧倒的に多い。ハノイ西方、現ソンタイ省の旧花板社の歴史を研究した上田新也［2019: 第7章］は、19世紀前半の嘱書（財産分割書類）で女子に分与されている2000㎡程度（5高強）の水田を、婚資として大人一人分の飯米生産が可能な程度の面積を分与したものと推測する。一方で上田は、地簿上でそれに類する小規模の本村女性の所有が多数見られる（人数では男性より多い）のとは隔絶した、大規模所

有をする少数の女性が存在する事実について、これを夫の死後に財産をただち
に子供たちに分与せずに寡婦が相続したものと見なす。上の阮氏衛もその例に
違いない。

　ただし時邁社杜氏の女性たちや阮氏衛が出身村に有したような規模の土地は、
実家側にせよ婚家側にせよ、一つの家族だけで耕作するには広すぎる。この時
代の紅河デルタでは奴婢などの隷属民層はほぼ消滅しており（注2参照）、大規
模な地主小作関係が広がっていたとも考えにくい。もちろん成人男子にかかる
人頭税を回避するために男性の数を少なく見せようとした可能性も否定できな
いが、上田は旧花板社地簿の状況を、東南アジアの平野部に一般的だった「屋
敷地共住集団」（双系的な家族・親族構造を前提とする）が紅河デルタにも存在し、
それが近世の父系化や嫁入婚の一般化にともなって父系的性質を帯びた状況を
想定した。また［Momoki 2021］は、小穀村・楊来社の土宅園池に類似の状況を
見出した。

　屋敷地共住集団とは、単婚小家族を基本とする社会でありながら、子供が結
婚しても初期には両親——夫方か妻方かは選択的——と同じ敷地内に（多くは
別棟を建てて）居住し耕作も両親と共同で行う、やがて若夫婦の子供が成長し財
産も保有するとその屋敷地から離れて独立する、複数の子供が順次これを行い
（当然、共住期間が重なることもある）、最後は末子が両親の残った財産と屋敷地
を保有し老親を扶養する、そしてその末子夫妻の子供が成長すると次の共住の
サイクルが始まる、という仕組みを指す。

　上田説によれば、一つの屋敷地共住集団が保有する私田が、地簿にはその代
表の名義で登録されるが、父系化が進んでいるのでそれは通常は息子夫婦を率
いる父たる男性の名前になる、女性所有権が否定されていないから婚資を持っ
て婚入した女性の財産はそれとは別に記録されるし、寡婦（妻を亡くした寡夫よ
り当然数が多い）が共住集団の指揮権を亡夫から引き継ぐことも可能だった。よ
り所有規模が大きい時邁社杜氏の男女（や百穀社の阮氏・裴氏の一部男性）の場
合も、同様のしくみがあったと筆者は考える。ただしそこでは、さらに他の親
族などに耕作させる土地もあったと考えるのが自然だろう。一部では、地主小
作関係でイメージされるような支配・従属関係に向かうベクトルもありえたか

もしれない。

5 「植民地的近世化」を含む「伝統」の構築

　以上のように、近世北部ベトナム農村の史料に見られる親族結合や土地所有
のあり方は、きわめて多様に見える。しかもそれは、共通する情報の不完全性
ないし信頼度の低さによって、実態以上に多様に見えている疑いがある。そう
なる一因は、諱・字などの区別の曖昧さやベトナム独特の中字の用法に加えて、
ある男性を「伯〇」「仲〇」など特定の視点から見た家族・親族内の位置に従っ
て表示する方法が、家譜はもちろん地簿や勅封のような公文書にすら浸透して
いる点にあると思われる。

　この点も踏まえて、「儒教社会」の観点から家族・親族についてまとめてみよ
う。忌日などの祭祀用の情報を中心とする多くの家譜の記載法から見て、祖先
祭祀はもともと男性中心であるが男女すべての家族員を祀る原則で、婚姻は嫁
入婚が普通であっても父系だけでなく母方・妻方を含む双方的祭祀義務につな
がっていたように見える。それは18世紀までは、時邁社／亭香村杜氏の家譜に
見られるように長子系（大宗）中心の志向と、中字で区別されないゆるやかな
父系集団の結合を併存させていたが、18世紀の大動乱をくぐり抜けた阮朝期に
は、百穀社などで、直系志向が弱い一方で中字の共有を目印とする小さなゾン
ホに分かれる傾向が出現し、そこでは妻以外の女性の家譜からの排除が進んだ
と思われる。

　その間の地簿や嘱書、それに「后神」「后仏」碑文などに記録された土地の所
有と相続・寄進は、女性の婚出や老後の寄進によるゾンホや村落を越えた所有
権の移動が馬鹿にならないことを示すが、しかし時邁社／亭香村杜氏を取り巻
く婚姻ネットワークのように、婚姻を結んだ複数のゾンホをトータルで見ると
実際の土地権がほとんど動いていないような事態も考えられる。筆者がかつて
注目した14世紀の碑文における夫婦・寡婦による仏寺へ寄進の盛行［桃木 2011:
2章］と、近世後期の后神・后仏碑に見られる寄進活動［Nhung Tuyet, Tran 2018］

も、以上を念頭に置いたうえであらためて比較するとよいように思われる[23]。

　では、本書のテーマである東アジアの広域比較について、この章から何が言えるだろうか。均分相続を行い祖先祭祀が決定的な意味を持つ一方で家業との結びつきは弱い点で、近世北部ベトナムの「儒教化した農村社会」は日本などと違った「中国的」なものに見える。ただし寡婦に限らぬ女性の役割や妻方・母方との関係の重要性など、日本や朝鮮王朝前期までの朝鮮半島との共通点も見られる。それらの要素を「近世以前の非中国的ないし東南アジア的な基層文化の残存」と単純化するのは古いだろう。たとえば複数のゾンホで見られた長男系優先原則は、明清儒教より『朱子家礼』に忠実なものである。古代以来儒教に曝されてきたベトナムの独自性は、「東南アジア性」だけでなく「同時代の中国と違った色々な時代の儒教の重層」にも見出されるはずである。

　また、近世後期における父系主義の前進とゾンホ形成の一般化は、同時代の東アジアの標準に合わせるという点では、むしろ「遅ればせの近世化」ととらえることができるだろう。そしてそうしたゾンホやムラのあり方が、「伝統」としてはっきり定着したのは、現存する多くの家譜が編まれムラの慣習が記録された仏領期のことではないか。東南アジアではイスラーム化や上座仏教化を含めて「長い18世紀」にそれぞれの地域に独自の社会・文化の形成が進んだと考えられるが［リード 2021: 第 8 章］、多くの地域では、それらの要素のうちでも植民地期に確立・定着したものが、やがて植民地支配下での創造物と組み合わされて、ナショナルな伝統と見なされてゆく。北部ベトナムのムラとゾンホもそうした「植民地近世化」の一例であるように思われる。

---

(23)　寄進の多くが女性によって行われている事実について、［Papin 2015］はこれを商業を含む女性の経済活動と財産所有の反映と見なしたが、［Nhung Tuyet, Trần 2018］はゾンホや村落で周縁的な地位に置かれた女性たち（国朝刑律でも寡夫が亡妻から継承した財産が後妻の子などに継承させられるのに対し、寡婦の継承財産は当人限りで再嫁先に継承させられないなどの不均等がある）の、実質的な財産権を維持する戦略（后仏・后神財産の小作権を彼女が決めるなどの方法で）を見出した。ただ寡婦と亡夫など夫婦の結びつきのあり方や、家譜とその実家・婚家との結びつきは十分検討されていない。現存する男性有利の分割を記した嘱書（遺言書）の代表性（男女均等のものとどちらが多いか、またそもそも嘱書を作成することがどこまで一般的だったか）も論争点になっている。

それにしても、この章で提示したのはあくまでケーススタディに過ぎない。こうした長期的な視野のもとで、より多くの史料を用いた研究の蓄積が望まれるところである。それには若手研究者の一群の参入が不可欠である。

参 考 文 献

　＊村落資料の後の記号番号は調査隊が付したものである。

『家譜巻』（百穀社裴氏、保大14年（1939））：旧百穀社資料bc 063。

阮如族家譜（表題なし、嘉隆10年（1811））：同bc 058。

阮廷族家譜（表題なし、年代不明）：同bc 027。

阮文族家譜（表題なし。壬申年＝1872年か1932年）：同bc 063。

『阮琅族第二支壹派』（家譜。年代不明）：同bc 065。

「后神碑記」嘉隆甲子（1805）仲秋吉日、旧務本県調査史料Vu Ban 1-DaiThang1-thimai005。

勅封A：景興2年（1741）11月21日付け、官員子杜仲儀宛て、旧務本県調査史料nmD07-1。

勅封B：景興3年（1742）2月2日付け、茂林郎・光孝殿少卿・時中子・中秋杜有俊宛て、同nmD07-7。

勅封C：景興5年（1744）12月8日付け、顕恭大夫・詹事院詹事・恬慎少尹・時中子・中列杜有俊宛て、同nmD07-3。

勅封D：景興6年（1745）4月20日付け、功庶郎・中山縣縣丞・下制杜仲儀宛、同nmD07-5。

勅封E：景興20年（1759）8月21日付け、杜有信・杜有任等宛て（二人の父である杜有儒に官爵を追贈する目的）、同nmD07-4。

勅封F：景興26年（1765）5月3日付け、官員子■■杜有瑩宛て、同nmD07-6。

勅封G：景興36年（1775）6月15日付け、忠純縣縣丞杜仲侃宛て、同nmD07-2。

『杜氏世譜』（家譜A）年代不明：旧務本県調査史料Vu Ban 1 DaiThang 2-dinhhuong 001。

『杜氏世譜』（家譜B）嗣徳12年（1859）：旧務本県調査史料Vu Ban 1 DaiThang 5-dinhhuong 010。

「南定省務本研程川下総月邁社（時邁社）地簿」嘉隆4年（1805）ほか：『南定省義興府務本県程川下総地簿』（ハンノム研究院所蔵の旧フランス極東学院AGa.9/26本）所収。

「南定省務本県程川上総百穀社地簿」嘉隆4年（1805）ほか：『南定省義興府務本県程川上総地簿』（同AGa.9 /27本）所収。

裴氏家譜（表題なし）成泰辛卯年（1891）：旧務本県調査資料Vu Ban2-TanThanh-tancoc 004。

裴氏関連資料（表題なし）維新7年（1913）編、保大17年（1942）抄写：旧務本県調査資料Vu Ban2-TanThanh-tancoc 006。

『范家譜』嗣徳9年（1856）：旧務本県調査史料Vu Ban-Lien Minh 2-haokiet 010。

Gia phả họ Nguyễn Công（阮公（功）氏のクオックグー家譜）1965：旧百穀社史料bc-059。

＊　＊　＊　＊

Andaya, Barbara Watson (ed.) [2000] *Other Pasts: Women, Gender and History in Early Modern Southeast Asia*. Honolulu: Center for Southeast Asian Studies, University of Hawai'i at Mânoa.

第 I 部
多様な儒教化——東アジアの近世

Bousquet, Gisèle and Nora Taylor（direction）[2005] *Le Việt Nam au féminin*, Paris: Les Indes Savantes.

Kato Atsufumi (ed.) [2016] *Weaving Women's Spheres in Vietnam, The Agency of Wemen in Family, Religion, and Community*, Leiden, Brill.

Lê Thị Nhâm Tuyết [1975] *Phụ nữ Việt Nam qua các thời đại* (in lận thứ hai), Hà Nội: Nhà Xuất bản Khoa học Xã hội. ［レ・ティ・ニャム・トゥエット『各時代のベトナム女性（第2版）』ハノイ：社会科学出版社（初版1973年）］

Mai Thi Thu-Le Thi Nham Tuyet [1973] *Women in Vietnam* Hanoi: Foreign Language Publishing House.

Miyazawa Chihiro [2016] Rethinking Vietnamese Women's Property Rights and the Role of Ancestor Worship in Premodern Society, in Kato Atsufumi (ed.) 2016, pp. 57-80.

Momoki Shiro [2021] Back to Nam Đinh: Re-Questioning Village Society and Family/Clan Structures During the Late Early Modern Period. *Journal of Science Thang Long University vol. B1*（2）*: Historical Archive and Heritage*: 70-85.

Nhung Tuyet, Tran [2018] *Familial Properties: Gender, State, and Society in Early Modern Vietnam, 1463-1778*. Honolulu: University of Hawaii Press.

Papin, Philippe [2015] Saving for the Soul: Women, Pious Donation and Village Economy in Early Modern Vietnam. *Journal of Vietnamese Studies* 10: 82-102.

Trần Quốc Vượng [1972] *Truyền thống phụ nữ Việt Nam*, Hà Nội: Nhà Xuất bản Phụ nữ. ［チャン・クオック・ヴォン『ベトナム女性の伝統』ハノイ：女性出版社］

Trần Thị Thu Hương [2020] *Văn bia hậu thần Việt Nam, thế kỷ XVII-XVIII*, Nhà xuất bản Văn học. ［チャン・ティ・トゥー・フオン『17-18世紀ベトナム「后神」碑文』文学出版社］

Trần Trọng Kim [1971] *Nho giáo* (hai quyển), Sài Gòn: Bộ Giáo dục, Trung tâm Hoạc liệu. ［チャン・チョン・キム『儒教』上下、サイゴン：教育部学術資料センター］

Vũ Khiêu（chủ biên）[1991] *Nho giáo xưa và nay*, Hà Nội: Nhà Xuất bản Khoa học Xã hội. ［ヴー・キェウ（主編）『昔と今の儒教』ハノイ：社会科学出版社］

Woodside, Alexander B. [1971（reprint 1986）] *Vietnam and the Chinese Model, a Comparative Study pf Vietnamese and Chinese Government in the First Half of the Nineteenth Century*, Cambridge（Mas.）: Harvard University Press.

上田新也 [2019]『近世ベトナムの政治と社会』大阪大学出版会。

片山須美子 [2018]「ベトナムのナショナルヒストリーと女性史——抗米戦争期の歴史叙述」小泉順子編『歴史の生成——叙述と沈黙のヒストリオグラフィ』京都大学学術出版会、75-106頁。

桜井由躬雄 [1987]『ベトナム村落の形成』創文社。

佐藤トゥイウエン [2017]『ベトナムにおける「二十四孝」の研究』東方書店。

嶋尾稔 [2000]「19世紀——20世紀初頭北部ベトナム村落における族結合再編」吉原和男・鈴木正崇・末成道男編『〈血縁〉の再構築　東アジアにおける父系出自と同姓結合』風響社、213-254頁。

嶋尾稔 [2010]「ベトナムの家礼と民間文化」山本英史編『アジアの文人が見た民衆とその文化』慶應義塾大学出版会、101-143頁。

嶋尾稔 [2021]「ベトナムにおける家礼の受容と改変——祝文を中心に」吾妻重二・朴元在編『朱

子家礼と東アジアの文化交渉』汲古書院、221-238頁。

末成道男［1995］「ベトナムの「家譜」」『東洋文化研究所紀要』127: 1-47。

末成道男［1998］『ベトナムの祖先祭祀──潮曲の社会生活』風響社。

趙　浩衍［2020］「19世紀前半ベトナムの家譜資料研究──段氏のゾンホ形成過程を中心に」大阪大学文学研究科修士論文。

牧野巽［1985］「東亜米作民族における財産相続制の比較」『牧野巽著作集　第4巻　雲南民族史研究　東亜米作民族研究』お茶の水書房、215-306頁［初出「東亜米作民族の財産相続制の比較」『社会学評論』1（1）：1950年、3（3）：1953年］。

宮沢千尋［2000］「ベトナム北部の父系出自・外族・同姓結合」『〈血縁〉の再構築』風響社、185-211頁。

宮沢千尋［2016］「前近代ベトナム女性の財産権と祭祀財産相続－忌田を中心に」『アジア・アフリカ地域研究』15-2：208-233。

宮沢千尋［2017］「前近代ベトナム女性の財産権に関する研究動向と展望──史料の状況に注目して」『アルケイア──記録・情報・歴史』11: 117-138。

宮嶋博史［1994］「東アジア小農社会の形成」溝口雄三・浜下武志・平石直昭・宮嶋博史編『アジアから考える6　長期社会変動』東京大学出版会、67-96頁。

桃木至朗［2001］『歴史世界としての東南アジア　第2版』山川出版社（世界史リブレット12）。

桃木至朗［2011］『中世大越国家の成立と変容』大阪大学出版会。

桃木至朗［2022］「ベトナム・ナムディン省旧邁社杜氏関係史料初探」『東方学』144：1-18.

八尾隆生［1998］「黎末北部ヴェトナム村落社会の一断面──ナムディン省旧百穀社の事例」『南方文化』25: 113-132。

八尾隆生［2009］『黎初ヴェトナムの政治と社会』広島大学出版会。

八尾隆生［2020］（近刊）『大越黎朝　國朝刑律』汲古書院。

リード，アンソニー（太田淳ほか訳）［2021］『世界史のなかの東南アジア──歴史を変える交差路（上下）』名古屋大学出版会（原著2015年）。

歴史学研究会［2006］「特集「近世化」を考える（I）」『歴史学研究』821: 1-74。

東アジアの養子縁組文書の比較

儒教的宗族原理の矛盾

百年偕老

立主招婿合議字人管成發昔日有房成佐貽聚有妻邱氏
古桂遞生下一男名元清緊有妻房邱氏年伏切不幸早成佐
病故並無子嗣房屋遺管邱氏行廋守恰派派切思男
遞年幼日食難廋久不忘夫思所以全夫兄弟高議情應
因媒引將興劉番兄之弟劉滿官來為配情愿子邱氏
桂遞招為夫妻偕老當日滿媒議定劉番兄備出洞常元
徵足筑邱氏桂遞仍從擇吉日歸劉滿官配成夫妻
百年偕老生下二長男係劉家宗支生有次見歸管家嗣
三四五六男係劉家之男現管元清夫妻庭母劉別家堂
建叔教劉以人養立拾陸歲元清夫妻長者筑叔以合意從
今店不能合店元清夫妻帝出對宗物業不得均分管由
共折之物獨筆交達元清肯守信用不得違議此係甘願安
廋日恐無憑依紙紀恐世昌萬歹五主招合議字而代

知見叔祖桂積壽
依口代筆邱蔃稜
就合議人劉連生壽

官見叔姪管連生
成宗篆

「百年偕老」（台湾国家図書館《Illustrated
Catalogue of the Taiwan Archaic Documents
Exhibition at the National Central Library》より）

伝統中国社会における養子とは、実父及び生家から離れて他人の子となり、血縁者および非血縁者（例えば婿養子）をも含む家族の一員として、養子縁組を成立させ、養父の継承人となることである。

　親族集団は人類社会の最初の集団であり、同時に人々の生活の基本単位、一つの独立的な社会組織である。各民族個々の親族集団はそれぞれ固有の生活方式・行動規範を持っていて、養子を取る目的、方法と手続きも異なるが、それらは各民族の親族構造が異なることによって決まる。親族構造は、各民族の価値体系、倫理観を構築する基盤である。それゆえ、養子縁組の差異は民族伝統文化を比較する際に重要な要素となる。

　筆者は、『日中親族構造の比較研究』［官 2005］を出版した後、養子縁組、及びその文化に関する論文を発表してきた。日中両国社会における養子縁組に焦点をあわせながら、その性格を二つの側面、つまり①養子縁組を通じた儒家文化の検証、②日中両国社会における親族構造の比較、から両国の伝統文化は異なることを明らかにした。

　中国では、日本を「アジア唯一の大龍」に見立て、香港、シンガポール、韓国、台湾は「アジア四小龍」という言い方で知られている。

　この「四小龍」は殆ど中華伝統文化と関連がある。この３、40年の間、中国本土の人々の間では1950年代以降の一連の政治運動を経て伝統的な礼儀は日常生活からなくなったが、「中国伝統文化は台湾に生きている」という言い方がよく聞かれる。

　台湾についていうと、清代中期に大陸の「足羅漢」（戸籍に登録された地を離れて他国を流浪している者）の台湾移動に伴って中華文化も台湾に入った。数十年後、日清戦争を経て1895年に台湾島・澎湖諸島は清から日本に割譲されて、半世紀の間日本の植民地となった。本章では、台湾の親族構造を日、中親族文化の比較研究の中において検討し、台湾の親族文化を通して「儒家文化」を再考する。特に従来見逃されがちであった養子縁組、及びその文化の特質に重点を置いて述べたい。日本における養子縁組に関する「養子証文」と、中国本土及び台湾における「養子証文」に類似した関連文書との比較を基礎に、それを構成する異なる文化の特質と、基本的な伝統文化の因子についても論じたい。日

本及び中国本土と台湾の養子縁組から東アジア親族構造の差異を見つけ、次に「儒家文化」と中国の宗族という表裏をなす関係の成立過程を考えることで、日本及び台湾における基礎的な文化の面での儒家文化的宗族原理と矛盾する性格が解明できると考えられるからである。

1　儒家的宗族原理

1⋯⋯⋯文化人類学における「単系出自」血縁集団

『文化人類学事典』（弘文堂、1987年）の定義によれば、出自は集団の構成員資格（membership）に対する系譜的規準であり、出自集団とはこのような系譜的規準にもとづく排他的・閉鎖的団体（corporation）である。系譜の辿りかたは単系的でなければならず、出自集団の構成員資格（membership）に対する単系的な系譜規準のみが出自を構成しうるものである。

以上の内容をより詳しく見ると次の三つの点に留意すべきことが分かる。

（1）「出自」とは、血縁集団の構成員資格を、その社会の一定のきまり、すなわち「系的に」（lineally）伝達する規準を示す用語である。

（2）血縁集団の構成員資格の範囲、すなわちその構成員は血縁全体ではなく、父系或いは母系いずれかの集団である。つまり父・母は異なった血縁系統の集団に属するのである。これには外婚規制の前提が必要である。

（3）リヴァーズがあきらかにしたように、家族など血縁集団の構成員資格（membership）と、集団内の公共権力（族長・家長などの地位）の継承権や財産の相続権とをはっきり区別すべきである。

2⋯⋯⋯ 中国の宗法制宗族
——「単系出自」血縁構造の起源、及び宗族の各段階の特徴

① 宗法制宗族という「単系出自」構造の起源

　中国において、「単系出自」の血縁集団は王位継承制と周の分封制より生まれた。甲骨卜辞学専門家の胡厚宣氏が卜辞における祖先の祭祀と婚姻制との関連から論証した。彼は、殷の後半において祀られていた位牌に王の数人の妻の中で一人だけが正妻になっていたことから、宗法制度、つまり父系出自と関わる族外婚制及び長子直系継承制はすでに確立していた、しかも正妻の子は王位を継承できるが、それ以外の妻の子は、継承できなかった、と指摘した［胡 1989: 12-13, 26-28］。

　このように、父子相承という直系継承法は夏の時代からすでに確立したと言われており、殷の後半には嫡系継承制が始まったと見なされるが、「兄終弟及」という表現があるように弟と息子が王位を争ったために、一時父子相承制が混乱した。中国の歴史において、これを「乱嗣」と称する。

　父子相承制が成立した後の一時的な「兄終弟及」は、周代に嫡長男継承制が確立された後もしばしば見える。嫡長男継承制を確立した周公が王位を兄の子に戻したのは、武王の直系の子孫に引き続き王位を継承させるという意図からであった。中国でその継承制を「嫡長子世襲制」と称する。すなわち王位は王の嫡長男の直系世代子孫により継承される。このような継承は春秋時代あるいは歴代王朝にも頻りに見える。このように、文化人類学でいう「単系出自」という血縁集団の構造は、周の分封より生まれたことが分かる。

② 宗族発展の階段

（1）周の分封と典型的な宗法制宗族

　中国における男性の祖先と男性の子孫を源・流とする宗族集団は、周の階層的分封から次第に形成されてきた。

　周の天子は諸侯に対して領土の分封や官職の任命、また臣下に賞罰を与える

際儀式を行ったが、「冊命」とはその儀式において読み上げられ、発布される命令、或いは任命書のことである。

　「冊命」の対象、すなわち分封された先王の後裔、軍功の大なる者及び自らの息子と兄弟などの一族内の男性という三種類の人間の中で、周の天子に最も信頼されたのは、やはり本人と近い血縁関係にある者達であった。ゆえに、天子の子弟達は皆重要な地域に分封され、最も土壌の肥沃な土地を与えられたし、周一族の男性構成員（member）はこぞって周王朝の重臣となった。

　このような分封の結果、周王室の下で大小の封国が成立すると同時に、公・侯・伯・子・男五等の諸侯と諸侯国内の卿・大夫という宗法血縁に基づく等級秩序も成立した。そこでは周の天子と諸侯との関係は、大宗と小宗との関係であり、また君主と家臣との関係でもあり、中央と地方との関係でもあったのである。これは血縁の親疎・秩序による階級的分封のそもそもの起りである。

　中国の歴史上、周天子の分封制と王の嫡長男とその直系による継承制を合わせて形成された宗族を「典型的な宗法制宗族」と称する。その最大の特徴は君権と族権とが合一することである。そして、その権力は嫡長男および嫡長孫の世系が継承していく。

　長い歴史的進化に伴って、周以後歴代の宗族は時代変化の特徴に伴って変わっていった。しかしながら、殷時代に見られた嫡妻と嫡長男、及び周時代の分封制、嫡長男継承制から形成された「単系出自」集団構造という内核は変化しなかった。

（2）秦から唐時代までの世族、士族（豪族、門閥貴族）の宗族

　西周春秋以後、戦国時代（紀元前481年〜紀元前221年）の各諸侯国の改革と変法、及び秦の統一（紀元前221年〜紀元前206年）による「廃分封、置郡県（分封制度を廃し、郡県制度を立てる）」を経て、周の分封を契機とする君権と族権とが合一する宗法制はしばらく下火になった。

　しかし、前漢以後、諸侯王と自らの子々孫々とを高い血統に結び付ける宗族が復活する。前漢（紀元前206年〜紀元8年）の劉邦は「非劉氏王者、天下共撃之（劉姓に非ずして王たれば、天下共に之を撃つ）」と述べたが、後漢では、皇帝が豪

族と婚姻関係を結んだために、後漢中期になると姻族（外戚）が政権を握ることになった。その後、権力を握り続けた豪族は血統の高貴さを誇る門閥貴族へと変化してゆく。三国時代（紀元220年〜280年）魏の曹丕は「九品中正制（九品官人法）」を立てたが、この制度によって豪族の権力が確立することになり、西晋（紀元265年〜316年）において、「上品無寒門、下品無勢族（上品に寒門なく、下品に勢族なし）」という状況が形成された。東晋（紀元317年〜420年）のとき、『百家譜』、『十八州士族譜』が編集され、さらに唐時代になると、唐太宗が高士廉などに命じて『氏族志』を修訂させ、唐高宗の時（7世紀中期）、許敬宗はこれをもう一度修訂し、『姓氏録』と改めるなどして、どの一族の血統が尊貴であるかを明示した。こうして唐時代には門閥貴族の勢いがさらに強くなった。

　周から漢、魏晋の時代を経て唐にかけて、国家の統治権をさらに強化するために、血縁関係、すなわち血統によって決められる人々の身分を政治統治の基礎とし、血縁を絆とする族権と、統治階級の中の一部分すなわち門閥貴族層との結合が進んだ。

　「世族」、「士族」と呼ばれた権勢ある宗族の門閥貴族層以下、民間には「寒門宗族」、「義門宗族」が発生して「素族」と呼ばれ、少数民族の酋長一族は「酋豪宗族」と呼ばれた。これによって宗族はもはや君主・貴族社会の血縁集団ではなく、一定の庶民性を有することになった。これが宗族の民間化の第一段階である。

(3) 宋元時代の「大官僚宗族」

　隋の文帝楊堅が創設した科挙制度は、三百数十年を経て唐朝から宋代に至る間に発展・整備されていったが、その最大の特徴は、科挙試験を通過すれば庶民が官僚階層に入ることができるようになったということである。そのため宋代の官僚宗族は、前代の士族宗族とは異なり長く維持することが難しかった。

　そのため仕官した平民官僚は、例えば范仲淹のように、宗族内に義荘を設けて何代にも渡って経営した。欧陽修は『欧陽氏譜図』を編纂し、初めての民間の宗族系譜編纂の例となった。司馬光は宗族内の教育に傾注し『家範』を編集したが、その目的は官僚を出す家系として宗族の勢力を継続させることであっ

た。

　宋代に編纂が始まった族譜であるが、族譜上記載される宗族の範囲はきわめて明確に限定されていた。これは、自己を中心とする男性血縁の範囲を確認することが必要だったからである。これらはみな、宗族が秦、唐の時代に比べてより民間化したことを表している。

（4）明清の紳衿（知識人）と富裕階層の宗族社会

　この時期の宗族の最大の特徴は、宗族組織が地方の紳士、知識人や富裕階層へと、より一層拡大したことであり、その最大の目印が、彼らが居住地に建築した宗族の祠堂である。

　明清時代の宗族は、宋元時代の宗族の義荘を受け継いで族人を救済しただけでなく、少し経済力のある宗族は、祀田（または祠田と言う。田租が祖先祭祀に充てられる）、学校経営用の書田、族人の孤児や寡婦を援助するための義田を設けた。

　宗族の活動は、ほとんどが地方の紳士、知識人大家族の族長によって組織され、そこから更に官職を全く持たない在地地主、商人から、ひいては一般庶民の宗族の族長へと拡張し、彼らは地方政府に協力して地域の教育を強化し、社会の治安を維持し、宗族の各種習俗を守って、族内で私法を執行し[1]、地方政府が統治を行うために無視することのできない重要な力となった。以上に述べたことが、近代以前の明清社会の宗族の最大の特徴である。[編者注]

（1）　映画『蕭々』（モンペリエ映画祭でゴールデン・パンダ賞を受賞した。日本では1991年7月3日に衛星放送で放映された）は、1912年の中国湖南省のある村（宗族を中心に構成される）に住む蕭々を主人公に中国女性の運命を描いている。12歳の花嫁・蕭々が山間の村にやってきた。夫は2歳の春官。彼女は花嫁といっても労働力として売られてきたのである。6年後、美しい娘となった蕭々は作男の花狗と許されぬ恋に落ちた。同じ頃、この村の寡婦が、ある男性を恋していることを知られ、村の族長の命令で、村人達に裸で川に沈められた。現場でこれを見た蕭々は恐れ戦く。また［滋賀 1984］を参照。

［編者注］　ここで述べられている宗族についての記述は、一般に中国で宗族がどのように考えられているかを示すものであり、現在の学界の宗族に関する研究結果とはやや距離感がある。

3......儒家的宗族原理

　いわゆる「儒家的宗族原理」の核心と内包は、儒家文化と宗族構造とが表裏を成していることであり、儒家文化を社会に伝達する媒体となる宗族がなければ、儒家文化は中華文化の中で支配的地位を独占することができなかった。

　歴史書の記載によると、儒家が唯一尊ばれる地位を得たのは、紀元前134年に前漢の董仲舒（紀元前179年～紀元前104年）が「推明孔氏，抑黜百家（孔氏を推奨し、百家を退ける）」[2]を提唱したことを起源とする。漢の武帝（在位紀元前156年～紀元前87年）の時代、武帝は「罷黜百家，表章六経（百家を退け、六経を世に広く誉めあらわす）」[3]を大いに推進した。この「六経」とは、孔子が整理して伝授した六種の先秦の古書である『詩経』、『尚書』、『儀礼』、『楽経』、『周易』、『春秋』を指す。これが武帝時代の「独尊儒術（儒術だけを尊ぶ）」の由来である。

　歴史上漢の武帝が提唱した「罷黜百家，表章六経」という主張をなぜ「独尊儒術」と言うのだろうか。儒学は民間社会においてどのようにして「儒術」になったのだろうか。

　後漢の字書である『説文解字』の中で「術」は次のように解説されている。「術は都邑の道である。意符は行、音符は朮。」「大道の脈絡が術の範式である。」本義は、戦術、権術、心術のように、方法、謀略のやり口である。転じて技術、芸術、武術、学術、不学無術などのように「技芸」のやり方を指す。換言すれば、本来諸子百家の一流派である「儒家」が『詩経』『尚書』『儀礼』『楽経』『周易』『春秋』といった先秦古典籍と一体化して、「生活経験」に根差した人と人との付き合いの「方法、策略の術」に変化したのである。

　ここでは、本章と密接に関連する内容を、①建国「経験」と統治中の「策略」、②家族生活経験中の「潜在規則」と社会生活中の「道徳規範」の二つの部分に分けて分析を行うに留め、思想と哲学の領域における「方法、策略」については、論を展開しない。

---

　(2)　『史記』「董仲舒伝」
　(3)　『漢書』「武帝紀賛」

① 建国「経験」と統治中の「策略」

前述のように、周初には分封された71の国の内、周の国姓である姫姓の国は53にのぼった。その状態を指して「溥天之下、莫非王土、率土之濱、莫非王臣」（溥天の下、王土に非ざるは莫く、率土の濱、王臣に非ざるは莫し）[4]。つまり天下の土地も住民もすべて王のものであるといわれたほどである。子弟を分封することによって、王と諸侯との間に君臣の分というものが初めて発生することとなった。王は諸侯の父、もしくは兄であるため、王と諸侯との間に血縁関係に基づく君臣関係が生じ、同時に同姓の諸侯相互の間も親族関係で結ばれることとなった。すなわち国は家であり、家は国であり、君は父であり、臣は子である。君は一族の家長であり、また諸侯ないし国の人間の家長でもある。これが君権と族権の合一であり、その実質は一族の家長権と一国の統治権との結合であった。

そして、中国三千年の帝国時代に、王位は「世襲」すなわち父子相承という直系継承法が実行された。

三千年来の血統分封を基礎とする帝王統治の最大の特徴は、「礼治」すなわち「人治」を行い、法治を行わなかったことである。かつ「礼治」を統治の最高の境地として尊び、最も輝かしい光輪を与えた。例えば孔子『論語・為政編』は「之を道（みちび）くに政を以てし、之を斉（ととの）うるに刑を以てすれば、民免れて恥無し。之を道くに徳を以てし、之を斉うるに礼を以てすれば、恥有りて且つ格（ただ）し。」と言っている。法令によって民を治め、刑罰によって彼らを粛正しようとすれば、民は罪を犯して罰を免れることだけを求めて、恥じる心を持たない。道徳によって民を導き、礼制によって彼らを感化するならば、民は恥じる心を持つだけでなく帰服の心をも持つという意味である。実際には、これはいかなる社会も追求することのできない幻の境地であり、法治のない社会は、統治者の天国、庶民の地獄にしかなり得ない。そこで「上品に寒門無く、下品に勢族無し」となり、これと呼応するのが「礼は庶民に下らず、刑は大夫に上らず」である。「儒術」は血縁分封によって生まれた帝王統治の中に余すと

ころなく表現されている。

② 家族生活経験中の「潜在規則」と社会生活中の「道徳規範」

殷代には「同姓不婚」は行われていたが、6世代を経た後は同姓結婚を許しており、「同姓不婚」の規制は徹底していなかった。これに対して、百世代の後までも通婚を禁ずるようになったのは周代に始まる。

『左伝』「僖公二十三年」に「同姓不婚」について「男女姓を同じくすれば、其の生蕃らず」（男女同姓，其生不蕃）[5]と記録している。『国語』「晋語」にも「同姓婚せざるは、殖えざるを恐れんがためなり」（同姓不婚，懼不殖也）と述べていた。その「不蕃（繁）」、「不殖」という言葉は「婦人の不妊」ないし「妊娠率が低い」との意味であり、子孫が断絶することを恐れたのである。

もし子孫が断絶すれば、祖先を祭祀できず、家系を維持することができない。「絶家」は祖先に対する不孝であり、「不孝に三有り。後無きを大なりと為す」（不孝有三、無後為大）[6]として、最も恐れられたことである。

「異姓不養」（父系血統が同じでない者は養子としない）とは正確に言えば「異宗不養」というべきものである。その理由は「神は非類を歆（う）けず、民は非族を祀らず」（神不歆非類、民不祀非族）、「鬼神は、其の族類に非（あら）ざれば、其の祀（まつ）りを歆（う）けず」（鬼神、非其族類、不歆其祀）という思想による。中国古代における祭祀なるものが、祖先からの「父系単系」の血を受ける子孫によって捧げられるのでなければ、祖霊はこれを享受しないとされるのである。故に養子をとる目的は、祖先の血統を子々孫々に伝えることであり、財産の継承ではない。

「同姓不婚・異姓不養」に呼応して、宗族の構成員の生活には、また各種の「潜在規則」（暗黙の規制）が生み出された。例えば、婚姻は名門の大宗族であり続けることを目的とし、家長が取り決め媒酌人が紹介する「門当戸対（家柄・財産が釣り合った縁組）」が中国歴代の廃れることのない婚姻の「潜在規則」と

---

(5) 『春秋左氏伝』（『左伝』）の訓読は「新釈漢文大系」（明治書院、1971年初版、1987年第12版）による、以下同じ。

(6) 『孟子』「離婁上」、この訓読は「新釈漢文大系」（明治書院、1987年）による。

なった。

　さらに「男尊女卑」は三千年以上ずっと続いてきた陋習である。孔子の「唯だ小人と女子とは養い難しと為す」[7]から始まって、夫に先立たれて再婚しない未亡人のために「貞節碑坊」を立てて、貞節を褒め称え、厳しく不貞を批判するに至る。これに対して男性は妻を持ちながら、また数人の妾を納れることができる。族譜には女子の場合、嫁した者はその旨をしるし、迎えた妻は夫の配偶者として入譜が認められるが、妾は、一般的に子女のある場合に限って入譜が認められるという習慣があり、それが宗族譜の不文律となっていた。なぜならば、女性は宗族の成員資格は認められないからだ。

　宗族は血縁身分秩序によって構成された組織である。宗族譜の編纂や宗族の祠堂の位牌などはすべて宗族の構成員間の親疎・尊卑・長幼の序列という血縁身分秩序を原則とするのである。それも漢族社会の「尊老愛幼」「父母在不遠遊」など伝統文化の由来になる。

　中国には「多子多福」の習俗があるが、それは祖先がより多くの男系血統の子孫によって祀られることを意図したものである。そのため男性には妻の外にも妾を納れることが許され、また習俗上、女性には夫が亡くなった後終生寡婦（未亡人）を通すことが奨励され、それを「貞潔」として、終生再婚しない未亡人（寡婦）のために「貞潔牌坊」を立てて表彰したのである。

　そればかりか、北宋後期に始まり南宋に盛んになった「纏足」は、人類史上最悪の人間性を転覆させる陋習であった［高 1995: 16-20］。いわゆる「纏足」とは、4、5歳の幼女の足を「三寸金蓮」の形に巻きつけるもので、長じるとともに女性の足は変形してしまい動作に著しい支障が生じる。そして女性は家に閉じこめられ、「男は外、女は内」が理にかない筋の通ったものとされ、また「男は強く、女は弱い」が不動の事実となった。同時に、男性系統のみが純粋血統とされる宗族社会において、女性が生む子孫は夫家の血統であることが確実に保証される必要があった。「纏足」の最も潜在的な目的は、女性が他の男性

（7）　『論語』「第17章陽貨篇」：「唯女子與小人爲難養也, 近之則不遜, 遠之則怨（女性と徳のない人間は扱いにくいものである。」近づければ思い上がり、遠ざければ怨む）。

と性関係を持った時に「不倫の現場をおさえ」やすいように備えることである。まさに『女児経』の言うように「女性がたやすく家から出られないように、ぐるぐる巻きにして拘束した」のである。宋朝の新儒教は纏足の発生と盛行を促したという見方があり、朱熹が政治を取り仕切った地域で纏足を強制的に押し広めたとの伝承もある(8)。更に酷いことに、纏足女性の「三寸金蓮」は、男性社会において享楽を求める変態的な「審美」と、更に「妓女の靴で酒をつぐ」(酒宴で歌妓が酒を勧める時、歌妓に纏足の小さな靴を脱がせ、盃を靴の中に置いて客に回し飲みさせることを「靴杯行酒」と言う)という異常な嗜好を形成した。清代になって「靴杯行酒」の風習は更に広まり、民国年間に至るまで依然として行われた［高 1995: 174-175]。

　中国の民間伝統は、父母孝行を極端な「郭巨、児を埋めて母を奉る(郭巨は貧しいので母を養うために子を埋めようとして穴を掘ったら黄金が出てきたという、二十四孝の中の話)」までにも向かわせ、明代官僚の「丁憂制」(親の喪の間は官職を休むこと)、親族間の「親親互隠(身内の過失を告発しない)」、「家醜不可外揚(家庭内の不名誉なことがらは外部に言いふらさない)」や後のそれが発展した「喜び事は知らせるが憂い事は知らせない」へと至った。また育児や教育の面にも同様に「孔融梨を譲る」、「温故知新」、「学びて優なれば則ち仕う」など聞き慣れた経典があるが、ここではこれ以上深く論じない。

　宗族生活の中の各種の「潜在規則」が、例えば儒家の「君君たり、臣臣たり、父父たり、子子たり、夫夫たり、婦婦たり」や「三綱五常」すなわち「父を子の綱となし、君を臣の綱となし、夫を妻の綱となす」の「三綱」と「仁義礼智信」の「五常」のように、社会生活の中で強化されて「道徳規範」になった。さらには孟子が提唱した「父子親有り、君臣義有り、夫婦別有り、長幼序有り、朋友信有り」や、「一人道を得れば、鶏犬天に昇る」等々数えきれないほどの文

---

(8)　［胡 1936］に、「漳州の女性はみな足を小さくし、必ず杖を頼りに歩き、凡そ慶弔事があれば女性はみな赴いた。一人一人がみな1本杖を持ち、集まり合って林を成した。恐らく当初の風俗習慣では私通する者が多く、朱文公が漳州で官職に就いていた時、足を巻いてごく小さくし歩行を不便にさせ、それによって乱れた風俗を改めるよう法を定めて命じたため、今日のような現象が起こった」と朱熹が強制的に纏足を普及させたことが記載されている。

言がうずたかく積まれている。

　およそ以上の儒術は、みな疑いなく中国社会の人情交際に影響を与え、近代的な法制文明の発展を混乱させた。本章で注目するのは、宗族血縁構造と密接に係わる「儒術」であり、それが文化人類学でいう「単系出自」血縁構造と一体化し、補い合って表裏一体をなし、どちらも欠くことができない。これが完全な意味における「儒家的宗族原理」である。以下本章ではこの「儒家的宗族原理」に基づいて東アジア社会の養子文書の比較研究を展開する。

2　中、日社会における養子文書の比較

1……… 中国における養子縁組と養子文書の特徴

　中国では養子に関する「合約書（契約書）」はあまり見えないが、それは養父母と養子との関係は血縁関係に擬して維持されるために契約の必要がなかったからであろう。以下、貴重な史料である北宋時代初年の養子に関する文書を見よう［仁井田 1983; 官 2005: 289］。

　この史料の要旨は、乾徳二年九月史氾三に実子がなかったから、親族と相談の上、氾三の兄史粉■の息子たる願壽を養子とするが、その日から養父は「二意三心」（「三心二意」、ふたごころ）を抱いて約束にたがうことは許されず、将来養子のために新婦を聘さねばならない。家産を分割する場合には、養子も養父の子息および家族の阿朶准亭らと平等に、一人分をえる。そしてもしのちに養父に子どもができて、それらの子と成人した阿朶准亭らが養子を虐待したら、虐待者の分は前記の割合をほかの家族に分配する。また、養父が先に養子に貸し与えた粟麦の返済は、一切免除する。しかし、養子が養父母および姉妹兄弟に孝順でなく、あるいは妻家のいうのに従って、または実母兄弟姉妹を招換して「貪酒看肉」、さらに盗賊などと結託して悪事をすれば一物（「家中針草」）をも与えず、養家から追出し（「空身趁出」）、養父が貸し与えた粟麦をも完済し、また養子を官に訴えてこれに官の制裁を加えさせる。以上、親族と相談し養子を

加えて子々孫々共同生活を営むよう、証書を作成して徴憑（証拠）とする。たとえ転地転回するも違約することなし、とするものである。

2⸺ 近世日本の養子縁組の証文

① 武家における「養子願書」

次に、日本の養子に関する史料を見てみよう。『公用雑纂』第一・二巻に第十八号文書として収められた「願書」は佐渡の守護、神保が幕府の老中、対馬の守護、安藤に提出した「婿養子奉願候覚」である［官 2005: 276］。この「奉願」にはまず養父の身分・職務・姓名・年齢や養子の姓名、及び実父の姓名と身分を記す。この「奉願」によって、養父の神保（佐渡の守護）はこれで三度目の婿養子出願になることがわかる。また文中には養子を取った前二回の様子が記載されている。一度目は安永八年（1779）六月、天野（近江の守護）の次男である与八郎を養子に取ることを出願し、同年十月に娘と結婚させた。しかし養父子が不仲になり、天明元年（1781）与八郎はその娘と離婚、実家に戻る。同年また近江の守護、牧野の三男、左近を婿養子にするが、天明五年に娘が病死したため、その後養父子がまた不仲になり、双方で「熟談」した上、左近もまたその実家に戻った。その間に養父には子供が一人出来ているが、与八郎を養子にした後に生まれたため、「奉願」には次子と記されている。その子がまだ幼少で家督の職を継ぐことができないので、養父はさらに寛政五年（1793）に自家の奉公人、朝比奈弥太郎の次男である朝比奈安之丞（20歳）を次女と結婚させて婿養子とした。「奉願」の末尾には、養父と老中対馬守安藤及びその他三名の老中の署名が見られる。

② 庶民の家における「養子証文」

拙著『日中親族構造の比較研究』288ページ史料3・4は庶民社会での「養子縁組・婿養子縁組」証文の一般的な書式であり、養子にどれだけの財産を譲り、万一解消するときに返還すべき財産などが定められている[9]。

養子縁組をする時及びその関係を解消する時の具体的な条件はまったく同じ

だとは限らない(10)。持参金のすべてを放棄し、身一つで実家に戻る養子もいれ
ば、史料4のように女性側から離縁を求められた時も、すべての不動産を失う
者もいれば、土地の半分を失うものもいた。また養子が養家に来て養父の娘と
結婚してからの年数によって利息を計算する、ということもあった。

③ 武家と庶民の養子の比較

　武家の「養子願書」の特徴は、(1)「願書」を提出するものの身分・職務・姓
名・年齢と養子になる者の実父の身分・姓名及び養子本人の姓名を記す。(2)
養父子の間が不和になったときは、双方で「熟談」した上、関係の解消が行な

---

(9)　史料3は多野郡鬼石町の飯塚家のもので、宝永7年(1710)、養家の逸見百助が養子の実父
にあてて書いた、養子が家を継ぐ時の典型的な証書である。自分には子供がなく飯塚家の善之
丞義を養子に取る、また養子には実家から金100両を持ってくることを求める、そうすることで養父
の家の土地家屋合わせて5町5畝28歩(およそ5ヘクタール)、及びその他の財産全てを相続す
ることができる、という説明が文中に見える。ただし、その内の八反歩(0.79ヘクタール)及びもと
もと義母が実家から持って来た2反5畝歩(0.25ヘクタール)ほどの土地は、養父母が家督を譲っ
て隠居した時の生活費にあてる、としている。さらに養父母の死後はこれらの土地も養子の財産
に併合することになっている。また養子を入れてのち、もし養父母に息子が生まれたとしても財産
を分けて分家することはできないが、一人分の財産を養父の実子に譲与し生計に供さなければ
ならない、また養父子の関係がうまくいかず「離縁」する時は養子が実家から持ってきた100両の
金は全額返却される、とも記し、最後は「如此相定(中略)爲後日証文」と結んでいる。ここでは、
養子の「持参金」に対する要求、またそれによって養子が相続できる養家の財産の分量、さらに
養父母が隠居してからの具体的な生活費が明示されている。ほかにも養父母が養子を取ってか
ら息子が生まれた場合は誰が相続人になるか、さらに財産はどのように処分するかという具体的
な方法、また養父子の関係がうまくいかず「離縁」する場合の財産処分に関することも示されてい
る。ゆえにこれは養家と実家における、養父子の権利と義務に関する契約である、と考えられる。
(10)　史料4は、甘楽郡秋畑村での正徳元年(1711)の婿養子に関する百姓名跡証文である。宮
本夫婦には子供がなく、藤左衛門家の次男である市三郎がわずかな収入である「永高七文」の
地畑林干草場とともに宮本家へ婿養子としていき、宮本家の畑・竹やぶ及び財宝を相続した。そ
して文中には次のような約束事が見える。今後、市三郎が養家と不和になり離縁を持ち出した場
合でも、持ってきた「永高七文」の収入になる田畑や草場は養家のものになって返されることがな
い。よって婿養子である市三郎はその身一つで実家に帰らねばならない。しかし、もし養父の娘、
すなわち市三郎の妻が、市三郎と不仲を理由に離縁を求めるなら、女の側、すなわち養父の家
の畑・家屋敷・財産はすべて市三郎に譲与される。また文末には当事者双方及び証人の署名と
捺印がある。これは双方各人の権利や義務に基づき、さらに各人の利益をも含めた、自由意思
によって合意された契約である。

われたものであった。したがって、武家社会には厳格な主従関係があり、不公平な基準に基づいてその関係が解消される、という可能性もあった。

　庶民の家の「養子証文」では、(1) 武家の「養子願書」に見えた養家と生家の身分を詳しく説明しているような条文がない。この点からわかるように、庶民社会には武家社会のような養家への拘束が見受けられないのである。(2) 庶民の「離縁」に関する条項はかなり具体的で、養家側と養子側どちらにも異なった条文があり、それぞれの権利と義務を定めている。反して、武家の「養子願書」にはこのような条文が見当たらず、武家の養子縁組の「離縁」は双方で「熟談」することだけを基本にしていた。

3 ⋯⋯⋯ 中、日養子縁組文書の比較

　まず中国の宗族原理は、養子縁組の目的は父系親族集団内の世系の継承と関連していることを確認しよう。養子の地位はかなり低く、法令でも、養子文書でも、養家の一方的な意思によって離縁する。特に異姓養子で、養父の養育料の交付と実父の養育料の受領からいうと、それは人身売買の文書とみられる。

　このような社会は封鎖的・停滞的な社会であり、往々にして血縁組織と政治と法律が緊密につながり未分化な状態にある。そこにおいて宗族は政治と法律が緊密につながって未分化な状態にあり、中央集権政府の最末端の組織としての役割を果たした。その意味で宗族の封鎖的・停滞的な性格は一目瞭然であった。

　日本社会においては、12世紀から近世末期の明治維新前後までに至る、庶民社会における養子縁組文書からわかるように、養父子間の拘束関係は次第に開放的になり、庶民の社会地位が次第に高くなるに伴って、庶民社会の養子縁組も次第に一般的になった。それらの養子縁組の証文を分析すると、日本社会には中国社会における封鎖的・停滞的な性格とは逆に、社会の流動性が高く、社会の変動への順応性も強いと言える。

3 台湾における家族と宗族原理

1⋯⋯⋯台湾家族構造に関する「合約書」とその特徴

　次頁の図8-1、8-2は、台湾国家図書館の《Illustrated Catalogue of the Taiwan Archaic Documents Exhibition at the National Central Library》に掲載されている史料である。一つは「百年偕老」（藏品編号A02146）、もう一つは「二姓合婚」（藏品編号A02112）とタイトルがつけられている。

　この二つの文書は、契約の主題から見ると、いずれも婚姻に関係しており、どちらも「未亡人」の夫の兄弟（または父の兄弟）が逝去した兄弟（または兄弟の息子）の未亡人のために婿取りをする案件である。ここでの結婚相手は日本の「婿養子」とよく似ているが、本質的には同じではない。

　台湾の場合、女性の前夫の祖先の血統上の継承と伝達を目的とするのである。また、その未亡人と結婚の相手は、日本の婿養子のように養父の姓を冠することができず、彼らの次男だけ未亡人の前夫の後嗣としてその前夫の姓を冠する。ゆえに上述した「百年偕老」と「二姓合婚」の劉氏と陳氏は、いずれも婿ではなく、養子でもなくて、単に相手の家族の未亡人と結婚するものであり、一般的な婿の身分とも異なった。したがって、その「百年偕老」および「二姓合婚」のどちらにも日本の「養子願書」と「養子証文」にみえる解約についての内容は一切見られなかった。しかも「百年偕老」というタイトルと「二姓合婚」の文末に「永無翻異」という一文をおいて、解約できない意味をより明確に表した。

　また「百年偕老」と「二姓合婚」を比べると、後者には契約した双方の経済に関する義務と権利にも触れた内容が見られる。その契約の時期から見れば、台湾が日本の植民地となっていた時期であったことに注意すべきである。

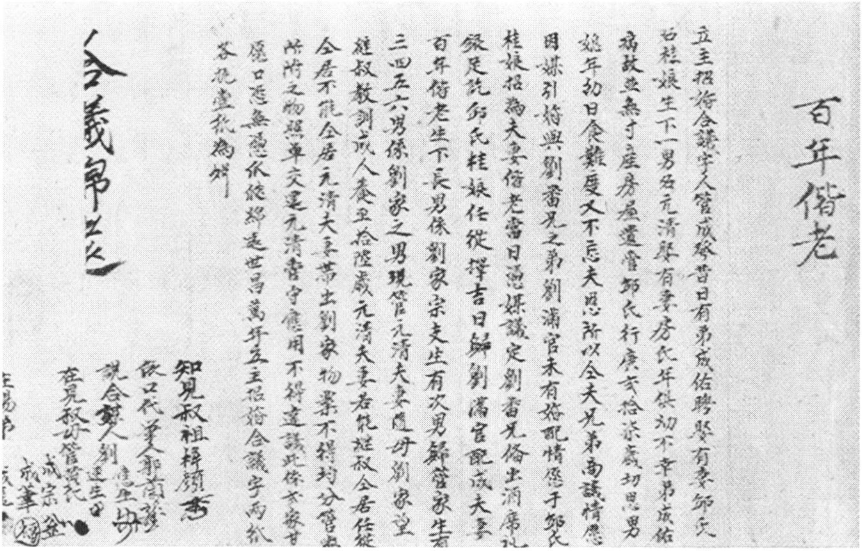

図8-1　百年偕老（台湾国家図書館蔵）

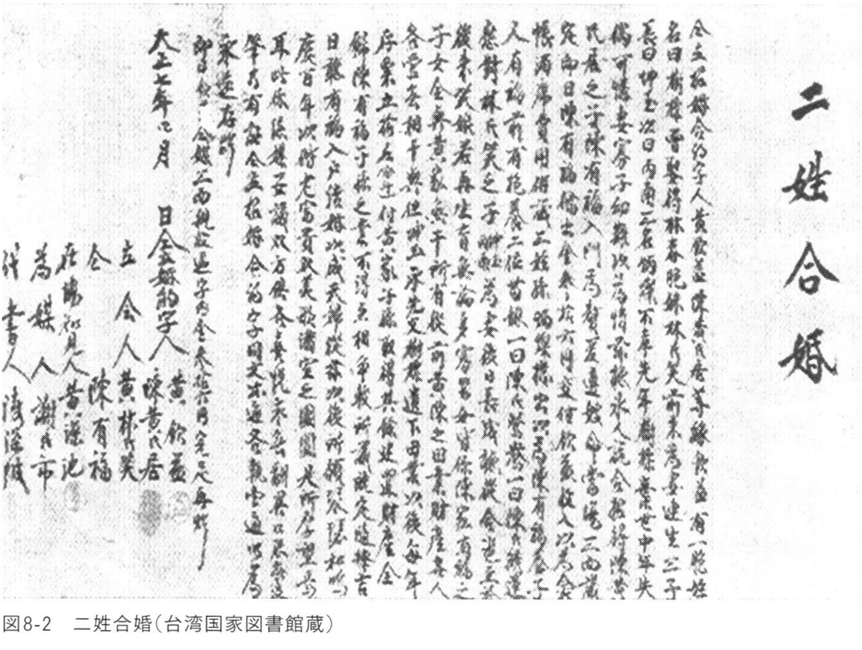

図8-2　二姓合婚（台湾国家図書館蔵）

2⸺養子と養母（養父の妾）の間での財産継承の紛争と裁判の一例

　養子を取るのは一般に以下の二つの状況の下において行われると考える。一つは、自分には嗣子がないため、人の子を引き取って自分の嗣子として育てる、つまり「家の跡継ぎ」を目的とすること。もう一つは、仁義や道義から何らかの原因で遺棄された身寄りのない孤児を収容し、或いは「人口売買」（人身売買）の方法でその子に自己の姓を冠し、養子にすることである。

　「家の跡継ぎ」を目的とする養子は兄弟の子、或いは同姓宗族内の従兄弟の子であるから、血縁関係で養子縁組関係を維持するのであるが、身寄りのない孤児を収容し、或いは「人口売買」の方法で養子縁組をする目的は、労働力不足を解決するためか、それとも老後生活の家事代行とするかである。ゆえに前者は労働力不足を解決するために男の子、後者は老後の家事代行とするために女の子をとって養子縁組をするのが一般的であった。

　この場合、養子の姓を変えて養父の姓を冠する。そして、取る子どもは小さいほど良い、もしできればその子が出生した時すぐに養子縁組をするのがいい。なぜならば、養父としてはその子を扶養して、養父子の間で実父子のような感情を作り、その養子（養女）が養父の生涯の生活に捧げられるためである。

　この種の引き取られた、或いは「買い取られた」異姓の養子・養女は「螟蛉子」と呼ばれ、「偽子」、「義子」とも呼ばれる。こうした異姓養子（女）は多くが生まれたばかりの子であり、このような異姓養子（女）は中国社会に一貫して存在し、山西のある地域では「血布養子」、河南と江南地方の一部の地域では「買血娃」、「血抱」と呼ばれる。江西婺源、福建、広西の客家にも「螟蛉」の風習がある。

　しかし、「儒家的宗族原理」のもとで、こうした風習は大陸でも内陸地域では比較的珍しいのに対して、清代の台湾社会では、異姓養子（女）を引き取り育てる「螟蛉子」の風習が比較的盛んに行われていた。その原因は、明清時代に台湾に移民したいわゆる「足羅漢」（流浪者）の原籍地の多くが沿岸部の福建・広東一帯であり、そこに「螟蛉子」を引き取る風習があったからである。例えば『同安県誌』には次のような記載がある。「同俗向喜乞養他人子（この地の習

俗では昔から他人の子を乞養することを喜ぶ）」［呉 1967］。更にかつて福建興泉永道の任に就いた周凱が『厦門志』の中で「閩人は養子を多くし、すなわち有子の者もまた必ず数子を抱養す」とも述べている。ここで指しているのは異姓の男子である。

　清の中期に福建・広東から台湾へ開拓に赴いた移民には、幼い男子を買って故郷から台湾へ連れてきた者が少なくなかった。そのため、台湾では男性が多く女性が少なくなり、性比のバランスが著しく崩れた。妻のいない移民の大多数が異姓養子を売買によって引き取り、労働力を解決すると同時に、老後の隠居に備えた。ある研究者は、福建・広東の移民は故郷を離れる時に「一人、二人の幼い男子を買って一緒に海を渡り、将来老いた時に頼りにするよう備えた」と記している［林 1978: 132］。労働力を解決し「養子をとって老後に備えた」ことが、清代に大量の福建・広東の「開拓者」が台湾に移住した後、異姓の「螟蛉子」を引き取った社会背景である。

　もちろん中国大陸であろうと清代の台湾であろうと、たとえ「おくるみ」の中にいる異姓養子（生まれたばかりの子）を引き取るのであっても、扶養の情で養父子の関係を結ぼうとするのは簡単なことではない。

　「儒家的宗族原理」のもとでは、諸男性子孫の平等な構成員資格は、「諸子均分」による財産継承によって実現するものである。「螟蛉子」が盛んに行われていた頃の民間の家族財産継承には「嫡子を100％とすると、庶子は半分、螟蛉子は更にその半分」という慣習があり、「螟蛉子」に分配される財産は嫡子の4分の1、庶子の半分に過ぎなかった。このように、「螟蛉子」の地位の低さがわかる。

　『淡新档案』に、光緒元年（1875）7月、暗仔街（現、新竹市東門前街）の鄭義という養子が、官府に彼の養父鄭璧が囲った妾陳梨春が、養父亡き後彼を家から追い出し、家産を握ろうとしたと訴えた訴訟事件が記載されている。当初官府は、陳梨春は原告の養父の妾（実際には陳梨春は鄭璧の婢女に過ぎない）であるだけでなく、既に鄭の父のために幼子を生んでおり、長幼の順序から言えば原告の庶母であるのに、鄭義は彼女を「妾」、「婢」と直接呼び、明らかに不敬の心があると判断し、すぐにこの案件を却下した。鄭義は不服として翌月再度上

訴し、かつその父方の従兄弟鄭輝が鄭陳氏と結託して彼を鄭家から追い出し家産を奪おうとした内情を訴えた。しかしやはり官府に却下された。半月後、陳梨春は鄭義を「賭博など放蕩な行いをし、度々家の物を盗み、繰り返し説教しても従わない」と反訴し、かつ亡夫は在世中既に官府に「帰宗させる」ことを稟請していたとして、官府が鄭義を「帰宗」させる判決を出すよう求めた。こうした状況で官府は二つの案件を合わせて調査、審理し始めた。

　この時鄭家の族長鄭新丁らは、家族が傷つけ合う悲劇を避けるため、双方の状況について更に説明を行い、官府が情理にかなった判決を出すよう希望した。しかし陳梨春は鄭新丁が鄭義と結託していると考え、再度上訴した。官府は最終的に、梨春は鄭義に穀物10石（100銀元相当）を分与しなければならない、また鄭義はその他の家屋について争ってはならないと命じ、かつ双方が各々署名して、結審後は再び上訴しないよう保証することを求めた。

　「螟蛉子」は異性養子に属するが、厳格な意味では儒家の宗族原理に合致せず、法律は認可しない。しかし、台湾のこの「螟蛉子」と庶母とが訴え合った事例の判決結果は、北宋乾徳2年（964）の氾氏家族関連文書に定められた、養子が養父母に孝行せず、或いは養子の行動が養家の意向に沿わない場合、養子は「家中の針草」も持ち去ることはできず、養家に「身一つで追い出される」というものではない。台湾における「螟蛉子」である鄭義と庶母との告訴案件は、何度か紆余曲折を経たが、その判決は鄭義の庶母に対する不敬（呼称上の不敬）を理由に、或いは異姓養子は非合法であることを理由に、鄭義を「帰宗させる」ことはなかったが、当時の台湾民間における「庶子は半分、螟蛉子はそのまた半分」の継承慣例に従って、鄭義に相応の財産を与える判決を下すこともなかった。ここから「螟蛉子」の社会的地位が（微妙な）ものであったことがわかる[11]。

　何はともあれ官府の最終的な判決によって、鄭義の権利はある程度の保障を得た。しかしこうした保障と民間社会が認める「螟蛉子」が本来持つべき権利との間には、明らかにまだ一定の隔たりがあった。

---

(11)　関連研究は、［郭 2009］を参照。

しかしこの事例が映し出しているのは、台湾の下層社会における「螟蛉子」の社会的地位であり、それは、中国内陸の養子が一度養家の意向に沿わなければすぐに「身一つで追い出される」のと異なってはいるが、とはいえ台湾社会全体の養子と異姓養子（「螟蛉子」）の全貌を代表しているものでもない。

3……板橋林家と宗族原理

① 板橋林家の家柄と資産

板橋林家の原籍地は福建省漳州府龍溪県である。1778（乾隆43）年、林応寅が台湾に赴いて現在の新荘で私塾教師になり、老後は福建に帰って晩年を過ごした。その長男林平侯（1766年生）は1782年16歳の時、父を尋ねて台湾へ赴き、米屋の店員になった。頭が良く仕事ができたので、財をなして自ら店を持ち、更に製塩業を兼業し、船を買って近海貿易を行った。何年か経って、林家は裕福な名士となった。

林平侯には5人の息子が生まれた。長男国棟、家号は「飲記」。次男国仁、家号は「水記」。三男国華、家号は「本記」。四男国英、家号は「思記」。五男国芳、家号は「源記」。5人の家号を合わせると「飲水本思源」となる。三男国華と五男国芳は才気抜群で、「本記」と「源記」で一緒に「林本源祭祀公業」を設立し、林家の公号とした。そのため「林本源」が林家の目印となった。1884年、林平侯は台湾で逝去、享年79歳であった。林家の世代継承は後掲の「板橋林家の家系図」を参照されたい。

しかし、この家系図（図8-3）の下の注釈が指摘するように、ある人は林平侯の三男林国華は異姓養子、すなわち「螟蛉子」であるとしている。他に証明できる資料もないので、注釈では『林衡道先生訪問紀録』も取り上げているが、それによると、林平侯には多くの息子がいたが、家系図の林国華と林国芳だけが実子で、他の3人はみな「螟蛉子」であるという［陳・許 1992: 53］。しかし筆者は、林平侯の5人の息子のうち三男国華と五男国芳だけが祖先祭祀を重視し、共に祭祀公業を設立しており、これが後世の人が「林本源」によって林家を代表させた由来であり、後世の人は林平侯には実子はこの二人しかいないと考え

るようになったのだと思う。家系図中「＊」を付した3人は林家の「螟蛤子」であることがわかる。林家の完全な家系については、なお今後の調査、確認を必要とする。

板橋林家は、家系図の4代目林維譲（林平侯の孫、林国華の子）と林維源（林平侯の孫、林国芳の子）の時代に勢いが最高潮に達した（同世代の林維徳は林国芳の「螟蛤子」）。林国華の長男林維譲は、父親が1857年に逝去した後、家業を主管した。清朝朝廷が太平天国を平定した名臣沈葆楨を派遣して台湾を治めさせた時、林家は政府を援助して鉱産事業と海運事業を興した。この前後、公益に対する寄付は合計白銀二百数十万両に達した。1884（光緒10）年、清仏戦争が台湾に波及し、清朝朝廷は欽差大臣劉銘伝を派遣して巡撫の身分で台湾防御の責を負うと、林維源は軍事費20万両を寄付した。甲午の年は西太后の60歳の長寿祝賀の年であり、全ての典礼儀式は乾隆27年の皇太后70歳祝賀慶典に倣って執り行われ、用いた銀は700万両であった。戸部が銀400万両を支出し、各省・官僚らが競って献上した。そのうち個人名義で最も多く献上したのは太僕寺正卿の林維源で30,000両であった。

日本植民地時代の日本人の調査によると、台北地区には三大富豪がいた。第3位の資産は20万円、第2位の資産は120万円、第1位の板橋林家4代目林維源は1億1,000万円に上る高額の資産を持ち、中国三大長者の一人であった。

② 板橋林家の婚姻

林家は基本的にみな台湾現地の大家族とは婚姻を結ばず、中国大陸の大家族と婚姻を結び、林家の勢力が台湾という狭い地方に限定されないことを示した。林爾康（林平侯の曽孫で、林維譲の次男）は福州の名門陳宝琛（最後の皇帝溥儀の師（太傅））の妹芷芳を妻とした。また林爾康の子供たちの世代では、林慕安が嫁したのは家柄の非常に良い船政大臣沈葆楨の孫であり、林慕蘭が嫁したのは中国近代の有名な学者厳復の息子である。長男林熊徴は清末の最も重要な財政大臣盛宣懐の娘を妻とした。次男林熊祥は陳宝琛の娘を妻としたが、林熊祥にとって陳宝琛はおじでも舅でもあり、2代に渡る縁組である。林維源の次男林爾嘉の次の代の長男林景仁は、彼自身が有名な詩人で、当時広東から出た華僑

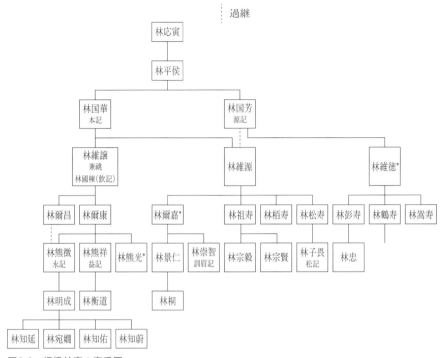

図8-3　板橋林家の家系図

注：林維徳、林爾嘉、林熊光は間違いなく貰い子の「螟蛉子」であり、「＊」を付して示す。そのほか清末の按察使衛分巡台湾兵備道道員尹劉儆著『巡台退思録』は、「台北巨紳三品京職林維源の父、欽賜挙人林国華は螟蛉子で、林姓の生まれではない」と述べているが、他に証拠となる資料がなく、その真実性は極めて疑わしい。林本源の家族の子孫林衡道は『林衡道先生訪談録』の中で「林平侯には多くの息子がいるが、実子は国華（三大人）、国芳（五大人）の二人だけで、他はみな螟蛉子である」と口述し、林国華は林平侯の実子であり「螟蛉子」ではないと証言している。

張煜南の娘を妻とした。張煜南は当時板橋林家に引けを取らない財産を持っていたと言われ、これも両家にとって非常に重要な婚姻関係である。金門に有名な王家古厝があるが、その主人の王敬祥は臻英、宝英という二人の娘をそれぞれ林景仁の二人の弟（林爾嘉の次男林剛義と五男林履信）に嫁がせた。林爾嘉の三男鼎礼は福建都督孫道仁の娘を妻とした。孫道仁は清仏戦争の時、滬尾でフランス軍を打ち負かした提督孫開華の息子である。四男崇智は道台周南の娘を妻とした。六男と七男はイギリスに留学して外国人と結婚した。結婚相手はみ

な名門の家柄である。

③ 林家の養子

『林衡道先生訪問紀録』の記載によると、板橋林氏の家族は多くの「螟蛉子」を引き取って育てている［陳・許 1992: 53］。林平侯の 5 人の息子のうち 3 人は「螟蛉子」であり（なお異論あり）、林平侯の孫の代17人のうち 6 人が「螟蛉子」である。曽孫の代は42人いるが、そのうち 9 人が「螟蛉子」で、その中には既に実の息子がある状況で「螟蛉子」として引き取られた者もある。林家は更に道光27年（1847）に建設しもともとは小作料を集める作業の拠点としていた「弼益館」を、林家の「螟蛉子」の住宅に変えた。この点から見れば、林家は現地の大豪族として貧家の子弟を扶養して労働力とし、また「螟蛉子」として引き取り育てたのである。

ここでは民国年間に福建・台湾両地のいずれでも声望が高く、大いに林維源夫婦に気に入られていた「螟蛉子」林爾嘉の境遇と林家での地位から、台湾紳商望族の「螟蛉子」の特徴を検討する。

林爾嘉、原名陳石子は、1874年厦門に生まれた。イギリスに抵抗した名将として名高い陳勝元の第五子陳宗美の嫡長子で、 6 歳の時に台湾板橋林家に養子として引き取られ、1951年に逝去した。爾嘉が林維源の養子となったのは、林維源の長男が早世したためで、爾嘉は林維源の妻の兄弟の息子なので、親戚関係ではあるが、結局は異姓養子であった。その上、林爾嘉は林家の養子になる前は陳宗美の嫡男であり、何れにしても儒家的宗族原理に合致せず、伝統的な宗族には容れられないものである。

林爾嘉は林家に来て「ご令息になった」わけだが、同時代の官僚家庭や権門富豪の子弟とは異なり、気取り屋のお坊ちゃんではなかった。1895年日清戦争に敗れ、清政府は追い詰められて「下関条約」を締結し、台湾を日本に割譲した。台湾の名士で一番の富豪であった林維源は57歳、彼は毅然として台湾の膨大な家産を放棄し、親族を率いて福建へ帰った。21歳の林爾嘉はまさに青春の盛りに父親に従って原籍地の龍渓へ帰ったのである。

1898年林爾嘉は厦門保商局総弁兼商務総理の任に就き、1905年には厦門保商

局総弁、厦門総商会総理の任に就き、厦門の電話、電灯、水道などの公共事業を興した。清末には巨額の寄付をして侍郎の位に昇進した。1941年、厦門市政会会長の任に就き、厦門の都市建設に多くの貢献をした。その間に鼓浪嶼工部局の「中国人董事」を14年間続けて務めた。中華民国建国後は国会議員、福建行政討論会会長、華僑総会総裁の任に就いた。林爾嘉は厦門にいる間に、厦門師範学堂、漳州師範学校、華僑女子学校を創設、或いは設立運営を支援した。林爾嘉は香港大学創設のために寄付を行った者の一人でもある。1945年、日本投降・台湾光復の後、林爾嘉は台北板橋に戻り、台湾における家業を再び発展させた。

　林爾嘉は親戚関係にある異姓養子として台湾に6歳の時に引き取られ、良い教育を受けて、21歳で台湾を離れた。福建厦門で公益のために寄付し、現地の商業界、公共事業に傑出した貢献を行った。同時に教育を重視して教師を育成し、女子教育を創始し、香港大学創設のために寄付するなど、実に得難い人材であった。

　台湾には三千年の歴史を経て蓄積され形成された身分世襲制や、代々の直系子孫による血縁の祖先に対する祭祀、また宗族と社会生活の中で鍛えられた種々の「儒術」がなく、台湾には君権と族権が結合した宗法制宗族もなく、また世族・士族宗族や官僚制宗族といった一連の宗族媒体もなく、大陸に比較して、台湾社会の儒家的宗族原理は決して完全ではなかったということが分かるだろう。

4　日中の養子の違いと台湾での現地化した養子

　本章では文化人類学の「単系出自」血縁集団理論に基づいて、周王朝の分封によって形成された宗法制宗族から明清時代の庶民社会の宗族の特徴に至るまで、中国の宗族に対して段階を分けて整理を行い、その基礎の上に、中国の儒家的宗族原理を分析した。

　中国において、家族が養子をとる目的は、第一に祖先を祀ることにある。養

子をとる目的は、祖先の血統を子々孫々に伝えることであり、財産の継承ではない。これが儒家的宗族原理の核心である。

　日本では、「養子願書」と「養子証文」から見たところ、養子をとる目的は、養父家の家業や家産を継承することにある。中日両国で養子をとる目的は異なっており、それは中国の儒家的宗族原理と日本の家族血縁構造の違いによって決定されている。

　このため、中国では「異姓不養」が儒家的宗族原理の核心であり、跡継ぎがいない家庭の養子となるのは、必ず同宗の兄弟の息子でなければならず、養父子の関係は同宗の血縁関係によって結ばれており、そこに養父子間の「契約」関係は存在しない。そのため北宋初年の養子に関する文書は、仁井田陞氏から見ると「身売り証文」なのである。

　日本では、武士階級の「養子願書」であろうと庶民社会の「養子証文」であろうと、いずれも非常に明確に「養子縁組」時と「離縁」時の養父子双方の権利と義務を記載しており、非常に明確な「契約書」である。

　本章ではまた、台湾の「百年偕老」と「二姓合婚」という2部の貴重な文書から、日本と似る婿養子および養母の間での財産継承の紛争と裁判の一例、また板橋林家の家柄、資産、そして異姓養子について分析した。これによって、清代中期に東南沿海一帯へ移った移民が台湾に持ち込んだ儒家的宗族文化は、三千年間蓄積された「儒家的宗族原理」の最も表層の部分に過ぎず、かつこれらの文化には台湾に入った後「現地化」の特徴が現れたことを証明することができた。

　本章で行った東アジア社会、特に台湾社会における家族と養子に対する分析と検討は、一つの試みに過ぎず、コロナ禍の収束を待って、より一歩掘り下げた実地調査・研究を行う必要がある。なお見解の不充分な点はご容赦ねがいたい。

参 考 文 献

郭偉展［2009］「伝統宗族観念的伝承与嬗変——清代台湾社会螟蛉子風俗之探析」『台湾研究集刊』
　　2009年第4期。

官文娜［2005］『日中親族構造の比較研究』思文閣出版。

高洪興［1995］『纏足史』上海文芸出版社。

胡厚宣［1989］「殷代婚姻家族宗法生育制度考」胡厚宣著『甲骨学商史論叢初集』『民国叢書』第
　　一編82　歴史・地理類、上海書店。

胡樸安編［1936］『中華全国風俗志（下編）』巻5、上海：大達図書供応社。

呉錫璜［1967］「礼俗志」『同安県志』巻22（民国18（1929）年鉛印本影印）台北：成文出版社。

滋賀秀三［1984］「刑案に現われた宗族の私的制裁としての殺害」『清代中国の法と裁判』創文社。

陳三井・許雷姫［1992］『林衡道先生訪問紀録』（口述歴史叢書42）中央研究院近代史研究所。

仁井田陞［1983］『唐宋法律文書の研究』東京大学出版会。

林衡道［1978］『台湾的歴史与民俗』台北：青文出版社。

『春秋左氏伝』「新釈漢文大系」明治書院、1971年初版、1987年第12版。

『孟子・離婁上』「新釈漢文大系」明治書院、1987年。

謝 辞

　ここでは、香港大学時代の旧同僚、現在台湾の中原クリスチャン大学の総合教育センターにいる何彩満氏に、提供された情報と交流に感謝の意を表します。

脱/再構築される儒教

近現代アジアの家族の変容

第 **9** 章　森本 一彦

日本の民俗慣行と儒教

支配・村・家の変化

堂座講の修正会における直会
（和歌山県橋本市賢堂定福寺）

1 日本における儒教

　日本において儒教は、戦前の修身の基礎をなし、戦後の道徳教育にも影響を与えている。戦前の教育の基礎となった教育勅語が儒教に基づいて作成されたからである。日本人は、家庭教育や学校教育を通じて無意識のうちに儒教的なものに触れ、受容してきた。

　姫岡勤は、中国と日本の「孝」の観念を比較し、日本の「孝」が先祖から伝えられた家業や家産に基づいており、中国とは異なるとする［姫岡 1983］。日本人が受容している儒教がいかなるものであり、どのように受容しているのかを検討することが必要である。

　川島武宜は、日本の家族を封建武士的＝儒教的家族と庶民家族に類型化し、武士的家族は儒教的な家父長家族であり、庶民家族は非家父長家族であると考えた［川島 1950］。階層によって儒教の受容に違いがあると考えられる（武士階層に関しては、本書 4 章牧田論文参照）。

　日本民俗学の創始者である柳田國男は、儒教などの外来文化などを表層文化とし、それを排除して日本の固有信仰を明らかにしようとした[(1)]。柳田は、中・上層の定住農民である「常民」を日本民俗学の対象とし、その文化伝承は文字によらず口頭伝承を中心とすると考えた。そのために儒教の「常民」に対する影響は、表層的なものであり、ほとんどないと考えた。

　本章では、日本の庶民層において、儒教の影響によって出現するとされる父系血統主義を取り上げ、家父長が強い権限を持つ家父長制が出現しているのかを検証する。その際に、先祖祭祀を対象とする。さらに、儒教で重視される敬老思想についても検討を行う。

---

(1)　葬儀などは、表層的には仏教や儒教の影響を受けているように見えるが、その基層には日本独自の先祖祭祀があると考えた。

2 家族の民俗慣行

　日本の伝統家族である家は、長男子単独相続を基本とした家父長家族であると考えられることが多い。しかし、民俗慣行に注目した時には、そのように言い切れない事例が散見される。

　1960年代においても「三重県志摩地方には、事実上の結婚生活に入っても夫妻はただちに同居せず、ある期間は夫が妻方へ泊りに通っていく〈つまどい慣行〉を存続しているところがある」[長谷川 1973: 137]と記されている(2)。また嫁が婿方に移り住んだ後も頻繁に里帰りをする嫁の里帰り婚の慣行が行われていた[植野・蓼沼 2000]。嫁の里帰り婚には、婚礼をすませた嫁が実家に定期的に帰る「バン（番）」、嫁が季節ごとに長期間生家に帰る「センダクガエリ（洗濯帰り）」、夕食が終わって風呂に入ると夫婦が嫁の生家を訪問する「シュトノツトメ（舅の務め）」などが福井県から山形県に存在した。

　紋章が母から娘へ継承されたり、女性で紋章が固定されたりする「女紋」は、女性が嫁ぎ先に持参する着物や道具などに付ける[近藤 1995]。また、他家へ嫁に出た娘が死んだ時に、娘の遺体を引き取って供養する「出嫁女の帰葬」[江守 1991]や、実家の意志で婚姻が取り消される「死後の離婚」[天野 1994]が行われていた。

　相続形態でも、初生子が女子の場合、弟がいても婿をとって家を相続させる「姉家督」[前田 1976]や、子供が2人以上いる時に子どもが成人すると家から出て行き、最後に残った末子が親と暮らし、家を継ぐ「末子相続」[川崎 1973]、長男が家を相続すると、親が次男以下の子どもを連れて分家する「隠居分家」[竹田 1956]など多様であった。

　1876（明治9）年から1880（明治13）年に司法省が民法編纂の基礎資料の作成のために調査した『全国民事慣例類集』[法務大臣官房司法法制調査部監修 1989]には、出産時に妊婦が実家に帰ったり、持参金や化粧田を持参したりすることが

（2）　調査は1961〜62年のものによっている。

記されている。

　人口動態統計を見ると、1898年の明治民法の施行以前の離婚率は高かったことが分かる[3][坪井・坪井 1970]。さらに江戸時代の離婚率も高かったことも指摘されている[落合 2000; 鬼頭 2002]。武士においても離婚率は高く、再婚が半数に及んだ[脇田 1982]。高い離婚率には、嫁が実家との関係を維持し続ける状況があったからであると考えられる。家族は、儒教の影響を受けると家父長化すると考えられるが、以上の家族慣行においては嫁の実家とのつながりが強く見られる。

　また、日本の先祖祭祀には、親が死ぬと既婚の子どもの数だけ位牌を作成して分牌する「位牌分け」[上杉 2001; 中込 2005]や、夫婦や親子など家族で檀那寺を異にする「半檀家」[森本 2006]がある。盆行事としては、盆前の特定の日に檀徒が寺院に参詣するが、嫁や婿として他出したものも参詣する「コンゴウマイリ（金剛参り）」[西山 1986]や、親が死んだ後、婚出した娘や分家した者、養出した者が実家に参る「トウマイリ（塔参り）」[蒲生 1960]、シンボトケの祭祀を死者の家だけでなく親族の家でもおこなう「モライマツリ（貰い祭り）」[高谷 1995]がある。

　儒教において先祖祭祀は、家父長制を象徴するものであるが、日本の民俗慣行においてはそれに反するものが存在しているのである。

　以上の民俗慣行は、家父長制を基盤とする儒教の影響を否定するものであるが、聞き取り調査などでしか確認できず、歴史的な変化を質的・量的に示すことは難しい。そこで宗門改帳において確認できる半檀家において質的・量的な変化を確認していく。

（3）　戦後の最も離婚率が高かった2002年が人口1000人あたり2.30であったのに対して、明治民法が施行される以前の1883（明治16）年の離婚率は3.39％であった。

3 先祖祭祀の父系化

1……半檀家

　半檀家とは、夫婦や親子などで檀那寺を異にする慣行である。近世の寺請制度以降、仏教が先祖祭祀を実修してきた。つまり、半檀家は先祖祭祀の実修であり、家父長的な先祖祭祀ではなかったと言える。

　半檀家は、近世前期には畿内を除いて広範囲に分布していた。また村単位に見ると、半檀家である割合は高かったが、近世中後期に至ると半檀家は減少し、解消した（図9-1）。

　半檀家には多様な類型が存在する。親子関係に注目すると、性別によって檀那寺が分かれる性別型、子どもが両親のうちどちらか一方の檀那寺となる単系型、子どもが両親のうちのどちらかの檀那寺となるが性別によらない非性別型、子どもが両親の檀那寺とならない非親子型などに分類することができる。

　それ以外にも詳細な分類があるが、入家者である嫁の檀那寺に注目すると、嫁が実家の檀那寺を維持する持込み半檀家と嫁ぎ先の檀那寺に変更する家付き半檀家に分類することができる。宗門改帳の分析によると、近世前期には持込み半檀家が多いが、近世中後期には家付き半檀家が優位になる。そして近世後期以降には半檀家が解消されて、一家一寺、つまり我々が一般的と考える檀家に統一されていくこととなる（図9-2）。

　半檀家から一家一寺への変化は、家を単位とすると、近世においては入家者が実家の先祖を持ち込み複数の先祖を祭祀するものから、入家者が実家の先祖を持ち込まず一つの先祖だけを祭祀するものへと変化したと考えられる。このような先祖祭祀の変化には、儒教が影響しているのであろうか。半檀家が解消した要因を考えるために、近世中後期に見られる檀那寺同志や、檀徒と檀那寺が対立する寺檀争論を分析することとする。

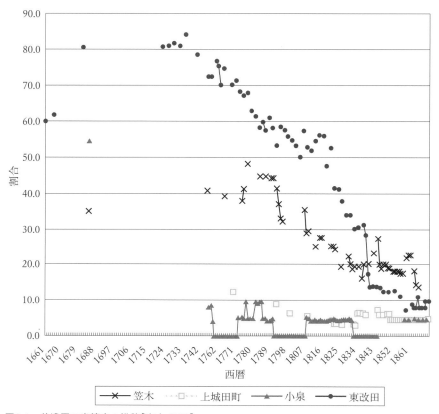

図9-1　美濃国の半檀家の推移［森本 2006］

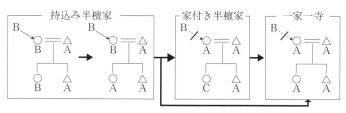

図9-2　入家者からみた半檀家の類型［森本 2006］

　第 II 部
脱／再構築される儒教 ——近現代アジアの家族の変容

2········ 山家村の事例

　半檀家が見られる地域では、近世中後期に寺檀争論が見られた。半檀家においては、檀那寺は一人一人異なるために、出産や結婚などの移動が生じた時に檀那寺をどうするのかが問題となったからである。

　1813（文化10）年の出羽国村山郡山家村（現天童市）の「宗門人別御改帳控」（国文学資料館所蔵山家村山口家文書）には、半檀家について「檀那寺と相談して、本年より宗門改帳は一家一寺とすることが決まったので、どのような事情があっても村役人が一家一寺として記載する」と記されているが、実際には半檀家は残っていた。

　実際に山家村において半檀家が解消したのは1815（文化12）年である。村役人が作成した1815年の「一家同宗之儀ニ付差出申証文之事」（山家村山口家文書2081号）には、「半檀家の場合には混雑や間違いが起こり、迷惑をかけることになる。そこで村と各檀那寺が話し合って、本年より一家一寺とすることとした。結婚する場合には村役人が一家一寺として記載することとする。もし半檀家にしたいとの申し出があっても認めない」と記されている。半檀家の解消の理由を宗門改帳の記載における「混雑」や「間違い」を防ぐためとしている。

　一方、8か寺の檀那寺が作成した1815年の「宗旨永代取替一家同宗相対証文之事」（山家村山口家文書2081号）には、「檀徒が結婚した場合には間違いがないように山家村からの願い出の通り一家一寺とし、檀那寺の断りがなくとも村役人が一家一寺と記載することを認める」と記し、檀那寺も認めている。

　山家村では、村役人が宗門改帳作成において「混雑」や「間違い」を避けるという事務的な理由から半檀家の解消を申し出たのである。

3········ 山家村周辺の事例

　山家村の周辺でも、半檀家が解消されて、一家一寺へと移行している。

　下荻野戸村における嫁入りに際して、嫁ぎ先の檀那寺から実家の檀那寺に対して作成された1803（享和3）年の「宗旨相対証文之事」（山家村山口家文書3299

号）には、実家の檀那寺を変更し、嫁ぎ先の檀那寺にすることが認められた。それ以降、関係する2か寺の檀徒の結婚においては嫁ぎ先の檀那寺にすることとなった。

　猪野沢組8か村に関わる檀那寺が作成した1807（文化4）年の「宗旨永代取替相対証文之事」（山家村山口家文書3299号）には、結婚した場合には嫁ぎ先の檀那寺に変更することとし、その際には確認を必要としないとしている。また同年に村役人が作成した「一家同宗之儀ニ付取替証文之事」には、実家の檀那寺から嫁ぎ先の檀那寺へ変更することとし、実家の檀那寺に確認せず、宗門改帳には村役人が一家一寺として記載することとなった。一家一寺とする理由は、半檀家であれば「混雑」や「間違い」が起こり、互いに迷惑であるからとしている。

　若松村の2か寺の檀那寺が作成した1808（文化5）年の「宗旨取替永代相対証文之事」（山家村山口家文書3542号）には、結婚にあたって実家の檀那寺を嫁ぎ先の檀那寺へ変えることとし、相互の確認を必要としないとする。

　倅の父と親類、村役人が作成した1816（文化13）年の「差上申一札之事」（山家村山口家文書3369号）には、「御上」から宗門改帳は家主と同じ檀那寺にするように命令があったので、命令に従って倅の檀那寺を変えて欲しいとの願い出が記されている。今回の措置は、従来の由緒とは異なっており、不本意であるけれど、今後も、倅は元の檀那寺の境内に埋葬して仏事を行うとしている。一家一寺とする理由は、「御上」の命令であり、半檀家が本来の形であるとする。また一家一寺とするのは宗門改帳上だけであり、埋葬や仏事は従来通り継続するとしている。

　高畠藩領であった天童6町における一家一寺の取扱いは、役所（織田藩代官所）の指示によって文化14（1817）年から実施された［天童市史編纂委員会編 1987］。天童4か寺が取り決めた「人別帳宗旨寺送規定之事」（天童市老野森区有文書）には、入家者が実家の檀那寺を離れなかったために、宗門改帳には半檀家が記されてきたが、役所からの命令に従って一家一寺とすることになったと記されている。

　山家村周辺の地域でも、1800年代初頭に半檀家が解消され、一家一寺へと移行したことが分かる。その理由は、領主からの命令であるとともに、宗門改帳

の記載の「混雑」や「間違い」を防止するという事務的理由であった。

4 ⋯⋯⋯ 越後の一家一寺の法令

　越後国でも、半檀家が一般的であり、寺檀争論が発生していた。そのために、半檀家を禁じ、一家一寺とする法令が出された。

　1816（文化13）年の「熟談為取交証文之事」（新潟市横越町木津円通寺文書 [横越町史編さん委員会編 2000]）に1800（寛政12）年と1813（文化10）年に一家一寺に関する法令が出されたことが記されている。1800年の法令では、嫁や婿などの他家から入ってきた者は実家の檀那寺から離れて、入った家が関係する檀那寺に変更するように命じた（寛政令）。1813年の法令では、分家について半檀家を禁止して一家一寺とするように命じている（文化令）。寛政令では、持込み半檀家を禁止したが、家付き半檀家は禁止しなかったのである。

　『牧民金鑑(4)』[横川編輯 1935] には、1827（文政10）年に出された文政令が収録されている。『牧民金鑑』に収録されている文政令は、出雲崎代官の野田斧吉が1827年11月20日に出したものである。同じ内容のものとしては、水原代官の大貫次郎右衛門が1927年閏2月と8月 [小松編 1966]、9月 [五泉市編 1993] に出されたものがある。1828（文政11）年には、3月21日に田中仁左衛門が郡奉行中に出したもの [見附市史編纂委員会編 1981] と、11月7日に野田斧吉が出して、苅羽郡女谷村から頸城郡朴木村に廻状させたもの [牧村史編さん委員会編 1998] がある。文政令は広範囲に出されたものである。

　当時、越後国では、半檀家がみられたが、檀那寺を異にする者が死んだ後、誰がその檀那寺を継承するのかで争いが起こっていた。また結婚などの送籍が遅れ、宗門改帳の記載が遅れたり、もとの檀那寺が離檀にあたって金銭を要求したりする弊害が多発していた。文政令は一家一寺を原則としていたが、このような問題を解決するために発せられた。

---

　(4)　『牧民金鑑』は江戸幕府の法令を収録・編纂したもので、郡代・代官の執務手引きと言われる。編者の荒井顕道は奥州・関東の代官を歴任し、甲州市川代官在任中の1853（嘉永6）年に『牧民金鑑』を編纂した。

『牧民金鑑』には、1837（天保8）年1月16日に出された天保令が載録されている。当時、半檀家が残っており、結婚などで檀那寺を変更する際に問題が起こっていた。天保令は、一家一寺を原則としており、これらの問題を解決するために出された。

　越後国では、半檀家が存在したことによって、檀那寺をめぐる問題が発生していた。支配者は、その問題を解決するために法令を出したのである。また村側からみれば、半檀家は経済的な負担が大きかったのである。支配者側の管理と村側の経済的な負担の軽減という利害が一致したことによって解消されたと言える。

4　長幼の序

　長幼の序は、儒教で人が守るべき道である五倫[5]の一つである。民俗社会には年齢階梯や﨟次階梯[6]（ろうじかいてい）で運営されている組織がある。例えば近畿地方の宮座においては、頭役制や一年神主の中に年齢階梯や﨟次階梯の原理を見出すことができる。これらの民俗慣行は、長老の優位性が発現する点から儒教の長幼の序とも見えるが、果たしてそのように言えるのだろうか。大阪府貝塚市蕎原の年齢組織の事例について検討する。

1⋯⋯⋯年齢階梯

　蕎原では、年齢ごとに所属する組織や経験する行事がある（図9-3）。
　蕎原には氏神である菅原神社を祭祀する宮座がある。宮座は東座と西座に分かれている。この宮座は、年齢によって地位が変わる年齢階梯組織である。宮座の行事は、神仏習合で神社と寺院が隣接しており、神社に集まる場所がない

---

(5)　五倫は父子の親、君臣の義、夫婦の別、長幼の序、朋友の信である。
(6)　年齢階梯も﨟次階梯も、その組織内での地位を登っていく原理であるが、年齢階梯が自然年齢によるのに対して、﨟次階梯は組織への加入年数によるという違いがある。

第Ⅱ部
脱／再構築される儒教——近現代アジアの家族の変容

	現　在	寺　院	宮　座	昔
小学校	子供会			
中学校		15才-座入り―山上参り、男　頭		
	青年団	↓↓↓		処女会
	┌五重相伝┐			25才
	婦人会			
60才				
	長生会	オウコウ	八人衆	

図9-3　大阪府貝塚市蕎原の年齢階梯［森本 1997］

こともあり、寺院の本堂で行われる。

　1月1日に正月座が行われるが、数え15歳の男子で希望者が座入りをする。座入りに当たっては宮座に対して志を納める必要がある。午後からの座を勤めた後、「花米帳」と呼ばれる帳面に名前が記される。同じ年の場合には、生年月日順に記載される。養子の場合には、同じ年に座入りする者（数え15歳の男子）の最後尾に記載された。記載された順に宮座の長老である「八人衆」に昇進することができる。正月座は寺院の本堂で行われ、本尊の横に天照大神の掛け軸が掛けられ、般若心経を唱え、神名帳を読み上げた後、「花米帳」が西座の最長老である一老から順に読み上げられる。八人衆に入ると、4月3日のハルカンジョウ（春勘定）の際に、宮座からの配当を受け取る権利がある。八人衆の一番若い者が神主を務めて神社の世話をするとともに、宮座の行事を運営する。宮座において長老衆である八人衆は尊重されている。

　宮座の八人衆とは別に、オウコウ（翁講）と呼ばれる寺院の組織がある。昔は、55歳の男性だけで組織されていたが、調査時点では60歳の男女と変更されていた（ただし、女性は春と秋の彼岸の時だけ参加する）。加入は任意であった。行事は、1月25日の初オウコウ、春と秋の彼岸オウコウ、12月15日のモウシアゲ（申上げ）の4回である。寺院の本堂の本尊である阿弥陀如来を拝み、念仏廻向をしてお勤めをする。お勤めが終わると、会食をする。この時に村で順番に担当

するシルタキトウバン（汁炊き当番）が接待する。シルタキトウバンは神酒を1本出し、その他の酒はオウコウが出していた（1回について1升瓶10本）。モウシアゲの時には町内会が酒を3升出すこととなっていた。秋の彼岸の際に、オウコウがサンマイ（三昧）と呼ばれる埋葬用の墓地を掃除した。1969（昭和44）年に府道拡張の用地として墓地の一部が売却された時の代金や、火葬場跡の墓地分譲の代金などの収入は、オウコウの会計に入った。子どもが生まれたり、他所から転入したりした場合には、オウコウに1升程度の米を納めていた。12月のモウシアゲの際に集められた米は、モウシアゲに参拝したオウコウの講員と住職、シルタキトウバンで分けて、残った分は本尊の阿弥陀如来に供えた。近世に記された「神社飾物供物覚帳」には、「毎年11月15日の念仏講に寺院で念仏回向する時に、正月から12月までの生死を天神と阿弥陀如来に報告する。新生児の家から米2升ずつ集めて天神と阿弥陀如来の供え物とする」との記載がある。念仏講はオウコウのことである。

　戦後の組織として、子供会、青年団、婦人会、長生会がある。子供会は小学生が加入した。蕎原では、数え15歳が成人年齢とされていた。15歳の男子[7]が、宮座に座入りした。また山上参りと言って、吉野の大峰山に登ることで、一人前の男性と見なされた。昔は15歳になると、オトコガシラ（男頭）と呼ばれ、6月1日に全員が出て道路掃除をした。中学校を卒業すると、青年団に加入した。集会所に集まって活動をしており、秋祭りや盆踊りにおいては肉体労働を担当した。結婚すると退会した。中学校を卒業すると青年団に加入する。結婚するか、25歳になると退団した。盆踊りの世話や年末の夜警を行った。結婚すると、夫婦で1週間程度仏教の修行をする五重相伝を受ける。五重相伝は仏教行事であるが、村の中で大人としての地位を獲得することを意味していた。既婚の男性が加入する組織はないが、既婚の女性は婦人会に加入することとなる。ただし、1戸に1人が加盟するために、息子が結婚すると姑が抜けて、嫁が加入した。昔は女性が集まる念仏講があった。60歳以上になると、老人会である長生

---

(7)　年齢階梯的な組織は、男性を対象としたものであるが、戦前には未婚の女性が加入する処女会があった。

　第Ⅱ部
　　　脱／再構築される儒教──近現代アジアの家族の変容

会に加盟する。

　蕎原には年齢階梯的な組織が存在していた。特に宮座やオウコウには、長老の権威が示されていた。一見すると儒教的な影響を感じさせるが、どのような背景を持って形成されたのであろうか。そのことを考える手がかりとして、蕎原の村の形成について検討する。

2········村の結合

　蕎原は町内会と行政組織で運営されているが、伝統的な村組織を継承している。町内会の名称も行政的なものであり、住民は区や村と呼んでいた。役職名も町会長は区長とも呼ばれていた。

　町内会は、町内会長・副会長・会計の三役と役員で運営されていた。しかし、年に2回総会が行われ、全戸1人ずつ参加していた。総会は1月14日と8月24日前後に行われるヒマチ（日待ち）の際に行われた。ヒマチは、寺院で行われる宗教行事である。寺院の本堂に天照大神の掛け軸を掛け、神酒を供えて般若心経を唱える。その後、町内会の総会が行われる。昔は、夜が明けるまで話をして、日の出を待ったという。

　住民はアザヒ（字費）と呼ばれる町内会費を納める。蕎原には浄土宗の寺院があり、全住民が檀家となっているために、寺院の運営のためのトキマエ（斎米）と呼ばれる費用も納めていた。それ以外にも、シルタキトウバンを務めていた。シルタキトウバンは1月14日のヒマチ、1月25日の初オウコウ、3月春の彼岸オウコウ、8月24日のヒマチ、9月秋の彼岸のオウコウ、12月15日のモウシアゲの6回の食事の世話をしていた。

　町内会では、毎年伊勢神宮と愛宕神社に代表者が参詣していた。伊勢神宮へは半年に2名、愛宕神社には1年に2名が参詣した。この時の交通費は町内会から支出された。昔は、伊勢神宮に参詣する際に、食事を作って接待をしたという。トウミョウバン（灯明番）というものがあり、神社の境内にある庚申塚と八大龍王の燈籠に灯明を供えた。この当番は、町内会のすべての住民を対象として、順番に1軒ずつ回っていた。当番の順番が書かれたトウミョウ板とい

う板があり、順番に回されていた。

3⋯⋯⋯カイトの結合

蕎原には、町内会の下に10戸程度で組織される7つの組があり、1〜7組と数字で呼ばれている。組には組長が置かれるとともに、町内会の役員となっており、組が尊重されている。

組はカイト（垣内）と呼ばれることもあるが、これは古い呼称である。カイトの名称は、嘉兵衛、源左衛門、庄兵衛、弥右衛門などの人名（通名）や、中之谷奥、中之谷下出の地形、堂の施設名となっている。カイトの戸数は、1936（天保7）年の「拾手井川繪圖規程帳」では5戸〜12戸となっており、各組には組頭がいたことが分かる。

蕎原のカイトの範囲は、家の並びになっていない。家の移動があっても、もとのカイトへ所属することが多い。分家は、本家のカイトへ所属する傾向が高い。カイトと苗字の関係を見ると、カイトで苗字に偏りがみられる。人名（通名）がカイト名となっているのは、その家を中心としてカイトが形成されていたと考えられる。

鉦講は鉦を叩く者の集まりで、各カイトに1人ずつ蕎原全体で7人いた。鉦講の活動は、五重相伝や施餓鬼供養などの寺の行事があると、住職を呼び出す合図として鉦を叩いた。葬式には、葬列について鉦を叩いた。

カイトを単位としてヒマチ（日待ち）が年2回行われていたが、調査時点では集まっていなかった。ヒマチの掛け軸（天照大神像）があり、当番を回していた。

カイトを単位として、庚申講が行われていた。庚申講の当日に当番の家に1戸に1人集まり、庚申の掛け軸（青面金剛像）を掛けて、神酒、榊、菓子、仏飯を供え、般若心経を唱える。

カイトでは毎年1回伊勢神宮と愛宕神社に代表が参詣していた。その代表は、初庚申の時にくじ引きをして決めていた。参詣のための交通費は、カイトが支出していたので、参詣をした証拠として札を持ち帰り、カイトの人に配布した。

カイトで独自に祠を祀っている場合がある。中ノ谷奥手（4組）と下手（3組）は合同で菅原神社を祀っている。嘉平カイト（1組）では、「コノキモト」や「カイトの氏神」とも呼ばれる祠を祀っている。八王子と呼ばれる祠は、調査時点では祠がある山の所有者である庄兵衛という屋号の家だけが祭祀していたが、もとは庄兵衛カイト（6組）の他の家も祭祀していた。その他にカイトごとに地蔵があり、地蔵盆などが行われた。これらはカイトの氏神とも考えられていた。

4……… カイトの統合と年齢階梯

カイトは、近隣集団という以上に強い結合が見られる。カイトには、伊勢神宮や愛宕神社への代参、庚申講、ヒマチ、鉦講、それに加えカイトの祠はカイトの求心性を示すとともに、村の組織と相似している。このことは、カイトが「小さなムラ」であった可能性を示している。つまり村とカイトで二重構造をとっているのである。

「神社飾物供物帳」には、「末社垣内五社」とあり、カイトの祠が村を単位とする宮座の祭祀対象になっている。このことは、カイト祭祀が宮座祭祀に取り込まれていったことを示していると考えられる。それは祭祀だけではなく、実際にもカイトが連合することで村が形成された可能性があると言える。

蕎原のように年齢階梯が機能している村落では、人口構成やライフサイクルが重要な意味を持つ。しかし、年齢階梯を形成する社会構造を検討するためには、前近代に遡る必要がある。

蕎原には、明治初期の「人員帳」という戸籍作成のための資料がある。この「人員帳」には、61戸、266人（男性131人、女性135人）が記載されているが、欠落があって不完全である（欠落がない場合には、80戸、346人（男性170人、女性176人）前後であったと考えられる）。しかし、蕎原のライフサイクルや人口構成の傾向を知るには有効である。「人員帳」を使って蕎原の年齢階梯的集団について考えてみる。

15歳になると座入り、参上参りを経て青年団へ加入する。昔であれば、オトコガシラとなり、女性は処女会に加入する。青年団や処女会を退会するのは、結

婚するか、25歳になったらである。婚姻年齢の平均は男性27.9歳、女性23.3歳であり、男性の相続年齢の平均は24.6歳である。村の肉体的労働を担当する15〜24歳の男性は、25人（19.1%）である（80戸の場合33人）。1つのカイト当たり3.6人（80戸の場合4.7人）である。

55歳になると、オウコウに加入する。55歳以上の男性は、20人（80戸の場合26人）である。宮座の八人衆は、西座・東座各々年齢順に8人ずつ16人で構成される。年長者16人をとってみると、60歳以上となる。隠居年齢は、52〜71歳で、平均61.4歳である。

年齢階梯組織は、子供期＝教育段階、青年期＝肉体的労働、壮年期＝村政・生業の中心、老年期＝信仰の中心、という分業システムである。そこには人口構成が反映している。とすれば、年齢階梯組織が成立するためには、人口規模を大きくする必要がある。蕎原に見られたカイトの村への統合は、人口規模を大きくすることで、年齢階梯的な組織を可能にしたと言える。

蕎原の宮座やオウコウなどの年齢組織においては、長老が重視される点は儒教の長幼の序の影響にも見える。しかし、村の形成を検討すると、それは共同体の分業システムの形成と連動していたと言える。

5　近世の支配体制と共同体

本章では、民俗慣行の儒教化について、先祖祭祀と年齢階梯を中心として検討した。

半檀家の事例では、嫁などの入家者が実家の先祖を持ち込む先祖祭祀が行われていたが、近世中後期からは入家者は実家の先祖を持ち込まず、婚家の先祖だけを祭祀する一家一寺となった。このような変化は、宗門改帳への記載をめぐって寺檀争論が生じたことに対して、混乱を生じないように家族内で同じ檀那寺に統一したことよっている。支配者側は混乱を避けるという目的を持っており、村側は関係する檀那寺を減らすことよって経済負担を軽減するという目的があった。それに加えて、家の確立・強化が関連していると考えられる。

宮座などの組織における年齢階梯が採用されており、長老が尊重されている。このような年齢階梯は、蕎原の事例においては儒教の影響ではなく、カイトという村組が統合されることで、人口規模が拡大することで年齢による分業システムが実現したと考えられる。

　年齢階梯における長老尊重は、一見すると儒教化の現象として捉えることもできるが、本章で検討した事例によれば村の分業システムの成立と関係していたと考えられる。中世の荘園体制においては、郷というより広い単位が優先しており、村の共同性は近世に比べて強くなかったと考えられる。村の共同性は、南北朝時代や戦国期以降の畿内において、年貢の村請制や村の共同作業の必要性から強化されたと考えられている。さらに、太閤検地において村請制が徹底され、村高が設定されたことで、中世までの荘園制下において曖昧であった村の範囲を明確にするための村切りが行われた。江戸時代の幕藩体制において、村請制が強化されたことで、村は年貢徴収の単位となった。また、江戸時代において、村は中間集団として支配の単位として機能したことから、村の共同性が強化したと考えられる。

　大島真理夫［大島 1993］は、甲州都留郡長池村の家普請見舞の記録を分析し、1692（元禄5）年には村内で労働を提供しない者がいるばかりか、村外からの労働提供者数が71％を占めていた。しかし、1865（慶応元）年には村内の全戸から労働提供を受けるとともに、他村からの労働提供の人数は20.0％と低下していた。つまり、家普請における労働提供に注目すると、近世前期には村外との関係性が強かったものが、近世後期には村内における関係性が強まったことを示している。近世を通じて、村の共同性が強化されるとともに関係のまとまりが強まっているとする。大島は、支配機構としての村の規定性を強いものとし、生産および生活をめぐる共同関係が支配単位としての村に収斂する傾向にあるとする。村落の正式構成員の資格が高持に収斂していったのは、上からの設定への依存と住民側からの村の形成の弱さであるとする。

　中世において、宮座などを中心として非公式な村落内身分が形成された［薗部 2002］。石高制を基礎とする近世では、年貢やそれ以外の税である「役」を負担するとともに、村落内での権利を行使する家数が限定され、持高を基準とす

る村落内身分が再編成された。近世における家は、領主に対する一定の権利と義務を担う資格が公認された社会単位であるとともに、村に対する権利と義務を担う社会単位であった［長谷川 1991］。近世においては、大島の言うように共同関係が支配単位としての村に収斂し、さらに家の強化のために持高の分散を忌避することとなったと考えられる。その結果として、入家者が実家の財産を分与される半檀家は解消され、家族全員が同じ先祖を祭祀する一家一寺に統一されていったと言える。

　儒教の影響を受けたと見える民俗慣行も、儒教の影響ではなく、支配体制の強化が地域社会を変化させ、さらに村の基本単位である家を変化させたからであると言えよう。

参 考 文 献

天野武［1994］『結婚の民俗』岩田書院。

上杉妙子［2001］『位牌分け——長野県佐久地方における祖先祭祀の変動』第一書房。

植野弘子・蔘沼康子編［2000］『日本の家族における親と娘——日本海沿岸地域における調査研究』風響社。

江守五夫［1990］『家族の歴史民族学——東アジアと日本』弘文堂。

大島真理夫［1993］『近世農民支配と家族・共同体　増補版』御茶の水書房。

落合恵美子［2000］『近代家族の曲がり角』角川書店。

蒲生正男［1960］『日本人の生活構造序説』誠信書房。

川崎恵璋［1973］「末子相続」姫岡勤・土田英雄・長谷川昭彦『むらの家族』ミネルヴァ書房。

川島武宜［1950］『日本社会の家族的構成』日本評論新社。

鬼頭宏［2002］『文明としての江戸システム』講談社。

五泉市編［1993］『五泉市史』資料編2　近世1、五泉市。

小松徳一編［1966］『三南地方の歴史　大面村誌』新潟県南蒲原郡栄村公民館大面枝館。

近藤雅樹［1995］『おんな紋——血縁のフォークロア』河出書房新社。

薗部寿樹［2002］『日本中世村落内身分の研究』校倉書房。

高谷重夫［1995］『盆行事の民俗学的研究』岩田書院。

竹田旦［1956］「分住隠居制の問題」『日本民俗学』第3巻4号。

坪内良博・坪内玲子［1970］『離婚——比較社会学的研究』創文社。

天童市史編纂委員会編［1987］『天童市史』（中巻）、天童市。

中込睦子［2005］『位牌祭祀と祖先観』吉川弘文館。

西山郷史［1986］「真宗と民間信仰の研究——能登のコンゴウ参り習俗を通して」『日本民俗学』

167。

長谷川昭彦［1973］「〈つまどい婚〉と〈よめいり婚〉」姫岡勤・土田英雄・長谷川昭彦『むらの家族』ミネルヴァ書房。

長谷川善計［1991］「日本社会と家」長谷川善計・竹内隆夫・藤井勝・野崎敏郎『日本社会の基礎構造——家・同族・村落の研究』法律文化社。

姫岡勤［1983］「わが国近世の家族における家父長的支配——主として近世文芸を通じて見たる」『家族社会学論集』ミネルヴァ書房。

法務大臣官房司法法制調査部監修［1989］『全國民事慣例類集』商事法務研究会。

前田卓［1976］『姉家督——男女の別を問わぬ初生子相続』関西大学出版部。

牧村史編さん委員会編［1998］『牧村史』資料編、牧村。

見附市史編纂委員会［1981］『見附市史』史料1、見附市。

森本一彦［1997］「伝統的村落における統合と分業システム——大阪府貝塚市蕎原の村落組織を通して」『京都民俗』第15号。

森本一彦［2006］『先祖祭祀と家の成立——「半檀家」から一家一寺へ』ミネルヴァ書房。

柳田國男［1946］『先祖の話』筑摩書房。

柳田國男［1963］「家閑談」『定本柳田國男集』第15巻、筑摩書房。

横川四郎編輯［1935］『牧民金鑑』下、誠文堂新光社。

横越町史編さん委員会編［2000］『横越町史』資料編、横越町。

脇田修［1982］「幕藩体制と女性」女性史総合研究会編『日本女性史第3巻 近世』東京大学出版会。

第 **10** 章　鄭 智泳

姜 民護 ［訳］

朝鮮大家族論を再考する

朝鮮時代における戸の構成と家長権を通じた考察

19世紀末の朝鮮の家族

1 あいまいな近代的知識としての「朝鮮大家族論」

　「朝鮮時代は大家族社会だ」という命題は、日本による植民地期以降の韓国社会において、朝鮮時代（1392～1910）を理解する「基礎知識」となっている[1]。こうした朝鮮大家族論は学術領域だけではなく、一般人の中でも一つの常識として通用している。解放（終戦）以降、韓国社会では主に家族法の改正案と関連して、いわゆる伝統的な大家族制度を保存しようとする立場と、それを改善すべき問題として捉えて批判する立場とが対立していた［韓 1974: 16-20］。ところが、その過程において朝鮮大家族論そのものに対する問いかけは提起されていなかった。朝鮮時代は大家族社会であるという認識は具体的な検証の対象ではなく、与えられた前提として機能していたのだ。大家族制に対する擁護、もしくは批判的議論が交わされる中で、朝鮮の大家族論はむしろ確たる位置づけをされるようになったのである。

　それでは、朝鮮大家族論の「大家族」とは何だろうか。朝鮮時代は大家族社会と言われているが、おおむね大家族の定義は明確に提示されていない。また、大家族の形態と構造が曖昧にされている場合が多い。朝鮮時代が大家族社会か否かを論じるに先立って、「大家族」というのが何を意味するのかについて、またそれが朝鮮時代の家族を説明するにあたって適切なのかについての基礎的な検討を行う必要がある。実際のところ、朝鮮時代において「家族」という言葉はなかったため、「大家族」という概念もなかった。家族という用語そのものが近代社会の産物である。むろん、「家族」にあたる単位は朝鮮時代にもあったが[2]、それが近代社会の家族と同様なのかについては多角的な検証が必要である。

---

(1)　本章では、20世紀以降の知識体系において朝鮮時代を大家族社会と説明する議論をひっくるめて「朝鮮大家族論」とする。

(2)　朝鮮時代には「家」または「戸」という言葉がつかわれていただけであって、「家族」という言葉は見当たらない。現在の家族と類似した語として、朝鮮時代には「家戸」があった。家戸は、婚姻や血縁などの関係につながっている人々が居住と生計をともにして、生活した単位として一般的に使用されていた。

本章では、朝鮮大家族論が設定した大家族の意味は何なのか、また朝鮮大家族論が提起された歴史的文脈は何かについて問いかけることから議論を始める。朝鮮時代を大家族制として理解する知識は、日本による植民地期から始まった近代的創作物である。それが朝鮮時代の特徴を説明してくれるというよりは、朝鮮時代を大家族社会として説明しなければならなかった近代的知識体系を見せてくれるものとしてとらえるべきである。実際に、朝鮮大家族論は日本植民地期における朝鮮に対する調査を通して形成・定着されたものであり、大家族という用語そのものが特定時期における利害関係の中で設定された概念である。そのため、それがどのような状況で浮き彫りとなり、どのような意味を生み出し、またどのように機能したかを批判的に検討する必要がある[3]。つまり、朝鮮大家族論そのものは歴史的検証の対象にすぎず、朝鮮時代を理解する知識の前提にはなれないのだ。

　本章では、こうした問題についての検討とともに、朝鮮時代に個別家族を説明する単位であった「家戸」の制度的意味とその構成を探ってみる。そのために、朝鮮時代における戸籍大帳上の記載内容の変化を検討し、朝鮮時代における統治の末端として「家」の範囲と家長の意味、家戸の設定に関連した国家の意図についても論じる[4]。これを通して朝鮮大家族論という知識に対する再検討の必要性を明らかにし、朝鮮大家族論という近代的知識の曖昧さについて議論したうえで、その知識を脱構築することが本章の目的である。

---

(3)　その用語に関連してもそうだが、実際に戸の構成に関連しても朝鮮時代の戸籍大帳などの戸口資料を分析したいくつかの先行研究において、大家族を築いた事例は多くはなく、小家族が主流であったことはすでに明らかになっている。これに関しては崔[1983]、鄭[2015]などを参照。
(4)　この原稿は、筆者が博士論文「朝鮮後期の女性戸主に関する研究（＝조선후기 여성호주연구）」（2001）を執筆して以降、朝鮮時代の家族構造と戸主の地位に対する解答を見つけるために執筆してきた論文に基づいて作成された。その論文は次のとおりである［鄭 2013a, 2013b, 2015, 2017, 2020; Jung 2016］。前記論文において活用した資料などのページは省略した。とくに、Jung［2016］は本稿と同じテーマを扱ったものとして、本稿と重なる部分が多いが、該当部分を詳細に表示していないことを明らかにしておく。

2 「朝鮮大家族論」の内容と歴史──植民主義の遺産

1········「大家族」に対する辞典の説明

　朝鮮大家族論はどういう内容なのか。『韓国民族文化大百科事典（以下、民族百科）』における「大家族」という項目は、朝鮮の大家族論の核心的な内容をよく説明している[5]。第一に、「定義」によると、大家族は「夫婦と未婚の子以外の、より広い範囲の親族を含んで構成される家族を一般的に指す言葉」となっている。それに基づくと、大家族は夫婦家族に他の家族構成員が含まれた家族である。

　第二に、「概説」では「一般的に朝鮮時代の家族を大家族と称する」とし、朝鮮時代の家族が即ち大家族であると説明している。

　第三に、「淵源と変遷」では朝鮮の儒教理念と家族制度とを関連づけながら、朝鮮時代には中国の宗法制に基づく家族制度を理想的な家族制度として認識するようになり、朝鮮中期には、直系家族を基本とする大家族制が確立されたという。すべての兄弟で家族を成す中国とは異なって、朝鮮の大家族は長男が婚姻後に親とともに家族を形成するのを特徴とするということである。

　第四に、「内容」は、大家族の構成の原理、特性、朝鮮時代における家族類型の分布などに対する叙述となっている。その構成の原理については「その構成範囲が核家族に比べて拡張された範囲の親族員まで含むという事実が重要である」と説明する。そして、「こうした拡張は、単純に範囲と大きさのみに影響を及ぼすのではなく、家族の価値と行動に重大な影響を与えることとなる」としながら、直系家族、すなわち大家族は「永遠に消滅しない」特性を持つと説明する。「代を継ぎ続け、家系を永遠に持続するという観念は直系家族の最も大きな特徴である。したがって、家族関係は父子関係を中心に編成され、孝を強調

---

　(5)　『民族百科』の「大家族」項目は、1）定義、2）概説、3）淵源と変遷、4）内容、5）現況、6）意義と評価などの6つの部分となっている（https://encykorea.aks.ac.kr/Contents/SearchNavi？keyword＝大家族&ridx＝0&tot＝6、アクセス日：2020年11月10日）。

することで、そのような関係を維持しようとする。」とその特性を説明する。直系家族、即ち大家族は「永遠に消滅しない」特性をもつとし、それを「孝」という価値と関係づける。

　次の朝鮮時代における家族類型の分布に対する説明をみると、大家族と言っても単純に家族員の数が多いとはいえず、朝鮮時代における家族の規模をみても家族員の平均的な数は4〜5名と多くないと言及している。なお、朝鮮時代に夫婦家族がいくら多くても、結局は「直系家族という形態となる」ため、その原理と観念に基づき朝鮮社会は「大家族制度」であると主張する[6]。

　　　……大家族制度の下でも、一時点の家族類型をみると、夫婦家族が多数を占める……山陰、谷城、良佐洞、大邱の戸籍分析によると、両班層の場合には、それぞれ75.9%、57.8%、45.2%、56.4%の家族が夫婦家族である。このような夫婦家族は、将来に長男が育って婚姻して親とともに家族を築いたら、直系家族という形態となる。ところが、朝鮮では、長男以外の息子たちは婚姻と同時に分家することが認められたため、一時点で観察したら、いずれの場合でも夫婦家族が多数と示されるのである。

　これによると、朝鮮時代における家族は、夫婦家族の形態が多かったが、その原理と観念のため、直系家族として説明される。つまり、大家族は観念を通じて持続されるという意味だから、具体的な家族構成は重要ではないということだ。

　第五に、「現況」についてである。現代韓国では、直系家族の数値が急激に減少して2010年には6.2%と示されたというが、最後の章である「意義と評価」では、「現代における韓国の家族は、家系存続や先祖崇拝などを強調する直系家族的な家族価値、そして長男家族と親家族の間に紐帯が強く残っているため、核家族化されたわけではない」と説明している。要するに、家系存続と先祖崇拝

---

(6)　生涯のサイクルを考えると、実際の世帯としては小家族がより多いのが自然である。このことから、小家族が多かったとしても朝鮮社会を「大家族社会」と説明しているのがわかる。

という家族価値と関連して、現代社会に依然として大家族制の伝統が残っていると整理している。

『民族百科』で整理した「大家族」に関する説明は、次のように要約できる。朝鮮時代の家族は大家族であり、構成員は核家族に比べて拡張された範囲の親族員を含む直系家族である。家系存続と先祖崇拝、親孝行という家族の価値と原理によって維持される家族として、消滅せず、持続されるのを特徴とする。朝鮮時代の大家族論は、朝鮮時代に夫婦家族、または核家族規模の家族が多かったという根拠だけでは反論できない。こうした説明体系で、大家族は家族の構造や規模では説明できず、精神的な領域と関連される概念として曖昧に説明されている。また、時間の流れと歴史的変化によって変わらない「永続的なもの」として記される。こうした議論を通じて朝鮮の大家族論は、どのような具体的な根拠があっても容易に反論されにくいものでありながら、現代にもつながる韓国社会の本質として不可侵の領域となってきたのである。

2ᐧᐧᐧᐧᐧᐧᐧ旧習の象徴——植民地期における「大家族」に対する知識の創出と継承

① 改造されるべき朝鮮社会の悪習として設定された「大家族」

朝鮮の「大家族」は、韓国社会の本質的な要素として過去から引き継がれてきたものではなく、日本植民地期に構成された知識である。「大家族」という表現は1910年代までは通用しておらず、1920年代後半に入ってから新聞記事を通じて朝鮮の封建的な家族関係を説明する言葉として位置づけられた。1920年から1945年までの『東亜日報』および『朝鮮日報』の記事を「大家族」というキーワードで検索してみると、計167件がヒットする[7]。「大家族」関連の記事は1920年代後半から増加する。その後、若干横ばいで推移するが、1930年代には継続して登場する[8]。このことから、朝鮮の封建的な大家族は、1920年代以降に本格化した「新家族」に関する議論と関連して、その対立項として設定され

---

(7) 「大家族」で検索すると計170件がヒットするが、「広告記事」に含まれた3件を除くと、167件となる。（検索ツール：https://newslibrary.naver.com）

たと考えられる。植民地期には、愛情を基盤とした夫婦と子からなる近代的小家族が理想的な家族モデルとして強調されていた。新聞記事の「大家族制」に対する議論をみると、過去から伝わってきた朝鮮の大家族制は、新たな経済および時代にふさわしく改造されなければならない対象として弊害と悪習の象徴であった。朝鮮の大家族制は「親」中心の家族として、「夫婦」中心の小家族と対比された。この時期の記事における大家族制は現代家族ではなく、過去の時代の遺物であり、西洋ではなく東洋の文化であり、都市ではなく農村、工業国ではなく農業国に多いと論じられた。結局、大家族制は西欧化が進むにつれ自然に消え、資本主義にふさわしい小家族へと変わるということである。

　発展のために廃止しなければならない大家族制は、不和と弊害の根幹として指摘されたりもした。祖父母・夫婦・子という三世代がともに暮らす大家族は、家族員の数と関係なく、家族構成員間の葛藤を生み出す構造と指摘された。夫婦間の愛情を基盤とした家族を築くことで、大家族制によって生み出された問題は解消できるといわれていた。進歩した近代家族、独立的な小家族を築かなければいけないという必要性を強調する中で旧習の象徴として、「大家族」という範疇がつくられたのである。

　このように、大家族を封建的陋習の象徴と捉えることは、解放（終戦）以降の知識体系として継承された。それに関する典型的な説明は丁堯燮［1973］に見られる。彼は、朝鮮時代における女性の社会的地位を論じながら、大家族制が女性の地位を下げた主な要因であると説明した。その説明によると、「大家族制度は封建制度の下で多くの弊害を生みだした」としながら、その顕著な弊害として次の7つを列挙した。1）家族が全体性をなしている。2）家長権が厳しくて子の自主的個性と能力の発達が阻まれた。3）父子の間、嫁姑の間などに不和が起こりやすかった。4）親戚への依存心が助長された。5）家系存続のために妾制度を認め、一夫一妻の意味を損ねた。6）冠婚葬祭の俗礼を偏重して経済生活の破綻を起こした。7）家門の尊崇を偏重して社会的公平を損ねた［丁 1973:

（8）　「大家族」関連の記事は1920年〜1926年の間は0〜3件と少ないが、1929年には24件へと大きく増えた。1938年と1939年の2年間は、それぞれ15件、17件と多かった。その他は、6〜8件の前後である。20世紀初期の大家族については鄭［2020］を参照。

119-120]。彼によると、朝鮮は大家族制社会として厳しい家長権、全体性、独立した個人ではない親族中心の社会を特徴とする。したがって、大家族と家長権は、克服すべき旧習であり、弊害だということである。朝鮮大家族論は、朝鮮時代を克服すべき「悪習」の時代と位置づけ、近代化を達成する正当性を確保するために設定された装置であったと言える。

② 後進性の徴表、大家族と同族の結合

　このような大家族は、植民地期に「同族」と関連して議論された。同族に対する説明は朝鮮時代の戸籍大帳に記載された戸が実際に夫婦家族、小家族の形態として現れる現象を不可視化する装置でもあった。前記の『民族百科』で言及されたが、実際の朝鮮時代の戸は小家族が多い。1930年代、四方博は17〜18世紀朝鮮の大邱地域の戸籍大帳を分析して一戸あたり 3 〜 4 名の構成が一般的であったことを明らかにした［四方 1976: 251］。こうした発見に適切な意味付けがされた場合、朝鮮大家族論は再検討される必要があるのである。しかし、植民地期の知識体系は、すでに朝鮮を「大家族」社会と設定した状態であった。結局、四方は自身の調査結果がもつ意味を十分に議論しないまま、そのデータは「都市化された特性をもつ大邱地域の特殊性」を示すものと結論付けた。そして、彼は、このように一戸あたりの人口数が少ないのを「大家族」議論と矛盾することなく説明するために、「朝鮮に於ける大家族制は、……多くの場合恐らく同族部落の形式に於て発達したるものではあるまいか」と短く分析し結論付けたのである［四方 1976: 261］。つまり、彼は戸の単位で大家族の根拠を見つけられなかったが、朝鮮は大家族社会だという認識を維持したまま、「同族部落」という集団的単位を通じて朝鮮の大家族を主張したわけである。

　なお、崔在錫は、韓国家族の基本的な性格を論じながら、「韓国の家は、これを制約する同族から未分化だということが特徴である。換言すると、韓国の家族（家）は、同族の単位としての家の性格および一個の生活単位としての性格という二重の意味をもつとしても、同族の単位としての家の比重が一個の生活単位としての家の比重より大きいといえる」［崔 1966: 665-666］と分析した。ところが、彼は、その後の研究において、朝鮮の戸籍大帳における戸の構成を分

析して家族の平均構成員が 3 〜 4 人に過ぎず、夫婦家族が最も多いことから個別の小家族が主流であったことを明らかにした［崔 1983: 482, 503］。彼は、この本において朝鮮の前期と後期の違いを発見し、「夫婦家族の比率はあまり変化がないものの、直系家族と傍系家族の比率は時代が経過するにつれ、増加する傾向がある」［崔 1983: 492］という点、また、族譜、外孫範囲、男女序列、養子、財産と祭祀の相続などを根拠とし、朝鮮の同族が朝鮮中期以降から組織化されたと分析した［崔 1983: 706-710］。彼は、朝鮮時代の全時期を同族社会と見なせないという重要な発見はしたが、個別の小家族が朝鮮時代の主流であったことに対する積極的な意味づけはしないまま、残しておいた。彼の家族に対する論議は、生活単位ではなく同族単位の意味が大きいという前提の上で行われたものであり、これは先の四方の分析を引き継いだものである。このように朝鮮時代の戸籍において夫婦家族・小家族が大部分であるというデータは朝鮮大家族（＝同族）論の枠組みの中で消滅させられた。

　同族と個別家族を曖昧に包摂する方式の朝鮮大家族制に対する近代の学術的議論は、朝鮮総督府嘱託の善生永助から四方博・金斗憲へと受け継がれた知識の系譜の中で把握できる。善生永助は朝鮮について「同族部落」を特徴とする社会と述べながら、「大家族」が同族部落の基礎であると説明した。朝鮮では、一つの家族が増加し、数代にわたって大家族へと発展し、それが自然に同族部落を形成するということである。善生永助は植民地朝鮮で「世界に例のないほど特異な朝鮮の同族部落を発見した」と述べた[9]。その際、同族部落は先祖祭祀を筆頭とする儒教的生活様式、大家族制度、同族間の相互扶助などの要素を含んだもので、即ち原始部族社会および氏族社会の遺産であると論じられた。こうした大家族論は、日本の朝鮮に対する植民地支配を正当化するためのものとして、進化論的に未開な社会として位置づける意図と関連する。

　こうした議論で、大家族は同族部落の基礎となるとされたが、朝鮮の大家族

---

(9)　こうした善生永助の議論は、当時、京城帝国大学（現ソウル大学）の教授であった日本人学者の秋葉隆や四方博だけではなく、朝鮮人学者の金斗憲などにも受け継がれたことについて、善生永助自身が善生［1943: 19］で言及したという［洪 2017: 374］。日本の法律知識人たちが朝鮮時代の家族制度を理解する方式については、洪［2009; 2017］を参照されたい。

は実証的な裏付けのないまま同族部落を通じて正当化されていた。こうした循環論法の中で朝鮮の大家族制は信念という領域で「主張」されているだけである。

　1945年、植民支配から解放された以降に行われた朝鮮時代の家族に関する研究からは、族譜と戸籍を交差分析して血縁関係でつながる人物の数を算出して家族を推定し［李1966］、それに基づき「大家族」社会と結論づけることもあった。親族に関する記録である族譜の人物をもって数を算出すると、実際の個別家族より大きい単位の数が算出されてしまうにもかかわらず、それに基づいて朝鮮の大家族制に対する根拠を探ろうとしたのである。しかし、基本的に朝鮮時代の族譜は門中の記録として現実の親族集団の数を示しているだけであって、家族に対する記録とはみなせない。朝鮮社会を大家族社会とみなす認識が族譜を用いた家族研究につながり、またそれが大家族社会の裏付けとして提示されるという誤りの連鎖が起こったのである。

③ 専制的家長と家族の従属関係

　こうした大家族制は、「家長の権限」と関連して論じられてきた。韓国の代表的な家族研究者である金斗憲は、「韓国」の家族を大家族と設定し、大家族を家長中心の家族と説明した。基本的に彼の議論は具体的な時間性が欠如した状態で、「歴史的」議論とは言えない。多くの部分は、過去のどの時点に関する説明なのかが分かりにくく記されており、過去から現代に至るまで根本的に「韓国」的なものがあったというふうに叙述されたところが多い。そうだとしても、おおむね朝鮮時代の資料を通じて韓国の家族を説明している。彼によると、（朝鮮時代）家長の権威は家長的家族の本質を規定する核心要素である。彼は「家族の構成員は、いつも家長の統制の下で共同生活を全うする。家長は家族内部の統制だけではなく、家族を代表して社会の単位を構成する」と述べながら、「家族は同じ先祖の下で全体意識をもち、感情的に融合することで、一体化され連帯意識をもって共同生活と財産の共有が営まれる」と説明した［金1969: 322-329］。

　彼は大家族を基盤とした家長的家族には「統制と従属という社会的関係」が

重要であり、家長は「父」に限られるのではなく、家族の最高尊属として「尊長」と呼ばれるのが一般的であると説明した。また、その傍系親族、雇工、奴僕に対しても家長の権威が認められた。家長は絶対的な統率権をもち、その権威に対して服従しなければならなかったということである。彼によると、家長は自分の下にいくつかの実子夫婦を従えながら、家長と家族との従属関係は上下・尊卑・長幼という儒教的な礼の原理によって維持された。また、法律的に確認された公権力の発動によって絶対性をもったという。その説明に基づくと、家長権は戸主権・親権・宗子権・家産権を合わせ持った権限であった［金 1969: 317-335］。つまり、朝鮮の強力な家長権は国家の法的認定と儒教的な礼の原理によって維持されるのであって、このような家長の権威の下に置かれた朝鮮の大家族は共同生活を営み、また同じ先祖をもつという全体意識を基盤としているのである。

　金斗憲の議論で、朝鮮時代の家族は「同じ先祖の下」にある人々を包括する広い単位であり、そうした大家族は専制的な強力な家長権の統率の下で共同生活をするいわゆる「全体意識」を持ったものと言われた。金斗憲の家長権に対する議論は、植民地期につくられた朝鮮時代の大家族に対する知識体系の中に朝鮮時代の家長権を位置づけたといえる。

　朝鮮時代の家族研究は「大家族」という枠組みの中でその枠からはみ出された証拠は切り捨て、「意識」の問題で説明しながらその正当性を確保してきたと言っても過言ではない。植民地期から現在まで引き継がれた朝鮮大家族論は、結局は朝鮮を文明化されていない立ち遅れた氏族単位の全体化された社会として設定し、それに対する文明化の使命を正当化するための企てであった。大家族と同族として表現される先祖中心の朝鮮の大家族は、進化論的体系で文明化を通じて改造されるべき対象なのである。

3　朝鮮時代における家戸の構成と戸主・家長の統率範囲

　朝鮮時代の家族に対する議論は、それが個別家戸に対するものなのか、門中、

または同族のような親族単位に対するものなのか明確に区別されていない状態で進んだ。しかし、門中、または同族はいくつかの家族単位がまとまった親族単位であって、個別の家族を指すものではない。それでは、朝鮮時代の「家族」はどのような単位で論じることができるだろうか。より具体的には、朝鮮時代における国家の行政的体系の中で個別家戸という単位の意味、また家長と戸主の関係はどういうものであったのだろうか。朝鮮時代の法典と戸籍大帳の記載内容、戸籍記載に関する指針と朝鮮朝廷での議論を通じて、「戸口」を把握し統制する方式、国家が「家戸」という単位とその代表および構成員の範囲をどのように設定していたのかについて探ってみる。

1……… 戸籍大帳と「戸」という単位と構成

① 「戸」と戸主に関する規定

朝鮮の戸籍大帳は地方行政単位に基づき、実際の家屋が配置されていた順番により戸を記載する体系であった。一つの戸の中は婚姻・血縁関係とその家に属していた隷属関係すべてを記載する重層的な構造となっている。朝鮮の基本法典である『経国大典』の「戸口式（戸口を記録する規則）」をみると、戸を記載する際に、まずその戸の住所を記し、その次に居住している人を記載する。最初に記載される人に関してはその職と姓名、年齢と本貫と四祖（父・祖・曾祖・外祖）をすべて記載し、その妻の名字と年齢、本貫と四祖（父・祖・曾祖・外祖）、同居する子の名前と年齢、奴婢と雇工の名前と年齢を記載する体系となっている[10]。

朝鮮時代の国家で設定した「戸」というのは、婚姻した成人男性を戸主とし、その妻と子、その戸に隷属する奴婢、雇工などで構成されたものである。隷属人が含まれたという点で、戸という単位は近代的な家族とは異なる構造である

---

(10)　戸某部某坊第幾里［外則稱某面某里］住某職姓名年甲本貫四祖　妻某氏年甲本貫四祖［宗親錄自己職衛妻四祖儀賓錄自己職衛四祖尙某主庶人錄自己及妻四祖庶人不知四祖者不須盡錄］率居子女某某年甲［女婿則幷錄本貫］奴婢雇工某某年甲（経国大典　巻3礼典戸口式）

のがわかるが、所属関係を明示した隷属人を除外したら(11)基本的に家族関係にある人々が一つの戸を構成する。要するに、朝鮮時代の戸の基本構造は夫婦と子を単位とし、父でありかつ夫である者が戸の最初に記載されるという設定であった。

　一方で、このように戸籍大帳に記載される戸は、現実に生きていく人々の生計単位である「家戸」を単位として記載されるのが原則であった。粛宗31年『備邊司謄録』に記録された「戸籍事目」に対する朝廷の論議内容に「家戸」という表現が登場する。右議政の李濡の「我が国の戸籍は極めて手薄です。丙午年（顕宗7年、1666年）に整備して少し改善したが、やはりだいぶ時間が経ち、ますます管理が緩くなり、多くの数が漏れてしまったため、格別に厳重整備して家戸の数を一つ一つ摘奸して、このような弊害がないようにすることを節目に加えるのが正しい」(12)という発言にみられる。

②「同じ釜の飯」を食う単位である「戸」

　戸籍に記載された内容に対する朝鮮時代の中央政府の議論は、朝鮮国家における統治の末端単位である「家／戸」の設定方式が何を意味するかを示している。次の内容から、原則的に朝鮮時代の戸籍が現実の居住と暮らしの状態を基盤として記載されていたのがわかる。朝鮮後期、英祖は科挙に合格した者の記録を探ってみて、彼らの父、または祖父と異なる戸に記載されている場合が多いことに気付いた。彼は一緒に暮らしているにもかかわらず戸を別々に記載したと思い、これを正すように指示した。それに対して、同知事の趙明鼎は「父子が戸を別々にして生活するのは、仕方のない事情による場合が多い」と述べながら、「親などと戸を別々にするのを禁ずると、むしろ、実際と違って戸籍に記録するときだけ戸を一緒にするので、効果がない」と答えた。また「（親と子が）同じ家で奉養して、家を分けないようにするという旨を明確にし、屋根が並んでおり、塀が繋がって近くに暮らす者は、たとえ「別々の釜の飯」を食っ

---

(11)　朝鮮時代の戸籍に記載された「奴婢」などの隷属人は、実際の居住と関係なく、その戸に属しているという意味として記載されたとみなすべきである。

(12)　『備邊司謄録』56、粛宗31年（1705）1月18日付。

ても戸を分けないようにする」[13]という代案が示された。

このような記録を通して、基本的に戸籍における戸の単位は、「同じ釜の飯」を食うことであり、生計をともにしながら、父＝夫が戸主となり、その妻と子を含む基本単位に奴婢と雇工の所属状態が併記される形態であったことがわかる。

③ 戸籍大帳における「戸」の構成と変化

次に、「慶尚道丹城縣戸籍大帳（以下、丹城戸籍）」において戸がどのような単位として記載されていたか、また戸主承継がどのように行われていたか、そしてどのような変化があったかについて探ってみよう。「丹城戸籍」で奴婢などの隷属人を除いて戸の中に一緒に記載された人々の関係をみてみると、概ね「夫婦と子」、もしくは「親と息子夫婦と子」となっていた。

表10-1に見るように、夫婦と子からなる戸、即ち近代的用語として「小家族」にあたる構成が60〜75％程度と最も多かった。親と息子夫婦と子からなる直系家族は14〜30％前後と少ない[14]。しかし、直系家族は17世紀から18世紀に変化をみせて増加する。朝鮮時代の戸はすでに崔在錫［1983: 503］などの研究で明らかになったように、「夫婦家族」が主流であるものの、18世紀以降に直系家族が増加するという様相が現れたのである。

表10-1において、Cの夫婦家族が減少するのに対し、Dの直系家族が増加するという変化が18世紀において鮮明にみえる。しかし、18世紀中期にも夫婦家族は60％以上で、夫婦家族を中心とする構成が根本的に変わったわけではない。

このように『丹城戸籍』には、夫婦家族、すなわち婚姻した息子が親と異なる戸に記載された場合がほとんどである[15]。ところが、前項でみたように、朝鮮

---

(13) 『備邊司謄錄』（＝비변사등록）146本、英祖40年（1764）9月12日。

(14) ここでの直系家族とは、親と長男家族がともに暮らす場合だけではなく、親と婚姻した「息子夫婦」がともに暮らす家族を包括する。狭い意味の直系家族、すなわち朝鮮時代に長男を通じて継承される関係がつくられたかについては今後の検証を通じて議論する必要がある。

(15) 一つの戸に記載された人々の関係は多様であり、また流動的であった。直系の原理が明確に貫かれたというよりは既婚の兄弟姉妹、妻の家族、義子（娘の配偶者）などが共に記載された戸もあった。

第Ⅱ部
脱／再構築される儒教 ── 近現代アジアの家族の変容

表10-1　戸の構成

単位：戸（％）[16]

年度	A	B	C		D		E		計
			C1	C2	D1	D2	E1	E2	
1678	192 (8.8)	21 (1.0)	1,637 (74.8)		308 (14.1)		30 (1.4)		2,188 (100)
			1,524	113	288	20	23	7	
1717	131 (5.1)	74 (2.9)	1,535 (59.9)		739 (28.8)		85 (3.3)		2,564 (100)
			1,391	144	675	64	73	12	
1759	154 (5.6)	40 (1.4)	1,797 (65.0)		729 (26.4)		44 (1.6)		2,764 (100)
			1,667	130	682	47	38	6	
1789	136 (5.1)	60 (2.2)	1,625 (60.5)		817 (30.5)		45 (1.7)		2,683 (100)
			1,560	65	801	16	31	14	

　後期の国家では、父－息子－孫がともに暮らすこと、そうした構成で戸籍に記載するのが望ましいとされていた。また、彼らが生計をともにしなくても、もし近くに暮らしているなら、なるべく一つの戸として記載するという方針のもとで、直系家族の単位として戸を記載させた。このような変化の趨勢はあらゆる身分の中でほぼ同様に現れた。18世紀以降に、戸籍大帳において直系家族の割合が高まったのは、こうした父－息子－孫を、一つの家戸としてまとめようとした国家レベルの意図が働いた結果かもしれない。

　しかし、こうした企てがどれほど成功したのかは未知数である。国家では、直系家族の単位として戸を記載することを追求した。戸籍大帳にもそういう推移

<hr />

(16)　A：単独の戸（一人の記載）

　　　B：夫婦を含まない戸（兄弟姉妹、祖父母と孫、その他の血縁および非血縁の関係など）

　　　C：夫婦家族の戸（C1：夫婦と子だけを含む。C2：C1＋親族、未婚の兄弟を含む）

　　　D：直系家族の戸（D1：三世代家族（夫婦と既婚の息子夫婦）だけを含む。D2：D1＋親族、未婚の兄弟を含む）

　　　E：いくつかの夫婦家族がまとまった戸（E1：夫婦家族＋夫婦家族。E2：三世代家族＋夫婦家族）

の変化が見られるが、依然として夫婦家族が大勢である。むしろ、多様な事情によって父の家から独立して別の戸を構成した場合が多かったのが確認できる。そして、国家の官僚らがそういう現実を知っており、強制的に直系家族の形態として家戸を成すように強要できないと判断していたのである。朝鮮大家族論の中で朝鮮時代の家族が直系の原理にそって構成されたのはいったいいずれの時期の、またどのような状態を根拠とした説明なのかを議論する必要がある。

2……戸主と家長

① 家長に関する規定

　これまで戸や戸主、戸の構成員について述べてきたが、このような戸主と家長は何が異なり、何が似ているだろうか。「家長」という表現は『経国大典』の「告尊長」条項でみられる。「息子と孫、妻と妾、奴婢などが親、もしくは家長を告訴・告発したら、謀反と反逆の場合以外は絞首する……」という記述である。ここで家長は彼に属するとされた存在たち、妻とめかけ、子孫、奴婢、雇工などが属した「家」の尊長を意味する。尊長と家長という用語は混用された。

　こうした家長は戸籍大帳の戸の最初に記載される「戸主」の役割と関連する。家長は、戸の構成員が戸籍から漏れたり、年齢などの情報を偽ったりしたときには、その身分の高低を問わず、処罰された[17]。彼の奴婢が戸籍から漏れた場合も同様である。また、家の構成員が奢侈や屠殺、伐木など各種禁令に違反したときに、家長が処罰されることとなっていた。朝鮮の法典に戸主の地位、役割、権限に対する規定は存在しない一方で、家長の権限と責任については多様な規定が定まっていた。朝鮮時代の「家長」は構成員に対し権限や責任を持つ存在として制度的に設定されていたことがわかる。

　家長の次に列挙される存在は、妻と妾、子孫、奴婢、雇工など隷属人であり、おおむね「戸籍」の戸を単位として記載される人々と基本的に重なる。家長は

---

(17)　『大典会通』戸典戸籍条、『大明律直解』戸律戸役条を参照。「賦役の義務がある戸がすべての家族を戸籍に入れない場合には、その家長を杖罪100回に処罰する」などの条項を明示している。

戸籍に記録される戸の戸主と、その統率の範囲が類似していたのである。家長に対する説明の「告尊長」条項の場合には、「戸口式」において特に言及されていない「孫」が含まれている点が浮き彫りとするのは、「戸」が夫婦家族を念頭に置いた規定であるのと異なって、家長は直系家族まで拡大された範囲を包括することだといえる。それは現実の中で「家」を構成する多様な状況の一つである。前述したとおり、戸籍大帳で直系家族、即ち婚姻した息子およびその子とともに記載された親（孫からしたら祖父母）で構成された戸がみられる。

　ここで重要なのは、家長の包括範囲が子孫までであり、小家庭ではなく直系の家族範囲までと設定されたとしても、彼らが管掌する「家」は現実の中の家戸という単位に関するものとして、門中という同族の単位と同じとはみなせないという点である。言い換えれば、家長は妻とめかけ、子孫（隷属人を除外するとき）までを包括する単位の代表にすぎず、いくつかの家からなる門中の代表ではない。家長は門中の長ではなく、自身の子孫を統率する個別家戸の長であるということだ。

② 戸主承継の様相と変化

　それでは、戸籍大帳の中で戸主は誰と書いてあっただろうか。基本的には、朝鮮時代の戸籍大帳の中の大部分の戸主は、父／夫である者だ。しかし女性が戸主になった場合も少なくない。『丹城戸籍』を見ると、女性戸主は1678年に10.7％、1717年に6.3％、1759年に10.9％、1789年に6.7％のように約6〜11％の間に分布している。増減はあるが、ある程度の範囲の中での変化である。

　このような女性戸主の存在を理解するため、また戸主という地位を理解するために、戸主の承継がどのような方式で行われたかを探ってみる必要がある。朝鮮時代における戸籍の戸と戸主は、個別家戸を単位として記録され、親であり夫であるものとして記録したが、彼が死亡するなどの事情のある時はその家戸の構成員のうち母／妻、またはその息子などの方式で記載された。しかし18世紀以降、戸主の承継方式においても変化がみられる。17世紀までは父／夫が亡くなったら、その次は母／妻である寡婦が戸主となる場合が多かった。ところが、18世紀以降には変化があり息子が戸主となる傾向がみえる。その結果、戸

主承継が行われた戸の新しい戸主の性別が、次の表10-2のように変化したのがわかる。

表10-2　代戸（戸が変わった戸の戸主）の性別

単位：名（%）

年度	男	女	計
1678	11 （ 6.9）	149 （93.1）	160 （100）
1717	109 （63.0）	64 （37.0）	173 （100）
1759	79 （69.9）	34 （30.1）	113 （100）
1789	110 （63.2）	64 （36.8）	174 （100）

　戸主が変化した戸の新しい戸主の性別は、17世紀までは90%以上が女性であったが、18世紀以降の割合は、30%程度へと急激に減ってきたのがわかる。
　その理由を明らかにするために、戸主が変わったときにどのような関係の人が戸主を継いだのかを探ってみた（表10-3）。

表10-3　代戸タイプと年度別の変化

単位：名（%）

年度	男性戸主		女性戸主		計
	父→子	その他	夫→妻	その他	
1678	4 （ 2.5）	7 （ 4.4）	145 （90.6）	4 （2.5）	160 （100）
1717	85 （49.1）	24 （13.9）	62 （35.8）	2 （1.2）	173 （100）
1759	46 （40.7）	33 （29.2）	26 （23.0）	8 （7.1）	113 （100）
1789	96 （55.2）	14 （ 8.0）	61 （35.1）	3 （1.7）	174 （100）

　17世紀には夫を引き継いで妻が戸主となる場合は90%以上であったが、18世紀には息子が戸主となる傾向が大きく増えたのがわかる。18世紀初期に非常に急激な変化が現れたが、それ以降は横ばいに維持されたことがみられる。家族構成で夫婦家族の単位が18世紀以降に減り、直系家族の単位が増える傾向が見えると前述したが、その変化が現れた18世紀以降、戸主の承継方式においても変化がみられる。
　その変化の様相は両班、常民、賤民という身分によって大きな差はみられず、おおむね似たような傾向で変化した。このように18世紀以降に現れたこのような

急激な変化が身分の差もなく同様に現れたことは何を意味するのだろうか。このような変化が民間で現れた動きであったならば身分別変化の様子に差があったはずである。そのため、戸籍大帳という国家行政文書の作成方針を国家主導で変えたことがこのような変化を作り出したと解釈した方が妥当であろう［鄭 2015: 225-235］。つまり直系家族の増加や息子中心の戸主承継への変化は、国家レベルの企てによるものである。こうした企てによって行政文書の記録体系が変わったのであり、これは朝鮮時代の「家戸」と「家長」の地位が精神と文化、または漠然とした観念の問題ではなく、国家がつくろうとした統治の構造、戸の構成と戸主に対する行政的体系化の過程と関連していることを示しているのである。

このように18世紀以降、息子を中心に戸主の承継が行われたが、寡婦の戸主は依然として存在した。18世紀以降夫の戸を継いだ寡婦が23〜35％程度にみられる。息子とともに暮らす場合にも、その母が戸主として記載されたケースは1678年に96件あった。18世紀以降、15〜32件へと以前より減ってきたが、依然としてみられる。18世紀以降に変化はみられるが、朝鮮時代における戸の承継は基本的に父ー息子という関係を基盤とした原理に絶対的に従って行われたとはいえない。戸の代表といえる戸主に相当数の女性が記載されたという点で、そして戸主承継において夫から妻に継がれた場合が多かった点から、「大家族の専制的な家長権」という説明はスムーズではなくなってしまう。いわゆる同じ先祖をもつ全体家族を統率するその家長は、戸籍に記載された戸主とどのように関連するかについて綿密な議論が必要であろう。

③「父」を中心として──戸主と家長に対する新たな規定

戸籍における戸主記載の規定は、父でありながら夫である存在と設定されていた。典型的な夫婦家族において、父／夫が健在ならば戸主として記載された。それは行政的記載（戸主）と実質的責任を負う者（家長）が容易に一致する「標準」であった。ところが、その父が亡くなったり高齢になったりした場合に「誰が戸主として記載されるのか」「誰が家長なのか」を判断するのは、簡単ではない。夫と息子、母と息子の間で誰を決めるかは個別家戸の状況により調整で

きる状態であった。父が高齢になった場合には、その息子が戸主として記載された場合もある。また、長男が父と異なる戸の戸主として記載されている場合、息子ではなく婿（娘の配偶者）などが戸主となった場合など、多様な様相がみられる。

　父でありながら夫である存在が戸主として記載された時には、家の家長が戸主として記載されたために戸主と家長は一致するが、寡婦、または息子が戸主の場合には、戸主と家長が一致しないこともある。

　朝鮮時代の記録を通じ、それに関する体系を纏めようとした朝鮮国家の試みを読むことができる。次の記録は18世紀以降の戸籍作成の指針であり、戸籍大帳の（戸）主と家長、祭祀を主管する者の関係に関する詳細な規定を盛り込んでいる。

> 　戸は、父がいれば父が主となる。父が高齢になったら、息子を主としたりもするが、これは望ましくない。高齢になり、息子に伝えたとしても家長は父である。妻は、専制之義がないことから、母がいても息子が主となる[18]

　父が生きていれば、彼を必ず戸主として記載しなければいけないという内容である。父が高齢になってもその息子を戸主として記載すべきではないという。家長は父であり、戸主も父である。また、（父が亡くなった後には）母ではなく、「息子」を戸主とすべきであると説明している。

　18世紀初に、戸籍大帳の記録で現れた三世代（祖父母・夫婦・子）がともに記載された直系戸が増え、息子中心として戸主を承継することが増加する方向での変化は、身分によって異なる様相は呈していない。それが国家的意図による変化であったことは前述の戸籍方針を通して確認することができる。戸主と家長の体系に対する整備が国家的レベルですべての身分を対象とし、推進された結果であったと解釈すべきである。

---

　(18)　『公移』（＝공이）下、飭諭牒示、傳令各面、八月　日條。朝鮮時代の戸籍に関する資料と分析については、鄭［2015: 98-255］を参照。

また、その次の記述は祭祀と家長権の関係に関する情報も読むことができる。「父が高齢になり、息子に「伝えた」としても家長は父である」という部分である。ここでいう「伝えた」というのは「祭祀を主宰する役割を譲った」という意味である。つまり、父が高齢になったら、祭祀は息子が引き受けて行うものの、そうだとしても家長は父であるということだ。この内容に注目してみると、最終的には祭祀を継いだ息子がいつかはその家の家長であり、また戸主として記載されるとしても、家長そのものが「祭祀の承継者」と一致する地位ではない。家長という地位は「祭祀」を行うこととは異なる役割を果たすものである。

　朝鮮大家族論で、朝鮮時代の戸主、家長、祭祀承継者は、長男を中心とする一つの原理の中で行われたものとして、議論されたといえる。しかし、朝鮮時代における戸の戸主または家長という地位と、祭祀を担当することは、別の問題としてとらえるべきである。上記の記録をみても、生計をともにする家戸の単位代表となることと、祭祀を担うのは別の問題である。朝鮮時代に祭祀を引き継ぐのも、都合によって多様な原理の中で行われた。長男が祭祀を担うのではなくて、何人かの息子ら（または、娘も含む）の間で巡りながら祭祀が途切れないようにした場合も多い［文 2013: 83-113］。朝鮮時代、祭事承継者と家長は、場合によっては重なったりもするが、祭事承継者が即ち家長でもなく、すべての家長が祭事承継者でもない。

　戸籍大帳の戸の構成、戸主の承継などの記載原理はすべての身分の人々と関連する問題である。つまり、朝鮮時代に戸主や家長という立場は上層の両班にだけ該当したわけではなかった。一方で、祭祀承継、宗法の原理はおおむね両班以上の階層にとってのみ意味をもつ。言い換えれば、家長という地位は、各家系において祭祀承継を行う者が誰なのかという問題を通じて規定されるのではなく、その祭祀承継の可否と関係なく、戸籍の記載と国家の法的な規定を通じて与えられた地位であるということだ。朝鮮後期の国家は「家長」という地位を行政的な単位である「家戸」の代表として設定しようとしたのである。

　このような設定は朝鮮後期に成り立ったあらゆる戸籍体系の整備とともに作られたものである。これは、壬辰倭乱（1592年の豊臣秀吉の朝鮮侵略）と丙子胡乱（1636年の清朝の侵入）を経たあと、朝鮮が迎えた支配システムの危機と関連

する。朝鮮は、国家再建のための統治システムの整備を進めた。それは戸籍体系の整備を通じて進められた。そうした方向には父系中心の位階の秩序により朝鮮社会を再編しようとした儒教的エリートたちの知識と見解が活用された。朝鮮国家は婚姻のあとに息子が分家するのではなく、父の戸でともに暮らすこと、即ち父－息子が一つの戸として記載されるのが望ましいとしていた。以前には、息子がいても寡婦が戸主として記載されたり、高齢になった父の代わりに息子が戸主として記載されたりしていたのと違って[19]、「父」または「息子」を戸主として記載する方向の転換が行われた。このとき、寡婦を戸主記載から排除したのは、父－息子の関係を中心とする施策の一環であった。

朝鮮は個別家戸を通じて国家内の序列を整備し、順応して逆らわない民を作ろうとした。実際に戸籍大帳の記載から、17世紀末から18世紀初の間に、こうした国家的な施策によって戸の構成及び戸主の記載に変化をみることができる。この意図が完全に成功したわけではないが、こうした政策的な推進が行われた事実から朝鮮後期の国家が個別家戸にどのような意味づけを行ったのかがわかる。結局、朝鮮国家は生計をともにする個別「家」を単位として戸口を把握した。朝鮮後期に、国家的施策によって寡婦ではなく息子、息子ではなく父中心の「戸主＝家長」の記載が進められた。また、戸籍に記載される戸と家の代表である家長を一致させて、「父」中心の秩序を建てようとした。行政的文書の表記と日常的関係とを統合しようとした。行政文書上の代表である戸主に、名実相伴う地位を与えようとする意図であった。

既存の家長の地位は、漠然と「傍系親族」まで包括するといわれたりもしたが、家長は妻と妾、子について直接的に責任をとる立場である。戸主／家長に対する議論も、広い範囲での同族単位に関するものでなく、個別小家族の関係、つまり、父、息子、そして母の関係に関するものであった。それは総じて夫婦を中心につくられた個別家戸の単位を、家長を介して統制しようとしたもので、国家で記録する行政文書である戸籍大帳の「戸主」と現実の中で権威をもった

---

(19)　『慶尚道丹城県戸籍大帳』の1678、1717、1759、1789年の戸籍大帳をみてみると、父が生きているのに、その戸に息子が戸主として記載された場合として1717年に4件、1759年に11件程度がみえる。

「家長」とを統合しようとした国家の試みから起こされたのである。その実効性がどれほどあったのかについては不明であるが、ここからは少なくとも朝鮮時代の統治が「大家族」または「同族」のような単位ではなく、個別「家戸」という小さい単位に基づいていることが確認できる。

4　大家族制の言説と近代知識体系の朝鮮ファンタジー

　「朝鮮大家族論」の中で朝鮮時代の「大家族」は父子関係が中心となる家長的家族であり、婚姻した息子が親とともに家族を築く直系家族である。これは単なる家族の範囲だけではなく、家族の価値と行動に影響を与えるものとして、後を継ぐという観念を特徴とするといわれていた。まとめると、1）朝鮮中期以降、宗法制に基づく直系家族を基本とする大家族制が確立された。2）直系家族は婚姻した長男が親とともに家族を築くものとして、父子関係が中心となる。3）家族の規模、または形態は重要ではなく「直系家族の原理」を基本とすることが重要である。4）消滅しない。5）大家族制は「構成の原理」と「観念」、「理想」の問題であるため、家族員の数、家族の形態から議論する問題ではなく、夫婦家族が多数であっても大家族社会である。

　本章では、朝鮮大家族論が植民地期以降の韓国近代社会においてつくられた言説である点に注目しながら、朝鮮時代の国家政策の側面から家族という単位が設定された方式が何なのかを通じて朝鮮大家族論の虚構性について論じたものである。これまでの朝鮮時代の家族に関する議論は「大家族論」を前提として行われており、朝鮮の家族に対する議論は、論じ方は異なるとはいえ、結局、大家族論の体系の中に収束された。そうした枠組みに当てはまらないケースを通じて、それに反論するのは不可能な状況であった。朝鮮時代の家族を論じるためには、まず「大家族制」という枠組みで朝鮮時代の家族を理解しようとする枠組みから脱する必要がある。

　大家族論は、朝鮮の「伝統」の核心となり、それは上層部の両班たちの文化と門中的な組織の原理と関連しているものである。朝鮮の「大家族制」に対する

議論は「両班」を中心として論じられてきたという点も問題であるが、両班に限ってもどのような単位を基準として、また、何を根拠として「大家族」を論じていたのかが不明確である点でも問題がある。儒教という精神の原理と結合された「大家族論」は、あまりにも曖昧なため、反論することも難しい。朝鮮国家の制度や国家の法的、行政的文書の中に規定された「家」または「戸」は、朝鮮社会を構成する基本単位であったが、朝鮮大家族論では「両班の文化」あるいは「儒教という理念」、儒教的家族、門中、宗法、血統、祭祀承継という関係のみが強調された。つまり、朝鮮国家と法、統治の制度と体系は、既存の議論において朝鮮時代の家族を分析するときに重要なものとして取り上げられなかった。朝鮮は慣習が支配する社会として語られただけで、国家的レベルの企ては社会変化の動力や推進力として認識されなかった。朝鮮の、いわゆる「家族」というのは固定された不変の実体ではなく、制度の変化につれて多様な方式で維持され、制度に立ち向かって衝突し、新たな姿で突出し、動き、流動する状況の中にあり、多様な形として存在した。その過程には、多様な利害関係が介入したが、何よりも国家的レベルの企てが作用した。こうした要素を取り除くと、朝鮮社会を単なる慣行と思想の領域に封じ込めることとなる。

　今後、朝鮮の家族について考えるとき、朝鮮の「国家」と国家がつくった「法」というものが、社会の変化または維持と関連してどのような意味があったのかについて論じる必要がある。朝鮮後期において、いわゆる結婚した息子が親とともに暮らす方式の直系家族が増加したのは事実であるが、それは18世紀を前後する特定時期に国家の企てによって創出されたのである。それが社会全般の特徴として語られるほど、確実に根付いたのかは不明である。それは、あまり長期的な効果を出していなかったかもしれない。18世紀には、少なくとも戸籍の記載と関連して「新たな方式の再編」があった。その再編の過程が朝鮮後期の新たな様相を生み出した状況を探ってみる必要がある。朝鮮時代の具体的な局面において特定の方式の規定と制度がつくられ、それは社会の中である効果を出したり、失敗したり、複雑に働いたりした。単純に国家の政策が社会変化を引き起こす唯一の重要な要素ではないが、朝鮮国家において「家族」とは何であり、一つの統制の媒介として国家がその単位をどのように設定しよう

としたかは、朝鮮社会における家族という単位の意味を理解するうえで、重要な手がかりを与える。それは生計をともにする単位として同じ先祖をもつ人々の集団である門中、または同族部落とは異なる。

　植民地期以降につくられた「朝鮮大家族論」を再考することから、朝鮮における家族の特徴に関する議論をやり直さなければいけない。これは朝鮮における「大家族制の伝統」が韓国の近代社会で機能してきたということを批判する作業と関連する。大家族に対する議論には、進化論的歴史観、オリエンタリズム、植民地主義が盛り込まれている。大家族制に対する知識は、解放（終戦）以降に、いわゆる「祖国の近代化と開発の時代」に家父長的な家族、家族主義、序列を持った性別関係などを設定するための核心要素として活用された。儒教主義に基づく大家族論は、朝鮮時代に対する他の想像を不可能とさせる「認識の壁」として、韓国社会の文化的本質として機能している。このような近代的知識を批判的に認識し、朝鮮時代の記録に盛り込まれた複雑な情報を読み解き直す作業を通じ、近代的必要によって設定された朝鮮時代の「大家族論」に亀裂を入れることになるだろう。

参 考 文 献

李基淳［1966］「鳳山李氏の族譜からみた朝鮮時代の家族規模」『弘益史学』6（＝이기순［1996］「봉산이씨 族譜를 통해 본 朝鮮時代의 가족규모」『홍익사학』6）。

金斗憲［1949］『朝鮮家族制度研究』乙酉文化社（ソウル大学出版部、1969）（＝김두헌［1949：1969］『한국가족제도연구』서울대학교출판부）。

文叔子［2013］「近世における韓国と日本の家族比較——永続性の実現という観点から」*Trans-Humanities* 6（2）、梨花女子大学梨花人文科学院（＝문숙자［2013］「근세 한국과 일본의 가족 비교 : 영속성의 실현이라는 관점에서」*Trans-Humanities* 제6권 2호、이화여자대학교 이화인문과학원）。

丁堯燮［1973］「朝鮮王朝時代における女性の社会的位置」『アジア女性研究』12（＝丁堯燮［1973］「朝鮮王朝時代에 있어서 女性의 社會的位置（續篇）」『아시아여성연구』12）。

鄭智泳［2013a］「朝鮮時代における家長の地位と責任——法典の規定を中心に」『家族と文化』25（1）（＝정지영［2013a］「조선시대의‘가장’의 지위와 책임——법전의 규정을 중심으로」『가족과 문화』제25권 1호）。

鄭智泳［2013b］「朝鮮時代における家長の地位の構築過程と国家——朝鮮王朝実録の家長に関連

した記事を中心に」『韓国古典女性文学研究』26（＝정지영［2013b］「조선시대 가장（家長）지위의 구축과정과 국가——〈조선왕조실록〉의 가장 관련 기사를 중심으로」『한국고전여성문학연구』제26권）。

鄭智泳［2015］『秩序の構築と亀裂——朝鮮後期の戸籍と女性たち』西江大学出版部（＝정지영［2015］『질서의 구축과 균열——조선후기 호적과 여성들』서강대출판부）。

鄭智泳［2017］「朝鮮時代の家長権に対する知識の錯綜——植民主義の知的遺産に対する批判的論議」『東北アジア文化研究』52（＝정지영［2017］「‘조선시대의 가장권’에 대한 지식의 착종——식민주의의 지적 유산에 대한 비판적 논의」『동북아문화연구』52집）。

鄭智泳［2020］「植民地朝鮮の大家族論言説——1920年代～1930年代の東亜日報・朝鮮日報の記事を中心に」『西江人文論叢』59（＝정지영［2020］「식민지 조선의 ‘대가족’ 담론——1920년대～1930년대 《동아일보》・《조선일보》 기사를 중심으로」『서강인문논총』59집）。

崔在錫［1966］『韓国家族研究』民衆書館（＝최재석［1966］『한국가족연구』, 민중서관）。

崔在錫［1983］『韓國家族制度史研究』一志社。

韓相範［1974］「大家族制度の遺産と家族法改正論争——人格平等と諸問題」『司法行政』15（10）（＝韓相範［1974］「大家族制度의 遺産과 家族法改正論争——人格平等의 諸問題」『사법행정』15（10））。

洪良姫［2009］「朝鮮総督府の判事、野村調太郎の朝鮮社会認識——家族制度に対する認識を中心に」『家族法研究』23（1）（＝홍양희［2009］「조선총독부 판사, 노무라 초타로（野村調太郎）의 조선 사회 인식——가족제도에 대한 인식을 중심으로」『가족법연구』23（1））。

洪良姫［2017］「同姓同本＝同族という想像——善生永助の‘同族部落’の発明と植民地政治学」『韓日関係史研究』58（＝홍양희［2017］「‘同姓同本’＝‘同族’이라는 상상——젠쇼 에이스케（善生永助）의 ‘同族部落’의 발명과 식민지 정치학」『한일 관계사연구』58）。

四方博［1937］「朝鮮に於ける大家族制と同族部落」『朝鮮』270（『朝鮮社會經濟史研究』中、1976、國書刊行會）。

善生永助［1943］『朝鮮の姓氏と同族部落』刀江書院。

JUNG, Ji Young［2016］Rethinking the "Large Family" Thesis of Chosŏn Korea: Postcolonial Critics. *Orientaliska Studier* 148.

『経国大典』（＝경국대전）

『慶尚道丹城県戸籍大帳』（＝경상도단성현 호적대장）

『公移』（＝공이）

『大明律直解』（＝대명률직해）

『大典会通』（＝대전회통）

『備邊司謄錄』（＝비변사등록）

『東亜日報』（＝동아일보）https://newslibrary.naver.com

『朝鮮日報』（＝조선일보）https://newslibrary.naver.com

『韓国民族文化大百科事典』（＝한국민족문화대백과사전）https://encykorea.aks.ac.kr

第 **11** 章　加藤 敦典

娘たちがつくった祠堂

現代ベトナム村落における儒教と逸脱

娘たちがつくった父母の位牌（加藤敦典撮影）

1　傍らで死ぬ人たち

　どこの社会でも同様だと思うが、ベトナムには、誰によってどのように祀るべきか判然としない死者の霊がたくさん存在する。そういった死者の霊はさまざまな物語を喚起する。

　たとえば、ベトナムの国民的文学の代表作とされる『金雲翹』（Kim Vân Kiều）の物語の幕開けは、清明節に野遊びをする道すがら、薄幸の運命をたどった遊女の墓を路傍にみつけたヒロインが、彼女の運命に憐れみを感じたばかりに、その遊女の運命に乗り移られてしまう場面からはじまる。『金雲翹』は19世紀前半の官僚であり文人であったグエン・ズー（Nguyễn Du）が中国の通俗小説を翻案して書き上げたベトナム語の叙事詩である。そこには家族制度からはみ出さざるを得なかった薄幸の女性たちの人生の悲哀が、仏教的な倫理観を基調として描き出されている。

　文化人類学者のヒョニク・クオンによれば、ベトナムでは客死（chết đường）した人がもたらす災厄を避けるためにその霊を丁重に祭祀する慣習がある。そのなかで、グエン・ズーはむしろ客死者が現世を生きる人々の親密な同伴者でもあることを強調しようとしていたのだという［Kwon 2008: 86-88］。たしかに『金雲翹』のヒロインは遊女への憐れみの気持ちから人生を狂わされていくのだが、身寄りのない死者を憐れみ、ともにあろうとすることは、ベトナムの人々にとって、客死をおそれることと同様に、ありうべき心情のかたちだということができる。クオンによれば、客死者へのこのような親密な態度は、実際にベトナムの人々の日常的な祭祀実践のなかにもみられるという。一般的に、一族の祠堂や家族の祭壇での正式な祭祀では、祖先との系譜的なつながりを想起しつつ、儒教的な規範のもと、生者の年齢や性別による順番に基づいて礼拝がおこなわれる。他方、祠堂の外でおこなわれるさまよえる霊に対する祈りにはそのような序列はみられず、みなが個々に死者へ祈りを捧げるのだという［Kwon 2008: 99-100］。クオンはベトナム戦争の激戦地だった中南部ベトナムでのフィールドワークのなかで、家屋のなかでの祖先祭祀の儀礼のあとに、その土地で戦

死した異郷の兵士の霊を含めたアイデンティティ不詳の霊たちのために屋外に供物をささげる人々の実践を観察し、そこに客死した他の誰かの家族への祈りを通して、行方不明になった自分たち自身の家族や親族（とくにベトナム戦争中はそのような例が多かった）を含むすべての身寄りのない霊たちを追悼する社会的な紐帯が生みだされるのだと指摘する［Kwon 2008: 100-101］。

　私が研究者仲間と調査した中部地方の革命功労者療養・社会養護センター（Trung Tâm Điều Dưỡng Người có Công và Bảo Trợ Xã Hội）には、施設で亡くなった身寄りのない人のための祠堂が設置されていた。それらの死者のなかには、革命や戦争の功労者以外の人たちも含まれている。祭壇上の扁額には「事子如事生」という文字が掲げられていた。これは『中庸』の「事死如事生、事亡如事存、孝之至也」からの引用で（「子」は「死」を意図的に忌避したものと思われる）、死後も生存時と同様に接遇するという「孝」の教えが説かれたことばである。ここでは、いわば家族による祭祀がかなわない身寄りのない国民を国家がみずからの父母として祀るかたちをとっている。祭壇にはホー・チ・ミン主席とヴォー・グエン・ザップ将軍の肖像が掲げられており、これらの身寄りのない死者たちが革命と戦争に象徴されるベトナムの国家制度のもとで祭祀されていることが象徴的に示されている［加藤・岩井・比留間 2021: 118］。国民国家的な意図が明白な祭祀のかたちではあるものの、そこにはやはり家族によって祀られることがかなわない人々に対する憐れみの気持ちと紐帯の意識が示されていると言えるだろう。

　こういった身寄りのない死者のほかに、あくまで家族のなかにあって、しかし、イレギュラーなかたちで傍らに祀られる死者たちの霊がある。儒教的な祖先祭祀をおこなう家族において、直系の男性子孫をもたずに死んだ人たちの霊である。

　日本のベトナム地域研究者たちのあいだでは、ベトナム人が夭逝した子どもの霊をたいへん恐れている、ということが注目されてきた。ベトナムで「バー・コー・トー、オン・マイン・トー」（bà cô tổ［婆姑祖］, ông mãnh tổ［翁猛祖］）と称されるこれらの死者の祭壇は、家屋の中央に設置される祭壇ではなく、祭壇のある部屋の側壁や屋外に設置されることになっており、忌日が銘記されないこ

とが多く、ほかの祖先の忌日にいっしょに祭祀されることがよく見られる。これらの霊は幼い子供を冥界に連れて行くとして畏怖の対象になるとともに、祭祀者を加護する霊験あらたかな存在にもなりえると考えられている［末成 1998: 312; 宮沢 2000: 193］。また、独身のまま亡くなった成人の男女も、家屋のなかの祭壇で祀られるのではなく、屋外に別個につくられた祭壇・祠堂に祀られることが多い。

とはいえ、系譜の傍らで亡くなっていったこれらの死者の霊力を、人々が実際にどれほど恐れているのかについて、フィールドで見聞きする限りにおいて、それほど確証がもてないように感じる。こういった慣行の背景にある信念体系に強い関心をもっているのは（日本の）学者たちだけであり、実際に祖先祭祀をおこなう人たちは、それほどには何とも思っていないのではないか、と思われるのである。むしろ、もっと単純にこれらの霊は「かわいそう」（tội nghiệp ［罪業］）な死者として丁重に祀られている、といったほうが、人々の日常的な感覚に近いのではないかと思われる。もちろん、丁重に祀ることと畏怖の念は密接に結びついている部分もあるだろう。また、本章では詳述する余裕がないが、上述の『金雲翹』やクオンが指摘したさまよえる霊に対する祭祀の例からもわかるように、こういった傍死者たちが仏教的な観念世界と結びついたかたちで慰撫されていることも注目に値する。ただ、ここで強調しておきたいのは、これらの死者は必ずしも直系の男性子孫による祭祀を重視する儒教的規範に基づく家族制度のなかにおいても、単純に忌避されているというわけではなく、むしろ家族とのかかわりのなかで何らかの位置を与えられ、生活に身近な場所でさまざまなかたちで祀られている、という事実である。

私がいつも調査地のむらで居候をさせてもらっていた家族の奥さんの実家は、かなり大きな屋敷地をもつ一族の長男の家だった。彼女の実家の庭の一隅には立派な祭壇があり、聞けば、奥さんにとって父方の叔母にあたる人の祭壇で、その女性は結婚せずに亡くなったのだという（詳しく確認できていないが、もしかすると結婚後に離別して実家に戻ってきたのかもしれない）。長男の家なので、祖先の忌日の祭祀などがひんぱんに開かれ、そのたびに、かならずこの女性の祭壇にも線香と供物があげられていた。家屋のなかの正規の祭壇で祭祀をおこなう

図11-1　屋外の祭壇での祭祀風景

ときには、奥さんにとっての二番目の弟（長兄がベトナム北西部で従軍している
ため、隣家にすむ次男が生家での日常的な祭祀をおこなっている）が最初に跪拝し
て供物や線香をささげ、そのあとに家族が順々に礼拝をするという礼拝の手順
がとられる。他方、家の外にある叔母の祭壇では、いちおう祭主である次男が
代表して礼拝をするものの、上述のクオンの指摘のとおり、孫世代の子どもた
ちも含め、いろんな人がなんとなくいっしょに線香をあげているという雰囲気
であり、家屋のなかの正規の祭壇での礼拝にくらべると、かなりフランクなか
たちで祭祀がおこなわれている（図11-1）。そこにクオンが指摘するような社会
的紐帯の萌芽を見いだすことができるかどうかはわからないものの、すくなく
とも、家屋内の祭壇での祭祀に比べ、死者に対する個別的な祈りという側面が
強いことは確かである。

　別の家族では、ベトナム戦争中に戦場で亡くなった息子の遺骨が見つかった
際、その息子には妻も息子もいなかったため、夭逝した子どもと同様、家のな
かの祭壇で正式に祀ることはせず、そのかわりに生家の庭に個人宅のものとし

てはかなり立派な祠堂を建て、そこで息子の霊を祀っていた。国家のための犠牲者という特別なニュアンスはあるものの、やはりイレギュラーな死によって正規の祭壇にまつることはできず、あるいはだからこそ、亡くなった息子個人のために、しっかりとした祭祀をしてやりたいという親族たちの心情が感じられた。

　このように、系譜の傍らで亡くなった人たちの祭祀は、畏怖の念からであったり、あるいは死者への個別的な思いからであったりしながら、あくまでイレギュラーなものとして、しかし、生活に身近な場所で、思いのほか丁寧にとりおこなわれているのである。

2　娘たちによる祭祀

　以下では、系譜の傍らで亡くなった人たちに対する祭祀のかたちのひとつの例として、私が人類学的なフィールドワークを続けてきた中部ベトナムの村落の調査から、儒教的な祖先祭祀をおこなう家族において、息子をもたずに亡くなった両親のために、娘たちが祠堂を建てて祭祀をおこなう事例を紹介する。興味深いのは、そういった工夫について、当事者たちは例外的な行為であることは認識しているものの、周囲にはそれを「おかしなこと」と見なす世論があるわけでもなく、逆に「すばらしいこと」として顕彰するような雰囲気もないということである。何らかの意味での儒教的な規範からのずれは、もちろんイレギュラーなことがらではあるものの、彼らの日常生活のレベルでは、それほど反省的に検討すべき事象ではなく、いわば、普通ではないがありうべき事態としてさまざまに工夫され、処理されているのである。

　現地社会において儒教的な祖先祭祀規範からのずれがさして問題になっていないということは、ベトナム社会がどのように儒教的であるかを論じるうえで、一見して相互に矛盾するようにもみえるいくつかの重要な論点を提示してくれる（ベトナムにおける一般的な儒教的祖先祭祀の規範については次節で述べる）。第一に、現代のベトナム村落社会では、儒教的な祖先祭祀の規範がないわけではないし、

いいかげんに実践されているわけでもない、ということである。現地の人々は、たとえば、祭祀は直系の男子が担うべきで、その祭祀の場は両親の家の祭壇であるべきだ、といった規範を共有しており、できるだけそれを実現すべきだと考えている。だからこそ、息子のいない両親の祭祀が問題になるわけで、また、娘による祭祀の実践が、非難されることはないとはいえ、例外的なことだとみなされているのである。第二に、他方で現代のベトナム村落社会における家族や祖先祭祀には、儒教的祖先祭祀にみられる父系原理に対抗するような土着の双系的原理がみられる、というわけでもない。たしかに、ベトナムの家族・親族関係は、祖先祭祀における父系・直系・男子を重視する規範とは裏腹に、母方、妻方、娘による祖先祭祀や財産の継承事例が歴史的にも見られる。ただし、このことは、女性による祖先祭祀や財産継承が安定的な制度として承認されているということには直結しない。歴史的事例においても、また、本章で紹介する娘による祭祀のケースにおいても、娘による祭祀はあくまで個々の事情に対処するためにそのつど工夫され実践されているものとみなすべきである。第三に、上記のような娘たちの実践は、実は原初的な意味においてきわめて儒教的なふるまいなのではないか、ということである。儒教的な祖先祭祀の規範によって傍らに追いやられた父母の慰霊を何とか工夫して取りまとめようとする娘たちの思いや、そのようなふるまいを「そういうこともあるだろう」といったかたちで容認する周囲の人々のふるまいは、ある意味では、儒教がその発端において強調していた規範、すなわち、ローカルな秩序のなかにあってそれぞれに大事にすべきものを大事に扱うための作法［小倉 2013］をはからずも実践しているようにも見えるのである。そのように考えれば、儒教的な祖先祭祀を規範どおりに実践することがかなわない彼女たちのふるまいにこそ、儒教倫理の根幹につながるような実践的態度があらわれているとみることもできる。その意味では、現代ベトナムの村落社会は、きわめて根本的で日常的なレベルにおいて儒教社会であるということもできそうなのである。

3 ベトナムにおける儒教的祖先祭祀

　ここでベトナムにおける儒教的な祖先祭祀の規範について簡単に述べておく。ベトナムでは17世紀に仏教やシャーマニズムを批判し儒教的な道徳教化を推進しようとする動きがあらわれるなか、儒教的礼制を民間に普及させようとする運動が知識人のなかから起こった。彼らは明代のさまざまな家礼を参考に民間向けの家礼書を出版するなどした。そのなかでもとくに広く普及したものが18世紀に出版された『寿梅家礼』だった。『寿梅家礼』の内容はおおむね『朱子家礼』の「喪礼」にならったもので、男性直系子孫を中心とした葬儀、埋葬、祭祀の手順などを記載している。ただし、『寿梅家礼』をはじめとするベトナムの家礼には、中元節(盂蘭盆)、七七日・百日の祭礼、改葬についての規定など、『朱子家礼』にはない仏教や風水に関わる諸儀礼の解説も含まれている。そのため、当時から、厳格な立場の儒者たちはこれらの家礼を批判していた［嶋尾2005: 141-149］。とはいえ、明代の中国の家礼書のなかにも中元節や七七日・百日の儀礼について記載したものがあり、必ずしもこれらの加筆・改変がベトナム独自のものだったわけではないようである［嶋尾 2007: 130-131; 2008: 217-218］。他方、ベトナムの家礼では、妻の父母に対する服喪期間については意識的に中国の家礼に異をとなえており、当国では男女が土地財産を均分相続することから、妻の父母への服喪は娘による産みの父母への服喪期間と同じく 1 年にすべきだと主張している［嶋尾 2008: 224-225］。ちなみに、ベトナムの家譜には、忌日祭祀の対象として、父方の祖先だけでなく、母方の祖先(主として母の父母)を掲載するものもあり、こういったかたちで母方祖先の祭祀をおこなうことは「決して一般的なことではないが、例外的でもない。なんらかの理由があれば受け入れられる慣行であったようである」［嶋尾 2008: 225］。母方祖先に対する祭祀が制度や規範とはなっていないものの例外的なものでもないという点は、本章でも強調する論点であり、留意しておくべきポイントである。

　17世紀当時、科挙合格者を多数輩出する文化的先進村落などを中心に祀堂、族譜、家礼、家訓などが作られ、自らの居所を祀堂につくりかえる在村の知識人

などもあらわれるようになった［嶋尾 2005: 151］。19世紀の段階では、すでに多くの地域で親族集団が父系的な結合を強化し、居宅とは別に祠堂を建設するようになっていた［嶋尾 2000: 235］。

　ここでベトナムにおける親族、家族、居住形態についても略述しておく。現在のベトナム北部・中部の親族組織においては、規範的には父系原理が卓越しており、親族はゾンホ（dòng họ）と呼ばれる父系出自集団を形成している（南部社会ではこのような明確な父系出自集団が形成されていないことが多い。本章では南部社会については論じない）。子どもたちは父の姓（họ）を名のり、同姓不婚の原則のもと、他の姓の配偶者と婚姻する。ただし、同じ姓であっても中字（ミドルネーム）が異なる一族との通婚は可能であり、通婚圏が狭い地域社会では、もともと同族であった者たちが支族ごとに中字を違えることで通婚可能な一族を創出しているケースもある［嶋尾 2000: 241-243; 宮沢 2000: 194］。婚出した女性は姓を変えずに夫方のゾンホに入ることになる。

　居住形態については、夫方居住が一般的である。多世代同居が理想として語られるいっぽう、実際には子ども世代が一定の期間を経て独立し、核家族を形成する場合が多い。一般には、息子が妻を迎えると、しばらく夫方の両親の家で同居したあと、夫方の居住村落内（多くの場合、両親の屋敷地のなか）に家屋をかまえ独立していく。現在ではこのタイミングで他地域に移住する場合も多い。最終的には両親と末子夫婦が同居する場合や、両親のいずれかが亡くなったタイミングで長男夫婦が生家に戻ってくる場合など、いろいろなケースがみられる［加藤 2019: 186］。この点については、現在でも同様の傾向がみられることをグエン・フウ・ミンとチャールズ・ハーシュマンが計量的にも実証している［グエン、ハーシュマン 2022］。

　他方、祖先祭祀の責任は長男にあるとされる。両親の祭祀は一般に両親の家屋の祭壇でおこなう。場合により、一部の傍系祖先の祭祀義務を兄弟で分担することもある。

　娘は婚出することにより、夫方のゾンホに属することになる。かつては実家から分与された土地などの財産を妻が自身の財産として保有し続けることがあった。現在でも、その名残は見られ、たとえば、多くの家庭で夫と妻が別々に

自分の収入を管理し、分担して家計の支出をまかなっていたりする。娘による祭祀への関与については、自分の両親の祭祀は一般に男兄弟がおこなうものの、かつては、両親の死後に財産を分与されるとともに自分の両親やその親族の祭祀を輪番で負担するケースもみられた。その場合、女性自身が祭祀をおこなうのではなく、女性の息子（女性の両親にとっての男子外孫）が祭祀をおこなった。伝統社会における女性の財産権と祭祀権の関係については、現在、さかんに論争がおこなわれており、明確な結論を述べることはできない。娘による祭祀というオプションが制度的に確立されていたとはいえないものの、可能な選択肢として存在していたことは確認されている［宮沢 1996, 2016, 2017; Miyazawa 2016; Tran 2006］。

4　娘たちがつくった「家族の祠堂」

　私が調査をおこなってきたタックチャウ（Thạch Châu）社（「社」は村落部の最末端行政単位）は、ベトナム北中部のハティン（Hà Tĩnh）省の沿海部に位置する村落で、人口は約5,500人である。私はそのなかのひとつの集落（同地域ではソム（xóm）と呼ばれる）でおもに調査をおこなってきた。当該集落の人口は約500人である。

　タックチャウ社の住民のほとんどは、ベトナムのマジョリティであるキン族で、家庭では儒教的な祖先祭祀をおこなっている。タックチャウ社は18世紀以降に著名な科挙官僚を輩出し、地域的風土として少なからず儒教的伝統の実践に重きをおいてきたということができる。

　私が居候をしていた家の近所にフンさん（仮名）という男性の家族が住んでいた。そこにはフンさんの母親も同居していた。ある日、フンさんの家の近くを通ると、珍しくフンさんの母親から声をかけられた。彼女の両親には息子がおらず、両親が亡くなり、家も取り壊してしまったあとで、3人の娘たちが相談して、両親の家の敷地の隅に両親のための祠堂を建てたのだという。フンさんの母親が、その祠堂をみせてあげる、というのでカメラをもってついていっ

た。フンさんの家から道をはさんで向かいに建つその祠堂は、やや小ぶりなものの、立派なつくりをしていた（図11-2）。

　調査村では、近年、両親が亡くなったあとで、両親の家に誰も住むものがなく、そのため家を「家族の祠堂」（nhà thờ gia đình）として改修・整備し、もっぱら祭祀にのみ使うようにするケースが増えている［cf. Iwai 2017］。日本の位牌や仏壇と違い、ベトナムの儒教的祖先祭祀においては、祭壇は生前の家からあまり自由に移動させることができない。そのため、子どもたちがすべて移住してしまい、祭祀の場としての両親の家屋だけが地元に残されるという現象が、近年しばしばみられるようになった。フンさんの母親らがつくった祠堂も、両親の家に誰も住まなくなったあとで、両親の祭祀のためだけに祠堂を建てたという意味では、こういった「家族の祠堂」の一種とみなすことができるだろう。また、同時に、両親が住んでいた家屋そのものを改修するのではなく、別個に祠堂を建設したことには、この祭祀が父系直系男子による祭祀ではないイレギュラーなものであることが関係しているようにも思われる。

　祠堂のなかを見せてもらうと、簡素な赤い紙でつくられた両親の位牌と夭逝した子どもたちの位牌が安置されていた。こういった位牌は、私が調査を開始した2000年代には、集落のなかに漢字、数命、祭祀に詳しい「漢字の先生」（thầy chữ）がいて、その人が書いていた。その老人が亡くなったあとは、よその社の人を雇って書いてもらっている場合が多いようだ。位牌に書かれた文字は次のとおりである。手書きのため正書法に間違いがある可能性があり、また、撮影した写真がゆがんでいるためきちんと判読できない部分もある。ベトナムの漢文読解に詳しい宮沢千尋先生と桃木至朗先生のアドバイスを受けつつ、以下のとおり判読を試みた（図11-3〜6の位牌5枚）。

父親の位牌（図11-3）
Hiển Khảo Tiền
Quý CôngThùy Chất Trực Tự Quang Nhàn Lê Phủ Quân
Hương Đình（Đinh?）Thọ Lão Tri Sự Dự Văn Võ Hội Lê

図11-2　フンさんの母親らがつくった祠堂

顕考先
貴公謚質直字光閑黎府君
郷亭（丁？）寿老知事預文武会黎

父。謚は質直、字は光閑。黎府君。
郷亭、寿老知事などの肩書きをもち文武会に預かる。

母親の位牌（図11-4）
Hiển Tỷ Tiền Hội Lê Chính Thất Lê Thị Húy Xoài Nhụ Nhân
Thừa Phu Chức Hương Đình (Đinh?) Kỳ Lão Dự Văn Võ

顕妣先
会黎正室黎氏諱欶孺人
承夫職郷亭（丁？）耆老預文武

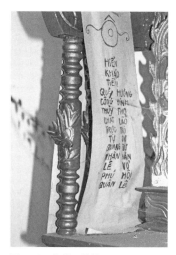 

図11-3　父親の位牌　　　　　　図11-4　母親の位牌

図11-5　夭逝した息子の位牌

図11-6　夭逝した娘たちの位牌

母。「会黎」の正室。黎氏。諱は枘。大夫の妻。
夫の職である郷亭、耆老などを承け、文武会に預かる。

ほか、兄弟姉妹の位牌（図11-5、図11-6）

Con Trai Lê Quang Cu Chi Linh Vỵ
息子、黎光Cu之霊位

Lê Thị Tư Chính Hồn
黎氏Tư正魂

Lê Thị Cháu Chính Hồn
黎氏Cháu正魂

　これらの位牌は、三人姉妹の視点から父母を祀り、かつ、父母の視点から（夭逝した）息子と娘を祀るかたちになっている。この点は夭逝した子どもであるバー・コー・トーとオン・マイン・トーが正規の祭壇とは別の場所で祀られ、別の人の忌日に合祀されるという慣行とも合致している。
　フンさんの母親の夫はいわゆる外籍民（現地の人々は「寓居民（dân ngụ cư）」と呼ぶことが多い）である。彼はもともとこの集落の出身ではなく、彼女と結婚してこの集落に移り住んできた人である。フンさんの母親の両親に息子がいなかったため、娘のひとりが夫をもらって、両親の家の敷地近くに家を建てて住むことになったわけである。ベトナムでは、日本のような養子縁組による家系の継承はほとんどおこなわれない。入り婿のようなかたちで妻の両親と同居したり、その近くに住んだりしたとしても、祖先祭祀の観点からは、彼は正式には妻の両親の「息子」ではないので、それらを祀る権限はもっていない。したがって、彼女の両親は制度的にはだれも祀ってくれる人がいない、ということになる。そのため、この事例の場合は、娘たちの工夫により、別途、両親の家の敷地に祠堂を建設し、娘たちが祭祀をおこなうかたちを整えたわけである。

5 寓居民

　娘による祭祀という点に関連して、寓居民という制度・概念について少し解説しておこう。社会主義革命以前の最末端行政村単位であるラン（làng）の成員権は公式的には丁簿（戸籍簿）によって管理されていた。15世紀末に丁税（人頭税）が整備されるにあたり、村落内の登録民の姓名、身分、各戸の人数が記載された丁簿の作成が進められた［上田 2019: 147, 290-291］。ただし、丁簿の改訂は実際にはほとんどおこなわれず、17世紀末には村請制度が導入され、村落単位の人頭税も定額化し、丁簿は形骸化していった［上田 2019: 148-150］。その後、北部ベトナムの村落社会では住民の逃散、流民の発生が顕著となる。従来、これは各村落が困窮した住民を切り捨てつつ生き残りを図ったことのあらわれとして議論されてきた［桜井 1987: 357］。しかし、実際には丁簿に登録された原貫地でのみ丁税が課されることを逆手にとり、逃散した寓居民が移住先に留まって税負担を拒否するケースも頻発しており、意図的に寓居民の身分に留まることで財産を築く住民がいたこともうかがえる［上田 2019: 172, 175］。他方、寓居民は公田（村落共有田）の受給権をもたないなど［桜井 1987: 499］、村落の成員でないことによる不利益もあった。

　村落の成員権を得るためには、一般には、その村落にもともと居住する一族の男子であることが必要だった。歴史学者の上田新也は「甲」（giáp）と呼ばれる地縁祭祀集団に参加することがその入り口になっていたと指摘している。つまり、「甲」の成員資格が成員男性の息子に限定されていたため、必然的に在地の父系出自集団の子弟のみが「甲」の成員権を得ることができ、それが村落の成員権の基盤になっていた、という理解である［上田 2019: 236］。ただし、北部、中部の村落のすべてに「甲」組織が存在したわけではなく（私の調査地には伝統的に「甲」が存在しなかった）、また、上田自身も述べているように、「甲」には職能団体としての機能もあり、「甲」と村落成員権がイコールだったとまでは言えない。やはり在地のゾンホ（父系出自集団）の成員であることが村落成員権を得るための基盤であったという理解のほうが大枠としては妥当であるように考

えられる。

　フンさんの母親の夫が生まれた集落は、社会主義革命以前には同じランのなかにあった。したがって、古い観点からいえば、彼は寓居民にはあたらない。ただし、現在の観点からみると、調査村の各集落（ソム）はいくつかの主要なゾンホに占有される状況になっており、集落＝ゾンホの集住地域となっているため、他のソムから婚入すると、まわりは配偶者側の親族だらけという状況になる。また、社会主義革命以後には、集落が農地の分配、住民自治、冠婚葬祭などの舞台となる基層共同体となっていった。その観点からも、実生活の単位としての集落によその集落から移住してくる男性は一種の寓居民のような存在とみなされることになったと考えられる。

　寓居民の悲哀については、フィールドワークの当初から、折に触れて、問わず語りの話を聞く機会が多かった。彼らが言うには、自分たちは、集落のなかに親族がほとんどおらず、冠婚葬祭では協力してもらえず、むらの農地も与えられず、また、祭日のたびに地元のむらの一族の祠堂に行かねばならず、寂しい思いをしてきた、という。現在では法的な立場として彼らは集落のマジョリティと変わることのない権利を有しているものの、こういった怨嗟のことばをいまでも聞くことから、おそらくこういった差別が陰に陽に現在でも残っているのであろう。彼らのなかに早期から共産党員になったり人民軍に入隊したりする人が多かったのは、逆にいうと、村落社会における彼らの困窮状況や彼らに対する差別を反映したものだということができるかもしれない。

　なお、寓居民がすべて困窮世帯かといえばそのようなことはない。たとえば、私が調査をしている集落には、革命以前のランで「書記」をしていたという人物の子孫の家があり、いまでもかなり裕福な暮らしをしている。この家族ももとは別の集落から婿に入った寓居民である。実際、この家の敷地にも長いあいだ手つかずのままになっていた祠堂があり、改修の際に家の人に聞いたところ、妻方の先祖をまつった祠堂だという話だった（ただし、あまり詳しくは説明してくれなかった）。

　上記のいくつかの例からもわかるように、こういった寓居民は、多くの場合、もとをただせば、息子のいない家族の娘をもらって義理の両親の家の近くに住

むようになった人々である。そして、義理の両親の祭祀は、あくまでイレギュラーなかたちで、娘たちや外孫男子によって執りおこなわれるようになるのである。

上田［2019］は、近世村落社会において寓居民が地域の土着の親族集団のなかに組み込まれていく過程について調査をしている。そのなかには、寓居民が村落成員権を獲得するにあたって改姓をおこなう事例も紹介されている。たとえば、ある事例では、寓居民であった「王廷」姓の男性がベトナムによくみられる「阮文」姓に改姓し、原貫地との姓によるつながりを絶つことによって移住先に戸籍を移している［上田 2019: 279］。また、中部ベトナムのフエ近郊の別の村落の寓居民の事例では、村落成員権を得ることができるのは開耕氏族のみであるとされていたため、移住先でそれらの氏族の娘との婚姻を重ねて数世代を経たのちに改姓をおこない、妻方のゾンホに加盟し、その支派として系譜に加えてもらっている［上田 2019: 332-333］。たしかに、このようなかたちで寓居民を移住先のゾンホのなかに擬制的に吸収していくというケースもあったようだ。他方、私の調査地の現在の状況のように、寓居民といっても比較的に近くに出身地がある場合などは、出身地との関係を維持しつつ、あくまで別姓の外戚としての地位を維持し続けることが多かったのかもしれない。また、現代では、ゾンホが戸籍管理の媒介となったり、農業の経営主体になったりすることもないので、姓を変更して擬制的に在来のゾンホの系譜に入ることの意義があまりみいだされなくなった、ということもいえるだろう。

なお、こういったかたちでの婿入り的な実践は、必ずしも過去の風習というわけではない。現在でも、たとえば私の居候先の隣家で、子どもがみな娘（四姉妹）である。上の三人は結婚しており、長女は結婚後しばらくして、夫といっしょに両親の家の敷地の一角に家を建てて住みはじめるようになった。まだ両親ともに健在で祭祀の必要はないものの、いずれはこの家族が妻方の両親の祭祀を担うことになるのだろう（近年の高齢化社会の現状をみれば両親の介護のことも念頭においているのかもしれない）。また、おなじ集落のTさんも寓居民である。彼もよその集落から婿として移住してきた。彼の家の隣には妻の生家があり、亡くなった義理の両親の祭祀はその家の祭壇でおこなっている。いまはT

さんの息子がその家に住んでおり、忌日の祭祀も彼がおこなっているという。

6 娘による祭祀という実践の随意性

　このようなかたちでの娘（の息子）による両親の祭祀は、むらのなかでも比較的ひんぱんにみられる。ただし、注意すべき点は、これらは必ずしも制度として確立された実践ではない、ということである。あくまでこれらは個々のケースに応じて、家族がさまざまに工夫をして祭祀の場とその責任者を確保してきたものであり、けっして、東南アジアの双系的家族の伝統といったものを背景とした祖先祭祀のオプションとして制度的に確立されたものではないのである。

　文化人類学者の宮沢千尋は、ベトナムにおける祖先祭祀が儒教規範から乖離している例として、祖先祭祀における女性の地位について論じている。ベトナムでは、前述のとおり、18世紀ごろから民間レベルでも儒教に基づく祖先祭祀の規範が浸透するようになった。しかし、実際には、直系の男子がいない場合に「外族」（母方、妻方の父系親族）が祭祀権や財産権の一部を継承するケースがみられ、父系出自集団や父系キンドレッドとは異なる親族原理に基づく双系的祭祀集団が形成される場合があった［宮沢 2000: 199, 201］。宮沢はこのような事象の背景に、15世紀の『黎朝刑律』（黎朝期（1428〜1789）に制定された法典）に示されていたような、夫婦別産、妻の生家による財産取戻権、兄弟姉妹の均分相続規定などにみられる女性の財産上の地位の高さ、女性と生家との関係性の継続などにかかわる伝統的規範の影響を指摘している［宮沢 2000: 195-196］。ただし、宮沢はこのようなかたちでの女性を結節点とした祭祀集団の形成が安定した制度として確立したわけではないことを指摘しており、父系親族集団（ゾンホ）のコーポレートな性格に対して、上記のような双系的祭祀集団は、その永続性や共有財産の保持の面からみて、特定の目的のために集まるアクション・グループにすぎなかったと指摘している［宮沢 2000: 201］。宮沢は、自身によるベトナム北部村落でのフィールドワークの事例から、儒教的規範を逸脱した母方親

族への服喪の実践などがしばしばおこなわれており、現地の人々がそれを「情感」（tình cảm）に基づく当然の行為と語ることに注目し、これらの事例が「正しい知識の欠如による逸脱や革命による伝統の断絶というより、服喪がもともと死者との親族・姻族関係により自動的に決まるものではなく、死者と生者の個別具体的な親近感、「情感」によって左右される性質のものであることを表している」［宮沢 2000: 204］と指摘している。このような観点から、宮沢は双系的祭祀が随意的で永続性に欠ける傾向があることに注目し、マイヤー・フォーテスの親族論を引きつつ、父系出自集団が公共的性質をもった規範と制裁によってあるべき行いを強制する制度である一方で、親子関係から始まる双方の親族との結びつき（補足的親子関係）は、道徳、良心、情操などによって関係性をかたちづくるものであり、両者が併存しつつ相補的な関係性（あるいは両者の実践上の分断）を保っていることを指摘している［宮沢 2000: 205-206］。

7　逸脱と儒教社会

　儒教社会をめぐる問いと関連して改めて確認しておきたいのは、こういった娘による随意的な祭祀の実践が、現地においてどのように評価されているのか、という問題である。フンさんの母親がわざわざ私に祠堂を見せてくれたことを考えると、娘たちが両親のために祠堂を建てるということが、彼女にとって何らかの意味で「わざわざ」発信すべきことがらとして認識されていたことはたしかである。他方、むらの人たちは、彼女たちが祠堂を建てたことについて、とくにすばらしいことだとも、おかしなことだとも、そういう慣習や制度があるのだとも、ないのだとも言っていなかった。いわば「そういうこともあるだろう」といった程度の扱いであった。

　近年の沖縄における家屋、墓、仏壇の継承について調査した越智郁乃は、父系血縁のルールに基づいた家の継承が難しいとき、女性による「理想的ではない継承」を容認するうえで、「この子だから継げる」という世代間の情動的な関係性が重視されるようになっていることを指摘している。

つまり、「理想的でない継承」を行った場合を通じてみえてくるのは、単にルールであるから父系血縁を重視して「家」を継承させる・させないということではなく、「気持ち」という情動的価値が前面に出るということである。これは本事例と関連させていうなら、「女でも継げる」というのではなく、「この子だから継げる」という祖先祭祀の基盤を作りえたという、異世代間の「関係性」が重視されているということである［越智 2013: 260］

　越智が指摘するのは、「男が継ぐべき」というルールがないがしろにされるようになったとか、「女でも継げる」というルールが付け加わったということではなく、祭祀される側とする側のあいだに相応の情緒的な関係性があれば祭祀をおこなってもいいのではないか、という言説がみられるようになった、ということである。父系原理がなくなったわけでもなく、また、女性による祭祀がルール化されたわけでもなく、しかし、そういうことがあってもいいだろう、というかたちで容認されているという点において、私が紹介したベトナムの村落の事例とも類似している。

　人類学者の杉島敬志は東南アジア社会における規範と実践について分析するための枠組みとして「複ゲーム状況」という概念を提示している［杉島 2014］。それによれば、日常生活を成り立たせている規則や信念は、通常、ルールとしての体系をかたちづくっていない。しかし、何か日常生活に破綻が生まれると、行為のルールについての言説（の対立）が高密度なコミュニケーションのなかで生成することになる。そのような場合、しばしば矛盾する複数の規則−信念体系をめぐる言説と実践が併存する状況が生まれる。とはいえ、多くの場合、それらの複数の規則−信念体系は調停されることなく、また、多くの人々は不定見でどっちつかずの状態でそれらの複数のゲームを行ったり来たりしながら生きることになる。杉島はそういった複数のゲームが併存する状況を「整合する一枚の絵にまとめあげることには無理がある」［杉島 2014: 12］と指摘する。

　本章のベトナムの事例に関していうと（そしておそらく越智の事例についても）、いっぽうで、直系男子による祭祀の継承という規範はルールとして明確化されて

おり、人々はそれに従うべきだとは考えている。他方、それが実際には難しくなるケースは多々ある。しかし、そのときにどうすればいいかについての決まったルールはない。そういうときに娘がなんとかすることもありうるとは考えられているものの、双系的親族による祭祀についての制度的に定まった規範は存在しない。そこで、親子間の情緒的関係（ベトナム語でいうところの「情感」）に関する語りが構築されるなどしつつ、娘による祭祀が行われたりすることになる。それは制度的に承認されることはないものの、規範的に非難されることもない。宮沢の分析に基づけば、父系出自集団による祖先祭祀の公的なルールと、親子関係から始まる双方の親族との結びつきが相補的なかたちで併存している状況だということができる。両者はつきつめて考えると矛盾しており、そのため、ベトナムの祖先祭祀制度についての「一枚の絵」を描くことはできなくなってしまう。しかし、現状では、人々のあいだでこのふたつを調停しようとか、整理しようという議論は起きていない（そのようなことを気にしているのは、いまのところ、外部の学者だけである）。杉島のいうように、規則－信念体系や、それを支持・批判する立場やポリシーといったものは、必要に迫られた状況での人々のコミュニケーション（議論や論争）のなかで定立されるものであり[cf. 加藤ほか 2015]、けっして、そのコミュニケーションの手前や外部にもともと「ある」ものではない。父系出自に基づく儒教的な祖先祭祀はたしかに規則の体系として明確に存在している。ただし、その運用の細部については、生活の必要と情感の実際に応じて、適宜、差配されている。他方、たしかに『黎朝刑律』の時代から仏領期にいたるまで、双系的な祭祀・相続規範は法的に保証され、また、実践もされていたものの、現在においては、それが何か参照可能な規範やルールとして「ある」ようにもみえない。本章で紹介したベトナムの事例に即していうならば、娘による祭祀はたしかに儒教的祖先祭祀の規範からの逸脱ではあるものの、不可能な行為ではなく、むしろ、当事者たちの事情や情動を考えればありうべき行為ですらあると認識されており、それらはいまのところ調停すべき矛盾としては顕在化していないということができる。

8　儒教的実践としての逸脱

　先述したように、ベトナムでは、儒教的な祖先祭祀のなかにあって傍らで死
ぬ人たち、すなわち、祭祀を担う直系の男性子孫がおらず、ゆえに正規の祭壇
には祀られない死者の霊たちは、その儒教的規範からみたときのイレギュラー
さゆえに、畏怖の対象であるとともに、哀悼の対象でもあり、また、個別的な
情緒で結びついたある意味で親密な祭祀の対象でもあるということができる。

　娘による両親の祭祀がおこなわれるケースでは、多くの場合、息子のいない
夫婦が、集落の外部から娘に婿をとり、両親の家の敷地内に住まわせ、娘の両
親の死後は両親の家屋の祭壇や家の外部に設置された祠堂で両親の娘（の息子）
が祭祀をおこなうように差配されている場合が多い。

　こういった娘による祭祀は、ひんぱんにおこなわれているものの、必ずしも制
度化されているわけではない。息子をもたない夫婦の祭祀は、いっぽうで、正
規の祭祀の対象にはならない、その意味ではイレギュラーな死であると認識さ
れている。他方で、そのつどの工夫により、何らかのかたちで、誰かが丁重に
祀っている。ただし、どのようなかたちでの祭祀も可能だというわけではなく、
あくまで可能なかぎり男性子孫による祭祀を実践するように工夫しており、多
くの場合、外孫男子が祭祀をおこなうかたちをとる。こういった工夫は、くり
返しになるが、あくまでそのつどの随意的なものであり、必ずしも、娘方によ
る祭祀についての儒教的規範やオルタナティブな土着の規範（双系的家族制度な
ど）が「ある」わけではない。

　こういった実践について、それが正しい祖先祭祀からの逸脱であるとか、逆
に何かすばらしい実践であるといったことを周囲の人から聞くことはない。ま
た、どこかに制度的な根拠があるという話もきかない。あくまで「そういうこ
ともあるだろう」という程度の認識である。このように、娘による祭祀があま
り問題にならない、ということは、逆にいえば、親と子の関係性において、誰
も祀る人がいないのであれば、娘が祀ってもいいだろうという考え方が自然に
許容されていることの証左でもある。この点、朱熹が後継者がいないなどのや

むをえない場合には、母系や姻族を祭祀することを是認していたことは示唆的である［佐々木 2018: 182-183］。

　東アジアの思想・哲学を研究する小倉紀蔵［2013］は、『論語』を読みなおすなかで、孔子が生きていた当時の社会における彼の主張の要点として、グローバルで普遍的なルールに基づいて価値判断をおこなおうとする「小人」に対し、ローカルな社会における秩序を、その社会で重視されるモノのアニミズム的な価値とその配置・配列に気を配ることによって整え、そこに〈いのち〉の躍動をつくりだすことができる「君子」のふるまいを対置させた点に注目している。もし、このような観点が孔子の時代の儒教の根源的な主張なのだとすれば、息子がいない自分の両親のために、親の家の敷地の一角に姉妹で協力して祠堂を建てた彼女たちは、儒教的祖先祭祀を実践できなかったからこそ、かわいそうな両親のために祭祀のかたちを何とか工夫したわけであり、その意味では、むしろ、根源的な意味で儒教的なふるまいをしているのかもしれない。そして、それについてとくに何も言わない周囲の人々も、そういった意味での儒教的精神のもとで生きているということができるかもしれない。だとすれば、儒教的な実践からの逸脱にみえるふるまいが許容されるベトナムの農村こそ、ひとつの儒教社会だということもできるかもしれないのである。

参 考 文 献

上田新也［2019］『近世ベトナムの政治と社会』大阪大学出版会。

小倉紀蔵［2013］『新しい論語』筑摩書房。

越智郁乃［2013］「「この世の家」と「あの世の家」――現代沖縄における家屋・墓・仏壇の移動と「家」の継承をめぐって」小池誠・信田敏宏編『生をつなぐ家――親族研究の新たな地平』風響社、245-265頁。

加藤敦典［2015］「言語ゲームとしてのポリシー――人類学的考察」『年報人類学研究』5: 32-44。

加藤敦典［2019］「『独居』を選ぶ高齢者――ベトナムにおける家の祭壇と女性」速水洋子編『東南アジアにおけるケアの潜在力――生のつながりの実践』京都大学学術出版会、181-201頁。

加藤敦典・岩井美佐紀・比留間洋一［2021］「ベトナム・ハティン省における高齢者をめぐるケア・レジームの配置――村落地域の高齢者世帯と社会養護施設を中心に」『京都産業大学論集（社会科学系列）』38: 97-127。

グエン・フー・ミン、チャールズ・ハーシュマン（齊藤優訳）［2022］「ベトナム紅河デルタにおける結婚後の夫方同居とその規定要因」平井晶子・落合恵美子・森本一彦編『結婚とケア』（リーディングス　アジアの家族と親密圏　第2巻）、有斐閣、204-221頁。

桜井由躬雄［1987］『ベトナム村落の形成――村落共有田＝コンディエン制の史的展開』創文社。

佐々木愛［2018］「伝統的家族イデオロギーと朱子学」小浜正子ほか編『中国ジェンダー史研究入門』京都大学学術出版会、175-191頁。

嶋尾稔［2000］「19世紀～20世紀初頭北部ベトナム村落における族結合再編」吉原和男・鈴木正崇・末成道男編『〈血縁〉の再構築――東アジアにおける父系出自と同姓結合』風響社、213-254頁。

嶋尾稔［2005］「『寿梅家礼』に関する基礎的考察」『慶應義塾大学言語文化研究所紀要』37: 141-158。

嶋尾稔［2007］「『寿梅家礼』に関する基礎的考察（2）」『慶應義塾大学言語文化研究所紀要』38: 123-143。

嶋尾稔［2008］「『寿梅家礼』に関する基礎的考察（3）」『慶應義塾大学言語文化研究所紀要』39: 215-231。

末成道男［1998］『ベトナムの祖先祭祀――潮曲の社会生活』風響社。

杉島敬志［2014］「複ゲーム状況への着目――次世代人類学にむけて」杉島敬志編『複ゲーム状況の人類学――東南アジアにおける構想と実践』風響社、9-54頁。

宮沢千尋［1996］「ベトナム北部における女性の財産上の地位――19世紀から1920年代末まで」『民族学研究』60（4）: 330-341。

宮沢千尋［2000］「ベトナム北部の父系出自・外族・同姓結合」吉原和男、鈴木正崇、末成道男編『〈血縁〉の再構築――東アジアにおける父系出自と同姓結合』風響社、185-211頁。

宮沢千尋［2016］「前近代ベトナム女性の財産権と祭祀財産相続――忌田を中心に」『アジア・アフリカ地域研究』15（2）: 208-233。

宮沢千尋［2017］「前近代ベトナム女性の財産権に関する研究動向と展望――史料の状況に注目して」『アルケイア――記録・情報・歴史』11: 117-138。

Iwai, Misaki［2017］Changing Residence Patterns and Ancestor Worship in a Northern Vietnamese Village. In: Minoru Teramoto（ed.）*The Vietnamese Family During the Period of Promoting Industrialization, Modernization and International Integration*, pp. 30-43. IDE-JETRO.

Kwon, Heonik［2008］*Ghosts of War in Vietnam*. Cambridge: Cambridge University Press.

Miyazawa, Chihiro［2016］Rethinking Vietnamese Women's Property Rights and the Role of Ancestor Worship in Premodern Society: Beyond the Dichotomies. In: Kato Atsufumi（ed.）*Weaving Women's Spheres in Vietnam: The Agency of Women in Family, Religion and Community*, pp. 57-80. Leiden: Brill.

Tran, Nhung Tuyet［2006］Beyond the Myth of Equality: Daughters' Inheritance Rights in the Lê Code. In: Nhung Tuyet Tran and Anthony J. S. Reid（eds）*Việt Nam: Borderless Histories*, pp. 121-144. Madison: University of Wisconsin Press.

第 **12** 章　文 玉杓

伊藤 理子 ［訳］

娘たちの反乱

現代韓国社会における女性と宗中財産

宗中の男性構成員（宗中員）の集まり（筆者撮影）

2005年7月、韓国の大法院は、結婚して家を出た娘たちが、実家の「宗中」[1] の一員としての資格と宗中員としての権利を求めた訴訟において、娘たちの訴えを支持する判決を下した。認められた権利の中で最も重要だったのは、宗中財産の分配を受ける権利であった。つい最近まで韓国の親族や家族の特色であった強い父系主義は、朝鮮時代（李氏朝鮮 1392年〜1910年）の初期から数百年もかけ、社会が「儒教化」されて確立されたものである。このことを考えると、この判決は、韓国の親族制度における男性中心主義の根幹に異議を唱えたという点で、画期的な出来事と言えるだろう。韓国のフェミニスト団体は、同年の「戸主制」(hojuje) 廃止（2008年1月1日施行）とともに、この判決をあらゆる面でジェンダー平等を求める長い闘いにおける大きな勝利と位置づけている。本章では、親族、家族、そしてジェンダー関係について、韓国で現在起こっている歴史的な変化の背景とその意味を考察していく。

1　比較の視点から見た韓国の伝統的な制度

　最近の進展の意義を理解するためには、韓国の伝統的な制度とされるものの特徴をいくつか概観しておく必要がある。韓国の親族制度は、他の東アジアの社会と比較しても、父系主義を極めて重視する原則を特徴としてきた。そのうち最も特徴的なものは、いわゆる「姓不変の原則」である。これは、韓国人は、男女を問わず、父親が不明でない限り、出生時に父親から受け継いだ姓を変え

---

(1)　「宗中」と「門中」という名称は互換的に用いられることもあるが、正確に言うなら同じものだとするのは難しい。「宗中」もしくは「大宗中」は氏族(clan)、すなわち頂点に立つ祖先のすべての子孫をさすが、「門中」は氏族の下位区分の「派」を意味する。「大宗中」の会合、すなわち「大宗會」には、それぞれの「門中」の代表が集まる。「大宗中」を「門中」と呼ぶことは無い。しかし「門中」は法的な文脈などでしばしば「宗中」と呼ばれることがある。本章では法的に定義された「宗中」について論じている。すなわち「宗中とは、共同先祖の墳墓の守護や祭祀、宗員の相互間の親睦を目的とする共同先祖の後孫であり、成年者を宗員として構成する宗族の自然集団を意味する」ものとする。「族譜」は両方の単位によって編纂され、「大宗中」のものは「大同譜」もしくは「世譜」、「門中」のものは「派譜」と呼ぶ。

ることができないという法律上の規定である。言い換えれば、韓国人のアイデンティティの中核をなす姓と本貫（place of origin）は、父から子どもたちへと、父系のみによって受け継がれてきたということである。同じ姓と本貫をもつクランは族外婚単位であり、「同姓同本婚」は固く禁じられていた。

　韓国では、女性は結婚しても生家の姓を用い続けるが、これはこの原則を反映したものであり、「同姓入養」の慣習も同様である。これは、男性子孫がいないとき、戸主として家を継ぐために迎える養子は、父系の男子、つまり姓を同じくする父系の男性親族の中からしか選べなかったということである。さらに、韓国の伝統的な養子縁組では、世代を超えてはいけないという規則があり（昭穆の序[2]）、養子は自分の子供の世代に属していなければならなかった。また、相続制度については、17世紀以降に娘や妾の子（庶孽子女）を差別する傾向を強め、男性中心主義と長子の権利が強化されていった［Deuchler 1992］。

　韓国の親族制度における厳格な父系的性格は、中国や日本の事例と比較しても明らかである。中国に関するわたしの知識は限られているが、父系宗族が発達していた中国南東部でさえ、宗族外からの養取を禁止する規則や姓の継承を父系に限る制度は、韓国ほど厳密には守られていなかったことが指摘されている［Watson 1975, 1982］。また、均分相続規範によって長男の相続割合が制限され、結果として長男の子孫である宗孫や宗家の相対的な地位を弱めたと考えられる。一方、韓国では、性別と出生順によらない均分相続（子女均分相続）が17世紀まで広く行われていたが、それ以降、娘の相続分はどんどん縮小していった［文玉杓 2004］。

　韓国の制度の特徴は、日本と比較するとより明確になる。よく知られているように、日本では「家」という基本的な社会単位の存続が重視されてはいたが、父系子孫のみで構成する宗族というものはまったく形成されなかった。武士階級の慣習に基づくものといわれる長子相続（長男による相続）が明治初期の法改

---

(2)　「昭穆（しょうぼく）」とは、先祖代々の宗廟（祠堂）に位牌を納める序列のこと。位牌は、昭穆の序にしたがって世代順に並べられる。左に置かれたものを昭、右に置かれたものを穆と呼ぶ。王家の宗廟の場合、初代の王の位牌を中心に据え、第2、4、6代の王の位牌をその左に、第3、5、7代の位牌を右に祀る。

正で導入されたが、末子相続、初生子相続や一時的に長女が相続する中継相続（姉家督）など、さまざまな相続方法が長く共存していた［Befu 1962］。婿養子や、血縁のない他人を養子にする他人入養、さらには兄弟を養子とする順養子（準養子）も、家を存続させる手段として広く行われていた［Nakane 1967; Moon 1989］。婿養子が家を継ぐときには、婿入りした夫は妻の姓を名乗り、子供たちもそうした。したがって、韓国とは異なり、日本では改姓はつねに法的に有効な慣行であり、同じ家（戸籍）にある者すべてがその家の氏を使用するという「一家一氏制」に基づき、家の成員が夫と妻のどちらの姓を名乗るのかを婚姻のときに決めた。

2　日本の植民地時代の遺産

　韓国の宗族制度と日本の家制度の根本的な違いは、日本の植民地時代（1910〜45年）に深刻な紛争の火種となった。1940年、日本の植民地政府は同化政策の一環として、韓国人に生来の名前を捨てて日本名を名乗ることを求めた。この「創氏改名」と呼ばれる措置は、事実上、姓と本貫を廃止することにより韓国の宗族制度を否定し、日本の家制度と「氏」に置き換えることを意図していた。新たに氏が設けられたことによって、日本の制度である「婿養子」や「異姓養子」も認められるようになり、「同姓同本婚姻」も可能となった。また、家制度が導入されて姓と本貫が廃止されたことで、もはや誰が同姓同本の子孫なのか識別できなくなってしまった。

　こうした措置は、韓国の伝統的な宗族イデオロギーに真っ向から反するものだった。韓国の伝統的な社会制度では家族は父系宗族の構成要素と理解されていたにも拘わらず、宗族とは関係のない氏を創り出すということ（創氏）は、姓を放棄するだけでなく、韓国人のアイデンティティの源泉である父系の先祖を消し去ることを意味した。一方的に強制されたこの措置は、韓国人の強い抵抗を受け、「五千年の歴史を持つ文化的な民族に対して獣のようなやり方を押しつけるもの」だと主張する人もいた［梁泰昊 1992: 131］。

韓国の父系宗族制度に内在する男性中心主義は、1898年の明治戸籍法に基づく日本式の戸主制を取り入れることで、さらに強化された［孫炳圭 2007］。この制度では、戸主とそれに付随する権利は男性子孫のみに継承され、家族の関係は、家を構成する者たち個々の親族関係や姻戚関係ではなく、戸主との関係によって認識された。戸主制は、日本では1947年に廃止されたが、韓国では2005年に廃止されるまで、多少の修正はあったものの存続した。

3　韓国における「娘たちの反乱」訴訟の展開

いわゆる「娘たちの反乱」の意味するところは、こうした背景を踏まえて理解する必要がある。韓国の家族法が初めて施行されたのは1960年で、はるか昔の朝鮮時代（1392年〜1910年）末期から培われてきた男性中心主義と父系主義に基づくとともに、「日帝植民地遺産」として根付いた強固な戸主制に重点が置かれていた。1977年、1990年、そして2005年には、家族と親族の範囲、戸主の継承、婚姻と相続などについて大きな改正が行われた。最も画期的だったのは、2005年の改正で戸主制の廃止と姓不変の原則の緩和が実現し、戸籍に代わって個人の家族関係登録が導入されたことである。

こうした改正は、家族内での女性の相対的な地位を大きく向上させたが、女性の宗中員資格については、1990年代後半に訴訟が起こるまで、直接取り上げられることはなかった。韓国の大手メディアが「娘たちの反乱」と呼んでいるものの始まりは、1990年代後半に青松沈氏と龍仁李氏から婚出した娘たち数人が、実家の宗中員としての資格承認と宗中財産に対する権利を求めて訴えた一連の訴訟であった（図12-1参照）。

現代韓国の宗中財産の多くは、「位土」「祭位條」「奉祀條」（tablet land）などと呼ばれる、祖先崇拝のために確保された長男の相続分を、何世代にもわたって蓄積することで形成されてきたものである。長男の相続割合は、17世紀頃から継続的に増やされてきた。こうした財産の中には、とりわけ首都圏では、1980年代以降の土地投機によって価値が大幅に上昇したものもあったため、その利

図12-1　写真は、安東金氏に属する一つの門中の「派始祖」に対する祭祀であり、陰暦10月に行われる時享祭の中心部分をなす。その他の先祖に対する祭祀も交替で別々に執り行われるので、すべてを終えるにはひと月以上かかることもある。時享祭には娘も含めて女性親族は参加せず、参列者は原則として男性のみ。（金光億撮影）

図12-2　歴史的判決が下されたと報じる、韓国経済日報（2017年12月16日）

益の分配をめぐって多くの法的紛争が発生した。韓国における宗中員資格の法的認定に関しては、20世紀に何回かの変更が行われた。日本植民地期の戸主制のもとでは、「戸主」のみが宗中員と法的に認定されたが、1946年にはすべての世帯主に拡張された。1958年からは、20歳以上のすべての男性子孫が宗中員と認定されるようになった。したがって、青松沈氏と龍仁李氏の原告女性たちは、一審、二審ともに敗訴した。

　判決では、宗中とは、先祖の墳墓や祭祀を維持し、構成員同士の親睦を図るために自然発生的に形成された組織であるとされた。したがって、家に残って同じ姓と本貫を共有する子孫（つまり、男性父系子孫）と、他の宗中に嫁いで子供を産み、部外者（出嫁外人）とみなされてきた女性家族を区別することは「合理的」であるとされた。また、「父系の親族（父系親）で構成される宗中の性質上、このような区別は性差別とみなされるべきではない」とも述べられている。

　こうした下級審の判決は、明らかに慣習を反映したものだった。しかし2005年7月、韓国大法院は、反対の声と論争が渦巻く中、ついに「同じ姓と本貫を持つすべての子孫は、性別に関係なく、成人すれば宗中の一員となる権利を有する」という判決を下した。この判決は、原告だけでなく、訴訟を支援した国内のほとんどのフェミニスト団体からも、1970年代以降の韓国の社会全体の変化を適切に反映したものとして歓迎された。また、ジェンダー平等を定めた憲法の精神に沿う判決とも受け取られた。

　これに関連する注目すべき最近の判例として、母系血族も宗中の一員として認め、双系子孫を法的に宗中員と認めた判決があげられる。これは、2005年の家族法改正で子どもが母親の姓を名乗れるようになったことから、母親の姓を継いだ子どもが母方の宗中員になれるかどうかが争われたものである。再び一連の訴訟を経て、2017年8月、裁判所はついに訴えを認めた。判決理由は、「子供が両親双方の子孫であることは「当然の」ことであり、科学的根拠に基づいている。［したがって、］宗中員の資格を判断する際には、個人の尊厳とジェンダー平等という憲法の精神とともに、父性主義と姓不変の原則をすでに緩和してきた民法改正の意義も十分に考慮されるべきである」というものである（図12-2参照）。

4　判決への抵抗

　これらの判決は、訴訟を起こした娘たちや支援したフェミニストたちからは、ジェンダー平等の実現に向けた大きな前進として心から歓迎されたが、全国の宗中団体や儒教団体（儒林 *yurim*）は、歴史ある韓国の伝統を損なうものとして判決を批判し強く反発した。裁判所が、性別や婚姻関係にかかわらず、すべての子孫に平等な権利を与えるよう命じたあとも、ほとんどの宗中は、宗中活動への貢献度、宗中集会や共通する先祖の祭祀への参加頻度といったさまざまな理由をつけ、新たに認められた女性宗中員に平等な宗中財産権を与えなかった。これらの訴訟に加わった娘たちの多くは、実際には男性宗中員の取り分の20〜30％程度の配分は受けており、そのため原告女性の敗訴が繰り返されることとなった。このようなコンセンサスの欠如を反映して、その後の訴訟では、裁判所自体が矛盾した判決を下し、父系親族の組織であるという宗中の性質上、宗中財産の不平等な分配を性差別とみなすべきではないなどとして、しばしば宗中側の主張を認めたりしている。

　大法院の判決に対抗するために宗中団体がとる最近の戦略の一つは、自分たちの宗中を一種の「任意団体」と定義して、生得権として自動的に宗中員となることを男女いずれの子孫についても否定するというものである。例えば、自分たちの宗中が、同じ父系の先祖を持つ特定の子孫たちや、ある特定の地域に拠点を持つ子孫たちによって自発的に組織されたことを証明できれば、「宗中類似団体」とみなされ、宗中員となる資格を自治の原則に基づいて決定することができる。このような場合には、たとえ資格を男性子孫のみに限定しても、ジェンダー平等という憲法の規定の侵害とはみなされないことになる。

5　結語——衰退する父系イデオロギー

　では、こうした動きが、現代の韓国の親族、家族、そしてジェンダー関係に

おいて持つ意味をどのように理解すればよいのだろうか。「娘たちの反乱」を起こした女性たちの法的行動は例外的かつ少数ではあるものの、彼女たちの行動とその後の展開が、既存の制度に対する根源的な挑戦となったのは明らかである。最近の様々な進展によって、少なくとも法律的には、韓国を父系的社会として理解することはかなり難しくなった。

「娘たちの反乱」の法的勝利により、それまで「出嫁外人」と見なされていた既婚の女性たちが、実家の宗中の一員であることを主張する道が開かれた。姓はもはや父系のみで継承されるものではなく、子供は、母親の姓を名乗り母系血族として母方の実家の宗中員になることもできるようになった。2005年の法制度改革により新たに導入された「親養子制度（もしくは完全養子制度）」（full adoption system）では、再婚した夫婦の子供の場合、子供は継父の姓と本貫を選ぶこともでき、そうなると実の父親の父系（宗）を完全に消し去ることになる［韓琫熙 2006; ハンギョレ新聞 2006］。すでに述べたように、これは2005年以前の法律では、「姓不変の原則」によって固く禁じられていた行為である。「同姓同本禁婚制」の規定は緩和が繰り返され、婚姻可能な近親の限界は父方の「みいとこ（third cousin）」（父系 8 寸）までとされた。現在では、父系から継承した姓と本貫を変更することができるようになったため、禁止規定自体は慣習的な抑止力に過ぎなくなっている。

父系主義を擁護する立場からすると、上記のような変化は、既存の制度を根底から覆す「革命的」なものであるということになる。しかし、法律の変化は社会の変化を反映し、承認するものと理解するならば、「娘たちの反乱」とその後の展開は、韓国の家族と親族が父系を重視する伝統的な規範から離れつつあることを明確に示している。都市化が進んだ結果、交流する近親者の範囲はかなり狭くなってきた。今でも大多数の韓国人は、父系の先祖のために毎年忌祭を行っていると言われるが、父系の近親者の参加が減り、結婚した娘など女性の参加が着実に増えているため、その様式や規模はかなり変容している［文玉杓 2007］。父系主義を維持するための重要な柱である先祖祭祀は、キリスト教の普及とともに加速度的に衰退している［Moon 1998］。韓国社会の一部で、先祖祭祀や宗中活動を復興させる動きがあるのは事実だが、それらの多くは「伝統

と文化遺産の保存」という名目で続いており、大多数の韓国人の日常生活という文脈からは離れたものである。

参 照 文 献

金疇洙［2004］「韓国における家族の現状と家族法の動向」山中美由紀編『変貌するアジアの家族——比較・文化・ジェンダー』昭和堂、141-166頁。

篠塚英子［1995］『女性と家族——近代化の実像』読売新聞社。

麻国慶［2004］「「家」の再構築：中国における宗族組織とその復興——日本の同族との比較」『日吉紀要 言語・文化・コミュニケーション』No. 32: 41-60。

宮田節子・金英達・梁泰昊 共著［1992］『創氏改名』明石書店。

梁泰昊［1992］「「創氏改名」の思想的背景」宮田節子・金英達・梁泰昊共著『創氏改名』明石書店、123-166頁。

文玉杓 外 共著［2001］『東아시아 文化傳統과 韓國社會』서울: 白山書堂.

文玉杓 外 共著［2004］『朝鮮 兩班의 生活世界』서울: 白山書堂.

文玉杓［2007］「家庭祭禮의 變容을 通해 본 現代 韓國人의 家族關係와 젠더」『韓國文化人類學』39 (2): 287-319.

孫炳圭［2007］「民籍法의 '戶' 規定과 變化 - 日本의 明治戶籍法 施行經驗과 '朝鮮慣習'에 대한 理解로부터」『大東文化研究』57輯: 115-81.

李光圭［1990］『韓國의 家族과 宗族』서울: 一志社.

張炳仁［2006］「朝鮮時代 女性史 研究의 現況과 課題」『女性과 歷史』6輯: 25～49. 韓國女性史研究會.

張秀賢［2001］「社會主義下 中國의 家族」文玉杓 外 共著『東아시아 文化傳統과 韓國 社會』서울: 白山書堂. 95-130.

崔在錫［1983］『韓國家族研究』一志社.

韓琫熙［2006］「完全養子-親養子란 무엇인가」서울家庭法院 調停委員協議會, 家事調停, 通卷 제8호.

한겨레（ハンギョレ新聞）［2005年7月25日］字「'宗員 資格 成年男子로 制限' 慣習法 效力없다」

Befu, Harumi［1962］Corporate Emphasis and Patterns of Descent in Japanese Family. In: Robert J. Smith and Richard K. Beardsley (eds) *Japanese Culture: Its Development and Characteristics*, pp 34-41. Chicago: Aldine Publishing Company.

Deuchler, Martina［1992］*Confucian Transformation of Korean Society*. Cambridge: Harvard Univ. Press.

Moon, Okpyo［1989］*From Paddy Field to Ski Slope: The Revitalisation of Tradition in Japanese Village Life*. Manchester: Manchester University Press.

Moon, Okpyo [1992] Confucianism and Gender Segregation in Japan and Korea. In: Goodman, Roger
and Christine Refsing (eds) *Ideology and Practice in Modern Japan*, pp. 196-209. London: Routledge.

Moon, Okpyo [1998] Ancestors becoming Children of God: Ritual Clashes between Confucian
Tradition and Christianity in Contemporary Korea. *Korea Journal* 38 (3): 148-177.

Moon, Okpyo [2011] Guests of Lineage Houses: Tourist Commoditization of Confucian Cultural
Heritage in Korea. In: Kendall, Laurel (ed.) *Consuming Korean Tradition in Early and Late Modernity:
Commodification, Tourism and Performance*, pp. 88-104. Honolulu: University of Hawaii Press.

Nakane, Chie [1967] *Kinship and Economic Organization in Rural Japan*. London: Athlone.

Walraven, Boudewijn et.al. [2007] *Beyond "Confucianization"*. Sungkyun Journal of East Asian Studies.
Vol.7 No.2 (Special Issue). Academy of East Asian Studies. Sungkyunkwan University.

Watson, James [1975] Agnates and Outsiders: Adoption in a Chinese Lineage. *Man* New Series, Vol. 10,
No. 2 (Jun., 1975), pp. 293-306.

Watson, James [1982] Chinese Kinship Reconsidered: Anthropological Perspectives on Historical
Research. *China Quarterly* 92: 589-622.

墓のない故郷へ

現代中国における「家」の機能

1950年代のポスター「幸福家庭」。本来先祖の
位牌を飾る場所に，指導者毛沢東の肖像

中国では、毎年マスコミを賑わす定番として、数億の人々が短期間に国内を大移動する「春運」という壮絶な帰省ラッシュがある。「春運」に窺える中国人の「家」への回帰意識の要因の一つには家の祖先祭祀があると考えて間違いないが、その祖先祭祀とは主に先祖の埋葬場所で行われる「墓祭」、祖霊を祀る宗祠で行われる「祠祭」と、さらに住居の中にある特定の場所で行われる「寝祭」とによって構成されていることはよく知られている。この三つの祭祀は北方と南方など地域によって偏重があるが、長きにわたって家の基本的な機能を支えてきた。しかし20世紀初頭に始まった中国革命以降、こうした祖先祭祀の空間が急速に弱体化し崩壊し始めただけでなく、著しい変質をも来してきているのである。それでは、現代の中国人にとって、春節前に万難を排してまで帰ろうとする家とは何を意味し、その機能にどのような変化が起きているのだろうか。以下、この問題を具体的な案件、すなわち2012年に中国の河南省で起きた「平墳運動」（墳墓取り壊しキャンペーン）を手がかりに論じてみたい。

1　「平墳運動」とは何か

　「平墳運動」（「平墳事件」「平墳風暴」ともいう）とは、2012年河南省に直属する南陽市、洛陽市、商丘市と周口市において展開した、政府主導の墳墓取り壊しキャンペーンである。墳墓を取り壊すのは、それが農業生産の妨げになっているという理由からであった。とはいえ後述するように、中華人民共和国において墳墓の取り壊しキャンペーンは、風俗改革運動としてそれまでに何度も行われており、けっしてこれが初めてではない。土葬が習慣であった中国では、多くの土地が墓地となって耕地を圧迫しており、墳墓の取り壊しキャンペーンは、土葬から火葬への埋葬の改革運動とも併せて展開されることも多かった。本章で取り上げる河南省での「平墳運動」は、国際的な反響を呼んだという点で、特筆される事例と言って良いだろう。まずは各種メディア（一部ネット情報を含む）に基づいて、その経緯を以下のように整理してみた[1]。
　2012年の春、中国共産党河南省書記盧展工が河南省南陽市を視察した際、農

地にある多くの墳墓を目撃した後、全市レベルでの「平墳運動」を開始するよう指示した。それを率先して実行に移したのが周口市である。5月15日、周口市長の岳文海は市の会議で、「これは後戻りのできない方向だ。革命であり、戦争でもある」と宣言し、同市では「平墳復耕」(墓を取り壊して耕地に戻す)運動を開始し、管内の商水、扶溝、項城などの県で様々な形での活動や宣伝を行った。学校は休校にして「平墳復耕」のスピーチコンテストなどを行い、運動に応じない場合、生活保護の停止などを宣告した。

かくして周口市の「平墳運動」は「平墳復耕工作実施方案」のもとで着々と進められた。方案では墓一基取り壊せば人民元200元の奨励金が与えられること、村の幹部が率先して行動を取ること、違反した場合は免職。また教師と中国共産党党員も同じように要求され、違反した場合、教員免許または党員資格が剥奪されると決めた。さらに墓が一基でも残留すれば、管内の郷や鎮の政府に罰金1000元を課し、これを幹部たちの年度評価と一体にするような条例も加えられた。

6月に入り、岳文海市長は、市政会議で「盧展工書記の指示を貫徹せよ」なる談話を発表し、積極的に葬送改革を推進するよう促した。続く10月9日、同市では「全市葬送改革及び平墳復耕推進会議」を開き、河南省書記盧展工、河南省省長郭庚茂、河南省民政部部長李立国などの政府要職たちが揃って「平墳運動」に対する肯定的な意見を述べた。

11月6日、河南省は「河南省葬送改革深化工作推進会」を開き、副省長の王鉄が、周口市に対して人民元300万元の奨励金を交付すると同時に、全省に周口市に学ぶよう呼びかけた。11月14日、周口市長岳文海が太康県にある毛荘鎮の「平墳運動」の進展状況を視察して次のように述べた。

県、郷、村などの幹部たちは、新しい工作方法を作り出し、関連政策の宣伝と説得を励行し、その過程に現れた良い典型や経験を広く宣伝しなければならない。大衆の理解、協力と支持を求め、平墳復耕と葬送改革を平穏に推進しなければな

---

(1) 河南平坟运动-维基百科,自由的百科全书(wikipedia.org)(最終確認:2021.10.24)

らない。

　11月21日、周口市民政局社会事務課長胡朝陽が記者のインタビューに対して、周口市管内にある340万の墳墓のうち200万基が除去され、耕地3万畝が復元されたと発表した。その上で、平墳運動は広く一般群衆に認められ、省の政府や主なメディアにも認可されたものであり、インターネット上の攻撃で止められるものではないと述べ、ネットで噂を流す人の殆どは、他の地方の官僚か商売人であり、彼らは先祖の墓を壊されて風水に影響が出ることを心配しているからだ、と強調した。

　さて、河南省が取った一連の政策に対して、国営メディアは一貫して支持の態度を見せていた。2012年11月4日『人民日報』のオフィシャルサイト「微博」では、これを「移風易俗、保障先行」と称して以下のように讃えている。

　　　河南省周口地方で展開された大規模な平墓復耕と葬送改革運動は、火葬の無料化と農村共同墓地に牽引されて、農民たちは既に200万の墓を潰し、耕地3万畝を再利用できた。強制による推進ではなく、健全な補償制度でもって積極的に矛盾を解決し、最終的に全社会をウイン・ウインに導いた。困難はあるが、解決方法もきっとある。周口の政策方針はやはり賞賛に値する。

　新華社も、「周口では墓200万基を土地3万畝に戻した」とその業績を褒め称え、『人民日報』に直属する『環球時報』は2012年12月3日に「52.4％の河南周口の民衆が平墳に賛成」という文章を発表し、「52.4％の人は平墳を支持し、39.7％の人は不支持、7.9％の人はどちらとも言えない」との結果を発表している。一方、『河南日報』も、2012年12月8日に「平墳は政府が人民のためになした素晴らしいことだ」（平坟是政府给群众办了一件大好事）という社説を掲げ、次のような論を掲げている。

　　　墓を取り壊して耕地を増やせば、大規模な機械化作業が実現できる。「平墳復耕」は葬送改革の重要な一環であり、人口が多く土地の少ない農業大省河南省に

とって、葬送改革は文明を広げ、新しい風習を創るだけでなく、耕地の面積と、機械化の生産にも有利である。国家の食糧安全と、農業の基礎地位を強化するにも積極的な促進作用がある。この政策は一挙にして多くの利益を収め、国家にとっても人民にとっても良いことである。

このように「平墳運動」は一見順調に進んだように見えたが、実際のところは最初から様々な批判の声も上がっていた。ここに確認できる反対の意見を列挙しよう。

まず、2012年10月13日、国内の大手メディアに勤務する河南省の出身者数十名が、「平墳運動の即時停止を求める緊急アピール（「关于立即停止「平坟运动」的緊急呼吁书」）に連署し、抗議した。

2012年10月21日、周口市では墓の取り壊し作業中に死者と負傷者が出たことで、許章潤、張千帆、盛洪、姚中秋を筆頭とする国内外の100人を超える学者が11月8日に緊急アピールに連署し、運動の即時停止を求めた。アピールでは、この運動が民衆の感情を著しく傷つけたのみならず、信仰の自由を犯し、中国文化を破壊するものだと訴えた。

同じ2012年10月頃、河南省淮陽県の若者たちによる自作動画「平墳スタイル」（平坟Style）がネットに広がり、注目を集めた。そしてほぼ同時に大手IT企業「新浪微博」の河南省出身のユーザーが河南省と周口市の責任者たちの実名を挙げて批判し、全員の先祖の墓を取り壊すよう呼びかけ、懸賞金までかけた。

2012年12月18日付の『法制日報』が、「平墳運動」の背後に土地売買が絡み、数百億の莫大な利益があると暴露し、「平墳運動」を「平墳大躍進」と批判した。同時に、『南方週末』『中華網』『湖南科技報』などの比較的影響力のあるメディアも、この運動に対して批判的な立場を取っていた。また、海外のメディアもこの事件に注目し始め、ドイツの国営国際放送事業体Deutsche Welleが一部始終を詳しく報道し、コメントを寄せた。

こうした事態を受けて、中央政府がようやく重い腰を起こし、同12月25日に中国農業部のスポークスマン畢美家が記者の質問に対して次のように答えた。

図13-1　取り壊され、畑に戻された墳墓の跡[2]。

　　地方政府が打ち出したこの政策は、その出発点においては良いものというべき
だ。特に墓を耕地に戻す点においては。中原地帯に位置する河南省は小麦の主な
産地であり、生産量も全国第一だ。しかし、大量の墓が耕地にあると、耕作に
も影響してしまう。だが問題は、彼ら（地方政府）の政策施行の過程で、農民の
気持ちを尊重せず、行政命令の形を取ったことだ。このような方法は妥当性を欠
く[3]。

　2013年に入り、中国国務院がついに全国に通達を出し、「強制的」な墓の取り
壊しを禁止した。これを受けて周口市では約百万基の墓が復元され、１年近く
続いた運動にピリオドが打たれたのである。

2 「平墳運動」が語るもの

　「平墳運動」は、「家」の機能を含む現代中国社会が抱える多くの問題を一度
に露呈した意味で注目に値する事件である。実際、運動終結の直後、既に関連

（2）　https://chiculture.org.hk/sc/china-five-thousand-years/781（最終確認：2021. 10.24）
（3）　新京报［微博］郭少峰 邓琦2012-12-26 03：01（最終確認：2021. 10.24）

312　第Ⅱ部
　　　脱／再構築される儒教 ——近現代アジアの家族の変容

の研究が現れたが、その内容は概して伝統文化保護の立場から政策への批判または政府に対する建言に集中しており、数百万の家庭を巻き込むこの運動がなぜ通達一つで起こり、そして誰も責任を取らずに収束できたのかという、核心的な問題へのアプローチは殆ど見られない。以下、筆者なりにこの運動の特徴と問題点を整理してみた。

(1) 運動は完全に政府主導によって進められ、これを牽制する政治的規制が見られないこと。
(2) 農民側には、準拠すべき法がなく、訴訟を起こす形跡と組織的な反抗が見られないこと。
(3) 運動が一律平等に行われたのではなく、一定クラス以上の幹部の墓は破壊が免除されたこと。
(4) 運動が祖先祭祀にもたらす実質的な影響がほぼ無視されたこと。

このうち (1) については、「平墳運動」が一方的に政府によって進められた遠因に、中国の歴史において、国家権力による強制的な人口移動が前史としてあったことと関連する。この点、多くの研究の中で足立啓二の次の指摘を引用したい。

　　人為的に作られた社会編成。……農村部においても大量な人民の強制移動＝徙民が実施された。『明実録』等の文献にもそれを命じる事例が多く残されているが、とりわけ広範に徙民の実施された華北では、民国期の聞き取り調査でも、ほとんどの村落がその起源を明初の強制移住に求めるように、伝承的な記憶にも形をとどめている。土地所有の集中が進んでいた江南でも、住民の移動を伴いながら資産の没収と再分配、すなわち籍没と授田が広く行われた［足立 2018］。

むろん、明の前例はその一つに過ぎず、現代中国においても、同じような大規模な強制移動がしばしば発生し、中でも三峡ダムをめぐる一連の移民措置とその後遺症がよく知られている(4)。こうした政府による強制的な移動のほか、戦

乱、洪水などによりやむなく土地を失い、大量の人民が流民となるケースも跡を絶たない[5]。こうした不安定な社会状況が、中国人の祖先祭祀の安定性に影響したのは言うまでない。それでも、歴史的に見て、中国社会における祖先祭祀の形態が様変わりしたのは、20世紀に入り、相前後して起きた新文化運動と五四運動の時期である。この二つの運動はその後中国共産党の執政方針に大きく影響したが、その核心には常に儒教批判があった。中でも新文化運動の旗手の一人であった呉虞（1872〜1949）の「家族制度は専制主義の根拠である」という論説と、李大釗や孫文らが批判していた「家族主義的家族国家観」が有名であり［尾形 1979; 馮 2005; 陶 2015など］、そうした思潮が1949年以前から既に政策に反映されるようになったのである。墳墓の取り壊しについても、今回が初めてではなく、次のような歴史が確認される。

　例えば、近代中国における政府主導の墓の取り壊しの発端については、1921年から1937年までに発行された『市政公報』に、当時国民政府が執政する広州市で類似の政策を行った記録が確認される。1932年発行の『市政紀要第四〇九期公報』には、「財政局限期遷葬白蜆岡墳墓」という通達が見られ、都市化に備えるための住宅地開発を目的とする墓地の移転に関する政府の決定がその内容である［広州市 1932］。そして、それに類似した政策が1949年中共執政以降、いわゆる「葬送改革」の形で継続していたことは、下記の事例に認められる。

　1956年4月に行われた中国共産党の政治局会議では、土葬を取り止め火葬の普及に関する提案が出され、毛沢東によって強く支持された。そして、1957年10月、中国政府は「農業発展綱要（修正草案）」を頒布し、「従来の不合理な風俗習慣」という、伝統的な葬送風習をやり玉にあげた。これに呼応するかのように、国会にあたる全国人民大会副議長黄炎培が率先して先祖の墓を取り壊し、当時新興した「農業合作社」に墓地を献呈した。黄はさらに1958年1月11日の

（4）　https://baike.baidu.com/item/三峡移民（最終確認：2021. 10.24）

（5）　例えば、2019年から山東省において政府主導で行われている「合村併居」運動もその一つと言える。こちらも行政命令一つで村ごと住み慣れた土地から他所へ遷され、別の村と合併される政策である。詳細はネットの上でも確認される。合村并居 - 维基百科, 自由的百科全书（wikipedia.org）（最終確認：2021. 10.24）

『人民日報』に「平地に深く埋葬することの勧め（試倡平地深葬）」なる一文を寄せ、死者を「墓を無くし深く埋葬するか、または棺桶まで省略し、普通の衣服で埋葬すればよい」、「棺桶を特別用意するまでもない、いずれ腐ってなくなるから」と述べた。同年6月、国務院総理の周恩来も、実家のある政府に先祖の墓を取り壊すよう書翰で指示した。これを受けて、ほぼ全国規模の形で葬送の改革が行われ、共同墓地の建設もこの時期に始まったと見られる[6]。葬送改革の動きが一段と強まったのが、ほぼ10年後の文化大革命の時期である。いわゆる「破四旧、立新風」（四旧を排斥し、新しい風習を創ろう）という、「古い」文化への排斥運動が全国を席巻し、文化の刷新を図る名目のもとであらゆる伝統文化が標的とされ、破壊された。その中には、「墓祭」「祠祭」「寝祭」を中心とする祖先祭祀も含まれ、この時期に至って殆どすべて禁止された[7]。

　上記のような歴史的背景を無視し、政府系の言説を鵜呑みにして、河南省における「平墳運動」の起因をただ単に「耕地確保」や「可続的発展」であると捉えるとすれば、この運動の本質が見えてこない。実際、前記河南省の「平墳運動」に対する2012年11月4日付の『人民日報』のオフィシャルサイト「微博」に見える「移風易俗、保障先行」という文章は、建国以来に実施された葬送改革を意識したものであり、「移風易俗」──「新しい風習を創ろう」という表現もその延長線上にあることを示している。

---

(6)　例えば、毛沢東の激励によって全国に広まった人民公社が、農村の生産管理を始め様々な試行政策を施した中で、1958年8月4日に発表された「嵖岈山衛星人民公社試行簡章」（李友九・信陽地委・遂平県委・嵖岈山公社領導集体創作）は歴史資料として現在に残っている。その内容の一部を訳出しよう。「（十九）人民公社は共同墓地を作らなければならない。生産と建設の需要に応じて、墓の家主の同意を得て、現在の墓を移動させることができる。公社は火葬と深葬（地下に深く埋葬する）も提唱しなければならない。」［中共中央文献研究室編1992: 344］。

(7)　「四旧」は「旧思想、旧文化、旧風俗、旧習慣」の略称であり、文化大革命中に林彪が発表した談話『五・一八講話』に由来する。後に1966年6月1日に発表された『人民日報』の社説「全ての邪悪な者どもを駆除せよ」（横掃一切牛鬼蛇神）に肯定された。「四旧」と関連する部分は以下の内容である。「プロレタリア、共産主義、社会主義運動が誕生する以前の長い歴史の中で、全て先人に創造された、社会形態によって残留された文化の財産は、文化革命のイデオロギーから見れば、悉く古くて、朽ち果てた、反動的なものである。これらと徹底的な決裂をし、きれいに駆除すべきである。このような観念は既に一般人民の心の中に深く浸透しており、全員がこれを恥ずるべき対象としている。日常生活の中にも表れている。」

次は、平墳運動の被害者を含む民間の反応であるが、（2）において指摘したように、訴訟も組織的な反抗も見られなかったのである。むろん、死者と負傷者が出たことで家族による激しい抗議が個別のケースとして確認されるものの、法的手段に訴える報道はついに見られなかった。この大多数の被害者が沈黙する理由は何を意味するのか。

　これについては二つの原因が考えられる。一つは、法そのものが整備されていないこと、今一つはここにも歴史的な原因があるようである。例えば、世論が賛否両論に分かれ、反対意見が目立ち始めてから、2012年11月16日付の中国政府の公式ホームページでは国務院第628の号令を通して、『葬送管理条例（殯葬管理条例）』第20条の修正案を発表した。

　　　火葬にすべき遺体を土葬し、あるいは共同墓地また農村の公益的墓地以外の場
　　　所に遺体を埋葬し、墓を造る行為に対して、民政部門による期限付きの改正手段
　　　を講じるべきである。これを拒む者に対して強制施行を行うことができる。

　しかしこの内容から、「これを拒む者に対して強制施行を行うことができる」という文言がいつの間にか削除されたのである。法律ではなく「号令」として発布すること自体極めて中国的であるが、事態を重く見て一部内容を変えたりするその手法もいかにも姑息であり、法の不完全のみならず、責任逃れの疑いさえかけられかねない。

　また、歴史的に見れば、現代中国農村社会における自律的権力と自力救済システムの不在がある。費孝通が指摘したように、かつての中国農村社会にあった「礼治秩序」はそれに類した性質を帯びていたが［費 2020: 89-97］⁽⁸⁾、それが中国革命以降僅か数十年の間に呆気なく消滅したようである。

　ところで、同じ東アジアにある日本と比較すれば分かるように、日本ではこうした事件が発生した場合、百姓＝市民（経営体）、村＝自治体（共同体）、国家

（8）　また、費とほぼ同じ時期に活躍していた社会学者の楊開道が、古代から近代まで中国における郷村自治の実態を「郷約」という制度を手がかりに、フィールドワークに基づいた詳論があり、参考になる。［2015］『中国郷約制度』（商務印書館）。

の三者の間に何らかの緩衝手段が存在し、それが失敗した場合、遠くは「村方騒動」や「百姓一揆」[水本 1987, 1993]、近くは熊本県の下筌・松原ダムの建設をめぐる1950年代のいわゆる蜂の巣城紛争や1970〜80年代の成田空港問題にあったような、村民による一貫性を帯びた反抗と闘争が容易に予想されるが、中国では村民対公権の対立抗争のような動きは全く見られなかった。何故だろうか。

この点、日本の村社会と構造的な違いを見せる現代中国の農村は、共同体としてあまり機能しなかったことが原因と見られる。(1) においても論じたように、歴史的に見て、中国社会は安定した時代が少なく、日本のように地縁社会が形成されず、氏神、地主神に象徴される宗教的結束がそれほど強くはなかったようである。加えて公権力による強制的な移民、移住などで村そのものがしばしば解体し、土地への愛着が続きにくい面があった。そして本来一族の結束を象徴する「社」への人々の帰属意識も、産業化に伴う村落の崩壊及び核家族化により解体もしくは希釈された。こうした相違からおのずと想起されるのは、中田薫が「徳川時代に於ける村の人格」なる論文において日本の村と「ゲルマン民族のGenossenschaft」を比較し、日本の村も「一の独立せる人格者」的な性格を有すると指摘したことである[中田 1985：963-996] [9]。つまり、ドイツと日本の両方に比べて見れば、中国の農村社会にはそうした「ゲマインシャフト」の伝統が薄かったということであろう。

次は (3) について。

『捜狐新聞』などの大手ネットメディアによれば、この運動の中で、政府の幹部と関連する墓が、悉く取り壊しの対象外という特別な待遇を受けたことである。運動の最中、政府の官吏及びその先祖の墓は公の墓地と文物保護の対象とし、副処長クラスの先祖の墓を取り壊す対象外とする旨の情報が外部に漏れたが[10]、ここにいう「政府官員」は、おそらく在地の官僚ではなく、河南省以外の土地で政府に属している党幹部を指し、「副処長クラス」は、同じく党の幹部

---

(9)　なお、伝統中国の「村」の性格について、地道な現地調査を踏まえたMyron L.Cohenの研究も参考になる[Cohen 2005]。

(10)　http://news.sohu.com/20120507/n342487775.shtml（最終確認：2021. 10.24）

でありながら、よりランクの低い者をさす。つまり、政策が決して一律に施行されたのではなく、地方幹部を懐柔する形で進められたようである。

　しかし、このような方針もまた、中国の伝統政治の一部分として理解されなければ誤解を招くであろう。後に述べるように、そもそも中国では葬送に関する儀礼の歴史が長く、早くは漢の時代から、既に死者を弔う厳密な規定が作られた。『礼記』王制には天子から庶人までの葬送の基準に関する次のような条文が掲げられている。

　　　天子七廟、三昭三穆、與大祖之廟而七。諸侯五廟、二昭二穆、與大祖之廟而五。
　　　大夫三廟、一昭一穆、与大祖之廟而三。士一廟、庶人祭于寝［『十三經注疏』（上
　　　冊）1335頁、中華書局、1996年］。

　すなわち天子が死去した場合、それを祀る「廟」が七つあるのに対して、諸侯は五つ、大夫は三つ、士は一つ、庶民には「廟」を有する資格がなく、家でしか祀られないとある。「平墳運動」で頒布された条例でもってこれに照らせば、先祖の墓が取り壊しから免れた地方の大小の官僚たちは、さしずめ「諸侯」「大夫」あるいは「士」にあたるようなものであろう。残る一般庶民——「庶人」は、墓を恣に取り壊され、後述するように最後の空間となる「寝」まで占拠されてしまうのは、ある意味で儒学的な伝統にものの見事にかなっていると言えよう[11]。

　（4）については、本章の表題に関わる問題なので、次節で詳しく論じてみたい。

---

(11)　例えば、「宗祠」と官位の関係について、マックス・ウェーバーが中国の官僚制度を支える科挙を考察するにあたり、次のように指摘したことがある。「祖先祭祀にもかかわらず、幾人の祖先をもったかということが社会的地位を決定したのではなかった。むしろ、まるで反対に、人が一個の祖廟（または、非読書人の場合などは、たんに一つの祖先図だけ）をもつことを許されるか否か、また幾人の祖先をその中に言及することが許されたかは、本人の官位次第であった。」［ウェーバー 1993：197］。

　第Ⅱ部
　　　脱／再構築される儒教——近現代アジアの家族の変容

3　崩壊する祭祀空間

　では、墓を取り壊された一般の人たちにとって、この運動が彼らの祖先祭祀にどのような影響を与えたのだろうか。被害者の一人の発言を掲げてみよう。

　　長年都会暮らしをしているが、毎年旅の苦労を厭わず、歓んで故郷へ帰るのは、あの土地があるからだ。そこには幼い頃の思い出や、年を取っていく両親、そして先祖代々眠ってきた墓があるからだ。故郷は、遊子の心を慰める永遠の場所であるだけでなく、世界中何処へ行っても後髪を引かれる場所でもある。一旦壊されてしまえば、我々は本当の根無し草になってしまう。（墓のない）土地そのものが裕福になっても貧乏になっても、もう私とは関係がない。しばらくしたら、家から数枚の写真が送られてきた。丘にあった曾祖父、曾祖母、祖父、祖母の墓はことごとく取り壊された。私は言葉を失い、涙が止まらなかった ［楊 2012］。

　文章からは、この作者も冒頭に触れた「春運」の一人だと窺える。「曾祖父」の代からの墓を全部破壊された彼は、もう帰省ラッシュの辛苦を我慢してまで故郷へ帰る意味がない、と訴えている。文面から、「家」と「墓」が、作者の帰郷を駆動する主な理由と見られ、中でも墓の占める割合が大きく感じられる。事実、中国人の精神世界における墓の位置は、早くに滋賀秀三によって明示されている。

　　中国人にとって墳墓は極めて重要な意義をもった存在であった。祖先と子孫は一つの「気」の展開であると見る中国人の世界観をまざまざと象徴するもの、それが墳墓であった。祖先は個人として生き個人として死んだのでなしに、無形の「気」の一節として生きた。その「気」が多くの子孫となって今なお繁栄しているのならば、祖先もまたこの子孫において生き続けている。かような、死してなお生き続けている祖先のすみかが墳墓に外ならない。墳墓を「陰宅」と称する用語法のうちにも、墳墓に対する人々の意識が端的に表現されている。陽宅が地形

や方位を慎重に選んで建設されると同様に、否それよりも遥かに強い関心をもって、墳墓は吉地を卜して営まれた。その地相の吉凶や管理の良否は子孫の命脈を左右するとされた［滋賀 2000: 374-375］。

　このように祖先祭祀における墓の意義は絶大なものであったため、墓を取り壊された被害者の怒りと悲しみも容易に理解されるが、被害者をして絶望的な気持ちにさせた今一つの原因には、革命を経験した中国では祖先を祀る空間がほぼなくなってしまったという背景があると考えられる。というのも、冒頭に触れたように、祭祀空間は北方と南方または地域によって分布が均等ではなく、「祠祭」と「寝祭」の伝統があまり強くない地域では、墓がなくなれば祖先祭祀そのものが出来なくなるからである。

　中国における「祠祭」「寝祭」の変容について瞥見してみよう。

　「祠祭」を行う「宗祠」の起源は古く、前掲『礼記』王制の条文にもあるように、「天子七廟」は天子の四親（高祖、曾祖、祖、父）廟とその二祧（高祖の父と祖父）廟及びその始祖廟、「諸侯五廟」は父、祖、曾祖、高祖及びその始祖の廟、大夫三廟は一昭、一穆及び太祖の廟を指すことになるが、ここに明示された如く、一般庶民は、「寝祭」しか許されなかった。『礼記』祭法に見える「庶人無廟、死曰鬼」という文言もこれを裏付けている。

　さて、宗廟は先秦時代に既に存在し、始めは宮廷にあったが、漢代以降「祠」へと徐々に変化し、独立した祭祀空間として成立したのが唐宋、五代の時代である。大規模な建立は宋代になって、朱熹が祖先祭祀を中心とする家族制度を提唱してからである。各家庭において高、曾、祖、禰四世の祠を造り、場所は「正寝」の東と規定した。明の中頃、国家が統制を強めるために、宗族関係の強化を秩序の維持と理解し、嘉靖15年（1536）には「乞詔天下臣工建立家廟」なる詔書を頒布した。それ以降、中国における祠堂の発展がかつてない繁栄期に入った。同時に、祠堂は中国人家族にとって宗教的機能を発揮する中心的な場所となり、先祖の霊を象徴する位牌のある場所のみならず、祖先祭祀の場所ないし一族の規則、掟、議事堂などの役割をも担わされていた。

　甘懐真の研究にも示されるように、「家廟の礼は、廟の数、有廟、無廟、祖先

祭祀をしないなどの違いによってその時代の身分の高下を表していた」が［甘1991: 39］(12)、実際、近代までの中国では「家廟」＝「祠堂」がかなり普及した模様である。例えば、およそ100年前、中国で行われた「宗祠」に関する社会学的な調査の結果によれば、「現在宗祠を有するか否か」に対する答えでは、317人中「有」は213人で67.2%を占め、「無」は104人で32.8%となっている。この結果に対して「宗祠は現代中国社会の中でもなおも強い勢力を持っている」という判断が出されている［潘 1993: 102］。

　ところが一族の象徴である「宗祠」は、中国革命の中でいち早く破壊のターゲットとされた。毛沢東が1927年に執筆した「湖南農民運動調査報告」では、「宗祠、支祠から家父長に至るまでの家族系統は、……政権、族権、神権、父権とともに全ての封建宗法の思想と制度を代表し、中国人民、特に農民を束縛する極めて大きい縄である。」と批判し、「祠堂や族長の族権を打倒する」ことを呼びかけたことがその始まりと見られる［毛沢東 1952：31］。こうした主張がただちに政策に反映された例として、いわゆる「古田会議」が挙げられる。例えば、趙樹岡は、1929年、危機に追い込まれた紅軍が、福建省の古田という町で行った一連の宗祠破壊の行動について調査し、古田が後に中国革命の聖地とされた理由として、革命決議と宗祠破壊に象徴的な意味があるとしている。なかでも「廖氏宗祠」の運命を詳細に調査したその考察は説得力があるものであり、「古田会議」は単なる軍事史の一事件ではなく、毛沢東がいう「封建宗法の思想と制度」を徹底的に破棄する政治活動として、現代中国史におけるその位置付けや意義を明らかにしている［趙 2014］。これをきっかけに中国革命のなかで「宗祠」が次々と取り壊され、「祠祭」もその機能を徐々に失ってしまったのである。近年、一部の地域では、「宗祠」修復の動きが見られるものの、もはやかつてのように戻ることは不可能であろう。

　一方、前掲『礼記』に「庶人祭于寝」とあるように、「寝祭」も古くから継承されてきた祖先祭祀の儀式である。徐揚傑の研究によれば、「寝祭」は明清以降

（12）　また、近世以降の中国における「家廟」の変遷と形態について詳しく論じる井上徹の研究も参考になる［井上徹 2000］。

徐々に普及し、要するに家の中で何等かの形で行えばよい、という風習が強まったようである［徐 1995: 306-308］。堅実な資料調査に基づく徐の「寝祭」に関する研究は詳細を尽くしているが、要約すれば凡そ次のようになる。

(1)「寝祭」は家の中の居間（「正房」「庁堂」）のような空間で行われる。
(2)「寝祭」の対象は直系にあたる先祖の位牌が置かれる「神龕」である。
(3)「神龕」に祭られる先祖の位牌は高、曾、祖、考の四世に限る。
(4) 極貧で、居間を持たない家族は、部屋の正面の壁に穴を開け、かりそめの「神龕」として先祖の諱を書いた赤い紙だけを貼り、これを祭る。

　近代以降の「寝祭」は、概して徐が述べたような歴史状況を踏まえて成り立っているが、地域によって若干の違いをも見せている。大まかな様相として、旧暦大晦日の日には、家族を代表する者が正装して墓詣りをし、先祖の霊を家に招く儀式を行う。それから一家または一族が所有する家の居間——「庁厦」に設置してある「神龕」の位牌に向かって礼拝する。位牌とともに「土地神」、「財神」が祀られる場合もある。この風習は東アジア及び東南アジアの儒教文化の影響を受けた地域や民族の中で今でも確認される。位牌の形やあり方は地域によって様々で、文字だけの場合もあれば、箱型の場合もある。台湾など閩南語を話す地域では、「公媽牌」と称するものの中に、先祖代々の諱や生卒年月が書かれた札が収められている。その類型は多く、対象も先祖、個人、夫婦など、地域や宗教によって違う。人類学者の許烺光は、先祖の位牌を祀る「精巧にして素朴な」な「祖先神位＝神龕」が、1949年までにほとんどの中国人家庭に存在していたことを指摘している［許（黄光国訳）2002: 50］。
　ところが、中国本土では、「宗祠」と「寝祭」に設けられる「神龕」はともに革命以降大きな打撃を受け、気がつけば墓が唯一先祖を祀る場所となった。筆者も、文化大革命の最中、旧正月に祖母に手を引かれて、畑の中にあった先祖の墓の前で一族とともに跪いて礼拝した記憶を持っている。しかし、家の中に「神龕」があった記憶はない。つまり、「破四旧」の風が吹き荒れていた中でも、

第 II 部
脱／再構築される儒教 ——近現代アジアの家族の変容

墓そのものは破壊されず、そうした祭祀活動が田舎でも辛うじて維持されていたのである。ただ、「平墳運動」に見られるように、それもいつ、どのような形で消滅させられるか分からない、常に不安定な状態に置かれてきた。事実、筆者が幼い頃参拝していた先祖の墓は文革後の土地政策などで既になくなっている。

4 「祖先」を祭る家から「指導者」を崇める家へ

ところで、ここで注目したいのは、持続する革命運動による祖先祭祀の空間の崩壊は、必ずしも儒教イデオロギーとしての家族倫理の消滅を意味しない、ということである。例えば、1950年代以降の中国には、本来完全に私的な祭祀を行う場所としての「寝」に、公権力を象徴する指導者の肖像画が進出することで、かつて存在しなかった公私混合の祭祀形態ともいうべきものが生まれたのである。換言すれば、伝統的な儒教の家族倫理というものが、中国革命以前に見られなかったような「家」と国家との関係を生み出そうとしている。この現象について、管見の限りまだ研究された形跡がないので、以下1949年以降、中国の家庭を描いたポスターや写真を掲げつつ、「寝」がいかに変容していったかについて述べてみたい。

まず、中国の家における伝統的な祭壇については、図13-2を掲げた。これは、1949年以前の民国時代に撮られた、中国の一般家庭における旧正月の祖先祭祀の模様である。こうした「寝」にあたる中堂＝居間に設置してある先祖の位牌の前に跪いて拝む少年を、祖父母らしき人物が温かく見守る光景が、多くの中国人家庭にあったものと推測される。ただし、このような光景は、1949年を境に一変した。

例えば、図13-3は、中国革命成功後の1950年代に制作されたポスターである。産児制限制度が施行される前の理想的な家族構成（夫婦と子供3人の家庭）が描かれている。男性の服装から、幹部または労働者（社会主義制度下では指導階層とみなされていた）と見られ、女性の方は後にブルジョアジーの象徴として禁止

図13-2 民国時代、旧正月の挨拶儀式[13]。

図13-4 1960年代の居間の様子[14]。

図13-3 1950年代のポスター「幸福家庭」に描かれる居間。

図13-5 文革年代に出版された漫画に描かれる居間[15]。

図13-6 2015年2月17日、広西省玉林市興業県城隍鎮で大晦日に行われた大家族の会食[16]。

されたチャイナドレスを着用している。

　このポスターで注目すべき点は、居間の中央にある毛沢東の肖像である。本来先祖の位牌を飾る場所が、このように指導者に取って代えられるところが、大きな転換点を意味する[17]。もちろん、1949年以降、家でお線香をあげることも許されなかったのである。

　このポスターのもう一つ気になるポイントは、毛沢東肖像の上方に印刷してある、「毛主席が私たちに賜った幸せな生活（毛主席給我們的幸福生活）」というタイトルである。筆者の憶測だが、これは肖像を家に導入するための説得文句と見られなくもない。なぜなら、本来、子孫が祀ることによって加護や御蔭を賜る先祖の位牌を祀る場所に、血縁関係者以外の者を飾らせるためには、こうした説明？がどうしても必要だという意識が働いたかと思う。

　図13-4は、1960年代の家族写真である。家族が集まる居間の壁に毛沢東の肖像画が掲げてあり、その両側に「聴毛主席話、跟共産党走」（毛主席の指示に従い、共産党について行く）というスローガンが見られる。図13-3のポスターに印刷してある文言に比べ、語気が一段と強くなったのは、政権がだいぶ定着し、このような表現を取っても一般に受け入れられるという自信があったからであろう。人々の服装も、図13-3のように、まだ前代の影響を引き継いでいるものではな

（13）　劉一達「過年祭祖」『中国档案報』2017年1月27日。
（14）　老照片 六七十年代的江苏华西村 农村的先进典型｜江阴市｜华士镇｜吴仁宝_网易订阅（163.com）（最終確認：2021. 10.24）
（15）　『共産主義小英雄』浙江美術出版社、1970年。
（16）　https://www.wxwenku.com/d/104490008（最終確認：2021. 10.24）
（17）　現代中国における毛沢東のイメージの聖化過程に関する研究は、高華の『赤い太陽が如何にして昇ったか（紅太陽是怎樣昇起的?）』（香港中文大学出版社、2011年）がまず挙げられる。ただ、この本が政治史に重点をおくのに対して、石川禎浩［2016］は、初めて毛沢東の肖像画の形成と定着の歴史を考証した力作である。一方、毛沢東の肖像画の建国後の政治的プロパガンダとの関係及びその社会文化史的意義をより詳しく考察したのが、牧陽一・川田進・松浦恒雄［2000］である。本書では、特に東アジア——中国、北朝鮮、ベトナムにおける指導者肖像画の現象を儒教文化の伝統に照らして論じるところが白眉である。また、ごく最近、アメリカの学者Denise Y. Hoにも文化大革命の時代におけるプロパガンダを豊富な資料で実証した好著がある［Ho 2018］。このほか、数は多くないが中国にも関連研究として、黄駿［2019］、孟令蓉［2019］などがある。

く、人民服とおぼしきものを着用している。

　図13-5は、文化大革命最中の1970年代に発行された漫画の一コマであるが、ここでも、本来祖先の位牌を飾る居間には毛沢東の肖像画と例のスローガンが飾ってある。それを前にして、主人公の母親は「毛主席こそ我々の恩人、毛主席の指導がなければ、我が家というものも存在しない」とのように、優先順位として「家」の上に「毛主席」を据え付け、毛沢東と共産党への忠誠心を子供に植えつける場面である。このような居間の光景は、当時殆どの中国家庭に見られた。

　図13-6は、現代中国の家庭の居間で撮られた写真である。中央にはやはり毛沢東の肖像画が掲げられ、両サイドまたは下には先代とおぼしき人物の遺影が飾られている。このような配置は、今でも多くの家庭の居間に見られ、本来祭るべき対象である先祖の位牌や写真などが、すべて片隅に追いやられているのである。

　版権や紙幅の原因で現代中国の家庭に見える肖像画の光景にまつわる多くの図を割愛せざるを得なかったが、図13-2に見られる「寝」から図13-3、4、5、6のような「寝」への変化は、革命以降先祖祭祀そのものの変遷を示しているのは言うまでもない。とくに図13-3、4、5、6では、かつて「神龕」と位牌のあった場所が辛うじて机などによって象られているが、飾るべき先祖の位牌などはもはやどこにもないところが印象的である。

　さてここでの問題は、「寝」というもっとも私的な祖先祭祀の空間が、何故かくも容易く政治指導者の肖像に占拠されたか、ということである。

　「寝」における指導者肖像の進出は、管見の限り1949年以前の中国に確認できる証拠はないが、その痕跡らしきものが、スーザン・グロッサー（Susan. L. Glosser）によって指摘されている。グロッサーの研究によれば、公権力が指導者の肖像の形で「家」に介入するきっかけは、20世紀はじめの民国時代に執り行われていた一連の「新生活運動」に求められる。国民党政府が、新しい「国民家庭」（National Family）を形作るために、婚姻に干渉する手段として、結婚式の細部にまで一々指示を出し、その中で、式場の新たな配置として取り入れられたのが党旗・国旗と孫文の肖像であった。その構図と言えば、式場の中央

に孫文の肖像が掲げられ、両サイドに党旗と国旗、下方に先祖の位牌が飾られるのであった。この措置についてグロッサーは、「かくして国家の象徴である党旗・国旗と孫文の肖像は、空間的に最高の場所を占めることで、国家の権威が祖先のみならず、家庭全体に及んでいることを象徴している」と指摘している[Glosser 2002: 88]。民国時代に踏み出されたこの革命的な一歩は、結婚式に踏みとどまったにせよ、共産党執政以降の肖像画の運用に何等かの影響を与えた可能性があると考えられる。

　また、共産党執政と肖像画の運用については、初期中国革命の根拠地で実施された一連の政治政策に基づきこの問題に取り組んだ丸田孝志の研究が挙げられる。丸田によれば、民間における毛沢東の肖像画の使用は1940年代の延安時代に遡ることができ、とりわけ顕著になったのは毛沢東が整風運動で党内の地位を固めて以降である。革命の根拠地で急速に広まっていた毛の肖像は使途が多様に分かれ、その中に「寝」にあたる「中堂＝居間」に毛沢東の肖像が飾られる事例が確認されている。毛の肖像の普及に至る過程で土着の神々の地位との調和が終始課題であったが、最終的に農民層の絶大な支持を得て各種の祭礼において上位を占めるようになった要因として、毛沢東が率いる共産党の土地政策があったとされている[丸田 2013: 149-204]。

　この丸田の論点に関連して注目されるのが、アメリカの歴史学者バリントン・ムーア（Barrington Moore）の指摘である。ムーアは、中共政権の確立を成功裡に導いた原因として、第二次世界大戦期の中国共産党の土地改革政策に注目し、「土地は家族全体に与えられたのではなく、年齢や性別に関係なく各成員に平等に再分配された。それ故、共産党は土地所有と親族関係との連関を断ち切ることによって、（中略）あるいは少なくともそれを大きく弱めることによって、共産党は年齢や性別に基づく敵意のみならず、階級間の強い対立をも解き放った。」と述べた上で、こうした執政による効果が、すなわち「村落と中央の政府との間に新しい紐帯を作り上げた。日常生活が中央の政治権力に依存していることが、全ての農民にとって明らかになった。」と指摘している[ムーア 2019: 344-345; Moore 1993: 226-227]。このようにムーアは政権取得と土地改革の関係に注目しており、それに伴う親族関係の変革、すなわち伝統的な大家族支配

の瓦解も見逃せないと強調している。

　肖像画の使用と普及に絡む問題の解析はもとより一筋縄ではいかないが、上記諸氏の研究から、少なくとも近代以来の社会構造の急激な変革、とりわけ信仰の改造運動にその原因を求められるようである。ただ、ここで避けたいのは、所謂国家の一元的な統制と管理または絶大な力をもつ政権の強制によって祖先祭祀が弱体化に陥ったという安易な判断である。既に見てきたように、半ば強制による孫文の肖像使用と違って、毛沢東の肖像の家庭への進出は、中国革命の初期から積極的に受け入れられ、文革時代のクライマックスを経てその後若干下火に入ったものの、民間では現在でも積極的に買い求めて飾る傾向が認められる。特に数年前、これも「平墳運動」があった河南省の農村では、毛沢東を信仰する農家たちが、集金して畑の中に金色の巨大な毛沢東像を造ったことが注目される（図13-7）。政府に耕地の確保の理由でもって墓を取り壊された農民たちが、自ら進んで耕地の中に毛の巨像を立てるという行為は、祖先祭祀と指導者崇拝において、両者の優先順位が微妙に変化してきていることを示唆している。これは、従来の祖先祭祀を核心とする家の機能が弱められ、「公」と「私」の境界線が曖昧となったことと表裏をなしているのである。「平墳運動」への弱い反発の遠因もここにあるのではないだろうか。

5　近代化を推進するかつてない「儒教国家」の予感

　以上見てきたように、人波に揉まれ、長い「春運」の旅路をたどって故郷へ向かう者たちを待ち受けているのは、既に墓を始めとする伝統的な祭祀空間を失いつつある「家」である。過去1世紀近くの社会変動を経て、僅かに残された家の機能はもはや親族関係を確認するのみとなったが、その親族の関係も近年解体する方向に向かっている［張 2008: 302-335］。

　ところで、他方において我々は「平墳運動」に見る諸特徴及び指導者の肖像に対するむしろ積極的な態度に、ある種の社会変化の兆しを看取できる。すなわち、前述のような伝統的な祭祀空間を排除された家が、完全に空洞化された

図13-7　企業家と村民の集金によって河南省通許県朱氏崗村に建てられた高さ36.6メートルの毛沢東像[18]。

場所となったのではなく、逆にナショナリズムを育む場に変容しつつあることである。例えば、「寝」への肖像画の進出に次ぐ注目すべき事例として、前世紀80年代の半ばから、テレビの普及に伴い、中央テレビを中心に放送される大晦日の番組「春晩」が挙げられる。各家庭の正月のメインイベントの一つとして登場したこのプログラムは、愛国主義のメッセージを、1年中で最も重要な時間帯に、家族全員が集まる居間——かつての「寝」という空間に流し込んできている。「春晩」に対する人々の衰えを知らぬ関心と熱い眼差しは、国家が、指導者の肖像画と同じように個々の家に入り込み、先祖が祀られてきた場所からその存在を主張し続けてきた効果を何より雄弁に語るが、筆者としては、かかる祭祀空間としての家に見られる変質から、かつて一度も存在しなかった新しい家の形態が生まれようとしていることに注目したい。そこに文化大革命の時代に一時的にもてはやされた「革命家庭」のような観念上の家ではなく[19]、緩やかでありながらも着実に国家によって収斂されていく家の姿が認められるからである。これによって想起されるのが、マックス・ウェーバーが、古い信仰が弱まり、資本主義の精神を支えるより強力な信仰形態——プロテスタンティズムの倫理の登場とその意義に関する仮説を述べるくだりである。

（18）　透視中国：毛沢東雕像的興衰与紅色遺産-BBC News 中文（最終確認：2021. 10.24）

しかしこの点については、今日忘れられがちな一つの事実に留意しなければならない。それはほかでもなく、宗教改革が人間生活に対する教会の支配を排除したのではなくて、むしろ従来のとは別の形態による支配に変えただけだ、ということだ。しかも従来の形態による宗教の支配がきわめて楽な、当時の実際生活でほとんど気付かれないほどの、多くの場合にほとんど形式に過ぎないものだったのに反して、新しくもたらされたものは、およそ考えうるかぎり家庭生活と公的生活の全体にわたっておそろしくきびしく、また厄介な規律を要求するものだったのだ［ウェーバー 2002：17-18］。

　かくしてウェーバーは、プロテスタンティズムの倫理を「家庭生活と公的生活の全体にわたっておそろしくきびしく、また厄介な規律を要求するものだった」としているが、この「規律」のような要素を、我々は昨今の中国で見られる「孝順国家」（国家に孝行する）の如き言説にも求められ[20]、既に秦漢時代から幾度となく試みられた孝思想による国家の統治が、いま家を限りなく矮小化・弱体化させつつ再び頭をもたげようとしている［渡辺 1994：217-232］。
　ともかく中国の長い歴史から見て、過去 1 世紀近くの間、家がこれほどに激

---

(19)　「革命家庭」とは、共産主義の目標のために奮闘する家庭のあり方を意味し、特にモデルとなったのが文革の時代に流行った現代京劇が演じた家族像である。例えば『紅燈記』という京劇では親子三代それぞれ違う家庭背景をもつという構成がよく知られている。その狙いは血縁を紐帯とする家族の構成を超克し、代わりに「階級感情」でもって新たな連帯を築こうとするところにある。それと同時に唱えられていた「小さい家を捨て、大きい家を優先する」、「革命大家族」のようなスローガンも、人々に基本的な社会生活の基盤と欲求を放棄させ、個体を犠牲にすることで国家の力になるように求めたものである。その起源は、やはり前述の「新文化運動」の核心をなす儒教批判、父権打倒の思潮に遡れる。

(20)　2016年2月11日、中国中央テレビの「新春走基層、孝順怎麼做」（新春の市民訪問、いまどのような孝行が必要か）という番組では、「どのような孝行が必要か」と問われた市民から、「孝行と言えば、まず国家に孝行しなければならない。国家のいかなる要求にも応えなければならない。それから両親への孝行だ。」、「両親を困らせない、国家に多く貢献する、これがすなわち孝行だ。」、「親孝行する前にまず国家と社会への孝行をすべきだ。……国があっての家で、大きな孝行を優先すべきだ。」という回答が放送された。これに対して担当記者は、「孝行には大きなものと小さなものの違いがあり、親に仕えるのが孝行の始まり、職責に努め、国家に忠誠を尽くすのが孝行の発展で、より大きな孝行の道である」とコメントしている。http://blog.sina.com.cn/s/blog_61435c3a0102w9yy.html（最終確認：2021. 10.24）

変を経験した時代は少なく、国家と緊密に結合されたためしもなかったと言ってよい。かかる祖先祭祀の崩壊と家の機能の変質は、近い将来の中国においてかつてなかった儒教国家の誕生を予告していると思うのだが、これは果たしてひとり合点の妄想であろうか。

参 照 文 献

足立啓二［2018］『専制国家史論』筑摩学芸文庫。

石川禎浩［2016］『赤い星は如何にして昇ったか』臨川書店。

井上徹［2000］『中国の宗族と国家の礼制』研文出版。

ウェーバー, マックス（木全徳雄訳）［1993: 197］『儒教と道教』創文社。

ウェーバー, マックス（大塚久雄訳）［2002］『プロテスタンティズムの倫理と資本主義の精神』岩波文庫。

尾形勇［1979］『中国古代の「家」と国家』岩波書店。

甘懐真［1991］『唐代家廟礼制度研究』商務印書館。

許烺光（黄光国訳）［2002］『宗族、種姓與社団』南天書局。

黄駿［2019］「領袖像的印行──展現与民間反映　1949-1965」『党史研究与教学』2019年4月。

広州市［1932］『市政紀要第四〇九期公報』。

滋賀秀三［2000］『中国家族法の原理』創文社。

徐揚傑［1995］『宋明家族制度史論』中華書局。

中共中央文献研究室編［1992：344］『建国以来重要文献選編第十一冊』中央文献出版社。

趙樹岡［2014］『星火與香火──大衆文化與地方歴史視野下的中共国家形構』台北聯経出版社。

張玉林［2008］「離村時代の中国農村家族──〈民工潮〉がもたらした農村社会の解体」首藤明和・落合恵美子・小林一穂編著『分岐する現代中国家族──個人と家族の再編成』明石書店。

陶希聖［2015］「家族制度之没落」『中国社会之史的分析』商務印書館。

中田薫［1985］『法制史論集第二巻』岩波書店。

潘光旦［1993］『潘光旦文集』（第一巻）北京大学出版社。

費孝通［2020］『郷土中国』香港中和出版。

馮爾康［2005］『18世紀以来中国家族的現代転向』上海人民出版社。

牧陽一・川田進・松浦恒雄［2000］『中国のプロパガンダ芸術──毛沢東様式に見る革命の記憶』

（本稿を執筆するにあたり、中国安徽大学の束莉教授が、急なご依頼にも関わらず色々なデータや資料を提供し、筆者のメール質問にも一々丁寧に答えてくださった。香港城市大学の張珺博士から、民国時代の関連資料や欧米の研究者の先行研究について色々教示を頂いた。また京都産業大学名誉教授の小林武先生と香港大学の官文娜先生も拙稿に目を通され、いくつかの問題を指摘してくださった。文章表現については、京都府立図書館顧問の磯野浩光先生を煩わせた。ここに諸氏に対して深く感謝の意を申し上げる。）

岩波書店。

丸田孝志［2013］『革命の儀礼——中国共産党根拠地の政治動員と民族』汲古書院。

水本邦彦［1987］『近世の村社会と国家』東京大学出版会。

水本邦彦［1993］『近世の郷村自治と行政』東京大学出版会。

ムーア，バリントン（宮崎隆次他訳）［2019］『独裁と民主政治の社会的起源』（上）岩波文庫。

毛沢東［1952］『毛沢東選集』（第一巻）人民出版社。

孟令蓉［2019］「試論新中国紀念活動中的肖像政治（1949-1956）」『現代哲学』2019年2月。

楊一「河南平墳一定要簡単粗暴嗎？」『南方週末』2012年11月16日。

渡辺信一郎［1994］「『孝経の国家論』——秦漢時代の国家とイデオロギー」『中国古代国家の思想
構造——専制国家とイデオロギー』校倉書房。

Cohen, Myron L.［2005］*Kinship, Contract, Community, and State*. Stanford University Press, California.

Glosser, Susan L.［2002］*Chinese Versions of Family and State,1915-1953*. University of California Press.

Ho, Denise Y.［2018］*Curating Revolution: Politics on Display in Mao's China*. Cambridge University Press.

Moore, Barrington Jr.［1993］*Social Origins of Dictatorship and Democracy: Land and Peasant in the Making of The Modern World*. Beacon Press.

終　　章　　落合　恵美子

親族構造・文明化・近代化

世界的視野における「儒教社会」

Did my Jiali (Family Rituals)
transform East Asian families?

1 「儒教」という問い
——東アジアのアイデンティティと近代家族論

　「儒教」という言葉は、今日の社会科学の世界で、東アジア社会に関するあらゆることを説明するマジックワードのように使われている。この地域の少子化や性別分業の変わりにくさを論じるとき、「儒教社会である東アジアでは」という台詞が繰り返される。社会福祉予算の少なさを儒教由来の家族主義の伝統で説明する儒教福祉国家論、儒教に経済的成功の原因を求める儒教資本主義論もある。1世紀前のマックス・ウェーバーは、儒教こそがこの地域の経済的停滞の原因であると見ていたのに、皮肉なものだ。

　さらに注意してみると、「儒教」という言葉の使われ方には、もうひとつ興味深い点があることに気づく。韓国や台湾、そして中国の人々は、当然のように東アジアを儒教社会としてひと括りにするのだが、日本の人々が積極的に日本は儒教社会であると主張することはめったにない。

　「儒教」とは何か、東アジアは本当に「儒教社会」なのかと問う本書の出発点には、このような状況がある。世界の中でますますプレゼンスを高めつつある東アジアを正しく語れるようにするためには、必ず取り組まねばならない課題である。

　この企画には、もう一つの隠れた出発点がある。それは本書の二人の編者の間のジェンダー史に関する対話だった。「男は仕事／女は家庭」型の性別分業は近代の家族の特徴にすぎないとして相対化したのが「近代家族論」である。落合は基本的にこの枠組みでジェンダー史を見てきたが、小浜は批判的だった。小浜の専門とする中国文明圏では「男は外／女は内」という規範は近代以前から存在したので、「前近代からの歴史的背景の上にヨーロッパ的な近代家族の性別分業が上書きされたのであり、日本をはじめとする東アジアで性別分業がかくも強固な理由のひとつはそこにある」という趣旨である。ジェンダー史において「近代」はどれほど決定的だったのか。地域による違いをどのように位置づけたらよいのか。東アジアの伝統とされる「儒教」に正面から取り組まねばな

らないという共通の思いが育っていった。

2　親族構造と文明化

1········周縁から見る

　本書は儒教の生誕の地である中国から出発する。まず儒教の教典の内容を確認し（第1章）、中国での実践（第2章）、近世の朝鮮／韓国、日本、琉球、台湾、ベトナムにおける受容（第3〜8章）と、思想から実践へ、古代から近世そして近代・現代へ、中心から周縁へと視界を移してゆく。第I部では「東アジア近世」［岸本2021］においてこの地域の各社会とりわけ家族制度が儒教化され、父系的な「家」の継続性の観念など共通の要素をもちつつ、それぞれの個性もある東アジアの「伝統社会」が形成された過程を描き出す。そして第II部では近現代におけるその変容を見る。

　終章では、この過程をあえて逆さまにして読み直してみたい。周縁の側から見るのである。その手掛かりになるのが、第3章、第6章、第7章、第8章が補助線のようにして言及している親族構造である。朝鮮、琉球、ベトナムの章はいずれも双系的原理をもつ社会に儒教的観念が導入され、父系的ないしは男系的原理が強められてゆく過程を描いている。第7章で桃木がいうように、東南アジアから「中国南部、朝鮮半島、日本列島」までを含める地域にはもともと非父系的ないし双系的親族構造が支配的であったので、本章ではこの地域を「広義の東南アジア」と呼ぶことにしよう。この地域の「双系的社会」を出発点に置き、そこに第8章の官がいうような父系的な単系出自集団が優位する中国の父系／男系原理が浸潤してくる過程として、いわば脱東アジア中心主義的に、つまり東アジア世界の形成を追うことそれ自体を目的とせず、グローバルな視野をもって歴史を描き直してみたい。

2 ……… 双系的社会と父系的社会

　人類学の親族理論の用語を多用したので、ここで整理しておこう。「父系
（patrilineal）」「母系（matrilineal）」とは、狭義には親族集団への帰属を決める出
自（descent）のタイプを示す。出自とはある個人が過去の祖先との間に系譜的
関係をもっていることを意味する。その関係によって作られる親族集団が「リ
ネージ（lineage）」「クラン（氏族 clan）」などの出自集団（descent group）である。
「リネージ」と「クラン」の違いは、前者は特定の祖先との系譜関係がたどれる
子孫たちからなる集団であるのに対して、後者は伝説上の共通祖先をもつとい
う信仰があるのみで系譜関係をはっきりたどれないことである。「父系」すなわ
ち男性のみ、もしくは「母系」すなわち女性のみの系譜的関係をたどって集団
を構成する場合は、これを「単系出自集団（unilineal descent group）」と呼ぶ。
　「父系」「母系」という分類は、出自ばかりでなく、財産相続、地位の継承、居
住地などにも用いられる。これらは厳密にではないが緩やかに結びついている。
世界の人間社会についての情報を統計的に整理した人類学者のマードックによ
れば、159社会のうち、父系出自を採用しているのは62社会、母系出自は36社会、
双系は51社会、二重単系が10社会であったという［Murdock 1949］。双系的な社
会も決して少数派というわけではない。
　ただし「双系」とは簡単な概念ではない。人類学の親族研究は父系や母系の
単系出自集団の研究から始まったので、ニューギニア、ミクロネシア、東南ア
ジアなどの単系的ではない社会に出会ったとき、それらを理論的に位置づける
ためにかなりの苦労をした。議論をはしょってごく簡単にまとめれば、これま
で「双系的」と呼ばれてきた親族関係には少なくとも二つのタイプがある。父
系・母系双方の系譜関係を認める「共系的（cognatic）」な出自集団をつくるの
がひとつのタイプである。もうひとつのタイプは、祖先を中心とした出自集団
を作らずに、自己を中心として双方に広がる双方的親族関係（キンドレッド）
（bilateral kindred）しか作らないものである。後者は「双系的」より「双方的」
と呼ぶほうが適切であろう。
　父系制社会では、男系の血統と父系出自集団の利益を守るため、女性のセク

シュアリティを厳しく統制する。女性の財産相続権も制限される。それに対して、共系的出自集団をもつにせよ双方的親族関係しか作らないにせよ、双系的と総称される親族構造が優勢な社会では、女性の地位が相対的に高く、性的な自由もある。ジェンダーに注目したとき、親族構造が本質的に重要なのはそのためである。

3……複数の文明化

　世界の大文明の発祥地は、中国やインドなど父系制が優位する地域に重なる。その理由は国家の成立と父系制との関係に求められるとされるが［森本 2022; Wongyannava 2021］、壮大な議論になるのでここでは立ち入らない。ここで注目しておきたいのは、父系制社会に発した大文明が周辺の双系的社会に影響を与えたり支配したりする「文明化」の過程で、社会規範や制度の変容を通じて、周辺地域の親族構造やジェンダー関係を変容させていったということである。上述の「広義の東南アジア」がまさにこのようにして変容していった過程を、第Ⅰ部の多くの章は描き出している。

　さらにここで視野を広げておきたい。「広義の東南アジア」に起きた「文明化」は、中国との間で起きた「中国化」や「儒教化」にとどまらない。インドとの間で起きた「インド化」もしくは「サンスクリット化」、イスラーム社会との間で起きた「イスラーム化」等も経験している。中国文明圏の中心に視点を置けば「周縁」に見えた「広義の東南アジア」だが、そちらの側に視点を置けば、さまざまな方向からの「文明化」が侵攻してくるのが見える。エリアによっては重層した複数の「文明化」を経験した。

　壮大に見えた「儒教化」という本書のテーマは、こうしてみるとさらに大きな過程の一部であることがわかる。世界のさまざまな場所で、さまざまな時期に、さまざまな方向からの「文明化」が起きた。「広義の東南アジア」が何度か経験した「文明化」のうちの一つを主題とするのが本書であると認識し直して、「儒教化」というテーマに向き合ってみよう。

　「広義の東南アジア」の双系的社会に複数の「文明化」の影響が及ぶ過程を、

思い切り単純化して図示したのが図 1 である（落合［2022］図序-1を修正）。「双系的社会」と「父系的社会」という二つのアジアがあり、前者に後者が浸潤して変更を加えてゆくのが「文明化」である。このいささか大胆すぎる枠組みは、実証研究を整理するための下絵のようなものと考えていただきたい。

　ユーラシアをイメージして描いたので、この図にはヨーロッパも収まっている。ヨーロッパは、しばしば女王が出ることからもわかるように、親族構造という点からは「広義の東南アジア」と同じく双系的社会が大勢を占める。すなわちユーラシア大陸の両端に大きな双系的地域がある。ヨーロッパには、西アジアから地中海地域まで伸びる父系的地域から、キリスト教を通じた影響が及んだ。そのヨーロッパから発して地球上を覆った「文明化」が「近代化」であるが、それについては本章の後半で触れることにしよう。

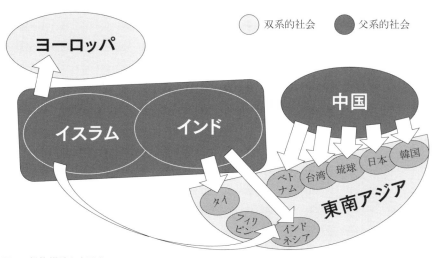

図1　親族構造と文明化
出典：落合［2022］図序-1を修正

3 「広義の東南アジア」の文明化

　では「広義の東南アジア」に属する地域は、どのような文明化を経験したのだろうか。第Ⅰ部所収の章で扱われた地域を含めたいくつかの地域について概観しておこう。アジアの各社会で書かれた家族・親密圏研究についての重要文献を翻訳・収録した論文集を刊行したので［森本・平井・落合 2022; 平井・落合・森本 2022; 落合・森本・平井 2022］、その収録論文や他の文献も参考にする。

日本

　親族構造は日本のジェンダー史でも大きな論争のテーマだった。在野の家族史研究者高群逸枝は『母系制の研究』［1937］において、日本の古い時代には母系氏族が存在し、それが父系氏族に転換したという説を唱えた。1980年代になると、人類学での非単系社会の研究の発達を受けて、日本の古代社会を母系制ではなく双系制的な社会ととらえる見方が提起された［吉田 1983; 義江 1986; 明石 1990］。

　古代史の義江明子は「従来の氏は、双系的親族結合の原理のもと、個々のメンバーには父方母方の複数の氏への潜在的帰属権があった。現実の諸条件に応じてそのうちの一つの帰属が顕在化するが、稀に二つの氏に両属し、双方の氏名をあわせて名のることもある」［義江 2021: 116］とする。人類学用語を用いれば「共系的（cognatic）」な出自集団といえよう。「氏人の範囲は不明確で流動的」で、「政治的同盟・服属関係の変化にともなって……系譜の加上・改変もなされるのが常だった」［義江 2021: 116］。親族構造は婚姻のあり方とも関係する。日本の古代には男性が女性の家を訪れる妻問い婚が行われていた。「宅」を含めた母系の財産相続は極めて重要であった［義江 1986: 8］。生涯に複数の男性と婚姻関係をもつ女性も珍しくなく、それぞれの関係から生まれた子どもたちは潜在的にせよ顕在的にせよ母系の出自も受け継いだ［義江 2021: 174］。しかし律令制の導入に伴い、中国からの文明化の影響が及んでくる。律令制の官位が父系継承となったことが契機となり、7世紀末を画期として、支配層の間ではゆる

やかに父系化が進行し、9世紀以降に「氏」は父系氏族化したとされる［義江 2021: 116-117］。

　とはいえ日本の親族組織は「父系化」の圧力がかかっても完全な父系的親族構造を確立することは無かったので、「疑似父系化」と呼ぶのがふさわしいとわたしは考える。異姓養子も婿養子も順養子もありという日本の養子制度の融通無碍ぶりがひとつの証左である（本書第8章）。また徳川幕府の服忌令に関する研究は、妻の孝養義務は嫁してなお父母が第一、舅姑は第二であったことを示した。これは女訓書の説く儒教道徳と乖離していたが、「法は現実に立脚せざるを得ない」からである［林 1998＝2022: 59］[1]。「出嫁女の実家帰属」の観念は、嫁や婿が生家の檀那寺を婚家に持ち込む「半檀家」という先祖祭祀の方式にも表れていた（本書第9章、森本［2021］）。他にも、近世の離婚率と再婚率の高さ［落合 2004］、女性側からの離縁［高木 2021］、婚前・婚外の性的交渉［赤松 1994; 落合2004＝2022］など、近世のみならず近代に入ってからも、日本には双系的社会らしい慣行が残り続けた。

　日本は親族構造から見れば「東南アジア」であり、「広義の東南アジア」の一角をなす。「広義の東南アジア」の隣人の韓国、ベトナム、琉球では中国文明による文明化の過程で親族構造の父系化が進んだが、これらと比べてもっともしぶとく「東南アジア性」を保ち続けてきたのが日本だと言えるだろう。

朝鮮／韓国

　第3章のマルティナ・ドイヒラーは、「朝鮮の古来の双系的社会が父系的社会へと変化したプロセスの物語」を扱うと冒頭で宣言する。世界にも稀な「包括的な社会変化の実例」であるという。「高麗の貴族の出自集団は、父系、母系の血族と、姻族を含んでいた。」「高麗時代の親族集団は排他的ではなかった。同世代のすべての成員が、男性も女性も、同等の権利を享受し、義務を負っていた」という。姉弟・兄妹の絆の強さ、近親婚の習慣、新婚夫婦が妻の実家で暮

---

(1)　林論文その他の『リーディングス アジアの家族と親密圏』（全3巻 有斐閣 2022年）所収の論文の引用に際しては、翻訳・収録にあたり若干の更新がある場合もあるため、本リーディングスを引用元として記載する。

らす母方居住の習慣なども見られた。義江明子が描く日本の古代と通じるところがある。しかし朝鮮王朝時代に本格化した朱子学の導入により、男系原理が強められ、親族構造それ自体が変容していった。

朝鮮社会の「儒教化」については、ドイヒラー以外にもかなりの研究蓄積がある。たとえばカン・ミョングァンの『烈女の誕生』（部分訳は、カン［2009＝2022］）は、夫の死後に遺された寡婦の再婚が抑制されるようになり、17世紀半ば以降には寡婦が自害を選ばされるまでになったという変化を描いている。父系的社会インドのサティーのようだ。本書第2章で中国における旌表の行き過ぎについて触れているが、朝鮮でも節婦の過激な規範化がなされた。本書第10章のチョン・ジオンは、そのようにして作り上げられた家秩序の周縁に置かれた女性たちに光を当てている。

相続規範も妻の序列も厳格化し、朝鮮社会は中国以上に儒教化が徹底した社会となったと言われるが、第3章においてドイヒラーはそうではないと指摘する。出自は父系で伝えられるようになったが、社会的地位の獲得には相変わらず母方も重要であり、母方の祖父が「四祖」のひとりに数えられた。このようにして双系の伝統も維持されたという。

ベトナム

ベトナムについては、一般的には儒教の影響を色濃く受けた伝統家族という理解が定着している［チャン 1989＝2022］。同時に南北の地域差もよく知られている。社会学者のドー・タイ・ドンは、「君非君、臣非臣、君臣偕共楽。父不父、子不子、父子是同歓」と儒教をからかうような対聯を掲げた南部の祠の例を挙げ、北部から南部に移動するほど儒教などの中国の影響が薄らぎ、南部独特の社会が成立したとしている［ドー 1990＝2022］。

第7章の桃木至朗はさらに踏み込み、東南アジア的な屋敷地共住集団が北部も含めたベトナムにも存在し、それが近世になって父系的性質を帯びるようになったと見る。ただし「一般財産は女子を含めた分割相続の対象」とされ、「夫方居住が原則だが入り婿も珍しくない」、「女性の再婚もよくある」、「族外からの養子や母方の姓を受け継ぐ例、一族まるごとの改姓も散見する」など、父系

的になり切らない慣習が随所に見られる。家譜にも「娘・姉妹の婚出先と外孫、妻や娘の夫の両親など」の外祖の情報がしばしば含まれる。

「ベトナムを含む東南アジア諸地域は、中国南部、朝鮮半島、日本列島にも元々存在した非父系的ないし双系的家族・親族形態が支配的で、その影響は経済面でのジェンダー・ギャップの小ささなど、現在も各方面に見られる」と、桃木はベトナム以外にも視野を広げる。「東アジアとも南アジアとも違う「東南アジア性」の主張」である。「上からの父系化」の結果、「中国的な父系王朝や父系親族集団を創出した」が、「母方・妻方を含む双方的祭祀義務」や女性の土地所有は後まで残り続けた。

琉球

第6章の武井基晃もまた「沖縄固有の双系制の秩序が支配的な社会」に対して「儒教的な観念に支えられた父系制秩序」を王府が制度化していった琉球王国時代に焦点を当てる。しかしその実態は驚くべきもので、「士として王府に奉職する琉球人の一門は中国風の1字の『姓』」をもったが、「姓が共通の祖先を有する父系出自を示す表象であるという中国の社会的コンテクストから切り離された一つの文化要素として導入」されたものであり、「同姓は必ずしも同宗、同祖を意味しない」という。王国の系図座は「弟の継承も他姓の養子や婿養子さえも認可」し、妻方や母方など女系の縁による相続もあった。「異姓養子は姓を変更するという琉球独特の運用」がなされ、「女元祖」すら認められた。家の断絶を防ぐためには柔軟さが必要という理由付けで、双系的・母系的つながりも生き延びた。父系重視が厳格化されるようになったのは、むしろ近代になってからだった。

琉球王国は17世紀の初頭から薩摩藩の支配下に置かれてきたため、中国の父系原理と日本の家制度の両方の影響を受けたとされる。たとえば異姓養子の姓の変更は日本的な運用かもしれないが、後述の欒成顕が示しているように中国でも同様の慣行が無いわけではない。

タイ

　「儒教化」の色濃いこれらの社会に対し、タイは趣きを異にする。双系的社会としての性質を色濃くもち続けたということでは、タイは日本と双璧をなす。両社会の共通性をわかりよく示すのが「ヨバイ」の伝統である。タイでは家屋の構造を反映して「クンハー」（上って逢う）と言う。タイを代表する口承文芸である「クンチャーン・クンペーン物語」には男女の忍び会いの場面がエロティックに情感たっぷりに描かれる［チャーンカモン 2022］。

　しかしタイも文明化と無縁ではない。タイの場合は「儒教化」ではなく「インド化」である。ラーマ1世（在位1782〜1809）により編纂された「三印法典」は、アユタヤ時代の法令とラーマ1世制定の法令を集めたものである。歴史学者のターウィット・スックパーニットによれば、「『三印法典』は慣習に重きをおく。タイの慣習の多くはインド由来の仏教の諸原理に関係している。昔のタイ法は教典や仏教のダルマ、また村の文化にもとづくさまざまな信念の影響を受けていた。また国家の権益を反映している箇所もある」［スックパーニット 1988＝2022］。この時代の古法の中にすでにローカルな慣習とインド起源の観念が混在し融合していた。アユタヤ時代の女性は離婚したいときはいつでも離婚できる権利等、多くの法的権利をもっていた。親が結婚に同意しないため駆け落ちしたカップルも、子どもが生まれれば女の親の許しを乞うて晴れて夫婦となれた[2]［スックパーニット 1988＝2022: 34, 36］。他方、一夫多妻が許されているのに対して、女性が2人の夫をもつことは許されず、「クンチャーン・クンペーン物語」でも2人の夫をもった女性ワントーンは王の命令により処刑される［スックパーニット 1988＝2022: 45］。女性の貞節管理のため王が介入するのは後述のようにインド的である。ただし父系的規範の受容の程度は階層によって異なっていた。母方居住制と男女均等な相続を伴う双系制がルールのタイ農民と違って、タイ貴族では父方居住制と父系制が行われ、女性の性も厳格に管理されていた［ウォンヤナワー 2019＝2022: 150］。

----

　(2)　駆け落ちは西南日本でもフィリピンでも、結婚に至る一つの方法として半ば公認されていた。

4 「儒教化」という文明化

1......... 身分制度と「儒教化」

　大文明は父系的社会に生まれ、父系制的かつ家父長制的な規範をもつ。したがって、いずれの文明による文明化も父系化と家父長制化を進めるという共通性があるが、それぞれの文明の特性もまたある。「儒教化」あるいは「中国化」とは、どのような社会変容を起こす「文明化」なのだろうか。他の文明に比べつつ整理しておこう。

　インド文明の家父長制の構造については、ジェンダー研究者たちによる優れた理論的解明がなされてきた。ウマ・チャクラヴァルティは、父系制の論理がカースト制度と分かち難く組み合わさっているところに、インドの家父長制の特質と構造的な堅固さがあるとする。社会の身分制秩序の維持を図るため、カースト内婚を規範とし、カーストの混合を嫌う。とりわけ高位カーストの女性のセクシュアリティの統制は、父系制の維持とカーストの浄性の保持という二重の意味で、インドの社会構造の根幹を守る要とされる。女性に貞節を守らせるために、①女性にも内面化されたイデオロギー、②夫および実家と婚家の男性による制裁と暴力、そして③王による処罰という、性支配の三つの装置が作動する［チャクラヴァルティ 1993＝2022: 34-41］。この理論は今日の親族男性による「名誉殺人」を説明するのにも有効だというところに、この構造の頑強さを痛感する。

　インド的家父長制と中国的家父長制を比較すると、カースト制度にあたるような身分制と父系制との結合が中国では見られない。中国では、宋代には身分制が消滅して科挙官僚制度が確立したが、むしろこれ以降に宗族の形成が盛んになり、明清期には都市化・商業化に対応して祠堂・族田・家譜を備えた宗族が普及して大衆化した［井上 2000; 欒 2005＝2022: 279など］(3)。すなわち中国では社会構造の固定のためではなく、近世の流動化社会において宗族的な結集が盛んにおこなわれた。族人相互の関係を確認して宗族をつくることは、そのメン

バーにとっての社会的バックグラウンドとなり得た［岸本 2021: 72-73］。明清時代以降の宗族は移民と商人たちの広域にわたる活動を支える役割を果たした。

　しかし、中国文明の影響を受けた周辺諸国では事情が違った。第3章の佐々木愛が海南島の例を挙げて指摘しているように、辺境では先進文明の受容は自らの卓越化を意味した。朝鮮、ベトナム、琉球、日本のいずれにおいても、儒教の導入は政治的・国家的な上からの改革であり、その影響はむしろ身分制を確立し固定する方向にはたらいた。朝鮮社会においては、科挙の受験資格をエリート出自集団の嫡子に限ることで、身分制と官僚制の結合という独特の制度を確立した。（本書第3章、ドイヒラー［1992＝2021b: 40-45］）。近世琉球の家譜制度も「系持」の士と「無系」の百姓を区別することが主要な目的だった（本書第6章）。日本でも儒教は「武士道儒教」として階層と密接に結びついて受容された（本書第4章）。農工商の庶民は（特別に苗字帯刀を許された者以外は）公的に姓・氏を名乗ることはできなかった。中国文明の影響下に入った時期がはるかに早いベトナムでは、支配層では14〜17世紀にゾンホの形成がなされたが、下層では近世後期に村落の枠内で初めてゾンホを形成したと見られる（本書第7章）。

　中国で宗族の形成が大衆化した近世、周辺諸国の「儒教化」はしばしば国家主導で国家に仕える人々から始まり、身分制を確立し維持する役割を果たした。東アジアが活発な商業活動により結びつきを強めた近世という時代に、中国でも周辺地域でも社会の「儒教化」が進んだが、人々に見えていた風景は中心と周辺で大きく異なっていたようだ。

2⋯⋯⋯ 「家」の二重性と多様性

　ではインドのカースト制に当たるような、中国文明圏において鍵になる社会

（3）　チャクラヴァルティを招いて実施したWebinar Series for Asian Gender Studies 第1回（2022年1月28日）において、討論者の小浜正子が「明清には社会の流動化の中で貞節規範など家父長制的規範が強化されたが、これはカースト制度という身分制と結びついて貞節規範が強調されたインドとは異なっている」と指摘した。

制度は何だろうか。すでに「宗族」が登場した。関連して「家」や「家族」も
キーワードであり、「家族主義」のような社会科学用語としても重用されている。
しかし「家」とは何かとあらためて問うと、答えるのは容易ではない。日本の
イエ、中国のチア、朝鮮のチプ、琉球のヤーやチネー、ベトナムのニャーなど
が「家」にあたるであろうが、それぞれの意味するところは同じとは言えない。

　中国については滋賀秀三が「家の概念は多義的であり、少なくとも広狭二
義を有する」としている。「広義においては、家系を同じくする人々を総称して
家という」「狭義においては、家計をともにする生活共同体を称して家という」
[滋賀 1967: 52] 岸本美緒もこの二重性を「中国において『家（チア）』とは、『同
居同財』の家族を指すこともあり、また父系血縁団体である宗族を指すことも
ある。」「父系を通じて共通の祖先に連なる（と観念される）多数の家族が結集し
たものが宗族である。」と述べている [岸本 2021: 72]。この「家」の継続性の観
念が形成され、しかも父系観念が強まったことが、東アジア近世を特徴づける
「家族制度の儒教化」である [岸本 2021: 75]。

　このように、中国起源の「家」という概念には二重性がある。「家族」とそれ
が「結集したもの」であるより大きな親族組織（宗族）という二重構造である(4)。
「宗族」は「父系出自集団」と理解されているが、「父系出自集団」の成員は個
人なので、「家」や「家族」が結集した「父系出自集団」というものがそもそも
矛盾をはらむとも言える。それゆえ婚入してきた女性の所属が問題になる。

　ではこの親族組織の二重構造は、近世に「儒教化」の進んだこの地域の周辺
社会では、どのようなものとして形成された、あるいはされなかったのだろう
か。大きな方の親族組織にあたりそうなものとしては、本書の各章に登場した
朝鮮の「祠堂（儀礼）リネージ」と「宗中」もしくは「門中」、ベトナムの「ゾ

---

(4)　費孝通は「差序格局」という言葉により、二重というより多重に重なる同心円のような構造を表
　　現している [費 2019]。宗族の部分の広狭の重なり合いを表現するならその方が適切と思われる
　　が、本稿では単純化して、また滋賀にならい、二重としておく。なお、この二重性は日本の文脈
　　では「氏と家」の二重性（たとえば義江 [1986: 11]）にあたると理解されるかもしれない。しかし中
　　国史の文脈では、氏族の残存というより、近世になって再結集したものと捉えられている。なお、
　　宗族の結集度には地域差が大きく、すべての中国人が宗族に属しているわけではない。

ンホ」、琉球の「門中」、日本の「同族」などが挙げられるだろう。これらは宗族と同じように父系出自集団であると考えられがちだが、実態ははるかに複雑だ。また小さい方の単位が継続性をもつ「家」をなしているかというと、これも社会による。

朝鮮／韓国

　朝鮮時代については、第3章のドイヒラーの詳細な検討がある。まず、『家礼』に基づき直系4世代の祖先祭祀を家の祠堂（サダン）で行う「祠堂リネージ」もしくは「儀礼リネージ」が成立した。8親等までの男性親族の集まりであり、義務と富が集中する祭祀継承者を中心とした垂直的な親族関係を強調する。それに対して、さらに遡る先祖を始祖としてそれにつながるすべての男系親族を含む「門中」が作られるようになった。兄弟の平等という伝統にのっとり、より水平的な親族関係を強調するものである。別々でありながら強化し合う両者が合わさって、朝鮮時代後期には成熟したリネージシステムが形成された。出自ではなく社会的地位の継承には双系が重要だったことをドイヒラーは特筆しているが、父系出自集団が形成されたことは間違いないだろう。

　小さい方の単位については、朝鮮時代には「家族」という言葉は無く、婚姻や血縁などの関係でつながっている人たちが居住と生計を共にする生活単位を行政用語で「家戸」と呼んだ(本書第10章)。個別の家族は厳密な嫡長子相続に従った。嫡室が産んだ長男が15歳くらいまで生存して結婚したなら、彼がその家系を継承できる唯一の嫡長子と認定され、たとえそれからすぐに亡くなり、長男をもうけることができなかったとしても、弟や、妾の息子が後を継ぐことはできなかった。したがって父系親族を養子に迎えるという、個別の家の範囲を超えた「宗族戦略（lineage strategy）」がしばしば発動された。個別家族は「宗族に埋没した家族」だった。適切な養子候補が見つからないような場合には、養子を入れるまでの間、男系の宗族のみならず、妻の実家が戸主の役割を果たした例もあったという［殷 2009:182］。小さい「家」も父系的で継続を志向したが、より大きな親族集団に埋没していた。

日本

　日本では、生活単位であるとともに先祖と子孫という潜在的成員も含む「家」と、「家」が本家分家関係でつながった「同族」（民俗語彙ではマキ、マケ、イッケ、カブウチなど）との関係が上記の二重構造にあたると考える人もいる。しかしこれは人類学的にはまったく不正確である。「同族」はリネージのような親族集団ではなく、奉公人分家のような非親族も含む。また「同族」は村落の外には広がらない村内組織である点が中国の宗族と異なる。「同族」が存在しない地域もあり、「同族」型ではない家連合も存在する。徳川時代以降の日本で重要だったのは、むしろ「村」と「家」との二重構造だった。宗族のような父系出自集団は日本では形成されなかった。

　そのかわり、小さく直系的な「家」は親族から独立性が高く、それ自体の継続性を志向する社会組織として、近世をかけて庶民の間にも確立された。18世紀末から19世紀前半には地域的な差違も縮小し、日本全国にかなり標準化された「家」が成立した［Ochiai and Hirai 2022 forthcoming; 落合 2015］。ただし日本の「家」は父系的とは言えないのはすでに述べたとおりであり、婿養子、夫婦養子、他人養子なども問題なく受け入れた。跡取りの選択にあたっては息子が優先されたとはいえ、娘しかいない場合は娘婿を跡取りにするのが規範だった［黒須・落合 2002］。

　このように日本の家族－親族制度は中国と大きく異なる。滋賀秀三は、中国の家は男系で受け継ぐ「気」を共にする人々であるのに対し、日本の家は家業を受け継ぐ機構であるとしている［滋賀 1967: 66］。父から「生」を受けたことを示す「姓」は個人につくが、日本の家名・名字は機構としての「家」につく［滋賀 1967: 63-64］。つまり日本の「家」は親族集団ではなく家産・家業・家名を受け継ぐ団体なので、親族関係にこだわらずに養子を取るのも当然である。本書第5章の吉田ゆり子は、儒教的倫理観は日本では家業概念を媒介にして受容されることになったとしている。

　「家」というと儒教的もしくは東アジア的なものという先入観を持ちやすいが、人類学ではまったく別の系統の「家」も議論されてきた。クロード・レヴ

ィーストロースがまさに「家」(maison メゾン) と名づけた家族類型である [Levi-Strauss 1983]。建物としての家屋や土地などの家産の継承を軸に形成され、継続性をもつが、単系的親族関係には固執せず、娘婿による継承もしばしば行われ、直系家族的構造をもちやすい(5)。世界では東南アジアやヨーロッパに多く見られ、双系的親族組織と結びつきやすい。日本では大きな「家」は形成されずに、直系的な小さな「家」が確立され、これは儒教よりも「広義の東南アジア」の双系的伝統と関係しているとも考えられる。フランスのピレネー地方の直系家族と日本の家を比較すると、娘婿による継承の割合は同じくらいだが、その他の「養子」が日本にはあるのにピレネーでは皆無である [フォーヴーシャムー 2009: 47]。日本ではヨーロッパー東南アジア型の「家 (メゾン)」に儒教的な「家」観念を接ぎ木したことにより、継続性の観念と制度的必要がより強く、この違いが生み出されたということだろうか。

ベトナム

ベトナムの「ゾンホ」も父系出自集団と言われることが多いが、人類学的な定義からはかなり外れている。女性の相続権、外祖の重要性、異姓養子、入り婿も珍しくないことなど、父系原則に忠実とは言えない (本書第 7 章)。婚入した女性は、結婚前の姓を変えないままで、夫のゾンホに入る (本書第11章)。日本の女性も婚姻によって夫の「家」に入りながら「出嫁女の実家帰属」の観念も残り続けたこととの類似性を感じさせる。

またゾンホの規模は「一村落の内部にとどまるものが多」く、しばしば村落の構成単位となっている (本書第 7 章)。この点でも日本との類似性があるようだ。ベトナムも日本も村落という社会組織が重要な社会であり (本書第 9 章、第11章)、「家から国までの間に郷里社会という段階がない」(本書第 2 章) 中国と対照的である。

ベトナムにおける小さい家にあたるものとしては、「ニャー (nhà)」という

---

(5) ヨーロッパの家族史研究ではこのタイプの家族類型は「直系家族(stem family)」と呼ばれており、ロシアなどの「合同家族」よりも西欧型の「核家族」に近いとされてきた[落合 2015]。

言葉が昔から使われてきた。ただし家産や家名という観念は無く、永続性を志向することもないという。現在は小さな家族単位として「家庭（ザーディン gia đình）」という言葉が使われるが、これは（社会主義的）「近代化」のなかで一般化した用語である［小長谷・後藤 2011］[6]。

琉球／沖縄

　琉球の「門中」もまた系譜制について融通無碍であったことはすでに述べた。小さい方の単位の家族にあたるものは、「ヤー」（「家」か）や「チネー」などと呼ばれた。家族員を「ヤーニンジュ」という。ただし近世には土地は村有であったため家産は存在せず、家名も無かったので（屋号はあった）、日本の「家」のように確立してはいなかった。

　厳格さを獲得するのはむしろ近代に入ってからである。第6章で述べられているように、1879年に琉球王国が廃され、日本に併合された後の沖縄県では、位牌継承の四つの禁忌が民間から流行して厳格化した。シジタダシと呼ばれる家系の修正も行われた。例外的対応を承認する系図座の廃止がひとつの背景であった。1899年から1957年まで沖縄でも施行された日本の明治民法の家督相続の概念と男子優先の思想、本土の復興政策から遮断された戦後の状況も影響したという（本書第6章注（24））。このようにして父系出自の優先と長男子単独相続を当然とする沖縄の現状が作られて、琉球王朝時代には家産ももたなかった小さな家の「ヤー」は、いまや遠縁の男性親族を跡継ぎにしてでも継承せねばならない存在となった[7]。沖縄では中国の父系原則と日本の「家」制度の影響が統合され、中国や日本以上に継続性が重んじられる小さな「家」が成立したということだろうか。

中国

　中国においても、明清時代の「宗族」は古代の宗法の伝承の通りではなかっ

（6）　桃木至朗先生、加藤敦典先生からのご教示に感謝する。
（7）　武井基晃先生、阿利よし乃先生からのご教示に感謝する。

た。第2章の佐々木愛も述べているように、「儒教礼制とは儒教における理想の時代—周王朝—に定められていた制度というのが建前であり、宗法が世爵世録の封建制をとっていた周王朝時代に適合するものであることは当然のことであった。戦国時代において広がる能力主義・競争主義の台頭により、封建・宗法の嫡長子主義は崩れ、家産は男子均分とする合同家族が登場し、以来、中国帝政時代全期にわたり嫡長子優位を支える社会的現実は喪失した」（本書第2章57頁）。

さらに、宗族の大衆化の一方で、明代中後期以降には異姓継承の拡大という宗法制度の内部からの変質が起きていたという研究もある。明代の徽州の黄冊底籍（万暦10、20、30、40年）に記された相続は、異姓継承が19.7％を占めていた。「伝統的な規範や条件に従えば、家産を相続した異姓継承者は本姓を放棄し、養父の姓を使用することが求められる」が、実際には養子が戸主になった後に自分の本姓を復活させた事例もあるという［欒 2005＝2022: 272］。異姓の相続者を人身売買により手に入れた事例すらある。なぜ異姓継承を行なうのかといえば、息子がおらず、しかし宗法の規定に合致するような相続者が不足していたという事情の他、宗族内に相続者がいても異姓継承を実行した場合もあった［欒 2005＝2022: 271-274］。「宋王朝以降、多世代が同居・共財する大家族はほとんど存在しなくなった。男子均分相続という原則の下で大家族の分割が繰り返され、独立した経済主体を担う、より小規模な家族が社会を構成するようになっていった」［欒 2005＝2022: 274］。多くの家族は、宗族内の別の家族に家産を譲るより、異姓の養子を迎えてでも家産を維持することを好んだのだと欒は解釈する。

19世紀から20世紀の東南中国の宗族を研究したフリードマンは、男児を購入して養子にしたり［フリードマン 1966＝1995: 16］、男性たちが自らの姓を子どもに伝える権利を放棄して優勢リネージの家族に婚入したり、姓を変えることで弱者が強者に吸収されたりという［フリードマン 1966＝1995: 18］、日本などの周辺社会と同等かそれ以上に融通無碍にリネージを活用する流動的社会を描き出している。

表終-1　近世(15・6～18・19世紀)の「儒教社会」の地域間比較——家族に関することを中心に
*階層別の違いがある場合、変化が起きた場合は、できる範囲でそれも記載する。

項目	中国	朝鮮	日本	琉球	ベトナム
＊備考	漢族の場合			士（サムレー）を中心に	キン族を中心に
出自（家系）の観念	父系	朝鮮前期までの双系・共系から父系に移行。	父系的傾向のある双系。	父系優勢の制度が日本（薩摩）の影響下で確立。元来は双系的か。	中世までの双系・共系から父系に傾斜。
父系出自集団	宗族。明清期においては、個々の事情に応じて族譜と祠堂をもつ宗族が形成され、特に中国南方で発達した。	「祠堂リネージ（儀礼リネージ）」と門中（宗中）が合わさった父系出自集団が朝鮮時代後期には形成された。	「家」や同族は父系出自集団とは言えない。百姓の同族は一村内に留まるものが多い。	父系秩序を王府が制度化したが家統の維持のため系図座の許可を得て柔軟に対応。限定的だが女性を初代（女元祖）とする一門も。父系出自の優先と長男子単独相続はむしろ近代以降に強化された。	ゾンホは父系出自集団の定義からかなり外れる。庶民のゾンホは一村内に留まるものが多い。
親族呼称	父系と母系で異なる。	父系と母系で異なる。	父系母系の区別ほとんど無し。	父系と母系で区別無し。	父系と母系で一部異なる。中国的な親族構造に由来する語彙と在来の語彙が混在。
姓	父系かつ生涯不変。全ての人が姓をもつ。	父系かつ生涯不変。高麗から朝鮮時代に庶民にも拡大した。	武士には姓がある。庶民も姓をもっていた場合が多いが、特別な場合以外は、公式には名乗れなかった。屋号を名乗った場合あり。既婚女性の姓は実家の姓。	士の一門は王府から賜わるかたちで中国風の1字の姓をもち、男子は唐名を有したが、同姓は必ずしも同宗・同祖を意味しない。姓とは別に家名（＝采地の地名）がありこちらが今日の沖縄県民の苗字につながる。	父系かつ生涯不変。全ての人が姓をもつ。
族譜・家譜の作製	有	有	武士は仕官のため系図提出が必要。庶民の一部も系図を作成。	家譜有。一門の男子の履歴書と戸籍（子女の出生、姻戚関係、死去）的記録からなる。	有。外祖の情報をしばしば含む。
祖先の観念	父系	母方の祖父も「四祖」に数えられた。	婚入した母・妻や入り婿の実家の祖先祭祀も行う半檀家も存在したが、18世紀から19世紀前半に減少し、一家一寺制確立。	家譜では王府に仕官した初代が元祖。父系出自観念が強くなった近代には養子先の元祖を祭祀するシジタダシ（筋直し）が発生。	母方・妻方を含む双方的祭祀義務。
既婚女性の所属	結婚前の姓を変えないまま、社会的には夫宗に所属	結婚の姓を変えないまま、規範としては婚家帰属の教えがなされた。「出嫁女の実家帰属」の意識も残り続けた。		婚入女性の名は家譜には生家の姓と父の名と共に掲載。ただし女性は唐名を有さず。	結婚前の姓を変えないままで夫のゾンホに所属。
財産の相続	男子均分相続	朝鮮前期までの性別によらない均分相続から、嫡長子優待相続に変化。	嗣子優遇分割相続から単独相続に移行。武士では17世紀、百姓では17世紀後期以降に嗣子以外の男子と女子の相続分減少。町人では女子による相続も近世末まで存続。	長男優勢の男子単独相続。嫡子が継げなかった場合、排行（弟）・猶子（甥）・過房（一門から立嗣）。長男子単独相続は近代以降にますます強化。	女子も含めた分割相続。寡婦が亡夫の財産を相続できる。

継承（特に異姓養子を嗣子にすること）	異姓不養。同宗でかつ昭穆相当（実子なき者の子に相当する世代）の者を養子とするのが原則。ただし昭穆相当の者がいない場合、特に庶民の間では異姓養子は比較的自由に行われた。	朝鮮前期までは異姓養子は可能。朝鮮中期以降は父系親族を養子に迎え、異姓養子は認めないようになった。	武士では「諸士法度」に定められており、異姓養子は忌避されたが、例がある。庶民では異姓養子は頻繁に行われ、特に娘がいる場合は入り婿、婿養子を取るのが普通だった。	異姓養子に当たる過継（他系養取）が王府系図座で認められた事例も。婿養子も容認。異姓養子は姓を変更。	異姓不要の規範はあるが婿、入り婿も珍しくない。
宗族共有物	有	有	無	無	有
小さい家族単位	家(チア)。同居共財の生活共同体	父系的で継続を志向したが、宗族に埋没していた。	家（イエ）。親族から独立性が高く、それ自体の継続性を志向する小さく直系的な「家」が、近世をかけて庶民にも確立された。	一門（門中）の構成単位としてのヤー（家）、チニー（家内）。	ニャー。家産・家名の観念は無く、永続性志向もない。
主要な世帯類型	理念としては合同家族だったが、地域・時代・階層差が大きく、上層では合同家族世帯、庶民層は夫婦家族世帯や直系家族世帯が多い。	夫婦家族世帯が主流だったが、18世紀以降の直系家族世帯が増加した。	夫婦家族世帯または直系家族世帯。ただし地域差が大きい。18世紀末以降に全国的に直系家族世帯の割合が高まった。	夫婦家族世帯または直系家族世帯。	夫婦家族世帯または直系家族世帯。屋敷地共住集団の形成も見られる。
婚姻規制（同姓同本婚の禁止など）	同姓不婚	高麗時代には父方・母方のイトコ婚も含めた近親婚が広く行われたが、同姓同本婚の禁止に移行。	父方・母方のイトコ婚も可。同姓同本という観念は無い。	禁止は無かった。但し琉球王国の正史には王妃の姓を変え同姓不婚を実践しているように画策した例あり。	同姓でも男性がもつ中字（テンダム）が異なれば可。イトコ婚も可。
婚前性関係（特に女性の）	不可		庶民では問題なく、頻繁。	庶民では問題なく、頻繁。	
居住制	夫方居住	朝鮮前期までは婚姻後数年は妻方居住。朝鮮中期以降、妻方居住の期間が短縮され、夫方居住に移行していく。	夫方居住が多いが、婿養子の場合は妻方居住。地域によっては（一時的）訪婚も。	夫方居住	夫方居住が原則。ただし弟が結婚すると兄は家を出るローテーション。南部では妻方居住もみられる。
夫婦関係	一夫一妻多妾制	一夫一妻制だが妾も許可する。	一夫一婦制だが妾の事例あり。	一夫一婦制だが家譜に妾の記述あり。	一夫一婦から一夫一妻多妾まで多様。
嫡妻以外の子の地位	理念上は区別なし。	嫡妻の子とそれ以外との間に明確な差別あり。	嫡子と庶子。庶民は区別せず。	嫡妻以外との子を士の家譜に加えることはほぼ認められず。	法的には差別あり。実態は差別無し。
女性の再婚	蔑視される。	朝鮮前期までは再婚可だったが、朝鮮時代に抑制。再婚しない寡婦が旌表の対象となることもあった。	問題なく、頻繁。	可。再婚せず婚家に残った女性を褒賞する制度あり。	可
女性の経済活動	家の中で出来ることは可。		商業活動を含めて可。	可	商業活動を含めて可。
孝か忠か	孝＞忠	孝＞忠	忠＞孝		孝＞忠

近世（15・6世紀から18・9世紀）における家族制度の「儒教化」により、各国の家族はどのようなものとして形成されたのか、本書の編者と著者が協力して整理した表を前の352-353頁の見開きに掲載する。あくまで見取り図として作成したものなので、細部の詳述は省略しているが、そのようなものとして参照していただきたい。

5　「近代化」という文明化

1⋯⋯⋯近世の完成と近代の始まり

　第Ⅱ部のうち現代と区別される近代を扱っているのは、森本一彦の第9章と鄭智泳の第10章だが、いずれもかなりの部分を近世後期の実証研究の紹介に充てている。それぞれ宗門人別改帳と戸籍大帳という人口登録簿を資料として、第9章では家単位の先祖祭祀、第10章では大家族という、わたしたちが「伝統的」と思わされてきた「家」の特徴が完成したのは近世後期であったことを明らかにしている。第Ⅰ部のテーマである「伝統的東アジア社会」とされるものの完成である。ただし、18世紀の朝鮮における大家族の割合の上昇は「戸籍大帳という国家行政文書の作成方針を国家主導で変えたこと」、すなわち「直系家族の増加や息子中心の戸主承継への変化」を実現しようとした「国家の企て」の結果だと鄭が解釈しているのと対照的に、森本は一家一寺制の成立に関する国家のイデオロギー的意図を読み取れる史料は日本では発見できないと主張する。儒教イデオロギーが国家の力により庶民にまで浸透させられた朝鮮社会に比べて、近世日本の村落社会への儒教の影響と国家の介入は立証できない。

　ここで、トリッキーとも見える論点をあげておきたい。近世の完成にも拘わらず、それを破壊して近代が始まったのだろうか。それとも近世の完成が近代の始まりを可能にしたのだろうか。少なくとも日本については、歴史人口学的研究の成果が後者のような結論を指し示している。18世紀末から19世紀中頃までの時期に地域的多様性が縮小し、いわゆる日本の伝統家族＝「家」のイメー

ジに近い標準的家族が成立してきた［Ochiai and Hirai 2022 forthcoming; 落合 2015］。近代国家とは、村などの中間段階を抜かして、直接に個々の家族を単位とする統治を行なうものだとするなら、すでに全国に同型的な家族が成立しつつあったことは、日本の近代国家のスムーズな成立のために好都合だっただろう。これは小さな「家」の自立性を高める方向で「伝統家族」を完成させた日本ゆえのことだったのだろうか、それなら、儒教の影響を受けた他の地域ではどうだったのだろうか。

2 ┄┄┄ 「近代化」は「儒教化」か「西洋化」か

「近代化」とは「西洋化」「ヨーロッパ化」という意味ではひとつの「文明化」であるが、それまでの文明とは異なる二つの特異性がある。地球上の全域を覆った初めての文明であること、そして双系的親族組織が優位する社会に発した文明であることである。しかしそのことは、「近代化」が家父長制と無縁であるということを意味しない。「近代化」はいわゆる「男性稼ぎ主―女性主婦型」の性別分業を基盤とする近代家族的家父長制を世界に広めた。父系制とは異なる原理による男性支配（male dominance）である。

近代と儒教についての核心的な問いは、「近代化」は「西洋化」（＝脱儒教化）だったのか、という問いであろう。さきほどの「（東アジア）近世の完成が近代の始まりを可能にした」のか、その逆かという問いと重なり合う。序章でも述べられているように、儒教発祥の地である中国の反応はストレートであり、儒教的な伝統との訣別が目指された。近年はナショナリズムの文化的シンボルとしての儒教があらためて強調されてもいるが、2011年1月に天安門広場の東側に孔子像が立てられ、わずか3か月で撤去されるなど、揺れも見られる。

それに対して周辺諸国では、近代になって「儒教化」がいっそう推進された例もある。琉球王国が廃されて日本に併合された沖縄で起きた父系化の徹底についてはすでに述べた。近代東アジア史においては、日本の影響も小さくない。沖縄を併合し、韓国と台湾を植民地化したことにより、これらの地域に日本を経由して広がったのは「西洋化」だけではない。儒教的要素も取り入れたが儒

教そのものではない独特の家父長制を備えた明治民法的「家」制度が、それぞれの地域の文脈で異なる影響を与えた。

　そもそも「西洋化」と「儒教化」とはどのような関係にあるのだろうか。「儒教化」によって「男外女内」規範のような父系制文明型のジェンダー秩序が形成された社会では、それが近代家族型のジェンダー秩序によって上書きされたとも言えるだろう。近世日本でも、本書第5章の吉田ゆり子がまとめているように、家業を安定させ継承するため、「夫婦一体」に加えて「外で「家業」を担う男性と、内で「家」をととのえる女性の役割分担」を意味する（日本的意味での）「夫婦の別」という規範が人々の教化に用いられた。近世後期に確立された「家」（＝日本の伝統家族）が「近代化」に適合的だったのと同じように、「家」を単位とした性別分業規範も、近代家族型のジェンダー秩序に接合しやすかったと言えそうだ。

　その一方、近代以前まで高水準の女性の就労率を維持した双系的社会、すなわちヨーロッパ、東南アジアなどでは、「近代化」が女性たちの実際の生き方に劇的な変化をもたらした。東南アジア史のアンソニー・リードが書いているように、「19世紀まで東南アジアの女性の大多数は、ヨーロッパ人女性（あるいは中国人女性やインド人女性）よりも自由度が高く、行為主体性を発揮しており、男性と同等の経済的役割を担っていた」［リード 2015＝2021: 431］。しかしたとえばフィリピンでは、スペインのカトリック教育が上流女性に家庭役割を植え付け、さらにアメリカ植民地教育が、女性の識字率を向上させた一方で、性別分業規範を大衆レベルまで浸透させた［ソブリチア 1996＝2022］。

　父系的社会とは異なり、双系的社会では女性のセクシュアリティのコントロールもむしろ近代に強まった。庶民の実践レベルでは双系的社会の慣習を近世まで維持していた日本では、近世には頻繁でスティグマにもならなかった離婚が［高木 1992＝2022］、近代になると抑制されていった［坪内・坪内 1970＝2022］。また大正時代には先進的なフェミニストが貞操は大切だと論じた貞操論争（処女論争）が起きた［折井 1991＝2022］。ヨバイが当たり前の時代の庶民に近代的結婚とは何かを認識させる意味があったのではなかろうか。同時代の植民地朝鮮では、父系的社会の道徳が既に根付いていたため、「女性の貞操を絶対視する

思想に対する批判」［キム 2004＝2022］がすっきり表明されたのと対照的である。

　タイのラーマ6世による家名法の制定は、二重の「家」を考えるために重要な「姓」と「家名（nam sakun ナームサクン）」(8)を切り口に、「近代化」とは何かという問いに接近するためのヒントを与えてくれる。近代以前のタイの多くの人々には個人名の前や後につけるサーネーム(9)が無かったが、国力を強めるにはそれが必要だと考えたラーマ6世は、すべてのタイ国民は家名をもたねばならないという家名法を1913年に制定した。英国で教育を受けたラーマ6世は、中国の姓（セー）とヨーロッパのファミリーネームの違いに気づいており、タイは後者に倣うとした。中国の姓はクラン（氏族）名であって大きな親族集団を作り国家と対抗しうるが、ヨーロッパの小さなファミリーは国家の単位にふさわしいという理由である［ラーマ6世 1947＝2022: 90］。「セーを使うという習慣は、協力して自分の集団を守ったり、他者を攻撃したいという願望から発展したもので、人手の調達を第一目的にごろつき集団を作ることと変わらない。」［ラーマ6世 1947＝2022: 91］という王のきつい表現には、東南アジアまで進出して商業活動を行う互助ネットワークとなった中国系の親族集団が、現地の人々の目にどのように映っていたかがうかがわれる。中国の影響下から脱して「西洋化」した近代国家を作ろうと王は考えていた［ラーマ6世 1947＝2022: 88］。

　さらに興味深いのは、王は新たに設けたタイの家名を男系で継承するものとしたということである。タイの親族組織は双系的であり、居住規則は妻方居住制が優勢であるにも拘わらず。当時のヨーロッパの慣行に倣ったものなら、「西洋化」である「近代化」がタイの家名を父系化したことになるが、タナイ・チャルーンクンは増加する中国移民への対応も考慮されたことを指摘している［チ

---

(8)　「ナームサクン」の日本語訳を「家族名」とするか「家名」とするかについては、共訳者の一人としておおいに悩んだ。ヨーロッパに倣ったので、また「家族は愛情のためにともにいる」［ラーマ6世 1947＝2022: 90］という近代家族的な意味付与から「家族名」とすることも考えたが、「家名は人々が同じ祖先をもっていることを示す方法であり、彼らはその祖先の名を保護し、汚さないようにせねばならない」［ラーマ6世 1947＝2022: 91］、「先祖の子孫であり家名を引き継いだわれわれは、先祖の美徳に敬意を払って礼儀正しく行動しなければならない」［チャルーンクン 2004＝2022: 381］という記述もあるので、暫定的に「家名」と訳すこととした。

(9)　日本語のどの言葉を用いても誤解を招くので、あえて英語にする。

ャルーンクン 2004＝2022］。

　タイと比較可能なのはここでも日本である。日本もまた庶民は公式的に名乗れるサーネームをもたない社会であったが、明治初期に「氏」を法制化した。ただし1876年の太政官指令では既婚女性は「所生の氏」を用いるべしと命じたのに、民法制定時には夫婦同姓に方針転換された。その経緯を追うため、明治28〜29（1895〜6）年に開催された法典調査会の速記録を分析した施君菲は、梅謙次郎の発言から、「支那の慣習に従て妻は矢張り生家の苗字を唱ふへきものと云ふ考へか日本人の中に廣まつて居る」こと、しかし「妻か夫の家に入ると云ふことか慣習てある以上は夫の家に入つて居りなから併なから實家の苗字を唱へると云ふことは理窟に合わぬ」と梅は考えたこと、そしてオーストリア、イタリア、ドイツの例を挙げて「妻は夫の氏を稱すへしと云ふことか書籍抔を繙いて見ると欧羅巴ては昔から極まつて居る規則」であり、これが「日本の慣習にも亦婚姻の性質にも適う」からという論理で夫婦同姓を主張したことを見出した［施 2022］。梅は自分が中国の慣習と解釈したものを退け、「西洋化」を選択したのである。ただし、タイと同様に「氏」は男系で継承するものとしながら、婿養子や入夫という巧妙な抜け道を用意したため、日本では実質的な女系継承も残された。

　タイと日本のこれらの事例を見る限りでは、これらの社会での「近代化」は主要には「西洋化」であった。近代日本の「家」が「儒教化」の成果を利用したとしても、小さな「家」のみであり、「家」の二重構造は換骨奪胎された。

3……… 双系原理の再浮上か

　第II部の第11章から第13章は、まさに現在進行中の東アジア家族の変容を扱っている。第12章の文玉杓は娘たちの宗中財産への権利を認めた大法院判決を取り上げ、父系主義の革命的変革が現在の韓国で起きていると論じている。ドイヒラーが第3章の最後で、現代の韓国社会は「旧来の父系的特徴を失い、再びかつてのように、双系性やきょうだいの平等性など『古来の』社会規範を取り入れる方向に進んでいる」と書いたのはまさにこのことである。

第11章の加藤敦典もまた、現代ベトナムにおける娘による祭祀という実践に注目している。しかし加藤はこれは個々のケースに応じた工夫であり、東南アジアの双系的家族の伝統といったものを背景として制度的に確立されたものではないとする。朱熹も孔子も柔軟な実践を説いていたのであり、「そのような意味では、むしろ、根源的な意味で儒教的なふるまいをしているのかもしれない」とも言う。そもそも人間の自然的なつながりは双系的なので、伝統や儒教というより、それが顕在化しただけかもしれない。

　「かつてなかった儒教国家の誕生」を予感するという第13章の王小林も、根源的な意味での儒教は続くと主張している。国家によって祖先の墳墓を破壊され、祭祀と孝行の対象が「祖先」から「指導者」に置き換えられても儒教は続くという、痛烈な皮肉でもある。周代の宗法制度が親族秩序のアナロジーを用いた統治の技法であったことを思い出せば、親族理論ではなく政治理論としての儒教の方が寿命が長くても不思議ではない。

　さらに世界に目を向けると、反転か脱輪した感のある「儒教化」と対照的に、「イスラーム化」が東南アジアでもアフリカでも進行しており、とりわけ女性の権利に関して大きな軋轢を生んでいる。東アジアや世界の他の地域でかつて起きたことを目の当たりにしているようであり、「文明化」は過去の出来事ではないことを思い知らされる。

6　問いへの答え

　東アジアにおける「家族制度の儒教化」とは何であったかと言えば、二重性をもつ「家」の形成と、父系化と継続志向の高まりであったとして、本章を書き進めてきた。このように見れば「近代化」とは、小さい方の「家」を親族から自立させ、国家が直接に支配する単位とすることだった。今日、東アジアの「家族主義」と言うときには、生活の単位である小さい「家」しかほぼ見ていないが、ここにすり替えがある。

　さて、本書の企画の出発点には二つの問いがあったと述べた。これらに対し

て本書はどのような答えを出すことができただろうか。あくまで筆者個人の試論にすぎないことをお断りしつつ、お示ししておこう。

「儒教」とは何か、東アジアは本当に「儒教社会」なのかという、東アジアのアイデンティティをめぐる問いに対しては、儒教という文明のみによって東アジアを定義することはできないと答えておこう。基層にある「親族構造」、その上に起きた「儒教化」などの「文明化」、さらにその上に被さってきた「近代化」という運動が相互に作用し合いながら、東アジアのさまざまの地域の個性を形作ってきた。東アジアの周縁地域はむしろ「広義の東南アジア」と呼ぶべき双系的親族構造を基層にもった社会であり、東アジアの「家族制度の儒教化」が起きたとされる近世の途中もしくは最後まで、父系化しきらない親族関係や慣習を保持し続けた。むしろ近代になってから父系化や疑似父系化が進行した社会もあった。しかし「近代化」のもたらした疑似父系化は「儒教化」とは別の論理によるものだった。

現在は、脱儒教化と双系原理の再浮上が起こっているとも、変容しつつも儒教的なるものが続いているとも、両様に解釈される。ただし世界的視野に置いて見れば、インド文明圏、イスラーム文明圏に比べて、儒教文明圏として括られてきた地域の柔軟な変容ぶりにこそ注目すべきではなかろうか。それは儒教の性質によるというより、この地域の経済的発展の結果なのかもしれないが。

もうひとつの問いは「近代家族論」をめぐる問いであった。ジェンダー史において「近代」はどれほど決定的だったのか、前近代からの儒教的性別規範の影響はないのかという問いである。これに対しては、儒教的性別規範がどこまで実践されるようになったかについての地域差にまず目を向けたい。女性の活発な経済活動や性的自由という東南アジア的な実践が近世を潜り抜けて維持された社会では、近代家族型ジェンダー秩序の導入の影響が大きかった。日本はどちらかといえばそちらに含まれよう。

現在の中国では社会主義時代に比べて性別分業が強化されており、日本や韓国でもジェンダー関係の変化の遅さが目につく。しかしそもそもインド文明圏、イスラーム文明圏と比べれば、現在の東アジアのジェンダー秩序がそれほど強固であるとは言えないだろう。社会主義化と脱社会主義化、近代家族型のジェ

ンダー秩序の影響等々、いくつもの要因が絡まり合って現状を作り出している。儒教規範もそのうちの一つでしかない。軽視せず、しかし過大評価もせず、儒教の今後を見守りたい。

参 照 文 献

＊『リーディングス アジアの家族と親密圏』シリーズ所収論文については、煩雑さを避けるため原著情報を記載せず、書名も簡略化して示すことをお断りしておく。

明石一紀［1990］『日本古代の親族構造』吉川弘文館。

赤松啓介［1994］『夜這いの民俗学』明石書店。

井上徹［2000］『中国の宗族と国家の礼制』汲古書院。

ウォンヤナワー、タネート［2022］「『爆弾』としての婚外性交渉——『マスタベーション』の歴史から『性科学』へ」『リーディングス アジアの家族と親密圏 第3巻』150-164頁（原著2019）。

殷棋洙（ウン・ギス）［2009］「朝鮮後期の多様な家の継承方式——義城金氏を事例に」落合恵美子・小島宏・八木透編『歴史人口学と比較家族史』早稲田大学出版部、167-202頁。

落合恵美子［2004］「歴史的に見た日本の婚姻——原型か異文化か」『家族社会学研究』15-2: 39-51。

落合恵美子［2015］「日本における直系家族システムの2つの型——世界史的視野における「家」」『徳川日本の家族と地域性——歴史人口学との対話』ミネルヴァ書房、279-314頁。

落合恵美子編［2015］『徳川日本の家族と地域性——歴史人口学との対話』（編著）ミネルヴァ書房。

落合恵美子［2022］「序論 アジアの重層的多様性——セクシュアリティとジェンダーから見る」『リーディングス アジアの家族と親密圏 第3巻』1-29頁。

落合恵美子［2022］「百歳女性のライフヒストリー——九州海村の恋と生活」『リーディングス アジアの家族と親密圏 第3巻』76-113頁（原著2004年）。

落合恵美子・森本一彦・平井晶子編［2022］『リーディングス アジアの家族と親密圏 第3巻 セクシュアリティとジェンダー』有斐閣。

折井美耶子［2022］「性と愛をめぐる論争」『リーディングス アジアの家族と親密圏 第3巻 』114-131頁（原著1991年）。

カン・ミョングァン［2022］「烈女の誕生」『リーディングス アジアの家族と親密圏 第1巻』347-358頁（原著2009年）。

岸本美緒［2021］『明末清初中国と東アジア近世』岩波書店。

キム・キョンイル［2022］「植民地朝鮮における新女性、セクシュアリティ、恋愛」『リーディングス アジアの家族と親密圏 第3巻』132-149頁（原著2004年）。

黒須里美・落合恵美子［2002］「人口学的制約と養子——幕末維新期多摩農村における継承戦略」速水融編著『近代移行期の家族と歴史』ミネルヴァ書房、127-160頁。

小長谷有紀、後藤正憲編［2011］『社会主義的近代化の経験——幸せの実現と疎外』明石書店。

施君菲 [2022]「日本国民国家創出期において『創り出された伝統』——苗字制度を中心に」関西社会学会第73回大会報告。

滋賀秀三 [1967]『中国家族法の原理』創文社。

スックパーニット、ターウィット [2022]「私の心はあなただけのために——タイの結婚の歴史」『リーディングス アジアの家族と親密圏　第2巻』30-55頁（原著1988年）。

ソブリチア、カロリン・イスラエル [2022]「アメリカ植民地教育はフィリピン女性の地位をどう変えたか」『リーディングス アジアの家族と親密圏　第3巻』319-340頁（原著1996年）。

高木侃 [2021]「江戸時代は女性にとって暗黒の時代か」『リーディングス アジアの家族と親密圏　第3巻』276-290頁（原著1992年）。

高群逸枝 [1937]『母系制の研究』恒星社厚生閣。

チャクラヴァルティ、ウマ [2022]「初期インドにおけるバラモン的家父長制を概念化する——ジェンダー、カースト、階級、国家」『リーディングス アジアの家族と親密圏　第1巻』24-43頁（原著1993年）。

チャルーンクン、タナイ [2022]「『家名（ナームサクン）』の起源と君主としてのラーマ6世の役割」『リーディングス アジアの家族と親密圏　第1巻』359-392頁（原著2004年）。

チャン・ディン・フウ [2022]「ベトナムの伝統的家族と儒教の影響」『リーディングス アジアの家族と親密圏　第1巻』65-82頁（原著1989年）。

チャーンカモン、カモンティップ [2022]「タイの性愛文化におけるヨバイの伝統——忘れ去るべき情事」『リーディングス アジアの家族と親密圏　第3巻』68-75頁。

チョン・ジヨン [2022]「朝鮮後期における妾と家族秩序——家父長制と女性のヒエラルキー」『リーディングス アジアの家族と親密圏　第3巻』51-67頁（原著2004年）。

坪内良博・坪内玲子 [2022]「日本の離婚」『リーディングス アジアの家族と親密圏　第2巻』56-89頁（原著1970年）。

ドー・タイ・ドン [2022]「ベトナム南部における伝統的家族の変容」『リーディングス アジアの家族と親密圏　第1巻』283-295頁（原著1990年）。

ドイヒラー、マルチナ [2021a]「儒教の法制化と女性への影響」『比較家族史研究』36：9-30。(Deuchler, Martina, 1992, *The Confucian Transformation of Korea: A Study of Society and Ideology*, Boston: Harvard University Press. 第6章)

ドイヒラー、マルチナ [2021b]「リネージ社会の出現」『比較家族史研究』36：31-54。(Deuchler, Martina, 1992, *The Confucian Transformation of Korea: A Study of Society and Ideology*, Boston: Harvard University Press. 終章)

林由紀子 [2022]「服忌令から見た近世の親族関係——とくに嫁と舅姑について」『リーディングス アジアの家族と親密圏　第1巻』44-64頁（原著1998年）。

平井晶子・落合恵美子・森本一彦編 [2022]『リーディングス アジアの家族と親密圏　第2巻　結婚とケア』有斐閣。

費孝通（フェイ・シャオトン）[2019]『郷土中国』風響社。

フォーヴーシャムー、アントワネット [2009]「家の継承——フランス中央ピレネー地方と東北日本の継承システム」落合恵美子・小島宏・八木透編『歴史人口学と比較家族史』早稲田大学

出版部、33-62頁。

フリードマン、モーリス［1995］『中国の宗族と社会』弘文堂。（Freedman, Maurice, 1966, *Chinese Lineage and Society: Fukien and Kwangtung*, The Athlone Press of the University of London.）

森本一彦［2022］「序論　国家支配と家族形態の変容——2つの文化圏における家父長制」『リーディングス アジアの家族と親密圏　第1巻』1-21頁。

森本一彦・平井晶子・落合恵美子編［2022］『リーディングス アジアの家族と親密圏　第1巻　家族イデオロギー』有斐閣。

ラーマ6世［2022］「家名（ナームサクン）と姓（セー）の比較」『リーディングス アジアの家族と親密圏　第1巻』86-92頁（翻訳に用いた原著1947年）。

リード、アンソニー［2021］『世界史のなかの東南アジア（下）』名古屋大学出版会。（Reid, Anthony, 2015, *A History of Southeast Asia*, John Wiley and Sons.）

欒成顕（ルアン・チョンシエン）［2022］「明清期における異姓継承——徽州の事例から」『リーディングス アジアの家族と親密圏　第1巻』267-282頁（原著2005年）。

義江明子［1986］『日本古代の氏の構造』吉川弘文館。

義江明子［2021］『女帝の古代王権史』ちくま新書。

吉田孝［1983］『律令国家と古代の社会』岩波書店。

Levi-Strauss, Claude［1983］*The way of masks*, London: Jonathan Cape.

Murdock, George Peter［1949］*Social Structure*, New York: Macmillan.

Ochiai Emiko and Hirai Shoko eds.［2022］forthcoming. *Japanizing Japanese Families: Regional Diversity and the Emergence of a National Family Model through the Eyes of Historical Demography*, Leiden: Brill.

Wongyannava, Thanes［2021］"Introduction: Family, Ideology, and the State," Ochiai Emiko and Patricia Uberoi eds., *Asian Families and Intimacies*, Delhi: Sage, pp.3-17.

索 引

■人名

著者紹介（執筆順）

小浜 正子（こはま まさこ）

日本大学文理学部教授。（公財）東洋文庫研究員。お茶の水女子大学人間文化研究科博士課程
単位取得退学、博士（人文科学）。専門は中国近現代史、中国ジェンダー史。鳴門教育大学助教授
を経て現職。主な著書に、『一人っ子政策と中国社会』（京都大学学術出版会、2020年）、『東アジア
の家族とセクシュアリティ』（共編著、京都大学学術出版会、2022年）、『中国ジェンダー史研究入門』
（共編著、京都大学学術出版会、2018年）など。

小島 毅（こじま つよし）

東京大学大学院人文社会系研究科教授。1962年生まれ、東京大学大学院人文科学研究科修士
課程修了。専門は中国思想史。徳島大学総合科学部助教授、東京大学大学院人文社会系研究
科准教授などを経て現職。主な著書に『儒教の歴史』（宗教の世界史5、山川出版社、2017年）、『中
国思想と宗教の奔流——宋朝』（中国の歴史7、講談社学術文庫、2021年）、『東アジアの尊厳概念』
（共編、法政大学出版局、2021年）など。

佐々木 愛（ささき めぐみ）

島根大学法文学部教授。1968年生まれ、京都大学大学院文学研究科東洋史専攻博士課程修了、
博士（文学）。専門は中国近世思想史。島根大学准教授を経て現職。主な著作に、「「父子同気」概
念の成立時期について——「中国家族法の原理」再考」『東洋史研究』79-1、『岩波講座　世界歴
史07　東アジアの展開8世紀〜14世紀』（共著、岩波書店、2022年）、『中国ジェンダー史研究入門』
（共編著、京都大学学術出版会、2018年）など。

マルティナ・ドイヒラー

ロンドン大学東洋アフリカ研究学院（SOAS）名誉教授。専門は韓国／朝鮮学（Korean studies）。ハ
ーバード大学で中国および日本の近代史を、オックスフォード大学で社会人類学を学び、当時、西洋
ではほとんど知られていなかった韓国／朝鮮への関心を高め、最初の西洋人韓国／朝鮮学者の一人
として初期の著書 Confucian Gentlemen and Barbarian Envoys（University of Washington Press,
1977年）をはじめ多数の著作を著し、世界の研究をリードしてきた。大韓民国文化功労章（1995年）、
韓国研究生涯貢献賞（2008年）など受賞多数。

牧田 勲（まきた いさお）

摂南大学名誉教授。1950生まれ、神戸大学大学院法学研究科博士後期課程修了。専門は日本法
制史。摂南大学法学部専任講師、同助教授、同教授を務めた。主な著書に、『黒木三郎先生古希
記念　現代法社会学の諸問題　上』（共著、民事法研究会、1992年）、『三下り半の世界とその周縁』

（共著、日本経済評論社、2012年）、『歴史と民族における結婚と家族　江守五夫先生古稀記念論文集』（共著、第一書房、2010年）など。

吉田 ゆり子（よしだ ゆりこ）

東京外国語大学大学院総合国際学研究院教授。1958年生まれ、お茶の水女子大学大学院人間文化研究科博士課程単位取得退学。東京大学より博士（文学）。専門は日本近世史。お茶の水女子大学人間文化研究科助手等を経て現職。主な著書に、『近世史講義——女性の力を問い直す』（共著、ちくま新書、2020年）、『近世の家と女性』（山川出版社、2016年）、『兵と農の分離』（山川出版社、2008年）など。

武井 基晃（たけい もとあき）

筑波大学人文社会系准教授。1977年生まれ、筑波大学大学院歴史・人類学研究科博士課程修了、博士（文学）。専門は民俗学。樹人医護管理専科学校（台湾）助理教授、筑波大学人文社会科学研究科助教を経て現職。主な著書に、『〈境界〉を越える沖縄——人・文化・民俗』（共著、森話社、2016年）、『民俗学が読み解く葬儀と墓の変化』（共著、朝倉書店、2017年）など。

桃木 至朗（ももき しろう）

日越大学（ベトナム）教員、大阪大学名誉教授。1955年生まれ、京都大学文学研究科博士課程中退、博士（文学）。専門はベトナム史。大阪外国語大学・大阪大学などの教員を経て現職。主な著書に、『中世大越国家の成立と変容』（大阪大学出版会、2011年）、『市民のための世界史』（共編著、大阪大学出版会、2014年）、『市民のための歴史学』（大阪大学出版会、2022年）など。

官 文娜（かん ぶんな）

1953年生まれ、華中師範大学歴史学部歴史専攻、京都大学文学研究科国史学博士課程修了、博士（文学）。専門は日本史学。香港大学アジア研究センター助教授を務めた。主な著書に、『日中親族構造の比較研究』（思文閣出版、2005）、『日本家族構造研究』（中国社会科学文献出版社、2017年（中国語））など。

森本 一彦（もりもと かずひこ）

高野山大学文学部教授。1962年生まれ、総合研究大学院大学文化科学研究科博士後期課程修了、博士（学術）。専門は社会学、民俗学、歴史学。京都大学文学研究科特定准教授、高野山大学文学部准教授を経て現職。主な著書に『先祖祭祀と家の確立——「半檀家」から一家一寺へ』（ミネルヴァ書房、2006年）、『家族イデオロギー（リーディングス　アジアの家族と親密圏　第1巻）』（共編著、有斐閣、2022年）など。

鄭 智泳（チョン ジヨン）

梨花女子大学校教授、アジア女性学センター（ACWS）所長。1967年生まれ、西江大学校で歴史学を学ぶ。博士。専門は女性史。韓国女性学会の学会誌『韓国女性学』の編集委員長を務め、現在は"Asian Journal of Women's Studies"（AJWS）の共同編集者 "International Feminist Journal of Politics（IFJP）"の編集委員、および「人種とジェンダー：グローバル韓国の新人種化現象分析と理論化」韓国研究財団人文社会研究所支援事業研究責任者を兼務している。主な著書に、『秩序の構築と亀裂——朝鮮後期の戸籍と女性たち』（西江大学校出版部、2015年（韓国語））。『東アジアの記憶の場』（共編著、河出書房新社、2011年）など。

加藤 敦典（かとう あつふみ）

京都産業大学現代社会学部准教授。1975年生まれ、大阪大学大学院人間科学研究科博士後期課程退学、博士（人間科学）。専門は文化人類学、ベトナム地域研究。東京大学教養学部特任講師などを経て現職。主な著書に、『東南アジアにおけるケアの潜在力——生のつながりの実践』（共著、京都大学学術出版会、2019年）、*Weaving Women's Spheres in Vietnam: The Agency of Women in Family, Religion and Community*（編著、Brill、2016年）、*Rethinking Representations of Asian Women: Changes, Continuity, and Everyday Life*（共編著、Palgrave Macmillan、2016年）など。

文 玉杓（ムン オクピョ）

山東大学人類学科講席教授。韓国学中央研究院名誉教授。ソウル大学校人類学科卒、人類学博士（オックスフォード大学）。専門は文化人類学、日本地域学。ハーバード大学エドウィン・O・ライシャワー研究所訪問教授、お茶の水女子大学訪問教授、韓国文化人類学会長などを歴任。主な著書に『日本の都市社会——住民組織と社会運動』（共著、ソウル大学校出版部、2002年（韓国語））、『海外韓人の民族関係』（共著、アカネット、2006年（韓国語））、『中心と周縁からみた日韓社会の諸相』（共著、慶應義塾大学出版会、2007年）、『京都、西陣織の文化史——日本伝統工芸織物業の世界』（一潮閣、2016年（韓国語））など。

王 小林（おう しょうりん／ワン シャウリン）

香港城市大学人文社会科学部准教授。1963年生まれ、京都大学文学研究科博士後期課程修了、博士（文学）。専門は中日比較思想史、東アジア比較政治思想。香港城市大学人文社会科学部助理教授を経て現職。主な著書に、『従漢才到和魂——日本国学思想的形成與發展』（台北聯経出版有限公司、2013年（中国語））、『日中比較神話学』（汲古書院、2014年）、『走入〈十牛図〉』（香港中華書局、2015年（中国語））、『日中比較思想序論——「名」と「言」』（汲古書院、2016年）、『新語文学與早期中国研究』（共編著、上海人民出版社、2019年）など。

落合 恵美子（おちあい えみこ）

京都大学文学研究科教授、京都大学アジア研究教育ユニット長、京都大学文学研究科アジア親密圏／公共圏教育研究センター長。東京大学大学院社会学研究科博士課程満期退学。専門は家族社会学、ジェンダー論、歴史社会学。国際日本文化研究センター研究部助教授等を経て現職。本書と関連する編著書に、『リーディングス アジアの家族と親密圏』（全3巻、共編著、有斐閣、2022年）、『徳川日本の家族と地域性——歴史人口学との対話』（編著、ミネルヴァ書房、2015年）、*Asian Families and Intimacies*（全4巻、共編著、Sage、2021年）など。

東アジアは「儒教社会」か？——アジア家族の変容
© Masako KOHAMA, Emiko OCHIAI et al. 2022

2022 年 12 月 15 日　初版第一刷発行

編　者　　　　小　浜　正　子
　　　　　　　落　合　恵美子

発行人　　　　足　立　芳　宏

京都大学学術出版会
京 都 市 左 京 区 吉 田 近 衛 町 69 番 地
京都大学吉田南構内 (〒606-8315)
電　話（0 7 5）7 6 1 - 6 1 8 2
FAX（0 7 5）7 6 1 - 6 1 9 0
Home page https://www.kyoto-up.or.jp
振　替　0 1 0 0 0 - 8 - 6 4 6 7 7

ISBN978-4-8140-0455-3　　　　　　ブックデザイン　森　華
Printed in Japan　　　　　　印刷・製本　亜細亜印刷株式会社
　　　　　　　　　　　　　　定価はカバーに表示してあります